Jesus zwischen Juden, Christen und Muslimen

Interreligiöses Zusammenleben auf der Iberischen Halbinsel (6.–17. Jahrhundert)

Míkel de Epalza

Jesus zwischen Juden, Christen und Muslimen

Interreligiöses Zusammenleben
auf der Iberischen Halbinsel
(6.–17. Jahrhundert)

Herausgegeben im Auftrag der
Interreligiösen Arbeitstelle (INTR°A)
von Reinhard Kirste

Verlag Otto Lembeck
Frankfurt am Main

Titel der Originalausgabe: Míkel de Epalza: Jésus entre judíos, cristianos y musulmanes hispanos (siglos VI–XVII). Granada: Universidad Granada 1999.

Übersetzung aus dem Spanischen (Kastilischen)
von Jürgen Kuhlmann unter Mitarbeit von Ilke Ettemeyer
Redaktionelle Bearbeitung der Übersetzung: Pino Valero Cuadra

Die Deutsche Bibliothek – CIP-Einheitsaufnahme
Ein Titeldatensatz für diese Publikation ist bei
Der Deutschen Bibliothek erhältlich.

Umschlagabbildung: Karin Kirste

Gesamtherstellung: Druckerei und Verlag Otto Lembeck
Frankfurt am Main und Butzbach
ISBN 3-87476-393-5

Inhalt

Vorwort

Die Geschichte der drei großen monotheistischen Religionen Judentum, Christentum und Islam, ist weniger von Dialogbereitschaft als vielmehr durch kriegerische und pogromartige Auseinandersetzungen geprägt. Dies gilt leider bis ins 20. Jahrhundert. Die bisherigen Dialogbemühungen zwischen Juden, Christen und Muslimen blieben auf relativ kleine Kreise beschränkt. Die furchtbaren Anschläge am 11. September 2001 auf das World Trade Center in New York und auf das Pentagon in Washington zeigen jedoch schlaglichtartig, dass um des Weltfriedens willen die zu aktiver Toleranz fähigen Kräfte in den Religionen noch stärker zusammengeführt werden müssen, um Versöhnung in einer Konflikt beladenen Welt zu stiften.

Fanatismus war schon immer das Feuer und die Religionen die Lunte, womit man ganze Länder in Brand setzen konnte. Doch in der Geschichte der drei monotheistischen Religionen gab es auch Hoffnungszeichen, sogar im mittelalterlichen Europa.

Sehen wir einmal vom islamisch mitgeprägten Bosnien und seiner starken jüdischen Gemeinde sowie dem Kosovo ab, so verdient die Geschichte der Iberischen Halbinsel seit dem Niedergang der westgotischen Reiche und der arabischen Eroberung besondere Beachtung. Das Schlagwort vom „Goldenen Zeitalter“ christlich-islamischer-jüdischer Begegnung unter islamischen Bedingungen gibt nur schemenhaft und vielleicht auch zu klischeehaft wieder, welche differenzierten Dialog- und Polemikrealitäten die Iberische Halbinsel im Mittelalter beherrschten. Das heißt erst einmal, dass zwischen dem 8. und dem 16. christlichen Jahrhundert der Islam als kulturelle Prägekraft umfassend in Erscheinung trat. Heute dagegen ist die islamische Minderheit in Spanien und Portugal statistisch gesehen eine untergeordnete Größe.

Doch Spanien und Portugal erinnern sich vermehrt der islamischen und jüdischen Wurzeln in der eigenen Geschichte. Seit Jahren gibt es dazu beachtliche Forschungsvorhaben und in Mitteleuropa kaum beachtete Ergebnisse.

Die Interreligiöse Arbeitsstelle (INTR°A) versucht in ihren Veröffentlichungen, auch auf diesen eher vernachlässigten Bereich „trialogischer“ Begegnungen aufmerksam zu machen.* (Dabei ist die Situation insofern günstig, als mehrere Experten – besonders von der Universität Alicante – hier mitarbeiten. Diese Kooperation hat dazu geführt, dass einer der Protagonisten des Forschungsfeldes jüdisch-christlich-islamischer Beziehungen eine Reihe von Arbeiten veröffentlicht hat, die über das Spezialisteninteresse der Orientalisten weit hinausreichen.

Dazu gehört das nun erstmals in Deutsch verfügbare Buch, dessen erste Fassung 1987 in Französisch unter dem Titel *„Jésus otage“* („Jesus als Geisel“)** erschien, ein vom Autor nicht sonderlich geliebter Titel (vgl. unten Anm. 11), weil dieser die „trialogische“ Auseinandersetzung um das Jesusbild fast karikaturhaft überzeichnet. In stark überarbeiteter Fassung wurde dieses Buch 1999 von der Universität Granada mit einem nun sachlich orientierten Titel herausgegeben: *Jesús entre judíos, cristianos y musulmanes hispanos (siglos VI–XVII).* Sein Autor, Míkel de Epalza, Professor für islamisch-arabische Studien an der Universität Alicante hat über Jahrzehnte nicht nur durch eigene Forschungen, sondern auch durch Anstöße und Impulse für jüngere Kolleginnen und Kollegen fast eine Art Netzwerk christlich-islamischer Forschung aufgebaut, deren Ergebnisse nicht nur im Jahrbuch *Sharq al-Ándalus* veröffentlicht werden, sondern durch Konferenzen und Einzelbeiträgen inzwischen ein Spektrum erreicht haben, das auch in der sog. islamischen Welt erhebliche Beachtung findet.

Wir haben uns zur Veröffentlichung entschlossen, weil mit dem historischen Spannungsverhältnis von Juden, Christen und Muslimen im Blick auf das Jesusbild eine historische Debatte ins Licht der Öffentlichkeit rückt, deren Problemstellungen keineswegs überholt sind. Es zeigt sich nämlich, dass alle drei Religionen die Tendenz haben, ihr Jesusbild zu verabsolutieren und immer wieder gegen den

---

* Vgl. dazu auch Reinhard Kirste: Kulturprägungen des Christentums. In: R. Kirste/P. Schwarzenau/U. Tworuschka (Hg.): Religionen im Gespräch (RIG 4): Wertewandel und religiöse Umbrüche. Balve 1996, S. 41–65

** Jésus otage. Paris: Cerf 1987

anderen auszuspielen, statt sich bei aller Verschiedenheit auf die Gemeinsamkeiten einzulassen. Das hängt offensichtlich mit der gerade durch Religionsverwandtschaft aufbrechenden Identitätsansprüchen der drei großen monotheistischen Glaubenstraditionen zusammen.

Immerhin gehört der Islam zu den Religionen, die als einzige neben dem Christentum eine eigenständige Christologie, d.h. eine Lehre von der Heilsbedeutung Jesu entwickelt hat. Die Nähe zum christlichen Adoptianismus, ja seine Entwicklung im Zusammenhang mit dem in Judentum und Islam gebrochenen Dialog bildet dabei eine nicht nur historisch, sondern auch dogmatisch faszinierende Facette. Míkel de Epalza zeigt darüber hinaus, dass auch die mittelalterlichen Polemiken im Bezug auf das jüdische Jesusverständnis letztlich schon obsolet geworden sind.

Das vorliegende Buch erweitert darum einen Dialog, der nun mit den Erfahrungen und Ergebnissen in Mittel- und Westeuropa verbunden werden müsste, um Vorurteile gegenüber dem Islam zu beseitigen und auch solide theologische Grundlagen für ein weiterführendes gegenseitiges Verständnis der drei Religionen zu legen.

In der französischen Ausgabe hatte Epalza bereits im Vorwort darauf hingewiesen (vgl. bes. S. 8–9), dass sich die Verwandtschaft der drei großen monotheistischen Religionen keineswegs nur auf die Dogmatik beschränkt. Das hat zuerst einmal geografische und soziologische Gründe, die sich in einer Jahrhunderte langen Konvivenz artikulieren. Sicher schwankte der juristische Status, je nachdem, welche Religion gerade in der Majorität war und wie gerade die politischen Bedingungen aussahen. Aber allen gleich ist ihr Bezug zu Jesus. „Der Jesus der Christen nötigte Juden und Muslime, sich zu definieren“ (Jésus otage, S. 8). Alle im Buch durchbuchstabierten Affinitäten hinderten und hindern jedoch weder Juden noch Muslime einen theologischen Konfrontationskurs zu fahren, sofern die nötige Gedankenfreiheit gegeben war; und selbst wenn diese nicht gegeben war, staunen heutige Leserinnen und Leser nicht schlecht über manche Polemik. So wird Jesus manchmal fast zu einem theologischen Spielball im Streit um die Wahrheit und Bedeutsamkeit der jeweils eigenen Religion. Wie differenziert teilweise die Argumente dennoch ausgearbeitet wurden, das zeigt Epalza mit bewundernswerter Genauigkeit, indem er quasi jedes Argument der einen Religion in den beiden andern spiegelt, also die gesamte Vereinnahmungs- oder Ablehnungsstrategie im Blick auf Jesus dreifach durchspielt. Sicher sind manche Überlegungen für mitteleuropäische Leserinnen und Leser von geringerer Bedeutung. Das gilt für die Vergangenheit wie für die Gegenwart.

Daraus haben Übersetzer, Redaktion und Herausgeber Konsequenzen für die Übertragung ins Deutsche gezogen und darum die deutsche Fassung des spanischen Textes in manchem diesen veränderten Voraussetzungen angepasst.

So sind die Originalanmerkungen zum Teil für die deutsche Ausgabe gekürzt und verändert worden, auch wenn die Anmerkungszählung mit der spanischen Originalausgabe weiterhin übereinstimmt.

Im Blick auf die vielen Koranzitate und angesichts der Tatsache, dass Míkel de Epalza selbst den Koran ins Katalanische übertragen hat, wurde zur Identifizierung der Texte folgendes Verfahren gewählt: Wir haben die Koranübersetzung von *Muhammad Rassoul* zugrunde gelegt („Die ungefähre Bedeutung des Al-Qur'an Al-Karim. Köln: Verlag Islamische Bibliothek 1988, 3. verbesserte Auflage). Diese wurde mit der spanischen Übersetzung de Epalzas verglichen und gegebenenfalls an diese angepasst und redaktionell ein entsprechender deutscher Text erstellt.

Wichtig für die Authentizität auch der deutschen Ausgabe jedoch bleibt, dass diese Veränderungen durch den unmittelbaren Kontakt zum Autor und durch die redaktionelle Bearbeitung von Pino Valero Cuadra autorisiert sind und so die geschichtliche und geografische Weite des christlich-islamischen Dialogs in die mitteleuropäische Gegenwart hineingetragen werden kann.

Reinhard Kirste

0. EINFÜHRUNG

Thema des vorliegenden Buches ist die Person Jesu, der vor rund zweitausend Jahren lebte. Er ist Objekt für drei große Religionen der Humanität: das Christentum mit seinen verschiedenen Gruppen und Gemeinschaften, für die Jesus den Mittelpunkt ihres Glaubens und ihres religiösen Lebens darstellt; das Judentum, das seine Glaubensgrundsätze durch diesen jüdischen Reformator und dessen Nachfolger verletzt sah; und der Islam, der sich als Erbe der Botschaft Jesu betrachtet, die durch Muhammad und den Koran authentisch repräsentiert wird. Alle drei Gruppierungen glauben an Gott und seine den Menschen offenbarte Botschaft und teilen religiöse Werte, in denen Jesus eine mehr oder weniger bedeutende, durch Gegensätze gekennzeichnete Rolle spielt.

Das Thema konzentriert sich im Rahmen einer konkreten Gesellschaft, nämlich der Iberischen Halbinsel[1], wo Anhänger des Christentums, des Judentums und des Islam – je nach Epoche (zwischen dem 6. und dem 17. Jahrhundert, insgesamt mehr als ein Jahrtausend) – auf unterschiediche Weise zusammen lebten. Zu bestimmten Zeiten und an bestimmten Orten stellten diese Gesellschaften der Iberischen Halbinsel (das westgotische Spanien; das arabisch-muslimische Andalusien; die hispanischen Reiche des Mittelalters; das Spanien der Österreicher; Portugal) zusammen mit dem Mittleren Osten, wo die drei Religionen entstanden und nach wie vor nebeneinander bestehen, und der modernen Gesellschaft, wo Christen, Muslime und Juden praktisch überall zusammenleben, einen der drei bedeutenden Schauplätze für die Begegnung und Entfremdung und somit für die Koexistenz dieser drei Religionen dar.

0.1. Jesus unter Christen, Juden und Muslimen, heute und in der Geschichte

Die Menschen, die an Jesus glauben, lebten und leben bis heute noch in beinahe allen Ländern der Welt in verschiedenen Gesellschaftsformen zusammen, wobei die Gesamtzahl dieser Menschen – einschließlich einiger neuerer Religionsgemeinschaften, die ebenfalls an Jesus glauben, wie die Bahá'í, die Mormonen, die Zeugen Jehovas – bei fast zwei Milliarden Menschen liegt, das ist fast ein Drittel der Menschheit.

Schon die bloße Aufzählung dieser Daten zeigt die Bedeutung Jesu in jeder einzelnen dieser religiösen Gemeinschaften. Aber diese zeigt auch, dass Jesus nicht nur innerhalb dieser Gemeinschaften lebt. Die Jesus-Bilder der Christen, Juden und Muslime stehen – verschieden abgestuft – in unmittelbarer Beziehung zu dem Bild der anderen Gruppen. Jede Gruppe hat ein durch Gegensätze gekennzeichnetes, im allgemeinen polemisches Bild von Jesus. Es ist auch ein Bild, das von den sozialen Verhältnissen der jeweiligen Epoche abhängt: der Juden, Christen und Muslime.[2]

Da diese Gegensätze, Abweichungen und Widersprüche für die Entstehung und die gegenwärtige Ausprägung der drei Bilder von Jesus grundlegend sind, soll in dem vorliegenden Werk das Jesus-Bild der Christen, Juden und Muslime jeweils für sich, aber auch in seinem Ursprung und in seinen wechselseitigen Beziehungen betrachtet werden.

Die Intention des Buches liegt darin, theologische, linguistische, soziologische und historische Sichtweisen miteinander zu verbinden, um so die Beziehungen zwischen den drei Jesusbildern der Juden, Christen und Muslime besser zu verstehen. Das vorliegende Buch informiert, erläutert und reflektiert; es will keine historischen Kontroversen wieder aufgreifen, selbst wenn sie von evidenter Aktualität sind, sondern nur deren Logik des jeweiligen Glaubens erläutern. Wenn diese Erläuterungen das Wissen, Verständnis und die Reflexion des Lesers/der Leserin hin zu mehr Erkenntnis erweitern und vor allem seine Neugier steigern und den Wunsch wecken, seine Kenntnisse über das Thema zu vertiefen, dann hat es die von seinem Autor beabsichtigte Wirkung erreicht.

0.2. Die Bedeutung Jesu bei Christen, Juden und Muslimen

Für das Christentum in seinen verschiedenen Ausprägungen (Kirchen des Ostens, römischer Katholizismus, protestantische Kirchen der Reformation ...) ist Jesus die Hauptperson – das Fundament seiner Lehre und sein historischer Gründer.

Aber auch in den beiden anderen Religionen der Humanität, im Islam und im Judentum, bildet Jesus ein wichtiges, wenn auch nicht das wichtigste Element. Durch die ständigen Wechselbeziehungen dieser beiden Religionen mit dem Christentum und dem Bild, das man sich von ihm gemacht hat, ist Jesus ein ernstes Problem geworden, das einen vitalen Gegensatz zwischen den Religionen darstellt, und zwar in ihren jeweiligen theologischen Systematisierungen und in ihren Beziehungen unter Gläubigen.

Denn tatsächlich stehen Judentum und Islam dem Christentum am nächsten, zusammen mit einigen modernen religiösen Bewegungen, die aus dem Christentum oder dem Islam entstanden sind und die die hebräische Bibel und andere Heilige Schriften ebenfalls als Teil ihres Glaubens betrachten. Deshalb enthalten die drei Religionen einen Kern von gemeinsamen Glaubensüberzeugungen, in denen Jesus eine mehr oder weniger bedeutende Stellung einnimmt, die von der jeweiligen religiösen Tradition festgelegt wurde und im Vergleich zu den anderen Gemeinsamkeiten und Unterschiede aufweist.[3]

Das Judentum ist die erste Quelle der christlichen Religion, deren Anhänger sich als die wahren Erben der Verheißungen betrachten, die Gott dem Volk Israel gegeben hat. Trotz der Neuerungen des Neuen Testaments – des neuen Bundes der Christen – erkennt das Christentum insgesamt für die biblische Botschaft und die von den Juden gelebte religiöse Wirklichkeit den göttlichen Ursprung der Heiligen Schrift der Juden an und lässt sich von deren Glaubensüberzeugungen inspirieren, obwohl es sie radikal verändert. Vor allem in christlichen Kreisen konnte man sogar von einem „Juden-Christentum" sprechen, da die alten und neuen Jünger Jesu häufig der Ansicht sind, dass die hebräische Religion nur eine Vorbereitung des Christentums darstellt und dass das Judentum nach wie vor in den religiösen Haltungen verankert ist, die der Ankunft Jesu vorausgingen. Durch dieses christliche Verhalten werden die Originalität des Judentums und seine historische Entwicklungen nicht ausreichend berücksichtigt; aus diesem Grund wird die assimilierende Bezeichnung „jüdisch-christlich“ durch die differenziertere Bezeichnung „jüdisch und christlich“ ersetzt, wenn Elemente beschrieben werden sollen, die beiden Religionen gemeinsam sind, innerhalb der Religion jedoch rein individualisierte Glaubensüberzeugungen darstellen. Die Beschäftigung mit dem Jesus des Judentums kann auch dazu dienen, die tiefe Originalität dieser Religion im Vergleich zu der des Christentums, zum Islam oder vielen anderen religiösen Bewegungen der Menschheit, die durch das Judentum so entscheidend beeinflusst wurden, besser kennen zu lernen. Im Laufe der Jahrhunderte hat sich seine mannigfache religiöse Tradition deutlich weiter entwickelt, während die religiösen Werte der Bibel erhalten blieben. In den 2000 Jahren des Zusammenlebens in verschiedenen Gesellschaften sind auch reichhaltige und komplexe Beziehungen zu den religiösen Werten des Christentums entstanden.

Die Religion der Jünger Jesu weist auch viele Ähnlichkeiten mit dem Islam auf (die von beiden Seiten in der Form sehr unterschiedlich bewertet werden). Der Islam präsentiert sich als Nachfolger der großen monotheistischen Glaubensbewegungen (der Religion der Hanifen [= der an einen Gott Glaubenden, ehe der Islam als eigenständige Religion auftrat], wie der Abrahams, dem Judentum des Moses und dem Christentum Jesu), der geoffenbarten Bücher und von Gott erwählten Völker. Obwohl der Islam das Judentum und das Christentum im Lichte des Koran und der Aufgabe des Propheten Muhammad reduziert, räumt er Jesus und seinem Glauben eine sehr wichtige und positive Rolle ein und verteidigt seine göttliche Mission gegenüber den Juden, die diese bestreiten, und sogar gegenüber den Christen, die diese – nach muslimischer Auffassung – verdrehen.[4]

Auch hier erlaubte es die Betrachtung des islamischen Jesus, die Ähnlichkeiten und auch die fundamentale Originalität dieser großen Religion in Beziehung zum Christentum und zum Judentum ein wenig besser kennen zu lernen.[5] Selbst in neuerer Zeit gibt es nur wenige Untersuchungen über den jüdischen, den christlichen und den islamischen Standpunkt gegenüber Jesus, obwohl es eine Reihe mehr allgemeiner Titel gibt.[6]

0.3. Das Zusammenleben von Christen, Juden und Muslimen im Umfeld Jesu

Die Verwandtschaft zwischen den drei großen Religionen, bei denen es sich um Glaubenssysteme und Lebensweisen handelt, beschränkt sich nicht auf den Bereich der Lehre oder der religiösen Konzepte. Judentum und Islam sind dem Christentum auch deshalb so nahe, weil die Anhänger der drei Religionen Jahrhunderte lang im Mittleren Osten, im Mittelmeerraum, in Europa, in Amerika und jetzt auch in Afrika, Asien und Ozeanien in geografischer und soziologischer Nähe gelebt haben und leben. Dieses Zusammenleben besteht, egal ob sie in der Mehrheit oder in der Minderheit sind und je nach politischer und gesellschaftlicher Entwicklung in unterschiedlichem juristischem Status und verschiedenen gesellschaftlichen, oft konfliktreichen Beziehungen.

In diesem Zusammenleben ist Jesus mehr als eine religiöse Bezugsgröße des jeweiligen Glaubenssystems. Der Jesus der Christen nötigt Juden und Muslime oft, sich zu definieren und ihre Identität gegenüber Jesus zu bestimmen. Somit sind in jeder Phase der Geschichte die Beziehungen zwischen den drei Religionen von Bedeutung, um deren jeweilige Positionen gegenüber Jesus zu verstehen. Das führt zu einer Untersuchung des jüdischen und des islamischen Jesus, zum einen in Beziehung zum sozio-historischen Kontext, zum anderen in Abhängigkeit von der Haltung der Christen.

Im europäischen Mittelalter[7] vom Untergang Roms (476 n. Chr.) bis zum Untergang Konstantinopels (1453)[8] sind die Jesus-Bilder je nach Zeit und Ort sehr unterschiedlich.

Wir werden unsere Betrachtung auf die Iberische Halbinsel jener Epoche konzentrieren, wo die demografischen Beziehungen zwischen den Anhängern der drei Religionen eher ausgeglichen gewesen sind und auf den arabischen und islamischen Mittleren Osten, deren Beziehungen untereinander stärker variierten.[9] Die mittelalterliche Geschichte der drei Glaubensrichtungen der Iberischen Halbinsel spiegelt sich auch in der Geschichte der drei Religionen im Mittleren Osten heute und im modernen Europa wider. Die mehr als tausend Jahre des Zusammenlebens in den Gesellschaften der Halbinsel zwischen dem 6. und 17. Jahrhundert bilden einen weiten und vielfältigen und – vom soziologischen und historischen Standpunkt

– dennoch ausreichend präzisen Rahmen, um das Jesusbild der Juden und Muslime gegenüber dem der Christen deutlich zu machen, ohne dass es zu schematisch oder abstrakt ist.

Es gibt im heutigen Spanien ein herrliches Gebäude, das gemäß einem historischen andalusischen Text, nach dem der jüdische König Salomo das Gebäude bauen ließ, die Beziehungen und die Kontinuität der religiösen Traditionen der Juden, Christen und Muslime symbolisiert.

„Als Salomo, der Sohn Davids, – Friede sei mit beiden – nach Andalusien kam […] sprach er zu den „Dschinn" (Geistern): Richtet diesen Ort her und ebnet ihn, und es soll hier ein Gebetshaus (Synagoge) stehen, um Gott zu ehren. […] Er stellte die Priester der Israeliten hinein, damit sie dieses bewahrten, und sie brachten die Gesetze [die Tora] und die Psalmen und so blieb es. Und – so fuhr er fort – bis Gott Jesus sandte – Friede sei mit ihm – und die christliche Religion verbreitet wurde, so dass aus diesem Tempel/dieser Synagoge eine Kirche wurde, in der die Christen zu Gott – gelobt sei er – beteten und aus den Evangelien lasen, bis der Islam Andalusien eroberte. Damals kam Tariq ben Ziyad […]nach Córdoba und ließ eine Hälfte der Kirche in eine Moschee umbauen. Die andere Hälfte blieb eine Kirche für die protegierten Christen.

So blieb es, bis Imam Abd al-Rahman ben Mu'awiya, der Erste, nach Andalusien kam, die zweite Hälfte der Kirche kaufte und sie der „Edlen Moschee" („mezquita noble") angliederte …"[10]

Der Text enthält offensichtliche Ungenauigkeiten und Legendarisches, die Bedeutung der historischen religiösen Kontinuität, wird für dieses Gebäude, die Kathedrale-Moschee von Córdoba, jedoch deutlich.

Durch die Begegnungen und Entfremdungen der Religionen werden die Härte und Beständigkeit des Unverständnisses bei den Streitigkeiten um die Person Jesu besser verständlich. Der Zugang zur historisch-religiösen Persönlichkeit erfolgt im Allgemeinen nicht auf der individuellen Ebene: Zwischen den Gemeinschaften, ihren Glaubensüberzeugungen und kollektiven Haltungen wird vermittelt. In diesem Sinne ist Jesus die „Geisel" jeder Gemeinschaft, in erster Linie der Christen, die den Einzelnen die Bilder zu vermitteln versuchen, die sie um ihn aufgebaut haben.[11] Juden und Christen werden jedoch auch die alten Zeugnisse über die Realität Jesu vom traditionellen und kollektiven jüdischen[12] bzw. muslimischen[13] Standpunkt aus lesen.

Das was in diesem Buch untersucht wird und sein Ziel bestimmt, ist also eine gewisse Form des Zusammenlebens auf der Iberischen Halbinsel: Juden, Christen und Muslime mit einer gewissen Toleranz und viel Intoleranz. „Welche Gültigkeit hat also die mittelalterliche hispanische „Toleranz", die Toleranz Andalusiens? Was sagen uns die drei verschiedenen Ansichten über Jesus über die Form, in der die Jünger Jesu mit denen zusammenlebten, die nicht dieselbe religiöse Ansicht vertraten?[14]

0.4. Aufbau des vorliegenden Buches

Dieses Buch besteht aus drei Teilen und drei Anhängen: Die drei Teile stellen die Jesusbilder der Christen, Juden und Muslime im Mittelalter jeweils in Beziehung zu den anderen dar. Es gibt bereits viele Bücher und Studien, in denen jeweils zwei dieser Bilder verglichen werden, Islam-Christentum und umgekehrt, Islam-Judentum, Judentum-Christentum. Es gibt jedoch viel weniger Vergleiche zwischen allen dreien: Christentum-Judentum-Islam, obwohl dieser Vergleich vieles erhellt. Ohne den Anspruch zu erheben, sehr originell zu sein oder das Thema erschöpfend zu behandeln, glauben wir dennoch, dass dieses Buch weitreichende Information und Reflexion zu diesem Thema auf drei Ebenen bietet.

Die beiden ersten Anhänge („Die Gesellschaften der drei hispanischen Religionen" und „Quellen über Jesus") fassen die Logik und historische und lehrmäßige Kohärenz dieser Bilder zusammen und erläutern sie. Anhang 3 („Der hispanische Adoptianismus im 8. Jahrhundert. Jesus zwischen Christentum, Judentum und Islam") legt eines der klarsten Beispiele für die Konvergenz der Bilder der drei Religionen auf hispanischem Boden im 8. Jahrhundert, als der Islam anfing, in den bisherigen Gesellschaften die Vorherrschaft zu übernehmen, in denen Jahrhunderte lang Juden und Christen zusammengelebt hatten: Es handelt sich dabei um das christliche Erbe des Adoptianismus, das wichtigste der westlichen christlichen Welt dieses Jahrhunderts, das sich auf Jesus und die Bilder von ihm konzentrierte und von allen drei Religionen beeinflusst ist.

Selbstverständlich wird das Thema in einem einzelnen Buch nicht erschöpfend behandelt, noch werden alle Quellen verwendet oder alle Aspekte kommentiert. Gezeigt werden soll jedoch die Logik jedes, wenn auch unvollständigen Bildes als Methode der Annäherung an fremde Glaubensrichtungen für Christen, Juden, Muslime, andere Gläubige oder Nicht-Gläubige der heutigen Welt. Möge dieses Buch dazu beitragen, die unterschiedlichen Jesusbilder besser zu verstehen; und zu einem besseren Verständnis ihrer Verschiedenartigkeit führen.

1. DER JESUS DER CHRISTEN GEGENÜBER MUSLIMEN UND JUDEN

Natürlich kann man das Zeugnis der Christen, das sie von Jesus anbieten, auf viele unterschiedliche Arten darstellen. Hier nun geht es weniger um das, was die Christen durch ihre theologischen Begriffe und religiösen Praktiken ausdrücken, als darum, wie die Rezeption dieses Zeugnisses oder der christlichen Botschaft Juden oder Muslime beeinflusste, dieses christliche Jesusbild aufzufassen.[15]

1.1. Jesus, Meister und Begründer der konkreten christlichen Lebensformen, Kirchen und Gesellschaften

Jesus wird vor allem als Begründer des Christentums verstanden, d.h. als Begründer der Gemeinschaft von Menschen, die ihm mit ihren Glaubensüberzeugungen und Lebensformen nachfolgen.

Damit wird gleich ein unmittelbarer Bezug zum historischen Ursprung dieser Gründung hergestellt, denn die christliche Realität scheint anders zu sein als die der Juden zur Zeit Jesu oder später die der Muslime. Die Juden werden die Ursache für diese Unterschiede vor allem in der Persönlichkeit und dem Handeln Jesu sehen, dessen christliche Nachfolger sich vom Judentum ihrer Zeit losgesagt haben. Die Muslime werden ihrerseits daran festhalten, dass zwischen der Rolle und der Botschaft Jesu und der Rolle und der Botschaft Muhammads eine wesentliche Übereinstimmung besteht und die Unterschiede zwischen Christentum und Islam auf die Jünger Jesu, insbesondere auf den Apostel Paulus zurückführen.

Die Lehre Jesu manifestiert sich im Verhalten des einzelnen Christen. Auf der Iberischen Halbinsel definierte sich im Mittelalter eine Persönlichkeit in der Gesellschaft viel stärker als in den heutigen Gesellschaften durch ihre religiöse Identität als durch die Nationalität, Sprache oder Rasse. Deshalb wurden Menschen schnell aufgrund ihrer Glaubensüberzeugungen identifiziert. Dies geschah durch die Begegnung von Anhängern verschiedener Religionen und, im Falle der Begegnung mit den Christen, aufgrund der Bedeutung dieses Glaubens im Hinblick auf Jesus als deren Begründer.

In diesen inter-religiösen Situationen verteidigten die Christen ihre besondere Sichtweise Jesu und bemühten sich mit einem häufig exzessiven Eifer, Juden und Muslime dazu zu bringen, die Überlegenheit Jesu und die christliche Sichtweise anzunehmen. Dies führte bei Juden und Muslimen zu Abwehrreaktionen. Aufgrund des autoritären Auftretens einiger Christen, insbesondere Geistlicher, die sich verpflichtet fühlten, die christliche Lehre zu verteidigen – so wie dies in ihren Schriften Paulus und die Kirchenväter getan hatten – entstand bei Juden und Muslimen das Jesusbild eines autoritären Meisters der Christen und des Gründers des Christentums. Und sie mussten dieses Bild zurückweisen, unabhängig davon, ob sie es für authentisch hielten oder nicht.

Jesus ist nun allerdings der Begründer des Christentums und der christlichen Kirchen. Für die Juden war die christliche Behauptung, dass die Kirche als Erbe der göttlichen Versprechen an das auserwählte Volk, das Volk Israel, die Synagoge abgelöst hat, völlig inakzeptabel.[16] Deshalb lehnten sie diesen Jesus ab, dessen jüdische Abstammung sie – in gewissem Sinne – nicht bestreiten konnten, dem sie jedoch, wenn es um die biblischen Verheißungen an das jüdische Volk geht, jeglichen göttlichen Ursprung absprachen. Ihrer Meinung nach hatte Jesus das Alte Testament verraten, und konnte deshalb in keiner Weise der Ursprung eines Neuen Bundes sein. Auch die Kirche bzw. die Kirchen haben in ihrer Lehre und vor allem in ihrem Verhalten gegenüber den Juden keinerlei göttliche Autorität, die Jesus ihnen verliehen haben könnte, weil er sie auch nicht hatte. Sogar die Lehren bzw. Praktiken jüdischen Ursprungs, die das Christentum bewahrt hatte, wobei es sich auf die Autorität der Bibel berief, war für die Juden nichts weiter als eine Karikatur ihrer Traditionen. Insbesondere die alttestamentlichen Ursprünge, aus denen die Christen ihre religiösen Riten ableiten (Begriffe wie Opfer, Opfergabe, Priesteramt usw.), stellten für die Juden einen Missbrauch dieser Ursprünge dar. Die Kirche und ihre Institutionen, die behaupten, Jesus folgen, verdienten nach Meinung der Juden lediglich Verachtung, und dies befleckte in den Augen der Juden auch das Bild von Jesus selbst als Begründer der Kirche.

Für die Muslime waren die Kirche und ihre Institutionen – insbesondere die spanische Inquisition – lediglich Täuschungen und Manipulationen, die das Bild und die Botschaft Jesu verzerrten. Die Kirche ist die Erbin der Jünger Jesu, die seine Botschaft verändert haben. Sie spielt eine finstere Rolle und verführt die Christen mit absurden neuen Lehren, die sie täuschen und nichts mit Jesus zu tun haben. Angesichts des Zeugnisses der Kirche bzw. der Kirchen von Jesus, ihrem Meister und Begründer, wiesen die Muslime die Verbindung zwischen dem mittelalterlichen Christentum und Jesus als dessen Begründer zurück und betrachteten die Lehre der Kirche nur in eingeschränkter Weise als grundlegende Lehre Jesu. Obwohl der Koran von den Muslimen verlangt, fromme Christen zu respektieren,[17] wurden die Geistlichen im allgemeinen nicht zu dieser Kategorie gezählt, denn die Muslime sahen in ihnen vor allem Verführer der Kirche. Auch war für die Muslime das Zeugnis der christlichen Kirchen über Jesus überhaupt nicht akzeptabel. Jesus selbst trägt ihrer Meinung nach keine Verantwortung für das, was die Kirchen aus ihm gemacht haben, und zwischen ihm und den Kirchen besteht keinerlei Verbindung.

Schließlich gaben auch die politischen Gesellschaften, die sich auf Jesus beriefen und sich als christlich bezeichneten, ein Zeugnis von Jesus, jedoch wurde auch dieses Zeugnis von Juden und Muslimen unterschiedlich wahrgenommen.

Als Auswirkung dessen wurden die christliche Gesellschaft und deren Autoritäten von den Juden als eine dem Volk Israel fremde Gesellschaft betrachtet, in die dieses Volk ins Exil gegangen ist. Die Autoritäten wurden mit den Persönlichkeiten der historischen Bibel gleichgesetzt, die ihnen manchmal wohlgesonnen waren, sie jedoch im allgemeinen unterdrückten. Eine Geschichte über die Juden, die im 16. Jahrhundert von dem sicherlich gebildeten Sohn eines Juden verfasst wurde, zeigt deutlich, wie die Juden die 1500 Jahre seit der Zerstörung des zweiten Tempels, insbesondere auf der Iberischen Insel und in Europa, beurteilten. Für sie war diese Geschichte eine Folge von Verfolgungen durch die christlichen Gesellschaften und Autoritäten, die mit den Edomiten der Bibel verglichen werden.[18]

Genau aufgrund dieser biblischen Sichtweise ihrer Geschichte konnten die Juden in Jesus niemanden anders als den Begründer dieser fremden Gesellschaften sehen, die das Volk Israel verfolgten, der nicht zu Israel gehört, weil er sich mit den heidnischen Verfolgern des auserwählten Volkes, den Gojim, verbündete, obwohl es jüdische Autoren gibt, die die Christen nicht zu den *Gojim* zählen, weil sich diese zu einem, wenn auch befremdlichen, Monotheismus jüdischen Ursprungs bekennen.

Die Muslime dagegen, für die es völlig normal war, dass die christliche Gesellschaft politisch und militärisch organisiert war, räumten Jesus die Rolle eines politischen Führers ein, so wie es Moses bei den Juden und Muhammad bei den Muslimen gewesen waren. Sie warfen den christlichen Gesellschaften lediglich vor, dass sie sich nicht den politischen Autoritäten des Islam unterordneten. Nach den muslimischen Quellen schickte Muhammad während seines Lebens Botschaften an die christlichen Herrscher und legitimen politischen Autoritäten von Äthiopien, Byzanz, Persien und Ägypten, um sie zu bitten, den Islam anzunehmen oder sich der politischen Autorität der Muslime unterzuordnen, indem sie eine spezielle Steuer („Kopfsteuer") zahlten. Nachdem sich die christlichen Autoritäten geweigert hatten, sich zu unterwerfen, betrachtete der Islam diese Länder als Bereiche, die sich gegen Gott auflehnten, und somit musste deren politische Autorität gewaltsam gebrochen werden. Die Menschen in diesen Ländern waren schlechte Jünger Jesu, da dieser sie doch selbst aufgefordert hatte, dem Islam zu folgen.

Kurioserweise hatten die Muslime mehr Verständnis für die politische Gesellschaft des Christentums, weil diese eher dem Ideal der islamischen Gesellschaft entspricht, als für die Kirche, eine spezialisierte religiöse Institution, die im Islam keine Entsprechung hat. Außerdem warfen die Muslime den christlichen Kirchen vor, dass die Christen untereinander sehr gespalten sind, und dass sie für die Verfälschungen der Botschaft und der Lehre Jesu verantwortlich wären, also dass die Schuld dafür letztlich bei der christlichen Gesellschaft läge.

Daran wird deutlich, dass das Jesusbild der Christen und ihrer Gesellschaften im Mittelalter starke Auswirkungen auf das Bild hat, das sich Juden und Muslime von Jesus als Begründer des Christentums machen. Juden und Muslime lehnen das christliche Jesusbild ab, allerdings in unterschiedlicher Weise: Ist Jesus für die Juden die Ursache für die Verbrechen der Christen, so lassen sich für die Muslime dagegen zwischen Jesus und den heutigen Christen vor allem mit ihren Kirchen keinerlei Verbindungen erkennen.

1.2. Die „Göttlichkeit" Jesu angesichts der göttlichen Einzigkeit und Transzendenz bei Juden und Muslimen

Eine der wichtigsten Aussagen des christlichen Glaubensbekenntnisses über Jesus ist die, dass er Gott und Sohn Gottes ist. Das ist der Kern des christlichen Glaubens: ein Gott in drei Personen, Vater, Sohn und Heiliger Geist. Das Dogma von der Trinität, das am Beginn des Christentums häufig und heftig diskutiert wurde, wurde von der katholischen Kirche endgültig und klar definiert. Bis zum Arianismus, der die erste Epoche der westgotischen Herrschaft in Spanien dominiert hatte und – nach Meinung einiger[19] – theologische Formeln beinhaltete, die dem islamischen Göttlichkeitsbegriff nahe kamen, gab es nichts, was man der katholischen Gotteslehre, die die hispanische Christenheit des Mittelalters fast vollständig beherrschte,[20] entgegensetzen konnte. Mit diesen einfachen und deutlichen Formeln über die Göttlichkeit Jesu wurden Juden und Muslime auf der Iberischen Halbinsel konfrontiert, und sie empfanden diese schlichtweg als absurd.

Tatsächlich konnte das christliche Zeugnis über Jesus als Gott und Sohn Gottes – und um zu bestätigen, dass er jener historische Mensch war – in ein hellenistisches Umfeld eindringen, in dem der Begriff Göttlichkeit zahlreiche Bedeutungen hatte; diese waren häufig anthropomorph und in allen Formen weit entfernt von der Transzendenz und der Einzigkeit des Gottes des Volkes Israel (zu der sich auch das Christentum bekennt, ebenso wie später der Islam). Andererseits waren für bestimmte philosophische Kreise unter den Juden, die den Anhängern des alexandrinischen Platonismus oder bestimmten esoterischen Kreisen und den heidnischen „Mysterien" nahe standen die christlichen Formeln verständlich; diese sollten tatsächlich in unvollkommener Weise ein göttliches Mysterium zum Ausdruck bringen, das die Christen ausdrücklich als unerkennbar, jedoch nicht als irrational verstanden.

Die Aussagen über Jesus im Bekenntnis der Christen waren in ihrer Klarheit viel zu differenziert, um in ihrer theologischen Komplexität verstanden zu werden. Die Präzisierungen der Theologen bis hin zu den pädagogischen Bildern der Prediger änderten nichts an der schockierenden Wirkung, die diese Aussagen in ihrer sozusagen sonnigen und einfachen Klarheit auf Juden und Muslime hatten.

Für Juden und Muslime steht nämlich Gott über allen Dingen, er ist – so oder so – für alle geschaffenenen Dinge transzendent. Er ist einzig und kann nicht vielfältig sein. Begriffe von „Personen“, die als rationale Stütze der christlichen Trinitätslehre dienen, setzen voraus, dass Gott menschliche Eigenschaften zugeordnet werden, die Juden und Muslime in ihrem Glauben einer göttlichen Transzendenz auf keinen Fall zuordnen können. Und dass ein konkreter Mensch wie Jesus Gott sein kann, kann auf keinen Fall Bestandteil ihres Glaubens sein.

Daher rührt die völlige Ablehnung der christlichen Aussagen über die Göttlichkeit Jesu, obwohl die Muslime den göttlichen Ursprung seiner Botschaft anerkennen. Auch für sie kann der Prophet Gottes in gewisser Weise die göttliche Natur annehmen.

Auf Grund dieser radikalen Ablehnung werden die verschiedenen Erklärungsversuche der Christen zur Göttlichkeit Jesu der Lächerlichkeit preisgegeben, vor allem sofern sie aus der hebräischen Bibel stammen.[21] Diese manchmal einfachen und bildhaften, manchmal komplexen und subtilen Argumentationen, mit denen versucht wird, den christlichen Glauben rational zu rechtfertigen, ohne dadurch das Geheimnis dieser den Christen geoffenbarten Dogmen zu enthüllen, werden von jüdischen und muslimischen Polemikern widerlegt und lächerlich gemacht.

Somit verwandelt sich Nicht-Akzeptanz des göttlichen Charakters Jesu als wesentliches Dogma des christlichen Glaubens zum grundlegenden Element des Jesusbildes von Juden und Muslimen. Es wird genauso abgelehnt wie all die anderen Einladungen, andere Götter zu verehren, die die Gesellschaft der „jüdischen Verbannung“ den Juden bietet. Dies beklagt der große Poet *Jehuda Ha-Leví* (= *Hallevi,* geboren in Tudela, 11.–12. Jahrhundert), der in der „Heimkehr nach Zion“ beklagt:

> „Ist es gut, dass der gerechte und aufrechte Mann
> glücklich genannt wird,
> der wie ein Vogel an die Hand von Burschen gebunden ist,
> der im Dienst von Berbern, Arabern und Christen steht,
> die sein Herz mit anderen Göttern verführen,
> damit er nach deren Wohlwollen trachtet und Gott verlässt,
> den Schöpfer verrät und den Geschöpfen dient?“[22]

1.3. Das „Menschsein" Jesu: weder muslimischer Prophet noch frommer Israelit

Auch wenn das Jesusbild, das die Christen den Juden vorstellen, auf seine Herkunft und auf seinen göttlichen Charakter zentriert ist, gehört doch gemäß den Evangelien das Menschsein Jesu genauso in den Mittelpunkt wie seine Göttlichkeit. Offensichtlich handelt es sich um einen vollkommenen Menschen ohne Fehler, einen außergewöhnlichen Menschen, der Wunder vollbringt, was ihn über seine Mitmenschen stellt, die nicht vollkommen und allen Naturgesetzen unterworfen sind. Sicherlich wurde durch zahlreiche Aspekte der menschlichen Geschichte Jesu bei Nichtchristen (die im Prinzip nicht am christlichen Glauben Anteil haben) ein gewisses Interesse an den Christen geweckt. Die moralischen Beispiele seines irdischen Lebens und die Lehre Jesu konnten sogar eine gewisse Bewunderung hervorrufen, und dies geschieht auch heute noch durch zahlreiche Ungläubige oder Nichtchristen, die der Person Jesu in vieler Hinsicht eine große Bedeutung beimessen.[23]

Das christliche Zeugnis vom Menschsein Jesu hat Juden und Muslime des Mittelalters sicherlich beeinflusst. Aber bis in die tradierte Texte wurde das christliche Bild vom „Menschsein" Jesu von den jüdischen und muslimischen Überlieferern zugunsten bestimmter spezifischer religiöser Dimensionen verändert, die in den folgenden Kapiteln untersucht werden.

Insbesondere das Umfeld der Polemik, die die jüdischen und muslimischen Texte über Jesus beherrscht, führt dazu, dass die meisten Informationen über das menschliche Leben Jesu als Argumente gegen seine Göttlichkeit verwendet werden. Lediglich der Islam, der auf dem Koran und auf zahlreichen, dem Propheten Muhammad zugeschriebenen Traditionen basiert, die Parallelen zu christlichen Texten aufweisen, zeigt eine gewisse Sympathie für Begebenheiten aus dem Leben Jesu.[24] Im christlichen Spanien und insbesondere im frühen Mittelalter[25] können aufgrund des Umfelds der Polemik christliche Texte, sogar die Evangelien, lediglich als Argumente gegen das Christentum verwendet werden. Die nichtchristlichen Autoren machten beim Zitieren dieser Texte methodologische Vorbehalte und behaupteten, dass sie in gewisser Weise an das glauben, was die Evangelien aussagen und dass sie diese lediglich verwenden, um deutlich zu machen, dass die christlichen Glaubensüberzeugungen den biblischen Texten selbst widersprechen.

Tatsächlich vertraten Juden und Muslime gegenüber dem christlichen Bekenntnis zum „Menschsein" Jesu sehr negative Einstellungen, deren Ursprung im Glauben der jeweiligen Gemeinschaft zu finden ist.

Die Muslime gingen davon aus, dass die christlichen Bekenntnisse über Jesus ihre aktuell bewahrte Grundlage in den Evangelien haben, die jedoch von den Jüngern Jesu verfälscht und von der Kirche und den Geistlichen schlecht ausgelegt wurden. Somit war es für sie völlig unnütz, sich mit dem christlichen Bekenntnis zu befassen, um Jesus und seine Lehre kennen zu lernen. Alles was sie über Jesus wissen mussten, findet sich im Koran und in der Lehre Muhammads. Damit wurde das christliche Bekenntnis zu Jesus, sogar zu seinem „Menschsein" oder seinem menschlichen Wesen, das der Islam anerkennt, für ungültig erklärt.

Die jüdische Zurückweisung war in diesem Punkt sogar noch radikaler. Jesus und seine Jünger können die Welt und erst recht die Juden nichts lehren. Zu Lebzeiten wurden sie wegen ihrer Lügen und ihrer Wundertaten – die man als Hexerei bezeichnen muss – und für ihre falsche Lehre verurteilt, die viele ihrer jüdischen Zeitgenossen mehr oder weniger in die Irre führte.

Somit werden die Grenzen deutlich, die im sozioreligiösen Kontext des Mittelalters in Spanien dem christlichen Zeugnis über das Menschsein Jesu gesetzt wurden. Juden und Muslime erkannten zwar die Existenz und den menschlich vorbildlichen Charakter Jesu an, lehnten jedoch die von den Christen daraus abgeleitete Vorstellung ab: Für die Muslime war er kein Prophet wie Muhammad und für die Juden kein frommer Israelit.

1.4. Der durch geheimnisvolle Riten existierende Jesus: die Eucharistie und die übrigen Sakramente

Für die Christen ist Jesus nicht nur eine historische Persönlichkeit einer bestimmten Epoche, dessen göttliche Lehre sie einander in den Kirchen oder Ordensgemeinschaften weitergeben, sondern sie glauben auch, dass sich Jesu Gegenwart den Gläubigen und deren Gemeinschaft durch Riten zeigt, die nur ihnen vorbehalten sind. Es handelt sich dabei um die Sakramente, deren Anzahl vom christlichen Abendland bereits im 12. Jahrhundert auf sieben festgelegt wurde: Taufe, Firmung, Eucharistie/Abendmahl, Buße/Beichte, Letzte Ölung/Krankensalbung, Priesterweihe und Ehe. Insbesondere beim Abendmahl werden der Tod und die Auferstehung Christi nacherlebt: In einer regelmäßigen Zusammenkunft werden den Gläubigen Brot und Wein gereicht. Somit ist das Abendmahl ein Teil des Bildes Jesu, das – insbesondere die römisch-katholischen und die orthodox-orientalischen – Christen den Juden und Muslimen gegenüber bezeugen.

Jüdische und muslimische Gläubige können sehr gut nachvollziehen, dass die Christen regelmäßig zusammenkommen, um gemeinsam zu beten und eine religiöse Lehre zu empfangen. Sie selbst tun das gleiche, wenn auch in anderer Form. Bei den Juden geschieht dies insbesondere am Sabbat und bei den Muslimen beim freitäglichen Mittagsgebet. Was Juden und Muslime nicht akzeptieren können, ist die Gegenwart Jesu in Brot und Wein, ein Mysterium, das auch für die Christen selbst das menschliche Fassungsvermögen übersteigt. Für Juden und Muslime ist dieses Grundelement christlichen Glaubens, auch wenn sie intellektuell nachzuvollziehen versuchen, was die Christen als fundamentales Element darzustellen versuchen, jedoch in dieser Hinsicht eine weitere Absurdität, die die Christen Jesus zuschreiben.

Für die Juden hat der eucharistische Ritus nichts mit der jährlichen Feier des Passafestes gemeinsam, so sehr die Christen dies auch behaupten. Alle Verbindungen, die das Neue Testament und die kirchliche Lehre zwischen dem Passamahl und dem Abendmahl schuf, sind von sekundärer und allegorischer Bedeutung und sollten gänzlich zurückgewiesen werden. Es gibt einen grundlegenden Unterschied zwischen den Riten, das ist offensichtlich Jesus selbst.

Tasächlich dient das jüdische Mahl in erster Linie dem jährlichen Gedenken an ein politisch-religiöses Ereignis, die Befreiung des jüdischen Volkes vor seinen Verfolgern, also insbesondere seine Flucht aus Ägypten. Für die Christen manifestiert das (tägliche) Abendmahl vor allem die Gegenwart Jesu in den Kirchen. Trotz der christlichen Bezugnahme auf das jüdische Ritual können Juden dieses Bild des gegenwärtigen Jesus nicht verstehen, geschweige denn akzeptieren, denn nach dieser Vorstellung ist der gegenwärtige Jesus das Symbol des Neuen Bundes, mit alttestamentlichem Bezug auf die Errettung des jüdischen Volkes, das spirituell von Jesus auf die Christen der ganzen Welt ausgedehnt wurde. Die jüdischen Seite weist auch alle Ankündigungshinweise auf die Eucharistie/das Abendmahl zurück, die die Christen in den jüdischen Schriften suchen.[26]

Für die Muslime ist die bloße Beschreibung des Abendmahls, das die Polemiker der letzten Epoche der muslimischen Anwesenheit auf der Iberischen Halbinsel – wie beispielsweise Anselm Turmeda und die Mudéjaren und Morisken[27] vorsichtig beschreiben – der Gipfel der Ungereimtheiten im Christentum und das beste Beispiel für dessen irrige Aussagen über Gott und Jesus.

Somit führt gerade eines der bedeutendsten – und zugegebenermaßen auch geheimnisvollsten – Elemente der christlichen Vorstellung von Jesus zur radikalen Ablehnung durch Juden und Muslime.

1.5. Jesus und seine Jünger: die Heiligen, der Klerus, die Machthaber, die romanisierten Europäer

Die Christen glauben, dass Jesus in gewisser Weise in den Männern und Frauen, die ihm nachfolgen und einen Teil seines „mystischen Leibes" bilden, gegenwärtig ist: Die Heiligen sind als die treuesten Nachfolger Jesus am ähnlichsten; der Klerus, vor allem die Bischöfe und die Ordensangehörigen im Allgemeinen bekennen sich offen zu einer Lebensweise, die sich am Vorbild Jesu orientiert; die Machthaber christlicher Staaten behaupten, nach den Grundsätzen der Regeln Jesu zu regieren. Auf der anderen Seite ist jedoch auch offensichtlich, dass die Menschen, die nach dem Vorbild Jesu leben, dies unter besonderen persönlichen und sozialen Umständen tun. Im Fall des hispanischen Christentums handelt es sich um eine stark romanisierte europäische Gesellschaft mit bedeutenden präromanischen und germanischen Einflüssen.

Die Bezeichnung „christlich" kommt von „Christus", dem Titel des Neuen Testaments, der für eine Beziehung zwischen Jesus und seinen Nachfolgern steht, die für die drei religiösen Traditionen Christentum, Judentum und Islam jeweils etwas Anderes bedeutet. Der muslimische Standpunkt wird in einem besonders reichen und mannigfaltigen arabischen Wortschatz zur Bezeichnung der Christen deutlich. Darin zeigen sich auch verschiedene Aspekte der Vorstellung, die der Islam von Jesus und vom Verhältnis zu seinen Jüngern hat. Die detaillierte Studie von *Eva Lapiedra* enthält 16 Bezeichnungen für die Christen in Chronik-Texten des mittelalterlichen Andalusien.[28]

- adú = Feind und adú Gott = Feind Gottes
- nasrani = Nazarener
- rumi = Römer des Römischen Reiches
- káfir = Ungläubiger; múshrik = Polytheist
- taguia = Tyrann, der gegen jedes Gesetz rebelliert
- ilch = Unzivilisierter; ifranchi = Franke, Katalane
- áchami = Barbar
- ahl adh-dhimma = protegierte Gruppe und dhimmí = Protegierter
- muáhid, der unter einem Vertrag steht
- ábid al-asnam = Götzenanbeter
- ábid as-sulbán = Kreuzesanbeter und ábid al-awthán = Bildnisanbeter
- ahl al-kitab = Menschen des Buches
- masihi = Nachfolger des Messias von Al-Masih = Messias bzw. auch islamischer Titel für Jesus
- isawi = Nachfolger Jesu
- muthálith = Trinitarier[29]

Diese lebendige Beziehung zwischen den Christen und Jesus schien von Juden und Muslimen nur insofern wahrgenommen zu sein, als dass Jesus – wie schon gesagt – der oberste Lehrer und Gründer des Christentums war. Die Juden lobten offenkundig die Christen, die ihnen wohlgesonnen waren, haben aber wohl nicht von einem guten Christen auf irgendeine Vorstellung von Jesus zurückgeschlossen. Die Muslime warfen den Christen zuweilen vor, sich nicht an der Sanftmut und Demut zu orientieren, mit der dieser sich dem Willen Gottes unterwarf. Sie suchten im christlichen Klerus vergeblich die frommen Mönche, die sie nach dem Koran respektieren müssen:[30]

„Sicherlich findest du, dass unter allen Menschen die Juden und die Götzendiener (= die Gott etwas beigesellen) die erbittertsten Gegner der Gläubigen sind. Und du wirst zweifellos finden, dass die, welche sagen: ‚Wir sind Christen‘ [Nazarener] den Gläubigen am freundlichsten gegenüberstehen. Dies ist so, weil es unter ihnen Priester und Mönche gibt, und weil sie nicht hochmütig sind." (Sure 5, 82)

Die Wunder, die Christen des Mittelalters ihren Heiligen als Beweis für deren Nähe zu Gott und als Wiederholung der übernatürlichen Kräfte Jesu zuschrieben, waren für die Juden genauso Betrug wie die Wundertaten Jesu. Obwohl auch die Muslime über dieses Thema Scherze machten,[31] glaubten sie dennoch, dass Gott manchmal den Menschen die Kraft gibt, Wunder zu vollbringen, und dies hat er auch bei Jesus, der mehr Wunder getan hat, und mit Moses und Muhammad getan. Somit schließt das islamische Denken Wunder nicht aus, diese werden jedoch von Gott vollbracht und nicht von einer von den Menschen ausgeübten göttlichen Kraft, es erkennt jedoch die christlichen Wunder – außer die Jesu – nicht an, weil diese ein Signal göttlicher Bestätigung zugunsten christlicher Glaubenssätze darstellen würden, die im Islam nicht zu finden sind.

1.6. Jesus in den Heiligen Schriften der Christen gegenüber den Offenbarungsbüchern des Judentums und des Islam

Das Bild, das die Christen den Juden und Muslimen von Jesus vermittelten, ist nicht nur schriftbezogen, beruhte allerdings vor allem auf den 72 Büchern der christlichen Bibel, insbesondere auf dem Neuen Testament, das die Grundlage des Jesusbildes der Christen darstellt. Darauf nahmen sie Bezug und daraus sahen sie sich verpflichtet zu zitieren, wenn sie untereinander oder mit Nichtchristen über Jesus sprachen. Auf die gleiche Weise benutzten die Juden und Muslime eigene religiösen Bücher. So luden sie die Christen ein, die schriftbezogene Methode zu benutzen, um ihr Zeugnis über Jesus zu präsentieren, gingen sie doch davon aus, dass die übrigen „Leute der Schrift" oder „Leute des Buches" – wie die Muslime sagen – ihren Argumenten zugänglicher sein werden.

In der Tat: In Bezug auf die Heiligen Bücher der jeweiligen Religion besteht zwischen Juden, Christen und Muslimen tatsächlich eine gewisse religiöse Ähnlichkeit. Trotz gewisser Unterschiede in der Auslegung der heiligen Texte bildet die Heilige Schrift sogar innerhalb der Religionen die Grundlage für den religiösen Dialog zwischen Christen, Juden und Muslimen, insbesondere über Jesus.

Für Christen und Juden haben die Heiligen Bücher denselben Ursprung: das Alte Testament der christlichen Bibel, bestehend aus der Tora oder dem Pentateuch, den Büchern der Propheten und der jüdischen Schriftsteller. Im Mittelalter vertraten Juden und Christen auch ähnliche Ansichten über den göttlichen Ursprung der Schriften, obwohl sich die Vorstellung vom göttlichen Diktat für die Juden auf den Pentateuch und auf Moses beschränkte, während für die Christen – lässt man die modernen Vorbehalte über die Inspiration der Autoren der Bibel außer acht – alle Schriften des Alten Testaments göttlichen Ursprungs sind. Die hispanischen Christen jener Zeit, die die hebräische Wahrheit *(hebraica veritas)* des hebräischen Bibeltextes anerkannten, der bis zum 7. Jahrhundert nach Christus vereinheitlicht in seine endgültige Fassung gebracht wurde, stützten sich auf die Autorität der alten griechischen Übersetzung, der Septuaginta, die älteste griechische Bibelübersetzung (1. Jahrhundert vor Christus) und vor allem auf die Vulgata, die lateinische Übersetzung des Hieronymus (5. Jahrhundert).

Genau dieser gemeinsame Glaube der drei Religionen an die Heilige Schrift mündete in eine große Meinungsverschiedenheit: dem Neuen Testament und Jesus als seiner zentralen Person.

Die Christen, deren Ursprung im jüdischen Umfeld, basierend auf dem Alten Testament, liegt, schufen ein Neues Testament mit seinen heiligen Texten, die dem Modell der jüdischen Offenbarung folgten, jedoch durch die Offenbarung Jesu radikal verändert wurde. In den christlichen Schriften wurden zahlreiche jüdische Kategorien adaptiert und selbständig weiterentwickelt, während andere jüdische Werte aufgegeben und durch die Botschaft Jesu als überholt betrachtet wurden. Daraus resultierte für Juden und Christen eine radikale Zweideutigkeit, obwohl sie sich auf dieselben alttestamentlichen Texte beziehen. Die Juden lasen diese Texte auf der Grundlage der jüdischen Traditionen, die ihrer Meinung nach unmittelbar vom Volk Israel stammen, während die Christen anfingen, sie im Lichte des Neuen Testaments zu lesen, d.h. von Jesus ausgehend. Das Jesusbild der Christen wurde somit auf die 72 Bücher der christlichen Bibel projiziert, und die Lesung aller dieser Texte wurde vereinheitlicht. Für die Juden war eine solche Lesart inakzeptabel, weil sie auf den christlichen Texten des Neuen Testaments beruht (den Evangelien, der Apostelgeschichte, den Briefen, der Apokalypse).

Auch die Christen schreiben ihren Schriften – im hispanischen Mittelalter und im allgemeinen – die gleiche Authentizität bzw. den gleichen göttlichen Ursprung zu wie die Juden der hebräischen Bibel. Darüber hinaus betrachteten sie die meisten Texte des Alten Testamentes und dessen Lehre als überholt. Diese galten für eine geschichtliche Epoche der göttlichen Errettung, die vor der Ankunft Jesu lag und der dieser den Weg ebnete und die danach überholt war (dies gilt insbesondere für die Texte, die rituelle und moralische Vorschriften des Judentums enthalten). Somit trafen die Christen eine Auswahl aus den jüdischen heiligen Texten und betrachteten häufig nur noch die als gültig, die einen direkten Bezug zu Jesus und zu den christlichen Glaubensüberzeugungen in Verbindung zu Jesus haben.

Darüber hinaus wird versucht, mit den neutestamentlichen Texten, ausgehend von den alttestamentlichen Texten, die Glaubenssätze über Jesus zu rechtfertigen. Dabei wird die hebräische Bibel aus christologischer Sicht gelesen, und diese folgt offenkundig nicht dem wörtlichen Sinn der Texte. Es handelt sich um Allegorien bzw. Vorstellungen, die vom christlichen Glauben ausgehen, der in diesen Texten die Rechtfertigung seiner Glaubensüberzeugungen findet: Die Erlösung Israels sei die universelle und endgültige Erlösung; die Personen und sogar die Tiere und Heilsansagen des Alten Testaments seien versteckte Hinweise auf Jesus, die für die Christen schließlich enthüllt wurden; historische Ereignisse des jüdischen Volkes seien Ankündigungen der christlichen Sakramente; deshalb sei der Durchzug durch das Rote Meer ein Bild für die Taufe oder die Eucharistie usw.

Juden konnten gerade im Mittelalter die christlichen Texte und das, was die Kirche aus ihren eigenen hebräischen Bibeltexten gemacht wird, nur von Grund auf ablehnen. Obwohl die christlichen Texte auf die jüdische Schrifttradition zurückgehen, trennten die Christen sie davon ab, weil sie Jesus zur Grundlage der christlichen Offenbarung machten. Für die Juden hatte diese radikale Divergenz somit drei logische Konsequenzen: Sie interpretierten das Alte Testament, ohne irgendeinen Bezug dieser Texte zu Jesus zu akzeptieren; sie wiesen die Botschaft des Neuen Testaments insgesamt zurück und misstrauten sogar historischen Informationen dieser Texte über Jesus und verwendeten sie nur als Polemik gegen die Christen; sie entwarfen in der Mischna und im Talmud eigene jüdische Texte, biblische Kommentare und religiöse Orientierungen, die jeglichen christlichen Einfluss und jegliche Anspielung auf Jesus immer vehementer ausschlossen.[32]

Diese neuen Heiligen Schriften der Juden, die offenkundig nicht mit den drei bereits genannten Kategorien biblischer Schriften (Tora, Propheten, Schriften) direkt zu vergleichen sind, führten zu einem weiteren Problem in den Beziehungen zu den Christen des Mittelalters. Diese glaubten, dass das Judentum bei den Glaubensformeln aus der Zeit Jesu stehen geblieben war und ignorierten die Existenz dieser Texte, die das Ergebnis der religiösen Lebendigkeit des Judentums in der Zeit nach Christus waren. Dadurch lässt sich erklären, warum die meisten christlichen Autoren, die vor dem 12. Jahrhundert Juden- und Christentum miteinander verglichen, dies auf der Grundlage einer karikierenden Vorstellung taten, die auf die biblischen Texte des Neuen und Alten Testaments zurückgeht. Erst mit Beginn des 12. Jahrhunderts und insbesondere, nachdem einige jüdische Gelehrte zum Christentum konvertierten, entdeckten die Christen die Existenz und die Bedeutung des Talmud und der nachbiblischen jüdischen Schriften im Allgemeinen und damit auch die Schwachstellen ihrer traditionellen Darstellung Jesu und seiner Botschaft gegenüber den Juden.[33]

Die Reaktion der Christen im Abendland auf diese nachbiblischen jüdischen Schriften war heftig und einmütig. In erster Linie wurde der Talmud, das Ergebnis einer jüdischen religiösen Aktivität, die die Botschaft Jesu zurückweist bzw. ignoriert, als ein Hindernis für die Konversion der Juden zum Christentum betrachtet, denn dies war für die Christen das oberste Ziel ihrer Darstellung Jesu. Insbesondere seit dem 13. Jahrhundert ließen die christlichen Autoritäten des Abendlandes nichts unversucht, um die Juden von diesen Texten abzubringen, wagten dies jedoch nicht bei der hebräischen Bibel, die sie trotz allem als eine Vorbereitung auf den Glauben an Jesus betrachteten. Ein weiterer Grund verband sich mit den christlichen Anstrengungen, den Talmud verschwinden zu lassen: Dort wurde schlecht über Jesus oder zumindest über das Christentum gesprochen. Die Reaktion der Christen in den hispanischen Königreichen und in Europa im Allgemeinen hatte jedoch auch eine positive Seite: Das Studium des Talmud, wenn auch offensichtlich aus Gründen der Polemik und unter der Führung von Juden, die zum Christentum konvertiert waren.[34]

Darin zeigt sich, wie Juden und Christen zu ihren Heiligen Schriften stehen, und es wird deutlich, dass die Meinungsverschiedenheiten trotz des gemeinsamen Glaubens an die Offenbarungstexte der hebräischen Bibel (oder der griechischen Version der Septuaginta) bedeutend sind und sich um Jesus als Glaubensgrundlage des Christentums drehen. Die christologische Lesart der Heiligen Schriften von Juden und Christen ist für das Zeugnis der Christen von Jesus, für die Christen selbst und für die Juden von wesentlicher Bedeutung: Die Christen ziehen Nutzen aus der inneren Kohärenz dieser apologetischen Sichtweise, und die Juden weisen sie zurück.

Das Zeugnis, das die Christen des Mittelalters den Muslimen von Jesus gaben, wirft allerdings andere Probleme auf:

Auf der Basis der Begegnung mit Jesus durch Christen und Muslime, gibt es für beide Seiten den Glauben an einen Gott, der sich offenbart, der den Menschen den Weg zum Heil zeigt. Beide glauben an die Heiligen Schriften, den schriftlichen Ausdruck der göttlichen Offenbarung. Die Bedeutung der Schriften für die göttliche Offenbarung hat jedoch für das Judentum, das Christentum und den Islam ganz unterschiedliche Nuancen.

Im Judentum spiegelt sich die göttliche Offenbarung im Leben des jüdischen Volkes selbst wider, dessen Weg zur Erlösung im stark variierenden Inhalt der Heiligen Bücher zum Ausdruck kommt. Für das Christentum ist die göttliche Offenbarung ein Mensch, Jesus, dessen vielfältige Dimensionen durch die Gesamtheit der biblischen Bücher, die diese erläutern und manifestieren, bekannt sind. Für den Islam dagegen ist die göttliche Offenbarung ein Buch, der Koran, das die Menschen führt und dessen Autor Gott selbst ist und nicht der Prophet, da dieser es lediglich weitergibt. Obwohl die Vorstellung von den Autoren der heiligen Bücher über diese als bloße Instrumente bei den jüdischen und christlichen Theologen des Mittelalters die gleiche war, besteht der grundlegende Unterschied zwischen den drei Religionen darin, was für sie im Mittelpunkt der göttlichen Offenbarung steht: Für die Juden ist es die Geschichte des Volkes Israel, für die Muslime der Koran (= das geoffenbarte Buch) und für die Christen Jesus in allen seinen Aspekten.

Auch die Muslime konnten dem christlichen Jesusbild, das diese aus den Schriften ableiteten, nicht folgen, weil es nicht ihrer Glaubensüberzeugung und dem, was sie unter Schrift und Offenbarung verstanden, entsprach. Obwohl sie das Heilsgeschehen und das Offenbarungshandeln Gottes respektierten, reduzierten die Muslime das schriftliche Zeugnis der Christen über Jesus auf ihre eigene Vorstellung von der Offenbarung (von dieser Reduzierung wird später noch die Rede sein). Sie akzeptierten lediglich einen Teil der Informationen des Neuen Testaments und betrachteten das Alte Testament als die Vorgeschichte der Offenbarung des Koran vor Muhammad, jedoch nicht eine auf das Evangelium, d.h. auf das Neue Testament bezogene Ankündigung über Jesus. Für sie gibt es demnach kein Altes und kein Neues Testament: Es gibt nur eine Offenbarung, die von Gott bei verschiedenen Gelegenheiten enthüllt wurde, die von den Jüngern der Propheten entstellt und schließlich durch den Koran, der von Muhammad überbracht wurde, in eindeutiger Weise deutlich überbracht wurde.

Die Zurückweisung der christlichen Schriftzeugnisse über Jesus erfolgte also im islamischen Geiste eines tiefen Respekts für Jesus und seine prophetische Mission – dies gilt in gleicher Weise für Mose und Muhammad und deren Missionen – und aus diesem Geist heraus waren und sind Muslime der Meinung, dass die Heiligen Schriften der Christen von den Jüngern Jesu verändert wurden. Vom ursprünglichen Evangelium, das Jesus von Gott offenbart wurde, ist nichts mehr übrig: Diese Gute Nachricht musste den gleichen Inhalt haben wie der Koran, so dass es keinen Sinn macht, auf die christlichen Texte Bezug zu nehmen, auch wenn sie einige Reste der Offenbarung an Jesus bewahrt haben. Die Muslime verwendeten diese Texte manchmal in ihrer Polemik, um den Christen die Widersprüche in ihren Schriften und die Ungereimtheit ihrer Glaubenssätze deutlich zu machen. Um Jesus kennen zu lernen, reichten jedoch der Koran und die Lehre Muhammads voll und ganz aus. Sofern das islamische Jesusbild Ähnlichkeiten mit der Vorstellung in den christlichen Schriften aufweist, stellt der Koran die Norm zur Beurteilung dieser Schriften dar und nicht umgekehrt. Außerdem fehlen in den jüdisch-christlichen Schriften die Ankündigungen Muhammads, die – nach Ansicht der Muslime – in den ursprünglichen Texten vorhanden waren und von den Christen und Juden entfernt wurden.

Somit wird deutlich, warum die Christen ein besonderes Interesse daran hatten, ihr Zeugnis von Jesus auf eine Schriftgrundlage zu stellen, denn dies ähnelte der Vorgehensweise im jüdischen und islamischen Glauben. Deutlich geworden ist jedoch auch, dass diese Vorgehensweise ihre Grenzen hatte und dass das auf der Schriftauslegung beruhende Jesusbild von den Nichtchristen insoweit nicht akzeptiert werden konnte, wie es nicht mit den Glaubensüberzeugungen des Judentums und des Islam übereinstimmte und eine andere Lesart der Heiligen Schriften diesen beiden Religionen zugrunde lag.

Zusammenfassend ist zu sagen, dass es sich gerade wegen der auf dem Schriftverständnis beruhenden Vorgehensweise bei der Annäherung der göttlichen Offenbarung, die die Grundlage aller drei Religionen bildet, bei einem großen Teil der Zeugnisse über das christliche, jüdische und islamische Jesusbild im Mittelalter, um Diskussionen über die Auslegung ihrer Heiligen Schriften drehte, die diese entweder akzeptierten oder zurückwiesen.

2. DAS JÜDISCHE JESUSBILD

Das jüdische Jesusbild darf nicht simplifiziert werden, denn es setzt sich in erster Linie aus individuellen Meinungen jüdischer Gläubiger zusammen (es handelt sich um mittelalterlichen Quellen, von denen diese Bilder stammen). Im Judentum gibt es keine Einheit der Lehre im Sinne notwendiger Bezugsgrößen, die für den Glauben entscheidend sind, wie das Credo oder die Konzile der Christen oder der Koran der Muslime. Das bedeutet nicht, dass jeder Jude bei grundlegenden Themen denken kann, was er will. Jesus gehört jedoch nicht zu diesen grundlegenden Themen, und damit können Juden darüber denken, was sie wollen. Was sie zwingt, über Jesus nachzudenken, sind die jüdischen Lebensbedingungen unter und die tragischen Begegnungen mit den Christen. Ihre Ansichten stützen sich dabei mehr oder weniger auf die Heiligen Schriften des Judentums, berühren jedoch nicht dessen fundamentalen Glaubenssätze.

Um die radikale jüdische Zurückweisung der christlichen Glaubensüberzeugungen über Jesus zu verstehen, muss man auch in Rechnung stellen, dass das Christentum historisch betrachtet nach dem Judentum kommt, also als die wesentlichen jüdischen Glaubensüberzeugungen und Lebensformen bereits festgelegt waren. Das „Corpus“ der jüdischen Glaubenssätze im Blick auf Jesus ist ein sekundärer Anhang zur fundamentalen jüdischen Lehre. Die Rolle ist die gleiche wie die des Islam nach dem Christentum: Es handelt sich um ein gänzlich sekundäres Thema, das nur in den bereits bestehenden biblischen Kategorien eine Rolle spielt.[35] Daraus erklärt sich in einer feindlich gesonnenen christlichen Gesellschaft auch die Ablehnung jüdischer Jesusvorstellungen im Mittelalter.[36]

Der Ursprung des jüdischen Jesusbildes wird im nachfolgenden Text aus *The Universal Jewish Encyclopedia*[37] sehr gut definiert:

> „In den ältesten jüdischen Quellen wird auf Jesus keinerlei Bezug genommen. Die Menschen, die ihm folgten, vergaßen ihn nach seiner Verhaftung und seinem Tod; nur einige treue Jünger haben an seiner Tradition festgehalten (...). Nur sehr

> punktuell überliefern die Juden Worte Jesu. (...). Die Juden Palästinas mussten erneut über Jesus nachdenken, als das Christentum, nachdem es zur offiziellen Religion geworden war, sie zu verfolgen begann. Somit urteilten sie über Jesus aufgrund der Taten der Christen; die Positionen des Talmud über ihn beziehen sich nicht auf den realen Jesus, sondern auf den imaginären Verursacher einer gnadenlosen Verfolgung. Dies gilt auch für die mittelalterlichen *Toledoth Jeshu.* Erst in unserer Zeit können die Juden das Neue Testament ohne Angst vor Verfolgung und ohne Groll studieren (...)."

Obwohl also Jesus in den traditionellen jüdischen Glaubensüberzeugungen nur eine untergeordnete Rolle spielt, zwangen die verschiedenen sozialen Umstände, insbesondere in Spanien und Portugal, die Juden des Mittelalters sich besonders mit der Zentralfigur des Christentums zu beschäftigen. Die Ergebnisse ihrer Untersuchungen vermitteln uns ein ziemlich klares Bild des jüdischen Jesus im Mittelalter der Iberischen Halbinsel.

2.1. Die Zurückweisung des übernatürlichen Charakters und Ursprungs Jesu

Die Juden konnten Jesus als eine historische Persönlichkeit anerkennen, die durch ihre eigene Überlieferung und vor allem durch ihre christlichen Gesprächspartner bekannt war. In gewisser Weise konnten sie auch einige übernatürliche Aspekte anerkennen, die die Christen ihm zuschrieben, denn das Judentum gründet sich auf die übernatürlichen Glaubenssätze und Ereignisse der Heilsgeschichte des Volkes Israel. Die Kenntnis von Gott selbst ist ein Wunder, das die Geschichte von der Erlösung des Volkes Israel verändert. Solche Wunder, die Zeichen für die Treue zum Bund Gottes sind, sind gleichzeitig eine Garantie für die Menschen, die beauftragt sind, an diesen Bund mit dem auserwählten Volk zu erinnern. Durch diese Wunder, die die Naturgesetze übersteigen, identifizieren sie sich authentisch als „Menschen Gottes", die wiederum das jüdische Handeln bestimmen und ihnen Zeichen der Hoffnung für die Zukunft geben.

Juden und Christen leben im selben Strom des Übernatürlichen, der sich vor allem aus dem Übernatürliche der hebräischen Bibel speist. Die Heiligen Schriften der Christen teilen viele Glaubensüberzeugungen an zahlreiche übernatürliche Ereignisse der jüdischen Welt, und der christliche Glaube zollt dem Eingreifen Gottes in die menschliche Geschichte, das durch Wunder bestätigt wird, den gleichen Respekt wie der jüdische Glaube. Der christliche Glaube akzeptiert die jüdischen Wunder, sofern sie im Alten Testament beschrieben werden. Für die Christen bestätigen gerade die Wunder das heilbringende Handeln Jesu und stellen damit die Grundlage ihres Heilsglaubens an Jesus und seine Lehre dar. Der christliche Jesus ist in höchstem Maße übernatürlich: in seinem göttlichen Wesen und in seinen Wundertaten, die Zeichen für seine göttliche Herkunft und seine göttliche Botschaft sind.

Im Mittelalter lebten Juden und Christen unbeschwert, entsprechend ihrem jeweiligen Glauben, in diesem religiösen Umfeld des Übernatürlichen. Sie hielten das Eingreifen Gottes in die menschliche Geschichte durch Taten, die die Naturgesetze außer Kraft setzten, für möglich. Sie hielten auch das Eingreifen Gottes in die menschliche Geschichte für möglich, Ereignisse, die entweder die Naturgesetze überstiegen oder annulierten. Sie waren auch disponiert, Glaubensüberzeugungen anzunehmen, die unmöglich rational bewiesen werden konnten, sofern diese einen übernatürlichen, einen göttlichen Ursprung hatten. Diese Anerkennung des Übernatürlichen beschränkte sich jedoch auf das, was innerhalb ihrer Gemeinschaft bzw. ihrer Religion geschah und wurde für die anderen Religionen bestritten, denn das göttliche Eingreifen bestätigte die ausschließliche Liebe Gottes zu seinem Volk, das über allen anderen menschlichen Gesellschaften stand.

Somit mussten die Juden alles Übernatürliche im Christentum zurückweisen, weil dessen Akzeptierung die Anerkennung des göttlichen Ursprungs der christlichen Glaubensüberzeugungen und Institutionen zur Folge gehabt hätte. Dabei waren sie sich jedoch der Bedeutung dieses Bereiches fehlender Übereinstimmung durchaus bewusst. Sie wussten, dass die Christen die übernatürlichen Glaubensüberzeugungen der hebräischen Bibel teilten. Und sie erkannten den Bereich der übernatürlichen Argumente, die das Gerüst des christlichen Glaubens darstellten. Und manchmal gingen sie soweit, von den Christen einen gewissen Respekt für ihre eigenen übernatürlichen Glaubensüberzeugungen zu fordern.

Während des *Disputs von Tortosa* im Jahre 1413 hatte *Papst Benedikt XIII.* eine ironische Bemerkung darüber gemacht, wie lange der Messias nach den jüdischen Glaubensüberzeugungen im Paradies gelebt hat. Diese Theorie hatte bereits während des Disputs von 1263 in Barcelona zu einem Einwand geführt. Die jüdischen Disputanten erwiderten darauf, dass sie alle eine gemeinsame Glaubensüberzeugung teilten, gemäß der der erste Mensch, nachdem er 1000 Jahre gelebt hatte, ebenso wie die Patriarchen und Propheten (Elia, Henoch) ins Paradies geführt wurde, ohne zu sterben, und dass der Glaube an das lange Leben des Messias im Rahmen der den Juden und Christen gemeinsamen Überzeugung an das Übernatürliche somit möglich sei. Der Rabbiner *Astruc Ha-Levi de Daroca* (aus Daroca in Áragon) wagte es, sich direkt an den Papst zu wenden:

> „Glaubt Ihr denn nicht selbst an zahlreiche Vorhersagen und Wunder Eures Messias? Genauso glauben wir an dieses Wunder unseres Messias, und Ihr braucht Euch nicht zu wundern, wenn er viertausend Jahre lebt.“[38]

Besser lässt sich das Bewusstsein der Juden im Mittelalter um die Bedeutung, die den Wundern im religiösen Glauben eingeräumt werden muss, nicht zum Ausdruck bringen.

Doch gerade weil es sich um ein Juden und Christen gemeinsames Universum handelte, dessen Bedeutung sich Juden und Christen bewusst waren, konnten Juden in keiner Weise akzeptieren, dass Jesus außerhalb der vom Judentum anerkannten Glaubensüberzeugungen und Handlungen in irgendeiner Form am übernatürlichen Handeln Gottes teilhat.

Diese vollständige Zurückweisung des Übernatürlichen in Jesus umfasste also alle Bereiche des christlichen Glaubens: seine göttliche Natur, seine Botschaft, die Jungfrauengeburt, die Wunder, seine Auferstehung von den Toten usw.

2.2. Die Zurückweisung der Göttlichkeit Jesu

Gerade weil der Begriff eines transzendenten Gottes zu den Grundelementen des jüdischen Glaubens gehört, ist die Hypothese, dass er eine menschliche Existenz annehmen könnte, für jüdische Gläubige mehr als absurd und geradezu abstoßend. Dass Gott – Gepriesen sei sein Name! – gezeugt und geboren wurde, gewachsen ist, das Elend des menschlichen Lebens durchlaufen hat, die Demütigungen der Passion und des Todes erlitten hat, steht in völligem Widerspruch zum jüdischen Glauben. Aus diesem Grunde sind alle schriftlichen und rationalen Argumente, die die Christen anführen, um ihren Glauben an die Göttlichkeit Jesu zu rechtfertigen, vollkommen inakzeptabel.

Somit ist Jesus nicht Gott, weil kein Mensch Gott sein kann und weil Gott keine menschlichen Charakterzüge haben kann.

Würden die Juden anerkennen, dass Jesus, ein Mensch, ein körperliches Wesen, Gott sein könnte, müssten sie ihn anbeten und damit würden sie die Sünde der Götzenanbetung begehen. Nach der jüdischen Religion ist dies die schlimmste Sünde gegen die ausschließliche Anbetung des Einzigen, eine Sünde, die von den Propheten ständig getadelt wurde und die die Hauptursache für das Leiden des Volkes Israel darstellt. Der jüdische Poet aus Mallorca, *Simeón Ben-Semah Durán,* der 1444 in Algier starb, bringt in seinen Gedichten in hebräischer Sprache das Entsetzen zum Ausdruck, das ihn packen würde, wenn er den Gott anbeten müsste, dem er nach dem Wunsch seiner christlichen Feinde nachfolgen soll:

> „Man bemühte sich hartnäckig,
> mich in die Falle zu locken,
> mich von Gott zu entfernen,
> um einem fremden Gott zu dienen (…)
> Die Schlange wollte mich verführen,
> und ich fühle mich leer (…).
> Man hat mir gesagt …: Errichte Altäre …“[39]

Ein anderer Jude aus Mallorca, Dichter in hebräischer Sprache und Arzt, *Moshé Ben-Ishaq Remos,* der wegen Mordes an einem Christen in Palermo zum Tode verurteilt worden war, beschrieb, wie er das

Angebot zur Begnadigung durch Konversion zum Christentum zurückwies:

„Der Anführer meiner Feinde hat mir gesagt,
dass ich gerettet wäre, wenn ich seinen Gott verehren würde.
Ich antwortete ihm:
Es ist besser, dass der Körper stirbt als die Seele.
Für mich steht der lebendige Gott;
Der tote für sie.“[40]

Der Tote ist offensichtlich der gekreuzigte Jesus.

Der Rabbiner *Mosés Ha-Cohén de Tordesillas* legt in seiner hebräischen Darstellung der Kontroverse von Ávila von 1375 ausführlich dar, dass Gott weder körperlich noch Teil eines mit einem Körper verbundenen Kompositums sein kann. Dann wäre er nämlich sterblich und nicht ewig. Schon die bloße Idee einer Inkarnation Gottes macht den Gottesbegriff ärmer und defizitär. Er mag noch so allmächtig sein, er kann nicht Mensch werden, wie die Christen sagen, weil dies im Widerspruch zu seiner Allmacht und seiner Göttlichkeit stünde.[41]

Mosés Ha-Cohén de Tordesilla weist auch die christliche Interpretation des biblischen Textes von der Erschaffung des Menschen zurück, nach der der Plural als eine trinitarische Handlung interpretiert wird, die die Inkarnation ankündigt: „Lasst uns Menschen machen als unser Abbild, uns ähnlich.“[Gn 1,26]. Es handelt sich nicht um eine Anspielung auf die Trinität – nach Meinung der christlichen Polemiker durch die Verwendung des Plurals und im folgenden des Singulars – noch um die Entstehung des zukünftigen Bildes von Jesus als Mensch und Gott, sondern einfach um den Entwurf des Menschen.[42]

Weder die Möglichkeit der Inkarnation noch die Schrift-Argumente und erst recht nicht die Erläuterungen der christlichen Theologen können Juden dazu bringen, das göttliche Wesen Jesu zu akzeptieren. Auf das christliche Axiom *Sicut anima et caro unus est homo, ita Deus et homo unus est Christus* (Wie die Seele und der Körper den Menschen bilden, so bilden Gott und der Mensch Christus) antwortet der Autor des *Nizzahon Vetus* (s.u. 2.7): „Wenn dies so ist, starb mit dem Menschen (Jesus) auch die Göttlichkeit.“[43] Dies ist eine unanfechtbare Zurückweisung der christlichen Argumente.

Offensichtlich findet die christliche Erläuterung der Göttlichkeit Jesu im Dogma der Trinität der göttlichen Personen – Vater, Sohn und Heiliger Geist – innerhalb der göttlichen Einheit ihre kohärenteste und komplexeste Form. Der jüdische Glaube weist diese Komplexität, die dem einzigen Gott der biblischen Texte fremd ist, vollständig zurück.[44] Noch vehementer weist er die erfinderischen Erklärungen einiger Theologen über die Trinität in der Einheit zurück. In der Kontroverse von Barcelona aus dem Jahre 1263 hatte König Jaime I. von Áragon den theologischen Argumenten von *Pablo Christiano* und *Raymundo von Penafort* das Bild vom Wein hinzugefügt, der, obwohl er zusammengesetzt ist aus Farbe, Geschmack und Geruch, nur ein einziger Wein ist. Sein Gegenspieler, *Moshé Ben-Nahmán von Girona*, der von diesem Bild nichts hielt, antwortete den Theologen, dass Weisheit, Wille und Allmacht ein Ganzes mit Gott bilden und nicht drei Personen voraussetzten: Wenn dem nicht so wäre, käme mit dem Begriff Leben, noch eine vierte göttliche Person hinzu.[45] (Moshé bzw.) Mosés Ha-Cohén von Tordesillas antwortete somit auch auf ein ähnliches Argument, das des Apfels, der Geruch, Farbe und Geschmack hat.[46]

Die Auseinandersetzungen über die Trinität, die von jüdischer Seite stets zum Ziel hatten, den göttlichen Charakter Jesu und das christliche Dogma von der Trinität zu negieren, erfolgten mit Vorliebe auf der Grundlage der biblischen Texte. Die jüdischen Autoren haben zahlreiche Seiten hinterlassen, in denen die christologische Interpretation der Texte der hebräischen Bibel (Altes Testament) durch die Christen zurückgewiesen und andererseits die auf der christlichen Bibel (Neues Testament) beruhenden Argumente der Christen widerlegt werden.

Die Auseinandersetzungen begannen bereits am Anfang der Bibel, weil die Christen im ersten Vers der Genesis ein Anzeichen für die göttliche Trinität sahen: „Im Anfang schuf Gott Himmel und Erde …" [Gn 1,1]; weil der hebräische Terminus *Elohim* (Gott) Plural ist und das Verb im Singular steht, was einen Hinweis auf die Trinität in der Einheit darstellen würde.[47]

In der jüdisch-christlichen Polemik des Mittelalters nahmen die Diskussionen über dieses Thema kein Ende.[48] Mosés Ha-Cohén von Tordesillas antwortete darauf als Linguist einfach, dass es sich um *pluralis majestatis* handele.[49]

Und was sagten die jüdischen Autoren zu den christlichen Esoterikern, die von den jüdischen Buchstaben für den Namen Gottes ausgingen, um die Trinität zu beweisen? Sofern diese Form der intellektuellen Übung in der jüdischen Kabbala hispanischen Ursprungs bekannt war, wurden diese christlichen Spekulationen von der jüdischen antichristlichen Polemik auch nicht ernster genommen als die Christen selbst.[50]

Die Passage in der Bibel, in der Abraham, nachdem er die Stimme Gottes gehört und den Blick erhoben hatte, drei Engel sah und in der Gott manchmal im Singular und manchmal im Plural spricht, wurde von den Christen ebenfalls als Argument für die Existenz von alttestamentlichen Texten über die göttliche Trinität verwendet [Gn 18,2].[51] Obwohl die christlichen Autoren manchmal zögerten zu behaupten, es handele sich um die Trinität, glaubte *Isidor von Sevilla*, dass die Engel Moses, Elia und Jesus verkörperten.[52] Er glaubte jedoch auch, dass dieser Text einen Hinweis auf die Göttlichkeit Jesu enthalte: *„Abraham […] tres videns, unum adoravit"* (Er sah drei, er betete einen an). Nach der christlichen Interpretation bedeutete dieser Text die biblische Anerkennung der Göttlichkeit Jesu. Somit sahen sich die jüdischen Polemiker gezwungen, die christologischen Interpretationen dieser Passage zu widerlegen. Dies taten sie auch bei vielen anderen biblischen Texten, in denen die christlichen Theologen Bilder für die Trinität und die Göttlichkeit Jesu sahen.

Mosés Ha-Cohén von Tordesillas widerlegte alle christlichen Texte des Alten und Neuen Testaments en bloc, in denen Jesus – allegorisch oder real je nach der Situation – mit seinem Vater spricht, indem er behauptete, dass diese Dialoge deutlich eine Dualität ohne jegliche Einzigkeit zeigen.[53]

Dies gilt auch für die vom Autor des *Nizzahon Vetus* kommentierten Texte Jesaja 61,1 oder das Lukasevangelium 22,32.[54]

Die Evangeliumstexte, in denen Jesus behauptet, ein Mensch zu sein, wurden von den jüdischen Autoren, ebenso wie später von den Muslimen, häufig verwendet, um die Göttlichkeit Jesu zu negieren. Jesus bezeichnet sich selbst als Menschensohn [Mk 14,41, Mt 9,16; Lk 9,58; Mt 8,20; Mt 26,39]. Mosés Ha-Cohén von Tordesillas erinnerte daran, dass dieser Titel ebenso wie der Sohn Gottes in der Bibel auch für andere Personen verwendet wird.[55] Auch die Anrufungen Gottes in einigen Psalmen, die von den Christen Jesus in den

Mund gelegt werden, zeigen seine menschliche Schwäche [z.B. Psalm 8,2; 22,2].

Den jüdischen Autoren dienen vor allem die Evangeliumstexte, in denen Jesus seine Schwächen zeigt (Hunger, Versuchungen, Furcht, körperliche Bedürfnisse usw.) als Beweis dafür, dass Jesus in keiner Weise Gott sein kann. Manchmal wiesen sie sogar mit Nachdruck darauf hin, dass Moses, als er während der Offenbarung auf dem Berge Sinai von seinem Volk getrennt war, aufgrund eines göttlichen Privilegs nicht zu essen brauchte.[56]

Tatsache ist, dass diese schriftlichen bzw. rationalen Darlegungen lediglich Antworten an die Christen darstellen. Für den Juden des Mittelalters darf nicht einmal die Frage gestellt werden, weil dies bereits blasphemisch wäre. Es zeigt sich also umso mehr, dass vom jüdischen Standpunkt die christlichen Dogmen der Trinität und der Menschwerdung der zweiten Person der Trinität mit allen damit in Verbindung stehenden Glaubenssätzen und Argumentationen absurd und vollkommen inakzeptabel waren.

Die Zurückweisung der Göttlichkeit stellt ein wesentliches Element des Jesusbildes der Juden der Iberischen Halbinsel im Mittelalter dar, und diese Zurückweisung zieht sich durch das Judentum von der Zeit Christi bis heute.

2.3. Die Zurückweisung von Jesu göttlicher Mission, seiner Botschaft und seines prophetischen Charakters

Auch ohne Gott zu sein, konnte Jesus von den Juden als ein Prophet Israels betrachtet werden, als einer der Menschen, die Gott seinem Volk gesandt hat, um ihm seinen Willen und den Weg zum Heil mitzuteilen. Die hebräische Bibel und die Geschichte des jüdischen Volkes sind voll von Beispielen für diese Art von Menschen. Aber die Juden des Mittelalters erkannten Jesus in keiner Weise diese Art von göttlicher Mission zu.

Die Gründe für diese Zurückweisung liegen auf der Hand. So sehr Jesus auch Jude war und in der jüdischen Tradition stand, so sehr unterschied sich seine Botschaft von der des Judentums, für das er lediglich ein einfacher Reformator und Läuterer des jüdischen Gesetzes war. Zwischen seiner Botschaft und der des Gottes am Sinai bestand eine tiefe Kluft. Sicherlich war Jesus zwar Jude, die Geschichte hatte ihn jedoch zur Grundlage einer Gesellschaft gemacht, die in allen Bereichen – religiös, rechtlich und politisch – einen Gegensatz zu den Juden der Diaspora darstellte.

Obwohl einige jüdische Zeitgenossen Jesu an ihn glauben konnten, wie sie an die Propheten, Könige und andere Persönlichkeiten des religiösen Lebens der jüdischen Geschichte glaubten, waren die Juden des Mittelalters auf diese Weise bemüht, Jesus so wenig religiöse Autorität wie möglich einzuräumen und seinem Handeln keinerlei göttliche Autorität zuzuschreiben.

Auch die Monopolstellung, die die Christen Jesus einräumten, verhinderte, dass die Juden seine Bedeutung in irgendeiner Weise anerkannten. So wie das Problem der göttlichen Trinität die Juden daran hinderte, die Ausübung des christlichen Glaubens in der Einheit Gottes positiv zu bewerten, so hinderte Christus die europäischen Juden des Mittelalters daran, ihn als einen geistlichen Lehrer des Judentums anzuerkennen, der den jüdischen Glauben in weiten Teilen seiner religiösen Botschaft respektierte. Es zeigt sich inzwischen, dass heute einige jüdische Denker und Autoren diesen positiven Aspekt des Jesusbildes hervorheben.[57]

Zurück zum Mittelalter: Die jüdische Ablehnung des göttlichen Ursprungs seiner Botschaft erfolgte bei den jüdischen Autoren des Mittelalters auf unterschiedliche Weise.

An allererster Stelle wiesen sie den Bezug zu den „Vorgängern" Jesu zurück, eine christliche Methode, nach der die Persönlichkeiten des Alten Testaments Präfigurationen Christi waren. Deshalb konnten die Propheten keine Vorgänger Jesu sein, weil Jesus nicht die für einen Propheten erforderlichen Eigenschaften aufweist.[58] Darüber hinaus konnte er nach Ex 4,13 auch nicht als Bote bezeichnet werden, weil nach dem Textzusammenhang Aaron als solcher bezeichnet wird.[59] Er kann auch nicht der Engel sein, der das Volk Gottes führt.[60]

Sogar die Äußerungen Jesu, die gemäß den christlichen Texten des Neuen Testaments mit der jüdischen Tradition übereinstimmen, wurden von den jüdischen Autoren nur gelesen, um sie für die antichristliche Polemik zu verwenden. Somit räumten sie Jesus, der diese Wahrheiten verkündet hat, keinerlei Autorität ein. Wenn Jesus eine allgemeine Wahrheit verkündet, die mit der strikten jüdischen Orthodoxie übereinstimmt: „Es ist aber leichter, dass Himmel und Erde vergehen, als dass ein Tüpfelchen vom Gesetz falle" [Lk 16,17; Mt 5, 17–18], wird diese nicht als Zeugnis für die Autorität Jesu betrachtet. Die in seiner Botschaft enthaltene Lehre und die seiner Jünger ist voller Widersprüche, denn sie sagen zwar, sie folgen der Tora, entfernen sich dann jedoch durch zahlreiche Glaubensüberzeugungen und Praktiken von ihr.[61] Diese Punkte werden in den folgenden Kapiteln ausführlicher behandelt.

In guter religiöser Logik war es für Juden des Mittelalters undenkbar, den göttlichen Ursprung der Botschaft Jesu anzuerkennen und ihn mit den Menschen zu vergleichen, die dem Volk Israel von Gott gesandt wurden. Dies hätte für die Jünger Mose nämlich bedeutet, auf Wahrheiten zu hören, die der Tora widersprechen oder zumindest von ihr abweichen.

Aus diesem Grund können die Juden in ihrem Jesusbild keinerlei göttliche Autorität zubilligen. Der jüdische Jesus des Mittelalters war weder ein Prophet Israels noch ein Bote Gottes oder ein von Gott gesandter Engel.

Dies ist ein weiterer Aspekt seines übernatürlichen Wesens, den die Juden aus ihrem Glauben heraus ablehnen.

2.4. Die Zurückweisung der übernatürlichen Geburt Jesu und der unbefleckten Empfängnis Mariens

Es fällt auf, dass die Figur der Maria, der Mutter Jesu, in der jüdisch-christlichen Polemik stets eine wichtige Rolle spielt.[62] Möglicherweise ist das zum Teil darauf zurückzuführen, dass im Judentum das Gesetz der mütterlichen Abstammung gilt: Jude ist, wer eine jüdische Mutter hat.

Im Folgenden werden wir sehen, dass einige jüdische Behauptungen über Maria in Zusammenhang mit der historischen Polemik über die Vaterschaft Jesu stehen, um seine Abstammung von König David zurückzuweisen und alle möglichen entehrenden Vermutungen über die Legitimität der Geburt Jesu und damit über die Ehrenhaftigkeit seiner Mutter und seiner gesamten Familie auf der Grundlage eines sexualisierten Begriffs weiblicher Ehre anstellen zu können. Diese

Ehrenhaftigkeit bildet eigentlich keinen exklusiven Begriff oder Wert in der antiken semitischen Welt. Dieser entehrende Aspekt kam in den Texten jüdischer Autoren des Mittelalters über Maria nicht vor: Diese lebten in einer islamischen bzw. christlichen Gesellschaft, die Jesus und Maria verehrte und an die unbefleckte Empfängnis und Jungfrauengeburt Jesu glaubte, und deshalb waren die Juden bei diesem Thema vorsichtig, was sie jedoch nicht davon abhielt, dazu eine Meinung zu haben.

Es geht hier nicht darum, den historischen Streit über die Vaterschaft Jesu zu untersuchen, ohne die übernatürliche Wertschätzung der unbefleckten Empfängnis und jungfräulichen Geburt Jesu einzubeziehen, die Juden aus theologischen Gründen ablehnen.

Zumindest bis zu den Fortschritten in der modernen Medizin war eine Empfängnis ohne Verlust der Jungfräulichkeit unmöglich. In der Antike war sie das Beispiel schlechthin für ein Wunder bzw. die Durchbrechung der Naturgesetze. Das glaubten die Christen, die dieses Ereignis als einen Ankündigung des wunderbaren Zeitalters des vom Propheten Jesaja vorhergesagten Messias betrachtete: „Siehe eine Jungfrau ist schwanger und wird einen Sohn gebären, den wird sie Immanuel nennen“ [Jes 7,14]. Diese Stelle wird im Matthäusevangelium [Mt 1,22–23] und von allen christlichen Theologen, darunter Isidor von Sevilla zitiert.[63] Diese Aussage ist ein Grundelement des liturgischen Credo bzw. Symbols des christlichen Glaubens: „Jesus ist Fleisch geworden durch das Werk des Heiligen Geistes, durch die Jungfrau Maria und ist Mensch geworden.“

Auf diese Weise wurde die Jungfräulichkeit Mariens im Christentum zu einem Ehrentitel, der untrennbar mit dem Namen der Mutter Jesu verbunden ist: Jungfrau Maria, Heilige Jungfrau, Jungfrau (mit allen Widmungsnamen: Jungfrau von Carmen, Jungfrau der Säule (= spanisch *pilar*, Jungfrau von Guadalupe, Jungfrau von Lourdes, Jungfrau von Lluch …). Nach der christlichen Lehre war Maria Jungfrau vor, bei und nach der Geburt Jesu.

Tatsächlich handelt es sich bei der Jungfräulichkeit Mariens für das Christentum um ein fundamentales Wunder im Leben Jesu, ein übernatürliches Zeichen für das Wirken Gottes und den göttlichen Ursprung Jesu. Als offensichtliches Wunder ist die unbefleckte Empfängnis ein Zeichen für die Inkarnation: Gott ist Fleisch und Mensch geworden. Daher rührt die religiöse Bedeutung und übernatürliche

Bedeutung dieses Wunders, denn dieses bezeugt den übernatürlichen Ursprung Jesu.

Logischerweise führte die jüdische Zurückweisung des Übernatürlichen bei Jesus auch zur Zurückweisung der unbefleckten Empfängnis und Geburt. Für diese Zurückweisung werden sowohl historische als auch theologische Argumente angeführt. Die historischen Argumente stehen – wie schon ausgeführt – in Zusammenhang mit der väterlichen Abstammung.

Zunächst muss man verstehen, dass die jüdische Zurückweisung der unbefleckten Empfängnis spezifische Aspekte der jüdischen Mentalität zum Ausdruck bringt, die in den hauptsächlichen europäischen Kulturen des Mittelalters nicht zu finden sind.

Nach den Vorschriften des jüdischen Gesetzes bedeuten Empfängnis und Schwangerschaft eine Phase der Unreinheit im Leben einer Frau. Die Frau wird gezwungen, ein besonderes Leben zu führen, das sie in gewisser Weise vom normalen Leben der Familie und der Gemeinschaft trennt; und vierzig Tage nach der Geburt muss sie sich reinigen, um diese Phase der Unreinheit zu beenden. Daher rührt das besondere jüdische Entsetzen über die christliche Vorstellung, dass Gott Mensch wird durch eine Empfängnis, neunmonatige Schwangerschaft und eine normale Geburt. Das Mindeste ist, dass er bereits als Erwachsener geboren wurde.[64] Auch aus diesen Gründen werden die christlichen Argumente für die Göttlichkeit Jesu – wie im vorhergehenden Kapitel aufgezeigt – zurückgewiesen.

Die jüdischen Polemiker lehnten die unbefleckte Empfängnis und Geburt Jesu jedoch auch deshalb ab, weil es sich um ein Wunder handelt, um eine Durchbrechung der Naturgesetze durch die göttliche Allmacht. Diese göttliche Tat anzuerkennen würde bedeuten, das göttliche Wesen Jesu – wie die Christen es sehen – anzuerkennen.

Ausgangspunkt ihrer Argumentation ist, dass Jesaja nicht von Jungfräulichkeit spricht. Als er verkündet, dass eine *almah* ein Kind empfangen würde, handelt es sich um ein Wort, das mit *junge Frau* und nicht mit *Jungfrau* übersetzt werden muss, dies wäre in Hebräisch *betulah*[65] und hat die gleiche semitische Wurzel wie der arabische Ausdruck *batûl*, den die arabischsprachigen Christen für Maria verwenden: *Maryam al-Batûl* (Maria, die Jungfrau).

Die Juden lehnten also die christliche Glaubensüberzeugung von der unbefleckten Empfängnis ab, auch wenn es christliche Auslegungen von Bibelstellen gibt, die von „Figurationen“ oder Bildern reden, um sie als Ankündigung dieses übernatürlichen Ereignisses vorherzusagen, wie z. B. einige Verse des Propheten Jesaja[66] oder eine seiner Visionen, in der Gott verkündet, dass er in den Tempel eindringen werde, obwohl dessen Türen verschlossen sind. Diese Passage wird nach Lukas [Lk. 1,35] von den Christen als ein Hinweis auf das Handeln des Heiligen Geistes und damit auf die unbefleckte Empfängnis der Maria interpretiert. Die jüdische Antwort kam prompt: Der folgende Vers zeigt, dass es sich auf keinen Fall um einen weiblichen Schoß handelt. Wir sehen: Die mittelalterliche Polemik zu diesem Thema ist sehr umfassend.[67]

Die Zurückweisung der unbefleckten Empfängnis unterstellt die Empfängnis durch Einwirken eines Mannes: Wenn der gesetzliche Vater, Josef, mit seiner Frau Maria keinen sexuellen Kontakt hatte, liegt der Grund dafür darin, dass er Ehebruch und vielleicht sogar Inzest begangen hat. Das Wesentliche in der jüdischen Argumentation hat jedoch mit dem entehrenden Ursprung der Geburt Jesu nichts zu tun. Es ist vor allem die Zurückweisung des Wunders, die Zurückweisung eines übernatürlichen Ursprungs in der Geburt Jesu.

2.5. Die Zurückweisung des übernatürlichen Charakters der Wunder Jesu

Die christlichen Evangelien sind voll von Wundern, die für die Christen den göttlichen Ursprung Jesu zeigen. Jesu vollbrachte Wunder im Namen Gottes und in seinem eigenen Namen. Insbesondere die Juden des Mittelalters konnten diese Wunder nicht anerkennen (die Muslime betrachten Jesus dagegen als den Propheten bzw. einen der Propheten, die Gott noch mehr Wunder hat vollbringen lassen). Die jüdische Zurückweisung entspricht der theologischen Grundhaltung, Jesus jegliche Art von Übernatürlichkeit abzusprechen.

Die jüdisch-christliche Polemik über die Wunder rankt sich um eine zentrale Frage: Bestätigen diese das Gesetz Mose oder das Gesetz Jesu? „*Plura miracula arguunt legem perfectiorem*“ (Je mehr Wunder es enthält, desto vollkommener ist ein Gesetz) ist der Titel eines Kapitels im Buch eines christlichen Autors des Mittelalters[68], denn auch die Christen ließen Wunder des Alten Testaments zugunsten des jüdischen Gesetzes zu. Die jüdischen Autoren beschränkten sich darauf, die Jesus zugeschriebenen Wunder mit denen zu vergleichen, die Gott für Mose, Josua und andere Persönlichkeiten der Bibel vollbrachte, ohne dass dies als Beweis für den göttlichen, außergewöhnlichen Charakter dieser Persönlichkeiten betrachtet wurde.

Sie betrachteten somit die Wunder Jesu als Zauberei, als Magie, durch die sich die Jünger und einige ihrer jüdischen Zeitgenossen täuschen ließen.

Entsprechend interpretierten die jüdischen Schriftsteller auf der Grundlage der Tora die Passagen in den Evangelien oder Apokryphen, in denen die Kindheit Jesu in Ägypten, Heimat der Magier, beschrieben wurde [Ex 1, 3–14]. Ein häufig zitierter Rabbiner sagte: „Zehn Methoden der Magie fielen auf die Erde, neun davon auf Ägypten, eine auf den Rest der Welt.“[69]

So gestanden sie Jesus nicht einmal des Wunder der Prophezeiung zu. Der Autor der *Nizzahon Vetus* (s.u. 2.7.) verrät, woher der Text stammt, den das Matthäusevangelium Jesus zuschreibt:

> „Wenn ihr Glauben habt wie ein Senfkorn, so könnt ihr sagen zu diesem Berge: Hebe dich von hinnen dorthin! So wird er sich heben; und euch wird nichts unmöglich sein [Mt 17,20].“ Er schlussfolgert: „Hier sehen wir, dass nicht einmal ihre Heiligen dies vollbringen können, umso weniger der Rest des Volkes. Außerdem glaubt niemand von ihnen an Gott, den Schöpfer.“[70]

Diese skeptische Betrachtung des großen (unbekannten) deutschen Polemikers zeigt deutlich, dass die Juden die christlichen Wunder, auch die Jesu, nicht anerkannten, eben weil der jüdische Glaube den religiösen Sinn, den diese übernatürlichen Handlungen bzw. Zeichen haben, kennen. Jesus lieferte Johannes dem Täufer den Beweis [Mt 11,4–6; 7,22–23] und folgte dabei der Prophezeiung Jesajas [Jes 29,18; 35,5; 61,1]: „[…] Blinde sehen, Lahme gehen, Taube hören […].“

2.6. Die Zurückweisung der übernatürlichen Auferstehung Jesu

Der Tod Jesu stellte die Juden des Mittelalters vor zahlreiche Probleme. Dabei muss man sich in Erinnerung rufen, dass die jüdischen Autoren mit der gleichen Vehemenz, mit der sie am unehrenhaften Tod Jesu festhielten – was der Koran der Muslime eben auf Grund dieser Unehrenhaftigkeit zurückweist –, seine Auferstehung von den Toten, die nach dem christlichen Glauben ein übernatürliches Zeichen für sein göttliches Wesen darstellt, ablehnen.

Wie bei anderen umstrittenen Themen erfolgte diese Zurückweisung auf der Grundlage der Stellungnahme zu bestimmten Bibelstellen. *Mosés Ha-Cohén von Tordesillas* lehnte die christliche Interpretation eines Textes aus dem Deuteronomium [Dt 32,39] ab, in dem Gott über seinen Tod sprechen soll, um die Menschen zu retten und in ein neues Leben zu führen.[71] Andere prophetische Texte, die die Öffnung der Höllenpforten ankündigen – der hebräischen Scheol, in der die Seelen auf ihre Befreiung hoffen – wurden von den Christen auf Jesus übertragen [Hos 13,14; Micha 2,13]: Diese werden mit der gleichen Vehemenz zurückgewiesen.[72]

Diese Zurückweisung der Auferstehung Jesu, des höchsten Glaubensbeleges der Christen, führt in der religiösen Logik des Judentums dazu, Jesus jegliche übernatürlichen Wesenszüge abzusprechen.

2.7. Die Zurückweisung der Bibelauslegungen zugunsten Jesus unter besonderer Berücksichtigung des *Nizzahon Vetus*

In diesem Abschnitt soll die Haltung der Juden des Mittelalters in Bezug auf die Heiligen Schriften, so wie sie von den Christen gelesen werden, untersucht werden. Wie an einigen Beispielen bereits gesehen – handelt es sich um die erneute Deutung ihrer heiligen Schriften aus jüdischer Sicht.

In der traditionellen jüdischen Deutung der Bibel kommt Jesus überhaupt nicht vor. Als jedoch die Christen, die behaupteten, genauso an den göttlichen Ursprung der hebräischen Bibel zu glauben, eine neue, völlig andere Deutung als die Juden einführten, die sich um die Person, das göttliche Wesen und die göttliche Botschaft Jesu drehte, sahen sich die Juden gezwungen, die heiligen Schriften erneut zu lesen, um sich ihre traditionelle Deutung zu bestätigen und die der Christen zurückzuweisen.

Die Methode der Exegese der christlichen Theologen und jüdischen Rabbiner des Mittelalters kann mit all ihren Traditionen und in ihrer Komplexität an dieser Stelle nicht behandelt werden. Um die jüdische Vorgehensweise bei der christologischen Deutung der Bibel zu verstehen, reicht es im Wesentlichen jedoch aus, die Struktur des *Nizzahon Vetus*, eines unbekannten Autors mitteleuropäischer Herkunft, der großen hebräischen antichristlichen Enzyklopädie zu betrachten, praktisch eine Anthologie der askenasischen Polemik im 12. und 13. Jahrhundert: Dieses Werk werden wir häufig verwenden, weil für das Judentum der Halbinsel kein weiteres so vollständiges Werk existiert. Im ersten Teil folgt der Nizzahon der Anordnung der Bücher der hebräischen Bibel (AT); der zweite Teil, in dem die christlichen Bücher (NT) untersucht werden, folgt keiner so einfachen und strengen Ordnung. Auf jeden Text oder Vers folgt die Erklärung der Christen, die Widerlegung dieser Erklärung und schließlich die traditionelle jüdische Auslegung des Textes.

Ein kurzes Beispiel im Zusammenhang mit Jesus macht die jüdische Methode der Zurückweisung der christlichen Auslegungen der Bibel zugunsten Jesu deutlich: „So spricht der Herr zu seinem Gesalbten zu Kyros“ [Jes 45,1: … den ich bei seiner rechten Hand ergriff, … dass ich Königen das Schwert abgürte]. Die Gottlosen bringen diese Passage mit Jesus in Verbindung und behaupten, dass Kyros Jesus ist. Die Antwort findet sich im gleichen Vers, in dem geschrieben steht: „Ich werde Königen das Schwert abgürten.“ Somit liegt die Macht in den Händen Gottes und nicht in denen Jesu, weil nicht gesagt ist: „Er (= Kyros) gürtet ihnen das Schwert ab.“[73]

Dieses kurze Beispiel – andere Texte erfordern ausführlichere Erläuterungen – macht zwei Charakteristiken der jüdischen Exegese zur Widerlegung der christlichen deutlich: Das knappe Zitat des biblischen Textes wird in den Zusammenhang mit den benachbarten Versen gestellt, die in keiner Weise etwas mit Jesus zu tun haben, und man hält sich gegenüber den allegorischen Auslegungen der Christen an den wörtlichen Sinn des Verses. Dadurch kann häufig die Grundfrage gestellt werden, die den Juden bei der Deutung ihrer Bibel in den Sinn kam: Wo steht der Name Jesu in diesem Text?[74]

Derselbe Autor rät seinem Leser: „Studiere die Tora sorgfältig, um dem Gottlosen zu antworten und ihm Fragen stellen zu können. Wenn du mit ihm sprichst, lass nicht zu, dass dein Gegenspieler das Thema wechselt, weil das die übliche Methode des Heiden ist, der an seine Behauptungen glaubt und ungeduldig darauf wartet, von einem Thema auf das andere zu kommen …“[75]

Diese Methode wendet beispielsweise der Rabbiner *Zeraya Ha-Leví* aus Zaragoza im Disput von Tortosa im Jahre 1413 an. Als der zum Christentum konvertierte Jude Hieronymus von Santa Fe ihm einen Text des Talmud vorlegte, der beweisen sollte, dass der Messias bereits gekommen war, antwortete er, dass man die Eigenschaften des Messias studieren müsse, bevor man sich fragen könne, ob er gekommen sei oder nicht. Im Folgenden vervollständigte er das Zitat aus dem Talmud, in dem deutlich wurde, dass der Messias noch nicht gekommen war. Diese Methode, heilige Schriften zu verwenden, galt sowohl für die Bibel als auch für den Talmud.[76]

Diesen jüdischen Exegese-Techniken, die sich nach Zeitalter, Lebensumständen und Kulturniveau unterschieden, lag stets eine logische Haltung zugrunde: die Weigerung, aus den Heiligen Schriften mit ihrem göttlichen Ursprung auch nur eine Andeutung über Jesus herauszulesen, die seiner Person und seiner Botschaft einen göttlichen Ursprung eingeräumt hätte.

Der Jude des Mittelalters, der in seiner Bibel liest, stellt dem Christen stets die gleiche Frage und gibt a priori eine negative Antwort, die eher auf seinem Glaubensstandpunkt und seiner theologischen Sichtweise beruhte als auf einer detaillierten Analyse. *Wo wird in diesen Texten der Name Jesu erwähnt oder wenigstens angedeutet?*

Für die Christen sprachen die Bücher des Alten Testaments von Jesus. Sie zeichneten ein Bild von ihm, das zwar noch konfus, aber unzweideutig ist. Die Texte des Neuen Testaments machen dieses Bild deutlich. Für die Juden bleiben diese Texte ihrer Bibel im Blick auf ein Jesusbild undurchsichtig. Deshalb wiesen sie den übernatürlichen Charakter Jesu, den die christlichen Texte ihm einräumen, zurück und sahen sich darin durch die Bibel bestätigt.

2.7.1. Gegen die christologischen Lesarten der Bibel

Wenn über den Jesus des Judentums gesprochen wird, muss man sich immer wieder vor Augen halten, dass die ursprüngliche Haltung der Juden Schweigen war. Jesus kam in ihrem religiösen Universum nicht vor. Es waren die Christen, die Jesus einführten und die Juden zwangen, Stellung zu beziehen und angesichts der Vorstellung der Christen ein immer komplexeres Bild zu entwickelten. Dies erklärt, warum die jüdischen Aussagen über Jesus in dem Maße zunahmen, in dem die Fragen und Probleme der Christen sich vervielfachten:

Die christliche Gesellschaft entwickelte sich auf der Iberischen Halbinsel stärker als die islamische; es gab mehr christliche Studien über den Talmud als vor dem 12. Jahrhundert, als lediglich auf der Grundlage der biblischen Texte diskutiert wurde.[77] Dies gilt auch für die Bibelinterpretationen, in der jüdische Lesart Jesus niemals sehen konnte.

Als jedoch die Christen, bei denen Jesus im Mittelpunkt ihres Glaubens steht, das Alte Testament aus christologischer Sicht lasen, wurden die Juden gezwungen, diese Deutung zurückzuweisen. Die Einführung der Person Jesu in die biblischen Texte des Alten Testaments zwingt jüdische Argumentation, ihn dort wieder hinauszubefördern. Das ist eine minutiöse exegetische Arbeit, weil sie erschöpfend sein muss und nach jüdischer Lesart Jesus in keinem einzigen biblischen Vers vorkommt.

Die häufige Zurückweisung der christologischen Deutungen der alttestamentlichen Texte ist auf die Fülle christlicher Lesarten vieler dieser Texte zurückzuführen, die Jesus nicht nur zum Mittelpunkt der Erlösungsgeschichte der Menschheit und des jüdischen Volkes, sondern auch zum fundamentalen Gegenstand der göttlichen Offenbarung in den heiligen Schriften machten. Die Evangelien, die Briefe des Paulus, die anderen Texte des Neuen Testaments und die christlichen Theologen bezogen sehr viele alttestamentliche Verse auf Jesus. Nach dem christlichen Glauben kündigen diese göttlichen Texte Jesus an. Dieser Glaube ging häufig über den wörtlichen Schriftsinn hinaus, um die versteckte offensichtlich christologische Bedeutung zu finden, in deren Mittelpunkt Jesus und dessen Heil bringendes Handeln steht. Der jüdische Glaube konnte diese christologische Sichtweise in keiner Weise teilen, noch die häufig Sinn verzerrenden Deutungen der biblischen Texte zulassen.

Deshalb leisteten die Juden die sehr schwierige Aufgabe der Exegese, die schwierigste Aufgabe innerhalb der jüdisch-christlichen Polemik des Mittelalters, weil sie in den meisten Texten unmittelbar den Kern der Heiligen Schriften des Judentums berührten. Es musste aus allen Seiten der Bibel gegen Jesus argumentiert werden, den die Christen mit solcher Vehemenz eingeführt hatten. Die globale Zurückweisung des göttlichen Ursprungs Jesu wurde ergänzt durch die minutiöse und erschöpfende Zurückweisung seiner – noch so symbolhaften oder nur angedeuteten – Anwesenheit in den heiligen Schriften des Judentums.

Aus diesem Grund griffen die jüdischen Apologetiker eine christliche Auslegung der Bibel nach der anderen an und beschäftigten sich gleichzeitig mit den bedeutenden christlichen Grundsätzen der Heilsgeschichte (Erlösung, Inkarnation, Messianismus usw.). Für sie handelte es sich dabei um eine Reinigung. Die Bibel von der Anwesenheit Jesu zu befreien, bedeutete, die innere Stimmigkeit zu erhalten, die durch das korrosive Handeln der Jünger Jesu, die sogar die heiligen Bücher angriffen, immer stärker bedroht wurde.

2.7.2. Gegen die „Christusfigurationen" im Alten Testament

Die christologische Deutung der hebräischen Bibel durch die Christen beschränkte sich nicht auf eine systematisch-exegetische Analyse all dieser Texte. Der christliche Glaube an Jesus, Gott-Mensch und Erlöser der Menschen, sah in allen Personen, die in der Bibel auftauchen, als von Gott mit einer heilsbringenden Aufgabe gesandt, Christusfigurationen": Abraham und seine Stammväter; Josef, Moses und Josua, Retter des jüdischen Volkes in Ägypten, David und die übrigen politischen Führer des vertriebenen Volkes; die Propheten, die den Juden ihre Sünden vor Augen führten; Jona, der drei Tage im Bauch eines Wals eingeschlossen war so wie Jesus zwischen seinem Tod und seiner Auferstehung in der Grabkammer usw.

Natürlich hatte jeder biblische „Vorgänger" eine „Adaption" nötig, um Jesus zugeschrieben werden zu können. Die Ähnlichkeit wurde lediglich auf die Heil bringenden Aspekte der „Menschen Gottes" und einige spezifische Wesenszüge der einzelnen Person angewandt. Für den christlichen Glauben war es einfach, die Ähnlichkeiten auszuwählen und die Unterschiede aufgrund der Hierarchie zwischen Jesus und den alttestamentlichen Gestalten wegzulassen: Jesus war der vollkommene Mensch und seine Vorgänger unvollkommen.

Die jüdischen Gläubigen konnten noch nicht einmal das Prinzip von „Figurationen" Jesu in der Bibel oder in der religiösen Geschichte der Menschheit und des auserwählten Volkes akzeptieren. Ihre Zurückweisung kam jedoch vor allem in ihren exegetischen Kommentaren zum Ausdruck, in denen sie die Unterschiede zwischen Jesus und jenen biblischen Persönlichkeiten sowie die Anachronismen, die solche Vergleiche enthielten, aufzeigten. Von daher kann Jesus nicht Josua sein, der Retter des jüdischen Volkes bei der Durchquerung des Jordan [Buch Josua], noch König David, der in den Psalmen spricht [Psalm 17,1], noch Kyros, der Auserwählte Gottes [Jes 45,1].[78]

Jesus ist nicht *Immanuel*, weil er sich in den christlichen Büchern des Neuen Testaments nie so nennt und weil das Kind, über das in diesem Vers gesprochen wird, der Sohn des Propheten Jesaja ist.[79] Darüber hinaus kann er auch nicht der *Wunder-Rat* [Jes 9,5: Nah 1,11] sein, weil er Judas nicht den rechten Weg weisen konnte; er ist auch nicht der *Friede-Fürst* [Jes 9, 5], weil es auch nach ihm Kriege gibt und weil dies dem Matthäusevangelium widerspricht, in dem Jesus sagt, dass er nicht gekommen ist, um der Welt den Frieden zu bringen, sondern das Schwert [Mt 13,34].

Die jüdischen Autoren weisen auch jene „Figurationen Jesu" zurück, die keine menschlichen Personen waren, wie den Berg des Herrn, wo sich alle Menschen versammeln werden, was die Christen als die Erhöhung des Kreuzes interpretieren [Jes 2,1–3]: Nach dieser Auslegung könnte dasselbe über die Völker gesagt werden, die Muhammad nachfolgen.[80] Der Jesajatext kann sich nur auf den Ruhm Gottes auf dem Berg Zion beziehen. Auch die Versprechen Gottes an den Stamm Isais (Jesse) [Jes 11,1–3] konnten nicht Jesus, der nicht von Isai (Jesse) abstammte, zugeschrieben werden.[81]

Damit werden die globale Zurückweisung der Gestalten Jesu und die charakteristische Form dieser Zurückweisung im Mittelalter deutlich. Heutzutage verweisen die Christen zum Ausdruck ihres Glaubens an Jesus nicht mehr in dem Maß auf diese alttestamentlichen Gestalten. Für die Theologen des Mittelalters, die sich mit den Juden auseinander setzten, waren diese Argumente, die der exegetischen Tradition des Neuen Testaments und der christlichen Patristik folgten, sehr wichtig. Um ihren Glauben und ihre heiligen Schriften zu verteidigen, fanden die jüdischen Rabbiner auf jede Erwähnung eines Jesusbildes in der Bibel eine Antwort und eliminierten dieses aus ihrer Heilsgeschichte.

2.7.3. Gegen die neutestamentlichen Texte der (christlichen) Bibel

Das bedeutendste Jesusbild, das die Juden des Mittelalters kannten, war das der Evangelien und der anderen neutestamentlichen Texte der christlichen Bibel. Dieses Bild und die ihm zugrundeliegenden Texte erschienen den Juden immer zwanghafter und besessener, vor allem als die christlichen Herrscher in Europa die Juden immer häufiger zwangen, sich an öffentlich ausgetragenen Kontroversen zu beteiligen und sich, was noch häufiger vorkam, sogar in ihren eigenen Synagogen Predigten christlicher Geistlicher anzuhören. So kam zu der globalen Geringschätzung und dem vorsichtigen Schweigen der Juden über die christlichen Texte allmählich die polemische Untersuchung des Neuen Testaments, insbesondere der Evangelien, hinzu.[82]

Der *Nizzahon Vetus* gab sich zu Beginn des 13. Jahrhunderts nicht damit zufrieden, die jüdischen gegen die christologischen Auslegungen der Christen (in einem ersten Teil) zu verteidigen, sondern sammelte in einem zweiten Teil alle möglichen Argumente gegen das christliche Neue Testament und das Bild, das diese Texte vermitteln. Diese Argumente sind nicht sehr originell. Sie sind allen antichristlichen Autoren der Antike, die von christlichen Theologen angegriffen wurden, gemeinsam. Wie noch zu zeigen sein wird, sind es häufig sogar die gleichen Argumente, die auch die muslimischen Polemiker anführen.

An dieser Stelle können nicht alle neutestamentlichen Texte genannt werden, die die jüdischen Autoren des Mittelalters in ihren antichristlichen Polemiken zitieren und kommentieren; auf jeden Fall verwenden sie diese nur im Kontext dieser Polemik. Es ist jedoch wichtig darauf hinzuweisen, dass für diese Autoren jene *Bücher der Irrtümer*[83] keinerlei religiöse Autorität besitzen und in keiner Weise als von Gott geoffenbarte biblische Texte betrachtet werden können. Diese allgemeine Haltung war für die jüdische Seite vollkommen logisch, für die Christen war diese Ablehnung jedoch ziemlich irritierend.

Die Rabbiner des Mittelalters akzeptierten diese neutestamentlichen Texte in den Diskussionen also nur deshalb, weil sie für die Christen ein wichtiger Gegenstand ihres Glaubens und ihrer Angriffe auf die jüdischen Glaubenüberzeugungen waren. Auf der Grundlage dieser historischen Tatsache waren sie bemüht, aufzuzeigen, dass jene Verse des Neuen Testaments, die für die Christen elementare Bedeutung hatten, eben den christlichen Glaubensüberzeugungen, die im Gegensatz zu den jüdischen Glaubenssätzen standen, selbst widersprachen; diese Texte waren nämlich in sich widersprüchlich; oder dort wurden absurde Lehrsätze vertreten. Hin und wieder rechtfertigten sie sogar die Existenz des Judentums, zu dem die Christen besser zurückkehren sollten. Somit sind diese Zitate jüdischer Autoren aus dem Neuen Testament nichts weiter als die praktische und zielgerichtete Verwendung dieser Texte für die antichristliche Polemik.

Vorläufiges Ergebnis ist, dass im Mittelalter die neutestamentlichen Texte lediglich der Bekämpfung des christlichen Jesusbildes dienten. Diese Bücher waren nur dazu da, um bis ins Detail eine Persönlichkeit und eine Botschaft zu verfinstern, an der die Juden des Mittelalters nichts Positives finden konnten.

2.7.4. Die Autorität des Talmud im jüdischen Jesusbild

Der Talmud ist eine Sammlung von religiösen Texten des Judentums, der eine ganze Sammlung von Lehren über das jüdische Leben enthält und im Allgemeinen von Persönlichkeiten mit großer Autorität stammt, die zwischen dem 1. Jahrhundert vor der christlichen Zeitrechnung und dem 6. Jahrhundert nach Christus lebten. Die verschiedenen Versionen des Talmud, in Hebräisch und vor allem in Aramäisch, wurden im Mittleren Osten verfasst oder zusammengestellt, verbreiteten sich jedoch schnell in den jüdischen Gemeinden des Westens, sprich in Andalusien, den arabischen Maghrebstaaten und dem christlichen Europa. Die Bedeutung, die der Talmud neben den biblischen Texten für die Entstehung des jüdischen Bewusstseins und des jüdischen Lebensstils hat, wird kaum ausreichend beachtet.

Die Christen brauchten lange, um sich dieser Bedeutung bewusst zu werden. Sie glaubten, dass die Juden in den Glaubenssätzen des Alten Testaments und den Taten, die die neutestamentlichen Texte vor Jesus und seiner Botschaft beschreiben, befangen waren. Die Bedeutung des Talmud wurde dem Christentum durch die Konversion einiger gebildeter Juden zum Christentum deutlich gemacht. Einer der ersten unter ihnen war der bereits erwähnte *Petrus Alfonsi*, der etwa 1062 in Huesca (Áragon) geboren wurde, im Jahre 1106 zum Christentum konvertierte und einen Text verfasste, mit dem er seinen religiösen Weg zu rechtfertigen suchte.[84]

Die Entdeckung des Talmud brachte einen sehr bedeutenden Wandel in den Beziehungen zwischen Christentum und Judentum mit sich. Die christlichen Theologen und Autoritäten entdeckten auf diese Weise ein Judentum, das nicht das der Bibel war, weil es, insbesondere nach dem Exil aufgrund der Zerstörung des zweiten Tempels von Jerusalem (im Jahre 70 der christlichen Zeitrechnung), von der Autorität des Talmud und der außerbiblischen Autoren beeinflusst wurde. So wurden die christlichen Autoren gezwungen, sich mit dem *nachbiblischen Judentum* zu beschäftigen. Dies geschah eher mit geringem Erfolg, weil sie die Texte vor allem zum Zwecke ihrer Polemik studierten und um darin, koste es was es wolle, Argumente zu finden suchten, die die christlichen Auslegungen der Bibel stützten und den jüdischen Glaubensüberzeugungen widersprachen. Für die Christen waren diese Bücher, die ihrer Meinung nach nicht die gleiche Autorität besaßen wie die von ihnen anerkannten Texte des Alten Testaments, die Hauptursache für die Weigerung der Juden, den christlichen Glauben an Jesus zu akzeptieren.[85]

Zu diesem allgemeinen Problem kam die Tatsache hinzu, dass der Talmud Texte enthält, die Jesus und seiner Mutter Maria gegenüber beleidigend sind.

Es ist an dieser Stelle schwierig, auf das Problem des Ursprungs dieser Texte einzugehen oder auf die Autorität, die diese Texte für die Juden des Mittelalters besaßen. Besonders schwierig ist es auch, die historische Bedeutung dieser jüdischen Texte richtig einzuschätzen, die in der mittelalterlichen rabbinischen Literatur viel verwendet wurden: Es ist nicht einmal bekannt, ob die meisten Passagen, die man mit Jesus in Verbindung bringt, wirklich einen Zusammenhang zu ihm haben.

> „Die Passagen des Talmud, in denen der Bezug auf Jesus trotz zahlreicher Veränderungen praktisch sicher ist, erinnern an die Fähigkeit Jesu, im Namen Gottes zu heilen und an seine Auslegung der Schrift; sie erwähnen auch seine Jünger und eine nicht historische häufig legendenhafte Tradition zu seinem Prozess und seiner Verurteilung zumTode."[86]

Darüber hinaus enthalten die Texte des Talmud häufig populäre Erzählungen über Jesus, die *Toledoth Jeshu* (Geschichten von Jesus) oder die *Maashed ha-Thalawi* (Tatsachen über die Hinrichtung), dessen Ursprünge auf das 11. Jahrhundert zurückgehen. Die Autorität des Talmud war für die jüdischen Theologen vielleicht nicht sehr groß, sein populärer Charakter sorgte sicherlich jedoch für eine, wenn auch häufig nur mündliche, weite Verbreitung in den Unterhaltungen der Juden und in ihren Kommentaren über die Glaubensüberzeugungen ihrer christlichen Zeitgenossen. Die Texte trugen somit zur Bildung eines bestimmten Jesusbildes bei, das im Gegensatz zu dem stand, das die Christen verbreiteten.[87]

Jedoch führte allein die bloße Existenz der von den christianisierten Juden denunzierten Texte in Europa zur unerbittlichen Zerstörung der Exemplare des Talmud, der im Jahre 1241 in Paris öffentlich verbrannt wurde. Der vom französischen König *Ludwig IX.* mit der Verteidigung des Talmud beauftragte Rabbiner *Yehiel Ben-Joseph* aus Paris, versicherte, dass sich die Aussagen des Talmud gegen Jesus und seine Mutter auf einen anderen Jesus bezögen und nicht auf den der Christen und dass im einzigen Text, der sich auf den Jesus der Christen bezöge, seine bereits aus anderen Quellen bekannte Verurteilung zum Tode bestätigt würde. Das änderte nichts daran, dass die Christen den Talmud als Angriff auf Jesus und seine Mutter betrachteten.

Es gibt zwar nur wenige Texte über Jesus im Talmud, dies ist jedoch auf eine Selbstzensur der Juden zurückzuführen und nicht auf einen Mangel an Autorität oder – wenigstens mündliche – Verbreitung dieses jüdischen Jesusbildes, das die Juden des Mittelalters dem der Christen gegenüberstellten.

Somit kommt zur jüdischen Zurückweisung der christlichen Auslegungen einiger Texte des Alten und Neuen Testaments zugunsten Jesu noch die Autorität des Talmud in seinen Aussagen über Jesus hinzu.

2.8. Ethnische Brüderlichkeit, jedoch Ablehnung der Abstammung Jesus von David und Ablehnung seiner religiösen Autorität

Trotz ihrer allgemeinen Zurückweisung Jesu, erkannten die Juden des Mittelalters zumindest an, dass Jesus – in der jüdischen Bedeutung des Ausdrucks – *ein Sohn des Volkes Israel* gewesen war, und im Allgemeinen verweigerten sie diesen Titel den Christen. Offensichtlich waren sie nicht besonders stolz auf ihren Landsmann, der ihnen so viel Unglück gebracht hatte. Im modernen Judentum kommt diesem Stolz bis zu einem bestimmten Punkt eine größere Bedeutung zu.

> „Jesus, der berühmteste Jude, war die Quelle von so viel Unglück für viele von ihnen, und es wäre besser, ihn zu vergessen.“[88] „Er ist der Abtrünnige und das Scheusal der populären jüdischen Tradition.“[89]

In seinem Buch, das sich vor allem an die Christen nach der Shoah bzw. nach der Vernichtung der Juden durch die Nazis richtet, beginnt *Jules Isaac* seine Vorschläge für eine Reform der christlichen Denkweise über das Judentum mit der folgenden Aussage:

> „Jesus, der Jesus der Evangelien, der lediglich für die Christen Sohn und Inkarnation Gottes war, war in seinem menschlichen Leben ein Jude, ein bescheidener jüdischer Zimmermann. Und kein Christ hat das Recht, diese Tatsache außer acht zu lassen.“[90]

Insgesamt enthalten bestimmte Aspekte der mittelalterlichen Sichtweise des jüdischen Jesus eines der positivsten Elemente der jüdischen Vorstellung von Jesus im Mittelalter und heute.

2.8.1. Das Jüdischsein Jesu – Jesus, der Beschnittene

Die Juden des Mittelalters erkannten zumindest implizit an, dass Jesus Jude und damit mindestens ursprünglich einer von ihnen war. Allerdings war Jesus von den Christen so exklusiv vereinnahmt worden, dass es für Juden schwer war, ihn als einen der ihren zu betrachten, wie dies die Muslime tun, die glauben, dass der wahre Jesus, einer der ihren ist und ihn deshalb gegen die Vereinnahmung durch die Juden und Christen verteidigen.[91] In jedem Fall hat der in der jüdischen Gemeinde des römischen Palästina geborene Jesus einen jüdischen Ursprung, eine jüdische Ausbildung und teilweise sogar eine jüdische Glaubenslehre; dies wird in den jüdischen Texten über Jesus vorausgesetzt, obwohl er zusammen mit seinen Jüngern das Gesetz Mose verraten habe.

Das offensichtlichste Zeichen dafür, dass Jesus Jude war, ist seine Beschneidung, die von den Texten des Evangeliums und der christlichen Liturgie anerkannt wird.[92] Jüdische Theologen erwähnen selbst, dass Maria nach den Apokryphen darauf besteht, dass ihr Kind beschnitten wird, obwohl die Heiligen Drei Könige der Meinung sind, dass es nicht beschnitten werden müsse, weil es Gott sei.[93] Durch die Beschneidung sind Jesus und Johannes der Täufer wahre Kinder Israels, und diesen Titel können die Christen aufgrund der Taufe und der Zurückweisung der Beschneidung nicht fordern.[94] Die Beschneidung der männlichen Juden ist das untrügliche Zeichen für die Zugehörigkeit zum von Gott auserwählten Volk, zum Volk des Ewigen Bundes.[95]

Die Beschneidung der Vorhaut, die es auch in vorjüdischer Zeit in bestimmten Regionen des Mittleren Ostens, insbesondere im Niltal gab, war so sehr zu einem Symbol für das Judentum geworden, dass einige jüdische Theologen der Meinung waren, dass weder Christen noch Muslime beschnitten werden könnten, und das, obwohl die Beschneidung von Muslimen auf genau gleiche Weise durchgeführt wird: Die Beschneidung wurde nur Abraham und seiner Nachkommenschaft vorgeschrieben, so wie geschrieben steht:

> „‚Du und deine Nachkommen' [Gn 17, 7]. Ausgeschlossen wird die Nachkommenschaft von Ismael [die Araber und die Muslime], denn es steht geschrieben: ‚Denn nur nach Isaak soll dein Geschlecht benannt werden' [Gn 21,12]. Ausgeschlossen bleibt Esau [die Christen und andere Völker], da Isaak zu Jakob sagte: ‚Und er gebe dir den Segen Abrahams, dir samt deinem Geschlecht' [Gn 28,44]. Daraus folgt, dass nur er (Jakob) zur Nachkommenschaft Abrahams gezählt wird, der die Religion bewahrt und dem rechten Weg folgt. Nur diese (Nachkommenschaft) ist zur Beschneidung verpflichtet."[96]

Die ausdrückliche Erwähnung der Beschneidung in den jüdischen Texten über Jesus bedeutet die Anerkennung seines Jüdischseins. Für die jüdischen Polemiker brachte dies Probleme mit sich, so z. B. für den konvertierten Áragonier *Petrus Alfonsi*, der gleichzeitig die Beschneidung Jesu und auf der Grundlage der Texte von Paulus die Aufgabe dieser Praxis bei den Christen rechtfertigen musste.[97] Alle Vorwürfe, die die Juden Jesus später machten, erkannten die Beschneidung an, und diese Beschneidung ist authentischer zur Rechtfertigung seines Jüdischsseins als seine Abstammung oder sogar sein hebräisch-aramäischer Name, Jesus.

2.8.2. Die Zweifel an der jüdischen Abstammung von Jesu Vater

Trotz seiner jüdischen Abstammung wirkten sich die jüdischen Zweifel an seiner Empfängnis auch auf seine Beziehungen zur jüdischen Gemeinschaft aus.

In vielen Texten von Rabbinern wird Jesus nicht als legitimer Sohn Josefs bezeichnet, sondern als Sohn eines Pantera oder Patera oder eines Stada – mit verschiedenen Varianten dieser Namen[98] –, der ein römischer Soldat war. Auf diese traditionelle jüdische Argument zum Verhalten von Maria, gegen die Jungfrauengeburt und für die

Illegitimität Jesu soll an dieser Stelle nicht näher eingegangen werden. Wichtig ist nur, dass der Mann, der Jesus zeugte, römischer Abstammung gewesen sein soll.

Bekanntermaßen wird die jüdische Abstammung legal von der Mutter weitergegeben: Jude ist, wer eine jüdische Mutter hat. Dieses Jüdischsein wird jedoch durch die Betonung der Tatsache beeinträchtigt, dass der Vater Jesu kein Jude war. Damit wird einmal mehr versucht, den Jesus der Christen zurückzuweisen und so weit wie möglich von der jüdischen Gemeinschaft entfernt zu halten, die ihn für einen Verräter hielt, ja die schlimmste Geißel, die das jüdische Volk im Laufe seiner Geschichte ertragen musste.

Dagegen fasste der jüdische Philosoph und Theologe *Maimónides* aus Córdoba (12. Jahrhundert) das Thema der Abstammung Jesu sehr ausgleichend zusammen:

> „ … Jesus von Nazareth … gehörte zu Israel; obwohl sein Vater Heide [kein Jude] war, seine Mutter jedoch war Jüdin, und die Tradition lehrt uns, dass wenn ein Heide oder Sklave einer Tochter Israels beiwohnt, das Kind von Gesetz her Jude ist; diese Menschen unter uns werden übertrieben als Bastarde bezeichnet.“[99]

2.8.3. Jesus ist kein Nachkomme des Königs David

In verschiedenen Texten des Neuen Testaments wird Jesus als Nachkomme König Davids vorgestellt [Mt 1,1–16; Lk 3,23–24]. Offensichtlich ist dies im jüdischen Volk ein Adelstitel, der mit dem Recht auf Respekt verbunden ist. Das mittelalterliche Judentum konnte diese Ehre für Jesus nicht akzeptieren. Eine Nachkomme Davids zu sein, ist nun auch eine der Eigenschaften des Messias, des dem Volk Israel versprochenen Erlösers. [Jer 33,14–15; 23,3–6]. Sogar der andalusische Dichter *Yishak Ibn Jalfún* wendete die Eigenschaften des Messias, übertreibend auf einen verstorbenen Freund an, der David hieß:

> „David, deine Freunde achteten dich,
> als ob Du, Sohn Davids, ihr Messias wärst,

als ob du ihre Befreiung wärst,
Du, derjenige, der seine Rückkehr bewirkt;
mit dir war der Verwaiste geschützt,
als ob deine Ankunft für ihn Befreiung wäre,
und seiner armen Mutter durch dich geholfen würde.
So krank ist die Hoffnung in ihren Herzen,
dass sogar ihr Glauben und ihre Kraft dahinschwinden.“[100]

Aus diesem Grund also zeigt sich in den jüdischen Texten ein besonderes Interesse an der Zurückweisung der Abstammung Jesu von David.

Die Argumente gegen die Genealogie Jesu, wie sie sich in den Evangelien darstellt, werden mit den Argumenten gegen die Jungfräulichkeit Marias und mit Argumenten vermischt, die der Mutter Jesu unterstellen, vor der Geburt Jesu verschiedene sexuelle Beziehungen gehabt zu haben. Das wichtigste und häufig wiederholte Argument ist der Hinweis auf die Unterschiede zwischen der Genealogie im Matthäus- und im Lukasevangelium. Nachdem sie die Unregelmäßigkeiten beider Abstammungen deutlich gemacht haben, kamen antichristliche Polemiker zu dem Schluss, dass Jesus weder der Familie Davids noch dem Stamm Juda entstammte. Deshalb kann Jesus mit den Juda gemachten Versprechen von einem Messias nicht gemeint sein, und er ist weder der König von Juda noch hat er sich auf den Thron Davids gesetzt: „Er hat das Königreich Juda nicht aufgebaut, sondern er hat es zerstört.“[101]

Die Zurückweisung der Abstammung Jesu aus der Familie Davids hat nichts mit mehr oder weniger adligem Rang innerhalb des jüdischen Volkes zu tun. Es geht dabei vor allem um die Zurückweisung seiner religiösen Rolle des Messias, auf der die Christen beharrten.

2.8.4. Jesus hat im Judentum keine religiöse Autorität

Trotz der ethnischen Verwandtschaft, die Jesus zum Juden macht und mit der jüdischen Gemeinschaft eint, bewirkt die Tatsache, dass er das Christentum begründet hat, dass er für seine Brüder in Israel zu einem vollständig Fremden und zu einem Feind des jüdischen Volkes wird. Somit kann seine Lehre trotz ihres jüdischen Ursprungs im Judentum selbstverständlich keinerlei Autorität haben.

So sehr Jesus auch ein Sohn Israels war, so wenig lässt sich dieser Titel auf seine Jünger übertragen, die Heiden, Edomiten sind – und wie wir später sehen werden – unbeschnitten, obwohl es heute Juden gibt, die aufgrund der gemeinsamen Glaubensüberzeugungen des Alten Testaments, etwa des Monotheismus, eine gewisse Nähe zu den Christen sehen. Die Jünger Jesu konnten die Bezeichnung des Neuen Israel in gewisser Weise für sich reklamieren, aber nicht die Israel gemachten Versprechen auf ihren Glauben und ihre Gemeinschaft übertragen. Zion ist Israel und nicht das Christentum, das seinen Namen von Jesus, dem Christus, ableitet. Die Christen sind vielleicht geistliche Nachkommen der Patriarchen, Abraham und seines Sohnes Isaak, und zwar durch Isaaks Sohn Esau/Edom, sie können jedoch nicht behaupten, Nachkommen von Jakob/Israel zu sein.

Deshalb wiesen die Juden den jüdischen Charakter der geistlichen Autorität Jesu zurück: Es handelt sich um keine jüdische Autorität, die sie durch die Lehre oder eine bestimmte geistliche Abstammung zu Erben der Juden machen würde. So sehr Jesus auch das jüdische Gesetz inmitten der jüdischen Gemeinschaft gelernt hat, so sehr haben er und seine Jünger bedeutende Elemente dieses Gesetzes aufgegeben (Beschneidung, Sabbatruhe usw.), so dass nicht einmal Jesus im Sinne der jüdischen Lehre und Religion als Jude betrachtet werden könne.

2.9. Die verwerflichen Ereignisse im Leben Jesu

In der jüdischen Tradition des Mittelalters und deren Quellen ist nur selten vom Leben Jesu die Rede.[102] Sogar einige Aussagen, die in jüdischen Texten aufgenommen und neu interpretiert werden, gehen auf christliche Quellen zurück. Dennoch gab es in der jüdisch-christlichen Polemik einige Punkte, die hervorgehoben wurden und für das Jesusbild der Juden im Mittelalter von Bedeutung waren. Diese Ereignisse oder Episoden aus dem Leben Jesu müssen zu anderen, nicht rein biografischen Aspekten des jüdischen Jesusbildes in Beziehung gesetzt werden. Es mag jedoch nützlich sein, das Leben

Jesus biografisch darzustellen, um die jüdische Sichtweise des Menschseins Jesu verstehen zu können.

Dabei kommt man zum Schluss, dass Juden des Mittelalters – zumindest die religiösen Autoren – nicht genügend Distanz zu ihren theologischen Problemen hatten, wie dies bei einigen modernen Autoren der Fall ist.[103] Das Leben Jesu bestand für die jüdischen Apologeten lediglich in einer Aneinanderreihung antichristlicher Argumente. Die Taten Jesu wurden niemals für sich, sondern immer in Beziehung zu einem jüdischen oder jüdisch-christlichen theologischen Problem betrachtet.

2.9.1. Die Angriffe gegen Maria und gegen die Herkunft des Vaters Jesu

Höchst umstritten in der tradionellen jüdischen Historiographie ist die Geburt Jesu. Es wurde bereits darauf hingewiesen, dass die Geburt Jesu voll von religiösen Konnotationen ist, die in unmittelbarem Zusammenhang mit der Kenntnis von bestimmten Ereignissen stehen. Vor allem erkannten die jüdischen Autoren nicht an, dass es irgendeine Form von Wunder, ein göttliches Zeichen zugunsten Jesu und seiner Botschaft gegeben hat. Deshalb wiesen sie die jungfräuliche Empfängnis und Geburt Jesu zurück.

Dann wollten sie die Herkunft Jesu in Misskredit bringen. Deshalb suchten sie, ausgehend von der christlichen Negierung der natürlichen Vaterschaft Jesu in Josef, dem Ehemann von Maria, für Jesus die eine oder andere in wesentlich stärkerem Maße beleidigende väterliche Herkunft Jesu. An dieser Stelle sei daran erinnert, dass wir uns in einem Bereich der Religion bewegen, der in seiner Darstellung historischer Ereignisse bei Juden und Christen gleichermaßen mit theologischen Vorurteilen behaftet ist.

Maria, die Mutter Jesu, wird häufig *Miriam Megadela Neshayya* (= die hebräisch-aramäische Form von Maria sowie Kopfschmuck der Frauen) genannt, und dabei wird manchmal bewusst die Namensähnlichkeit mit Maria Magdalena in Kauf genommen, der Prostituierten bzw. sündigen Frau der Evangelien. Maria wird auch *Miriam Ben-Bilqa* oder *Miriam Stada* genannt.

Maria war vor dem Gesetz mit Josef verheiratet – verlobt wurde sie schon mit dem *Rabbiner Papo Ben-Judá*, der sie im Haus einsperrte. Sie soll jedoch außereheliche Kontakte zu einem römischen Soldaten – *Panderas, Panteras, Ben-Panter* … – oder einfach mit einem Soldaten – *Sradiot* –, zu einem Nachbarn – *Josef Pandera* oder *Ben-Pandera* – oder sogar zu einem der Trauzeugen gehabt haben. Diese Kontakte, die sie – nach Texten des *Toledot* – sogar während der Menstruation gehabt haben soll, ermöglichten es, Jesus – der in den Texten des Talmud manchmal *Balaam* genannt wird – also als *Bastard* und *Sohn der Unzucht* zu bezeichnen.

Ein Text des Talmud schreibt dem großen Rabbiner *Akiba*, einem Zeitgenossen Jesu, den folgenden Bericht zu:

> „Ich werde beweisen, was ich behaupte:
> Er suchte die Mutter des Kindes. Er sah den Gemüsestand auf dem Markt, auf dem sie verkaufte.
> Er sagte zu ihr:
> ‚Schwester, wenn du mir die Frage beantwortest, die ich dir jetzt stellen werde, werde ich dich zum ewigen Leben führen'.
> Sie sagte zu ihm: ‚Schwöre mir, dass du das tun wirst.'
> Rabbi Akiba schwor mit den Lippen, negierte diesen Schwur jedoch in seinem Herzen. Er sprach zu ihr:
> ‚Was ist das Wesen deines Kindes?'
> Sie antwortete: ‚Als ich die Hochzeitskammer betrat, war ich in der Phase der Unreinheit, und mein Ehemann hielt sich von mir fern. Mein Trauzeuge wohnte mir bei und ich bekam dieses Kind. Somit ist dieses Kind ein Bastard und ein Kind der Unzucht.'"[104]

In jedem Fall wurde Jesus normal und somit unrein geboren, denn seine Mutter musste sich vierzig Tage später reinigen, wie im Lukasevangelium gesagt wird [Lk 2,22]. Später bekam sie noch weitere Kinder, vier Söhne (Jakob, Josef, Simon und Judas) und drei Töchter.

Wie bereits gesagt, bestritten die jüdischen Autoren die Abstammung Jesu von David. Das war ein wichtiges Thema der Polemiker in Bezug auf Jesus und Maria.[105] Dabei gibt es zwei verschiedene Haltungen der Autoren: Die einen weisen die Geburt in Bethlehem, der Stadt Davids, zurück, die anderen überlassen den christlichen Texten die Verantwortung für diese Behauptung.

Manchmal wird Jesus vorgeworfen, wenig Respekt gegenüber seiner Mutter gehabt zu haben, so z. B. bei der Hochzeit zu Kana – und vor allem sei er nicht Gott, weil er dann Mutter und Vater hätte ehren müssen und sie nicht hätte sterben lassen dürfen.[106] *Mosés Ha-Cohén* von Tordesillas wendet auf Maria Psalm 69 an [Ps. 69,9], um zu beweisen, dass sie nach der Geburt Jesu noch mehr Kinder bekommen hat, was gegen ihre Jungfräulichkeit *ante partum, in partu, post partum* nach dem christlichen Glauben spricht.[107]

2.9.2. Der Aufenthalt Jesu in Ägypten und der Betrug mit den Wundern

Die Tatsache, dass er, so wie es das Matthäusevangelium berichtet [Mt 2,13–14], nach Ägypten geflohen ist, um seiner Verfolgung zu entgehen, beweist bereits, dass Jesus nicht der Bote Gottes sein konnte. Seine von Gott gesandten biblischen Vorgänger wurden beschützt und mussten nicht fliehen.[108]

Während seines Aufenthalts in Ägypten eignete sich Jesus jedoch Kenntnisse über Magie und Hexerei an, die die Wunder erklären könnten, die ihm die Evangelien zuschreiben. Nach der jüdischen Tradition war Ägypten das Land der Magie, in dem Moses nach der biblischen Tora oder dem Pentateuch gegen Wunderpriester kämpfen musste. Somit war es für die jüdische Argumentation leicht, die Autorität der Wunder Jesu in Misskredit zu bringen, die nach dem christlichen Glauben der Beweis für seinen göttlichen Ursprung waren. Darüber hinaus verwendeten die jüdischen Autoren Texte des Alten und Neuen Testaments, um zu beweisen, dass, wenn Jesus wirklich Wunder vollbracht hat, dies nicht aus eigener Kraft tat, wie die Christen behaupteten, sondern mit Hilfe der Kraft Gottes, so wie die übrigen Propheten, die Wunder vollbrachten.[109]

Die jüdischen Texte sprechen wenig von den Wundern Jesu oder denen der christlichen Heiligen. Für sie genügt es, die Wunder der biblischen Persönlichkeiten den christlichen Wundern gegenüberzustellen, um diesem Zeugnis seine Bedeutung zu nehmen. Häufig ist es nicht leicht, den Sinn zu erkennen, den sie diesem Streitthema zu geben versuchten.

Nach jüdischer Meinung waren es in jedem Fall Täuschungen dieser Art und nicht die Autorität seiner Lehre, durch die Jesus Jünger gewann und die Kinder Israels vom rechten Weg und vom Gesetz Mose abbrachte.

2.9.3. Die Taufe Jesu durch Johannes und die Verführung der Jünger

Ein wichtiges Ereignis aus dem Leben Jesu wird in den jüdischen Texten häufig erwähnt: die Taufe Jesu im Jordan durch seinen Vetter, den jüdischen Prediger und Reformer Johannes den Täufer.

Die Bedeutung dieses Ereignisses für die jüdischen Polemiker beruhte auf den Auseinandersetzungen über die jüdische Beschneidung gegenüber der christlichen Taufe. Die Tatsache, dass die Christen die Beschneidung als Zeichen der Zugehörigkeit zum auserwählten Volk aufgegeben und durch die Taufe mit Wasser ersetzt hatten, war zwischen Juden und Christen ein bedeutendes Streitthema. In diesem Zusammenhang wiesen die jüdischen Autoren darauf hin, dass sowohl Jesus als auch Johannes bereits beschnitten waren, als sie sich und andere tauften. Darüber hinaus tauchten die Christen des Mittelalters nicht in fließendem Wasser unter wie Jesus im Jordan.

Dadurch wird es möglich, die Jünger häufig daran zu erinnern, wie weit sie von der Lehre der Tora entfernt waren und das trotz der von den Evangelien Jesus zugeschriebenen Aussagen [Mt 5,17–18] über die Übereinstimmung seiner Lehre mit den biblischen Vorschriften des Alten Testaments

Anatolio, ein jüdischer Autor des Mittelalters aus dem heutigen Südfrankreich, wies darauf hin, dass Jesus und seine Jünger unfruchtbar und kinderlos waren, während Abraham und die großen Persönlichkeiten der Bibel von Gott mit zahlreichen Nachkommen gesegnet wurden.[110]

2.10. Die Juden und der Tod Jesu

Für Juden und Christen ist der Tod Jesu für seine Geschichte oder Biografie von außerordentlicher Bedeutung. Sein Tod gibt seinem Leben einen besonderen Sinn. Es war ein erlösender Tod, ein schmachvoller Tod, der in eine Erlösung bringende Auferstehung mündet, und zwar für ihn und die gesamte Menschheit vor und nach ihm. Deshalb wird sein Tod in den christlichen Evangelien in allen Einzelheiten beschrieben, einschließlich seiner Auferstehung und seiner späteren Himmelfahrt. Die Evangelien und die übrigen Texte des Neuen Testaments legen auch die Ursache für diesen Tod ausführlich dar und verteilen die Verantwortung unter denen, die diesen Tod verursachten. Zur Zeit Jesu bis heute haben die Juden, die bei der Beschreibung des Todes Jesu durch die christlichen Texten direkt angeklagt werden, energisch reagiert und ihre Version der Ereignisse geliefert. Daher rührt die Bedeutung der jüdischen Vorstellungen über den Tod Jesu. Diese Vorstellungen stimmen andererseits vollständig mit zahlreichen bereits genannten Problemen der jüdischen bzw. der jüdisch-christlichen Theologie überein.

2.10.1. Das Leiden und der schändliche Tod Jesu als Argument gegen seine Göttlichkeit

Die Passion Jesu wird als Beweis für sein menschliches Wesen und damit gegen seine Göttlichkeit, verwendet. Als er im Garten Gethsamene seine Leiden erahnt, zittert er wie ein Mensch. Schließlich wird er, zwischen zwei Dieben, schändlich gekreuzigt. Deshalb wird er *der Gekreuzigte, der Gehängte* (*Ha-Thalawi*, in den hebräischen Texten) genannt. Das ist absolut kein Ruhmestitel. Nach dem *Toledoth Jeshu* wurde sein Leichnam schließlich in einen Fluss geworfen.

Der Koran der Muslime spricht sich gegen diese beleidigende Version aus und kämpft um die Ehre Jesu: „Er wurde nicht gekreuzigt …“ [Sure 4, 157].[111]

Aus diesem Grunde lehnten die jüdischen Kommentatoren alle christlichen Bemühungen stets ab, die Kreuzigung stelle eine Erhöhung Jesu dar, wobei die Christen von „Figurationen“ der alttestamentlichen Bibel ausgingen. Der blutende Jesus wurde eben nicht schon in der blutverschmierten Tunika Josefs vorabgebildet [Gn 37,31], wie dies u. a. *Isidor von Sevilla* behauptete.[112] Die christlichen Analogien der drei Zweige [Gn 40,10] oder des Baumes, an dem Absalom gehängt wurde [2. Sam 15,6] wurden von den jüdischen Autoren ebenfalls zurückgewiesen. ebenso das erhöhte Holz [Dt 23,14]: Das Kreuz hatte nicht diese Form.[113] Noch vehementer wiesen die Juden die Analogie zum Osterlamm zurück, dem Symbol der Erlösung, das von dem aus Ägypten befreiten Volk jedes Jahr gefeiert wurde [Ex 5,6].[114]

Jede Form der Erhöhung des gekreuzigten Jesus, *des Gehängten*, wird komplett zurückgewiesen, wie etwa die christliche Interpretation des Verses von Jesaja [Jes 52,13]: „Siehe, meinem Knecht wird's gelingen, er wird sehr hoch erhaben sein."

Jesus ist einfach *Der Verstorbene*, während Gott der Lebendige ist (Dieser Begriff gehört zur hebräischen Bedeutung der Bezeichnung *Jahwe*).

Die Juden des Mittelalters, die Muslime und viele Juden der Moderne hassten geradezu das Kreuz als Symbol des Christentums.[115] Wenn die polemischen Texte die Bilder für das Kreuz, die die Christen in der Bibel finden, explizit zurückwiesen, wird es schwer, bei den hebräischen Autoren der Iberischen Halbinsel im Mittelalter eine Anspielung auf das Kreuzzeichen als christliches Symbol zu finden. Dagegen taucht diese Symbolisierung bei den muslimischen Autoren Arabiens zuweilen auf, um dann allerdings konsequent abgelehnt zu werden.

Im Kapitel über den Messianismus Jesu wird noch aufgezeigt, dass alle Rechtfertigungen der Erlösung abgewiesen werden. Der Tod Jesu beweist, dass er nicht Gott ist und dass er als Mensch gescheitert ist. *Moshé Ha-Cohén* von Tordesillas wählt einen Evangeliumstext [Mt 13,57], um Jesus die Anerkennung seines Scheiterns in den Mund zu legen: „Nirgends hat ein Prophet so wenig Ansehen wie in seiner Heimat und in seiner Familie."[116]

2.10.2. Ablehnung der Auferstehung Jesu

Indem die jüdischen Autoren jedweden ruhmreichen oder erlösenden Charakter des Todes Jesu ablehnten, wiesen sie natürlich auch den Glauben an die Auferstehung Jesu von den Toten zurück. Sie taten dies auf zweifache Weise: Sie lehnten die Symbole für das Sterben und die Auferstehung Christi, die die Christen in der Bibel gefunden hatten, ab, und wiesen auch sein Höllenfahrt zurück, die das Ziel hatte, die Gerechten heimzuholen, die auf ihre Rettung warteten. Dies war übrigens ein in der mittelalterlichen Ikonographie häufig vorkommendes christliches Thema, das für die Juden deshalb so unangenehm war, weil es die Begegnung Jesu als Erlöser mit den Patriarchen und jüdischen Persönlichkeiten des Alten Testaments beinhaltete.[117]

Die Juden wehrten sich dagegen, dass das Bild des jungen Löwen [Gn 49,9], der nach seiner Geburt drei Tage lang tot zu sein schien, auf den Tod und die Auferstehung Jesu übertragen wurde. Sie wiesen auch die christliche Verwendung des Bildes von Jona zurück, der drei Tage im Bauch eines Wals eingeschlossen war so wie Jesus in seiner Grabstätte [Mt 12,40]. Dasselbe geschieht auch im *Nizzahon Vetus* mit der christlichen Chronologie von den drei Tagen in der Grabstätte, wobei der Autor dort von den Evangeliumstexten selbst ausgeht.[118]

Bei der Höllenfahrt Jesu, dem Hinabsteigen in die *Scheol*, wo die Gerechten das Gericht erwarten, wandten die jüdischen Autoren ein, dass es zahlreiche Scheols gibt und dass die Prophezeiung Jakobs angesichts seines scheinbar gestorbenen Lieblingssohnes Joseph [Gn 37,35] zahlreiche Bedeutungen hat: „Ich werde mit Leid hinunterfahren zu den Toten, zu meinem Sohn". Dies kann nicht auf Jesus angewendet werden, denn wenn Jesus, wie die Christen sagen, in die Hölle hinabgefahren wäre, so hatten dies vorher doch auch die Propheten Elias und Henoch getan, ohne dass sie deshalb als Erlöser mit göttlichem Wesen betrachtet wurden.[119]

So glauben die Juden, dass Jesus wie jeder sterbliche Mensch gestorben ist und dass der christliche Glaube an die Auferstehung zu den zahlreichen absurden Glaubensüberzeugungen der Christen gehört, um das völlige Scheitern des religiösen Abenteuers ihres Führers und Meisters zu rechtfertigen. Ebenso absurd ist auch die Auferstehung Jesus von den Toten:

„Wenn der Ungläubige antwortet, dass nur der menschliche Teil Jesu starb, ist die Frage die, sofern das so ist: Wodurch unterscheidet er sich von den anderen Menschen? Bei diesen stirbt der Körper, und die Seele begibt sich ins Paradies oder in die Hölle."[120]

2.10.3. Die jüdische Beteiligung am Tod Jesu

Die christlichen und jüdischen Texte geben sich nicht damit zufrieden, den Tod Jesu festzustellen, obwohl ihm von den Christen eine Erlösung bringende Bedeutung beigemessen wird, die die Juden zurückweisen. Die Evangelien und andere christliche Schriften beschäftigen sich auch umfassend mit den Verantwortlichen für diesen Tod, von Adam und der sündigen Menschheit bis hin zu den verschiedenen Persönlichkeiten, die an Jesu Leiden und seiner Kreuzigung beteiligt waren: Judas, der Verräter, die feigen Jünger, das Synhedrium und die Priester, König Herodes, der römische Prokurator Pontius Pilatus usw. Jedoch schreiben entsprechend der biblischen Denkweise Paulus und die anderen christlichen Autoren vor allem die Verantwortung für den Tod Jesu dem jüdischen Volk zu. Von diesem Verbrechen können sie sich nur befreien, wenn sie sich zum Christentum bekehren. „Das Blut Jesu fällt nicht nur auf die Juden der damaligen Zeit, sondern auf alle Juden bis ans Ende der Welt", schreibt *Origenes*.[121]

Kollektive Verurteilungen dieser Art waren in der Bibel üblich und entsprechen der Sprache der Propheten. Die christlichen Autoren bzw. Theologen konnten ihr ohne Schwierigkeiten folgen. Von daher stammt der Begriff vom *gefallenen Volk (Gottesmörder!)*, der jahrhundertelang und ohne Zweifel während des gesamten Mittelalters für das jüdische Volk verwendet wurde. Diese in Bezug auf die Verantwortung Einzelner ungerechte Kollektivverurteilung ging auf eine vereinfachende Lektüre der Bibel zurück und wurde im Spanien des frühen Mittelalters durch Berichte von rituellen Verbrechen von Juden genährt, die als Wiederholung des Verbrechens an Jesus verstanden wurden. Überreste dieses christlichen Glaubens im Blick auf die Verantwortung aller Juden für den Tod Jesu haben sich sogar in der offiziellen Liturgie der christlichen Kirchen bis vor nicht allzu langer Zeit gehalten!

Die jüdische Antwort auf diese Anklagen war nicht einheitlich. Einerseits bestätigte der Talmud, dass Jesus vom Synhedrium verurteilt und von römischen Soldaten hingerichtet wurde.[122] *Maimonides* (= Musa Ben-Maymún aus Córdoba) rechtfertigte dies sogar mit Gründen des Gemeinguts des Volkes Israel:

> „Als die Weisen [der Gemeinschaft, also des Synhedriums] sich klar machten, was er wollte [Jesus] und was seine Intentionen waren, taten sie, was angemessen war, bevor sie diese Absichten konkretisierten und seine Pläne und Intrigen in unserem Volk bekannt wurden."[123]

Somit besteht ein Gleichgewicht zwischen der Zurückweisung Jesu und seiner Lehre, die für das mittelalterliche Judentum von ungeheurer Aktualität waren, und der unmittelbaren Verantwortung für den Tod Jesu, die bei den römischen Autoritäten liegt. Auch die christlichen Evangeliumstexte autorisierten diese Interpretation.

Einige jüdische Autoren gingen jedoch in ihrer Zurückweisung der Verantwortung noch weiter und entschuldigten sogar Judas.[124] Auch schrieben sie sein Exil in Palästina, nach dem Feldzug des Titus fast vierzig Jahre nach dem Tod Jesu, nicht der Tatsache zu, dass er ihn dem Tod ausgeliefert hatte, wie die Christen der jüdischen Seite vorwarfen.[125] Nach den Evangelien hatte Jesus selbst ihnen vergeben, indem er am Kreuz ausrief: „Vergib ihnen, denn sie wissen nicht, was sie tun" [Lk 23, 24].

Das Problem der Verantwortung für den Tod Jesu war in der christlichen Gesellschaft der Iberischen Halbinsel während des Mittelalters von so großer Bedeutung, dass die jüdischen Polemiker angesichts der christlichen Angriffe aller Art diesem Thema besondere Aufmerksamkeit widmeten.

2.11. Jesus und seine Jünger: Die Umgestaltung des Judentums

Man muss es immer wiederholen: der Jesus des Judentums oder der Juden des Mittelalters hängt innerlich vom Jesus der Christen ab. Doch ist er – wegen der Geschichte und des hartnäckigen Willens der Christen – auch von der Geschichte und den Glaubensinhalten des

Judentums abhängig, nämlich denjenigen des sog. Alten Testaments der Christen, der Zeit Jesu und des Mittelalters.

So bejahen Jesus und seine Jünger einerseits ihre Treue zum Mosesglauben der Juden, andererseits trennen ihre Glaubensinhalte sich aber von gewissen Grundprinzipien des Judentums. Wer ist für diese Abkehr verantwortlich, Jesus oder seine Jünger?

Tatsächlich haben die Christen des Mittelalters, die sich das „Patent" von Jesu Lehr-Erbe angeeignet hatten, ihn – den Juden gegenüber – mit ihren eigenen Lehren solidarisch gemacht; das ist eine radikale Umgestaltung des Judentums, die von den Juden nicht zugelassen wurde, weil sie nicht, wie das Mosegesetz, göttlichen Ursprungs ist.

Also müssen wir auf die Idee zu sprechen kommen, welche die Juden des Mittelalters sich von diesem Aspekt der Person Jesu und von seinen Beziehungen zum Judentum seiner Zeit machten.

2.11.1. Jesu und der Christen Treuebekundungen zum Judentum

Bei ihren christologischen Polemiken gegen die Christen wies die jüdische Seite immer wieder darauf hin, dass Jesus den ewigen Wert des Mosegesetzes und seine eigene Treue zum Judentum betonte:

> „Es ist leichter, dass Himmel und Erde vergehen, als dass ein Tüpfelchen vom Gesetz entfällt" (Lk 16,17).
> „Ich versichere euch: solange Himmel und Erde bestehen, bleibt auch der letzte i-Punkt im Gesetz stehen. Das ganze Gesetz muss erfüllt werden" (Mt 5,18).

Die jüdischen Autoren zitierten diese Stellen immer, gerade bevor sie zeigten, dass Jesus und die Christen sich von den Inhalten und Vorschriften der jüdischen Theorie entfernten. Jesus hat dann doch das Gesetz des Moses aufgehoben und somit seine eigene Tora entwertet (trotz seiner Worte: Kein Jota wird vom Gesetz vergehen, Mt 5,18), weil er dem Gesetz an verschiedenen Stellen das eine hinzufügte und anderes wegnahm. Dasselbe Argument findet sich bei *Moses Ha-Cohén* von Tordesillas.[126] In der Folge widmeten sich diese jüdischen Autoren dem Nachweis aller Abweichungen der Christen vom jüdischen Gesetz, was nach jüdischer Vorstellung die angebliche Treue der Christen zum Alten Testament, zum Bund Gottes mit seinem Volk widerlegte.

Die Juden waren in diesem Punkt besonders feinfühlig, denn den Grund ihres Exils und all ihres Unglücks schrieben sie traditionellerweise ihrer mangelnden Treue zum Mosegesetz zu: So hätten sie den Bund Gottes mit seinem Volk selbst gebrochen und hätten den göttlichen Zorn gegen sie verdient.

Deshalb konnten sie Jesus und den Christen gegenüber nicht tolerant sein, die sich so auffällig vom Gesetz abgewandt hatten.

Nicht zustimmen konnten sie auch der christlichen Behauptung – wie Paulus sie ausdrückte und alle christlichen Theologen sie wiederholten – einer geistlichen Treue zum jüdischen Gesetz, im Gegensatz zur buchstäblichen der Juden. Der bekehrte Jude *Alfonso von Zamora* (16. Jh.) bestand in seinem antijüdischen Werk auf diesem Punkt; denn er wusste, wie wichtig er in der jüdisch-christlichen Polemik war: Jesus war nicht gekommen, um das Mosegesetz abzuschaffen, sondern um es zu vollenden; die Liturgie und Speisevorschriften der Bibel verpflichteten die Juden wegen ihrer Schwachheit; sie wurden ungültig von dem Augenblick an, da das Gesetz des Geistes die Taten der Jünger Jesu leitete.[127] Drei Jahrhunderte später hielt sich *Bernardo Oliver*, der künftige Bischof von Huesca, Barcelona und Tortosa, nicht bei solchen Feinheiten und so viel Respekt dem alttestamentlichenen Judentum gegenüber auf; in seinem Handbuch für die Bekehrung der Juden zum Christentum beginnt er das erste Kapitel mit dem Axiom: Das alte, unvollkommene Gesetz musste verschwinden, um durch das vollkommene Gesetz Jesu abgelöst zu werden.[128]

Somit lassen sich beim Thema von Kontinuität und Bruch sogar im Inneren des Christentums zwei Nuancen feststellen. Das Judentum, so viel ist klar, konnte diese Art von Fortbestand nicht akzeptieren, sondern klagte Jesus und seine Jünger an, mit dem Mosegesetz fundamental gebrochen zu haben.

Deutlich zeigt sich diese Einstellung anlässlich einer Frage, die der zum Christentum bekehrte Jude *Jerónimo de Santa Fe* bei der Disputation von Tortosa 1413/14 vorbrachte: Würde der Messias kommen, um die Seelen für das geistliche Leben zu retten oder nur die Leiber für das zeitliche Leben? Die Juden antworteten aus ihrem Glauben, dass er vor allem zur Befreiung des Volkes Israel aus der zeitlichen Gefangenschaft kommen werde; dann würden die Befolger des Mosegesetzes dies besser und freier tun können, und dies sei das Unterpfand des ewigen Lebens.[129] Diese Episode der jüdisch-christlichen Polemik zeigt gut, wie eifrig die Christen sich auf ihre Treue zum Judentum beriefen und wie konstant die Juden diesen Anspruch zurückwiesen.

2.11.2. Die neuen Glaubenslehren des Christentums hinsichtlich Gottes, des Heils, der Taufe, des Sabbats, der Eucharistie und anderer religiöser Themen

Um Jesu Jüngern jegliche Beziehung zum Gottesbund des Mosegesetzes abzustreiten, fanden und sammelten die Juden in den Evangelientexten und der christlichen Praxis alle möglichen Argumente. Einige fundamentale Beispiele, die sich in ihren Texten beständig wiederholen, zeigen hinreichend, wie die jüdische Seite sich weigerte, die von den Jüngern Jesu beanspruchte Gesetzestreue anzuerkennen.

Die Ablehnung der trinitarischen Gottesauffassung ist, wie wir sahen, die erste und Hauptursache des Bruchs zwischen dem alttestamentlichen Judentum und dem Christentum. Alle Anstrengungen der Christen, die Wurzeln ihres Dreieinigkeitsglaubens schon in Texten des Alten Testaments aufzuzeigen, werden eine nach der anderen von den Juden widerlegt. Der Glaube an Jesu Gottheit ist für den jüdischen Glauben jedenfalls unannehmbar. Die Wundertaten, welche die Christen Gott zuschreiben, zu Gunsten von Jesu Gottheit und übernatürlicher Sendung, sind unannehmbar, weil sie der Ausschließlichkeit von Gottes Bund mit seinem auserwählten Volk widersprechen. Gott ist der Gott Israels, nicht Jesu und der Christen. So sehr diese auch behaupten, dass sie an den einen Gott glauben, verwerfen die jüdischen Theologen doch dieses Zeugnis, halten es für unvereinbar mit dem für die Christen grundlegenden Glauben an die Dreieinigkeit und Jesu Gottheit. Dass die Christen an den einen Gott glauben, nehmen auch die Muslime nicht ab, da Jesu Jünger ja glauben, er sei Gott, und die Trinitätslehre zur Erklärung dieses Glaubens benutzen.

Aus dem Glauben an Jesu Gottheit und seiner Anbetung schlossen die Juden, dass die Christen Götzendiener sind, und sie zögerten nicht, sie dieses furchtbaren Verbrechens anzuklagen, das von ihren Propheten (z.B. Jes 2,18–22; Jer 2,26–29) aufs Heftigste verdammt worden war.[130]

Der Glaube an Jesu Gottheit ist nicht der einzige, der seine Jünger von denen des biblischen Judentums trennt. Verschieden ist auch die Sicht des „Auserwählten Volkes", die auf alle Menschen erweitert ist. Dieser Punkt ist fundamental, denn diese Sicht unterdrückt eins der tiefen jüdischen Gefühle: Wird das Jüdische so doch zu einem bloß ethnischen Begriff ohne religiösen Gehalt oder zu einem sprachlichen Begriff in einer Epoche, da Hebräisch nur mehr eine heilige Sprache war, d.h. die der Bibel, also keine von Juden gesprochene Sprache. Waren Jesus und einige seiner ersten Jünger auch Juden, so wurde der Bruch zwischen Christentum und Judentum doch zu einer unwiderruflichen Tatsache, als Jesu Jünger die Lehren und Vorschriften des Judentums nicht mehr annahmen, sondern mehr und mehr „Heiden" in ihren Gemeinden zuließen, ohne Rücksicht auf Rasse oder Stamm. Für die Juden gibt es kein „Neues Israel", erweitert zur ganzen an Jesus glaubenden Menschheit. Nur ein einziges Israel gibt es, das des Judentums und des Mosebundes am Sinai; von ihm hatten Jesu Jünger sich getrennt.

In diesen Kontext des Bruchs mit dem auserwählten Volk fügt sich der Streit um Beschneidung und Taufe.

Die Beschneidung ist, wie wir sahen, das Zeichen der Zugehörigkeit zum jüdischen Volk, zum Volk des Bundes, zu Gottes auserwähltem Volk. Die christliche Ersetzung der Beschneidung durch die Taufe ist eins der ersten Zeichen des Bruchs der Christen mit dem Judentum. Weder das Beispiel der Taufe Jesu noch andere von den Christen angeführte Gründe werden Juden überzeugen, dass es hier keinen grundsätzlichen Bruch mit dem Judentum gibt. *Moses Ha-Cohén* aus Tordesillas erlaubt sich sogar, den Christen hinsichtlich dieser jüdischen Vorschrift einen Rat zu geben: Wenn es ihr Vollkommenheitsideal sei, Jesu Leben möglichst vollkommen nachzuahmen, sollten sie sich wie er beschneiden lassen.[132] Habe Jesus sich taufen lassen, so jedenfalls nach seiner Beschneidung.

Gemäß den jüdischen Autoren, die der Taufe keinerlei Wert zuerkennen, spricht die Nachfolge Jesu für die Beschneidung. Alle biblischen Stellen, welche die Christen zu Gunsten der Taufe anführen (Ez 16,8–9) – Reinigung durch Wasser und nicht Blut wie bei der Beschneidung – wurden von den jüdischen Denkern sorgsam widerlegt.

Die Ersetzung des jüdischen *Sabbat*, an dem die Christen sich nicht an die biblischen Ruhegebote hielten, bzw. die Ersetzung des Sabbatgebotes durch die christliche Sonntagsheiligung, galt den Juden als weiterer wichtiger Beweis des christlichen Bruchs mit dem Judentum. Sie beschuldigten sogar Jesus, selbst ein schlechtes Beispiel gegeben zu haben: Gewiss durfte er den Gelähmten am Sabbat heilen (Joh 5,5–10), warum ihm aber auftragen, seine Bahre zu schleppen? So sehr die Christen auch beteuerten, dass Gott am siebten Schöpfungstage geruht habe[133] oder dass Josua und die Makkabäer (1 Mak 2,31–44) am Sabbat kämpften[134], zeigte die Abschaffung von Sabbat und Beschneidung doch aufs klarste den christlichen Bruch mit dem Mosegesetz.

Alle übrigen christlichen Glaubensinhalte und Praktiken wurden von den jüdischen Autoren als absurd verworfen, besonders die Eucharistie. Vor allem wandten sie sich dagegen, dass der österliche Kontext des Abendmahls mit Jesus sich in der Messe der Christen widerhole. Die christlichen Priester können nicht das, was sie in Händen halten, in Gott verwandeln. „Könnte ein Mensch Götter verfertigen? Es wären keine Götter!" (Jer. 16, 20).[135] Für Juden ist dies das klarste Beispiel dafür, wie Absurdes die Christen glauben und wie Neuartiges, verglichen mit dem Judentum.

Selbstverständlich nahmen sie nicht hin, dass die Christen ihnen vorwarfen, sie selbst hätten auf einige Vorschriften des biblischen Judentums verzichtet, etwa die Opfer im Tempel. Oder dass sie sie an die Ermahnungen des Jeremia (Jer 31,31ff) oder anderer Propheten erinnerten, einem neuen Gesetz zu folgen: Nur darum geht es, in Treue dem Mosegesetz zu folgen.

Zweierlei Gründe sind es also, mit denen die Christen vom jüdischen Standpunkt aus verurteilt werden: Das Mosegesetz ist immer gültig, ewig gültig, und Jesu Jünger haben mit diesem Gesetz gebrochen; und jene Gültigkeit war von Jesus höchstpersönlich anerkannt worden.

2.11.3. Gehen die christlichen Neuerungen auf Jesus oder auf seine Jünger zurück?

Da die Treulosigkeit gegenüber dem Judentum ein sehr schwerer Vorwurf ist, den die Juden gegen Jesus und seine Jünger vorbrachten, lässt sich fragen, ob dieser Vorwurf Nuancen zulässt und ob er allen Christen gilt oder nur Jesus, dem Begründer des Christentums.

Wahrscheinlich hat die Frage sich im Mittelalter nicht in dieser Form gestellt. Zum einen glaubten die Christen, im Grunde der Lehre Christi zu folgen; sie hätten sich nicht vorstellen können, dass die ersten Jünger, die Apostel, die Lehre des Meisters tiefgreifend abgeändert hätten. Zum anderen machten die jüdischen Texte im Allgemeinen anscheinend keinen Unterschied zwischen den Jüngern und ihrem Meister, der von den jüdischen Autoritäten verurteilt worden war. Obwohl die mittelalterlichen Christen anerkannten, dass einige christliche Einrichtungen ihrer Zeit an den Anfängen der Gründung des Christentums noch nicht existierten – es gab im mittelalterlichen Christentum stets einen Sinn für die „Rückkehr zu den Quellen" – und obwohl die Juden des Mittelalters ebenfalls gut wussten, dass die Christenheit jederzeit sich seit ihren jüdisch-palästinischen Ursprüngen stark entwickelt hatte, so nahmen doch die einen wie die anderen tatsächlich an, dass Jesus grundsätzlich am Ursprung der christlichen Glaubenslehren stand.

Wenn *Maimónides* die Wirkung Jesu und seiner Jünger zusammenfasst, stellt er fest:

> „Die Verirrten sagten von ihm, er sei vom Schöpfer gesandt, um den zweifelhaften Stellen der Tora Sinn zu geben, und er sei der Messias, den der Schöpfer uns durch alle Propheten angekündigt habe. Indem er seinen Plan verwirklichte, änderte er den Sinn der Tora, gab ihr eine Deutung, welche die Vernichtung aller Frömmigkeit mit sich brachte, die Abschaffung aller Gebote und die Beseitigung aller ihrer Ermahnungen." [136]

Eher stellt sich die Frage vom Islam aus; er schreibt Jesu Jünger die Umgestaltung der prophetischen Botschaft ihres Meisters und den Ursprung des realen mittelalterlichen Christentums zu. Die christliche Reformation des 16. Jhs. folgte einem ähnlichen Weg wie der

Islam, indem sie mehr oder minder radikal Züge des lateinisch-westlichen Christentums unterdrückte. Viele moderne historische Untersuchungen, besonders von jüdischer oder christlicher Seite, haben eindringlich auf die Rolle der ersten Jünger Jesu hingewiesen (hauptsächlich in der Paulus-Forschung), was die Gestaltung des urchristlichen Lebens nach Jesu Tod betrifft.

So gesehen, stammt der Bruch zwischen Judentum und Christentum viel mehr von Jesu Jüngern als von Jesus selbst. Dieser hätte sich mithin auf seine besondere Weise für große allgemein-jüdische Werte eingesetzt, als frommer Reformjude seiner Zeit, wie es viele gab, wäre aber in keiner Weise für jene Lehren verantwortlich, die seine christlichen Jünger später unter seinem Namen verbreiteten.

Diese Sicht – der Muslime, einiger moderner Christen, Juden und sogar Ungläubiger – passt anscheinend nicht in die Mentalität mittelalterlicher Juden. Solange genaue Untersuchungen dieses Themas fehlen, muss mann annehmen, dass die Juden des Mittelalters glaubten, Jesus sei tatsächlich der Schöpfer der christlichen Lehren und wirklich der Verantwortliche für den Bruch zwischen *der* Tora und *seiner* Tora, zwischen Judentum und Christentum, zwischen dem Mosebund und dem Neuen Bund, der seinen Namen trug.

2.11.4. Jesus, verantwortlich für die Verbrechen der Christen: Edom, Symbol für Kleriker

Weil Jesus und seine Jünger in eins gesetzt wurden, fortgeführt in der Kontinuität seiner Lehre und seiner Gemeinschaft der Kirche bzw. der Kirchen (wenn man etwa an die orientalischen Schismen denkt), galt er weithin als verantwortlich für die Verbrechen und Pöbeleien der Christen, vor allem gegen die Juden. In den mittelalterlichen jüdischen Texten geht es vornehmlich um drei Gruppen von Christen: die Apostel und andere erste Jünger Jesu, die christlichen Staaten, den Klerus und die kirchliche Obrigkeit.

Die Apostel galten als abtrünnig vom Judentum ihrer Zeit. Sie verführten einige Juden zur Annahme ihres Glaubens. Weder sie noch die auf sie folgenden Christen hätten ihre Lehren mit göttlicher Vollmacht verbreitet.[137]

Die christlichen Staaten, welche die Juden unterdrücken, heißen symbolisch *Edom*, vom Namen Esau, des Bruders Jakobs, des Vaters der zwölf Stämme Israels und ihrer Nachkommen. Sie sind die schlimmen Feinde des jüdischen Volkes.[138] Andere literarische Bilder bezeichnen die beiden religiösen Reiche, welche die Juden beherrschen und unterdrücken: das der Muslime (Wildesel aus der Wüste) und das der Christen (Wildschwein, das unreine Tier, das Jesu Anhänger essen, wie in diesem Gedicht von *Shelomó Ibn-Gabirol)*:

„Auf, mein Geliebter, öffne mir die Tür.
ich komme voller Angst und Schrecken;
hochmütig lacht die Magd meiner Mutter mich aus,
weil Gott das Weinen ihres Sohnes gehört hat.
In der Nacht verfolgt mich der Wildesel
und die Keiler greifen mich an.
Schon bin ich erschöpft und verschmachtet.
Ist keiner da, der mir mein Schicksal kündet?
Bleibt es für immer verborgen und versiegelt?“[139]

Dieser große jüdische Dichter Ibn-Gabirol (11. Jh.) stammt aus dem arabisch-islamischen Málaga. So beweint er einen von Christen ermordeten Freund:

„Edom hat das Blut vergossen,
eines Menschen mit reinen Händen,
eine auserwählte Seele hat er umgebracht.
Beim Morden brüllten sie jubelnd gegen ihn los,
während sein Herz aufwärts heimflog.“[140]

Im selben 11 Jh. drückt der jüdische Dichter *Yehudá Ha-Levi* in den *Zionsgedichten* seine Sehnsucht nach dem verheißenen Land aus, wo der Jude frei von Unterdrückung durch Christen oder Muslime leben würde:

„... Mein Herz ist im Osten (in Zion, Jerusalem)
während ich im äußersten Westen wohne (Spanien/Hispanien)
Wie könnte mein Essen mir schmecken und mich ergötzen?
Wie könnte ich meine Gelübde und Vorsätze erfüllen,

während Zion unter das Joch von Edom gesperrt ist
(das Reich der Kreuzfahrer)?
Und ich in die arabische Fessel geschlagen bin?
Gewiss wird es meinen Augen leicht sein
alles Gute von Sepharad zu verlassen (hebräischer Name von Hispanien).
Wie lieb wird es meinen Augen sein,
die Schollen des zertrümmerten Heiligtums zu schauen (des Tempels von Jerusalem).[141]

Über dasselbe Thema der Befreiung vom Joch der Christen (der Kinder Edoms, des Bruders von Jakob/Israel) und Muslime (Nachkommen von Hagar, der Nebenfrau Abrahams und Mutter von Ismael, des Halbbruders von Isaak) fährt das Gedicht fort:

„... Mach dich bereit, ins verheißene Land heimzukehren,
verachte die Gefilde von Edom und Hagar.
Stürze das Haus derer, die dich stürzten,
und mach weit das Liebeshaus derer, die dich lieben."[142]

Schließlich wurde die mittelalterliche Geistlichkeit (Bischöfe, Priester, Mönche) von den Juden heftig kritisiert. Sie warfen ihr absurde Glaubensinhalte und götzendienerischen Kult vor, z. B. heirateten sie nicht, wie es die Priester des Alten Testaments doch mussten.

Im aufgeheizten Klima von Streit und Verfolgung in Hispanien sind es die übergetretenen und zu Priestern geweihten Juden, welche die Juden am schlimmsten beschimpfen:

Petrus Alphonsi (= Moisés Sefardi), Paulus Christianus, Jerónimo de Santa Fe (= Ha-Lorquí), Alfonso de Valladolid (= Abner de Burgos), Pablo de Santa Maria (= Salomón Ha-Leví de Burgos), Alfonso de Zamora, usw.

Außer ihnen wurden aber auch andere Christen von den Juden aus religiösen Gründen kritisiert, wie es in Rom und Konstantinopel der jüdische Reisende *Benjamín von Tudela* tat.[144]

Diese wenigen Beispiele zeigen, wie nahe beisammen die Juden des Mittelalters Jesus und seine Jünger sehen. Doch konnten einige große jüdischen Denker aus Andalusien in Jesu Christentum und

Muhammads Islam auch positive Aspekte finden. *Yehudá Ha-Levi*, der Dichter aus Tudela (12. Jh.), sieht die drei monotheistischen Religionen in einem einzigen Baum mit verschiedenen Zweigen nach der Vision des Ezechiel (Ez 37,17) und meint, das einige Nichtjuden „am günstigen Leben teilhaben werden“ – gegen die Ansicht des *Abraham Barhiya von Barcelona*, welcher der Tradition anhängt, nur Juden kämen ins Neue Jerusalem.[145] *Moshé Ben-Maimon von Córdoba* (Maimónides) schreibt sogar, dass die Lehren des Nazareners (Jesus) und des Ismaeliten (Muhammad) dem göttlichen Plan für die Menschheit dienen, weil sie eine bestimmte Kenntnis der Heiligen Schrift und des Gesetzes verbreiten und so dem Messias die Wege auftun, der das All verwandeln und zur ursprünglichen Einheit zurückbringen wird.[146]

Solche isolierten jüdischen Ideen in islamischem Gebiet finden sich nicht mehr bei Autoren unter christlicher Herrschaft im Spätmittelalter; um so ökumenisch fühlen zu können, waren sie wohl allzu sehr verfolgt. Ihre Einstellung wird erst von Juden der heutigen Zeit überwunden.

2.11.5. Kirche und Synagoge: Jesu Jünger wollen überlegen sein. Die jüdische Überlegenheit und der König der Kasaren (Chasaren)

Beim mittelalterlichen Wettstreit zwischen Juden und Christen – wie auch zwischen Muslimen und Christen – orientiert sich die theologische Argumentation üblicherweise an dem soziologischen Axiom: „Unsere Gemeinschaft ist die beste religiöse Gemeinschaft von allen.“ Das kollektive Selbstgefühl drückt sich in einer Gesellschaft, die stark von der Religion strukuriert wird, als Glaube an die religiöse Überlegenheit aus: „Unsere Religion ist die beste.“ Jesu Jünger strukturieren ihre Botschaft und begründen Juden wie Heiden gegenüber ihr Gemeinschaftsgefühl sehr bald gemäß dieser Behauptung, die scheinbar von Gott gestützt wird.

Solches Gefühl ihrer Überlegenheit, ihrer exklusiven Auserwähltheit, übernahmen sie offenkundig aus dem Alten Bund, der von den jüdischen Zeitgenossen Jesu als ewige und exklusive göttliche Liebe erlebt wurde; an sie erinnert sich der fromme Jude zu Beginn jeder

Synagogenliturgie. Der jüdisch-andalusische Dichter *Yosef Ibn-Saddiq* (11.–12 Jh.) drückt neben anderen dieses Gefühl der göttlichen Vorliebe in einem Dialog Gottes mit seinem Volk, einer Taube, sehr gut aus:

> „Taube, warum seufzst du? Hoffe auf Gott!
> Auf, freu dich als die erste der Nationen!
> *(Kehrvers, der sich im Laufe des Gedichtes immer wiederholt)*
> Meine Taube, was hast du, was bedrückt dich?
> Mit der Süße meiner Liebe und meiner Zärtlichkeit.
> Lass es dir gut gehen. Warte!
> Über den Tod hinaus wirst du noch wandern
> und über ruhige Wasser noch fahren können.
> Auf, freu dich als die erste der Nationen! …[150]

Die Christen verwiesen umgekehrt auf die allumfassende Überlegenheit sämtlicher Elemente ihres Glaubens über die des jüdischen: Altes und Neues Testament, alter und neuer Bund, altes und neues Gesetz, altes (und somit verjährtes) und neues Israel. Vor allem aber ist der Jesus der Christen Gott selbst und insofern mehr als Moses und alle Personen des alttestamentlichen Judentums.

Einfachster Ausdruck dieses kollektiven Gegensatzes war im Mittelalter der zwischen Kirche und Synagoge; schon die Kirchenväter haben ihn in ihren antijüdischen Traktaten oft gebraucht; auch später wurde so die Kirche gepriesen und im Bild der Synagoge das kollektive Versagen der Juden aufgezeigt.[151] Literarische Form war der Disput zwischen einem Christen und einem Juden (z. B. in dem schönen katalanischen Text von *Ramón Llull* zu Anfang des 14. Jhs.)[152]. Eine der ersten antijüdischen Schriften in Spanien stammt von einem zum Christentum übergetretenen Juden – sie stellt eine Art doppelter Autobiografie dar, wo der frühere Jude, der er war, mit dem neuen Christen, zu dem er geworden ist, disputiert: in dem *Dialogus Petri Alfonsi et Moysi Judaei.*[153]

Das kollektive Überlegenheitsgefühl der Christen schien ihnen mit persönlicher Demut vereinbar, wie Jesus sie empfiehlt. Vor allem bei Kontroversen trat es in Erscheinung; zu Beginn der Disputation von Tortosa erklärt *Papst Benedikt XIII.* aufs Klarste, dass es nur um die Ankunft des Messias geht, nicht um die wahre Religion; dass dies die christliche sei, stehe fest.[154] Dieses Gefühl der Überlegenheit erklärt eindeutig die diskriminierenden Missbräuche der hispanischen Christen in Beziehung zu den Juden der Halbinsel wie auch zu denen anderer europäischer Regionen.

Die Juden ihrerseits hatten seit biblischen Zeiten das Bewusstsein ihres Vorrechts – trotz wiederholter Untreue – von Gott auserwählt zu sein. Hierher gehört vor allem die Geschichte vom König der Kasaren (Chasaren).

Sie verbreitete sich im Westen, als der jüdische Minister des Kalifen von Córdoba, *Yasday Ben-Shaprut*, eine Gesandtschaft an den König der Kasaren (Chasaren) in Nord-Armenien, den südlichen Steppen des heutigen Russlands, richtete. Die Kasaren (Chasaren) hatten sich im 7. und 8. Jh. zum Judentum bekehrt.[154a] König Josef erklärte in seiner Antwort, wie sein Volk das Judentum dem Christentum und dem Islam vorzog.

Die Geschichte hatte in allen jüdischen Gemeinden großen Erfolg. Der Schriftsteller *Yehudá Ha-Leví von Tudela* schrieb auf Arabisch einen langen Bericht;[155] dieser wurde auf Hebräisch[156] übersetzt, später auch ins Lateinische (1660) und viele andere Sprachen, darunter ins Spanische, und zwar in Antwerpen durch *Jakob Abendena*.[157] Auf Deutsch bringt die jüdisch-antichristliche Sammlung des *Nizzahon Vetus* (13. Jh.) eine Variante derselben Geschichte.[158] Solche Vielfalt zeigt die Volkstümlichkeit des Berichts, der das Überlegenheitsbewusstsein gegenüber Christen und Muslimen ausdrückte.

Es geht um einen Herrscher, der einen Juden bittet, ihn in seiner Religion zu unterweisen. In der deutschen Fassung befiehlt er ihm unter Todesstrafe, eine der anderen beiden Religionen zu wählen. Da will er lieber jüdisch sterben, so verächtlich scheinen ihm Christentum wie Islam. Dasselbe befiehlt der Herrscher einem Christen; der zweifelt und wählt schließlich das Judentum, ebenso dann der Muslim. Zuletzt treten der Herrscher, der Christ und der Muslim zum Judentum über.

In dieser Geschichte werden verschiedene Seiten der jüdischen Religion, ihre Prinzipien und Praktiken deutlich; ihre Vollkommenheit erhebt sie über die Ideen der Philosophen und übrigen Religionen.

Yehudá Ha-Leví nimmt überdies humorvoll zum Überlegenheitsgefühl der Christen Stellung, das ja der Lehre Jesu widerspricht.

Der Herrscher *Cuzary* fragt den Juden *Hάber*, ob der Wert einer Religion im Jenseits sich an ihrem Glanz in dieser Welt messen lässt. Háber antwortet ihm:

> „Ich sehe, dass du uns (die Juden) wegen unserer Schwäche und Armut verachtest; während doch die hohen Herren jener Völker (der Philosophen und anderen Religionen) sich unaufhörlich jenes Menschen rühmen, der da gesagt hat: Biete dem, der dich auf die rechte Wange schlägt, auch die linke an; und wer dir dein Gewand nehmen will, gib ihm auch den Mantel; er und seine Gefährten wie auch deren Nachfolger haben wunderbare und hochberühmte Beispiele von Qualen, Verfolgung und Tod gezeigt. Und sie sind stolz darauf, ebenso wie der Stifter des Gesetzes Ismaels (Muhammad) und seine Gefährten, ehe sie die Sieger wurden …"

Yehudá Ha-Leví schließt dann, dass es die Niedrigkeit in dieser Welt und nicht die Überlegenheit ist, was den Wert einer Religion ausmacht. Lustigerweise zeigt er das mit zwei Zitaten aus dem Leben Jesu, der seinen Jüngern Demut empfiehlt.

Schließlich wird die überlegene Zahl der Christen widerlegt:

> „In der Tora steht geschrieben: ‚Folge der Mehrheit, nur sofern sie dem Bösen nicht folgt' (eigentlich: ‚Du sollst der Menge nicht auf dem Weg zum Bösen folgen' [Ex. 23,2]). Das ist ein allgemeiner Brauch. Nun denn: Nur elf Stämme haben sich geirrt, indem sie an Jesus glaubten, doch sie alle zusammen sind nicht so viele wie der eine Stamm der Ismaeliten (der Muslime). Überdies geben sechzig Stämme, einschließlich der Ismaeliten, alle zusammen das Zeugnis, dass deren (der Christen) Religion leer ist, und auch wir, die Kinder Israels, bezeugen, dass der Gehängte ein menschliches Wesen war, geboren aus Vater und Mutter."[159]

Überlegenheit? Unterlegenheit? – des einen Stammes, der dem Bösen nicht folgte? Oft drückten die Christen ihr Ja zu Jesu Botschaft in solchen Begriffen aus, verachteten und unterdrückten deshalb die Juden. Diese wussten zu antworten: Jesus, der als Grund jener Unterdrückung galt, kam dabei schlecht weg, auch ohne ausdrücklich genannt zu sein.

Yehudá Ha-Leví war sich dieser Schwierigkeit nur zu gut bewusst; er lebte in christlichen und muslimischen Ländern: obwohl er sein Buch der Überlegenheit des Judentums über die anderen Religionen widmet, zitiert er „Jesus von Nazareth" nur ein einziges Mal, wo er ihn Schüler des weisen *Josuah Ben-Parahya* nennt.[160]

Der andalusische Autor konnte sich mit dem Gründer des Christentums nicht anlegen, weder in islamischer Gesellschaft, die ihn als Propheten Gottes verehrte, noch in den christlichen spanischen Reichen. Doch hielt er an seiner Meinung über ihn fest, wie alle jüdischen Denker des Mittelalters, wenn sie das Christentum der Jünger Jesu angriffen.

2.12. Jesus ist nicht der Messias, der Erlöser Israels

Der Messias war ein Mann Gottes, von Gott gesandt, um die Juden, das Gottesvolk, zu retten. Seine Züge waren nicht sehr scharf ausgeprägt, doch war er die Hoffnung Israels und das Zentrum eines außerordentlichen lebendigen Gemeinschaftsglaubens zur Zeit Jesu und des ganzen Mittelalters. Er war eines jener jüdischen Haupt-"bilder", die von den Christen auf Jesus übertragen wurden. Die Kinder Israels verwarfen absolut den Anspruch, der von Gott verheißene Messias, die Hoffnung Israels, habe irgendetwas mit dem Jesus der Christen zu tun. [161]

Auch in Hispanien war die Messiasfigur sehr lebendig, immer wieder erwähnen die andalusischen Dichter ihn spontan in ihren Dichtungen. Einer der ersten Künder der Glanzzeit hebräischer Poesie im Maghreb und Andalusien des 10. und 11. Jahrhunderts, *Yishaq Ibn-Jalfún,* beginnt ein Preislied mit dem üblichen Segenswunsch: Der Besungene möge die Ankunft des Messias erleben:

> „Freund der Seele, Seele meiner Freunde,
> sei gesegnet mit einem Segen ohne Ende.
> Möge in deiner Lebenszeit Gott den Messias senden

und den Rest des Volkes wieder vereinen in seiner Stadt
(Jerusalem, Zion)."[162]

Ein anderes Gedicht von Ibn-Jalfún gibt ausführlich die kollektiven Hoffnungen auf den Triumph des Messias (des „Gesalbten", des Christus) gegen alle seine Feinde wieder:

„Dann werde ich mich ihrer rühmen (der Versammlung
Israels) vor meinen Feinden,
sie anerkennen vor den Verkehrten.
Höchster Jubel wird unsere Versammlung an jenem Tage
ergreifen ob des Fürsten, der die besten Pflanzen sprießen lässt.
Freude werden wir fühlen,
wenn wir die Größe unseres Fürsten und Gesalbten betrachten.
Die Versprengten werden sich sammeln an ihren Tagen,
heimkehren die Verbannten in ihre Stadt.
Vor ihnen her wird er gehen, Segen spendend allen,
wie ihren Vätern, den Gesalbten.
Töten wird er alle seine Feinde,
opfern wie Zions Herden in den Passa-Nächten.
Seid gesegnet alle, meine Freunde,
am Tag eurer Wiedervereinigung für immer.
Gnade gewähre er dem Knecht,
der nach euch hin sein Herz und seine Seele streckt."[163]

Geschöpft aus der kraftvollen arabischen Poesie und reich an biblischen Erinnerungen, hatte sein Vorgänger, der Dichter *Dunash Ben-Labrát* (10. Jh.) aus dem Osten die neuen Techniken hebräischer Dichtung gebracht, die in Andalusien/Sefarad so herrlich erblühen sollte. Hier verortete sich die jüdische Hoffnung in einer Heilsdialektik der Befreiung von Edom (den Christen) und Kedar (= die Araber = Söhne Ismaels laut Gn 25,13) bis zur jubelnden Heimkehr nach Zion/Jerusalem:[164]

„Reiß Edom, das Eingewurzelte, aus, dass es welke,
pflanz (dann) einen Spross.
Es verfinstere sich Kedars Gesicht, der mich so betrübt hat.
Es blühe unsere Gerechtigkeit und unser Heil

gleich einem Garten.
Erhebe die Stadt unserer Freude, Madmaná und Sansaná (Städte in Juda).
Der Stein, den die Bauleute verwarfen, mach ihn zum Eckstein.
Die Erlösten Zions werden heimkehren und nach Zion kommen mit Jauchzen."

Außer solchen literarischen Hinweisen auf einen verbreiteten Glauben beschäftigen sich mit ihm natürlich zahlreiche mehr theologische Werke. Da die Messiasverheißungen von den Christen auf Jesus und von den Muslimen auf Muhammad bezogen wurden, betonten die jüdischen Denker mehr und mehr ihren Widerstand gegen diese Ansprüche, wie man an dem erwähnten Traktat von Maimónides sieht.[166]

2.12.1. Der Hauptgrund der jüdischen Ablehnung Jesu: sein Messianismus

Der Messias, der Christus oder „der Gesalbte Gottes" war als biblische und außerbiblische Figur im Judentum der Zeit Jesu außerordentlich lebendig. Die Christen machten aus Jesu Messianismus das stärkste Band zwischen dem Alten und dem Neuen Bund. Die Juden ihrerseits bestärkten ihr Ja zum Messianismus, indem sie dem Messias Züge geben, die überhaupt nicht zu Jesus und dem Messianismus der Christen passten. Somit war es normal, dass dies ein Hauptstreitpunkt bei der jüdisch-christlichen „Nichtbegegnung" im Mittelalter war, sowohl auf der Iberischen Halbinsel wie anderswo ...

Die Wichtigkeit des messianischen Themas im Judentum liegt nicht an eigentlich theologischen Gründen. Wie wir sehen werden, ist der Messianismus im strengen Sinn in der Bibel ein Nebenthema: nur eine Folgerung aus dem Bund und dem Heil Gottes. Am Ende des Mittelalters wird er noch weniger wichtig sein; vom katalanischen Rabbiner *Josef Albo* lesen wir: „Um ein für allemal den ewigen Zankapfel zwischen Juden und Christen zum Verschwinden zu bringen, streiche man den Messiasglauben aus der Liste der Hauptartikel des Glaubens".[167]

Doch hat der Messias für des kollektive Judentum des Exils, der Diaspora, eine ungeheure anthropologisch-kollektive Bedeutung. Er repräsentiert die Hoffnung des Volkes, seine politische wie religiöse Zukunft, einen gemeinsamen Bezug, der alle Werte Israels symbolisiert.[168]

Das hatten Jesu Jünger vollkommen begriffen. Wenn die Würdetitel Jesu in der Bibel manchmal nur mit Mühe auf die Person Jesu passten, so konnte das etwas ungenaue Messiasbild diesem außerordentlichen Menschen vollkommen entsprechen, falls man die notwendigen Angleichungen an seinen besonderen Fall vornahm. Dem widmete sich die ganze christliche Theologie, vor allem, als das Judentum Jesus als falschen Messias angriff. So prallten zwei Messiasbilder gegeneinander, das der Christen, deren Modell Jesus ist, und das der Juden, voller Züge, die auf Jesus nicht anwendbar sind.

So waren im Mittelalter die Positionen klar festgelegt. Beim Messiasthema ist für die Christen das Wesentliche: Jesus, für die Juden: der Messias. Für die Christen rührt das Messiasproblem von Judentum her: Es gilt zu beweisen, dass Jesus wirklich zum messianischen Stammbaum der Bibel und der jüdischen Tradition gehört. Für die Juden ist das Band zwischen dem Messias und Jesus ein zweitrangiges Thema, das ihnen durch den christlichen Anspruch, Jesus sei der Messias, aufgenötigt wird.

Die jüdischen Einstellungen zur Messianität Jesu drücken sich recht deutlich, wenngleich unter sehr klugen Formulierungen, in den Antworten aus, welche die Verteter der jüdischen Gemeinden der Königreichs Aragón, die 1413/14 in Tortosa versammelt waren, auf die Fragen gaben, die *Jerónimo de Santa Fe* ihnen stellte.

Zu Beginn der Disputation fragte dieser zum Christentum übergetretene Jude nach dem Datum der Ankunft des Messias. Die Juden beantragten, man möge ein vorgelagertes Problem disputieren: die besonderen Eigenschaften des Messias. Der Papst widersetzte sich diesem Antrag, der offenkundig den Kern des jüdisch-christlichen Streits über Jesu Messianität berührte, nahm seinen Beschluss dann aber zurück und gestattete die Diskussion über dieses Thema.[169]

Es folgt eine Zusammenfassung der Fragen beider Seiten. Die in Tortosa anwesenden Juden stellten sechs Bedingungen auf, die der Messias erfüllen müsse:

1. Er werde sie aus der Gefangenschaft ins verheißene Land führen und dort fest einsetzen.
2. Zur Zeit solcher Befreiung aus der Gefangenschaft werde es Wunder geben wie die beim Auszug aus Ägypten.
3. Jerusalem und sein Tempel würden materiell wieder aufgebaut.
4. Zur Zeit des Messias werde Israel das Gesetz treu befolgen, mit all seinen Bräuchen und opfern, wie in den alten Zeiten.
5. Der Messias müsse in Frieden über das ganze Weltall herrschen.
6. Zur Zeit des Messias komme es zum Krieg von Gog und Magog.

Ihrerseits antworteten die Juden auf die zwölf Fragen von Jerónimo über den Messias:

1. Wo soll der Messias geboren werden? Antwort: Man wisse es nicht.
2. Wird der Messias wunderbar geboren oder natürlich, wie irgend jemand? Antwort: Man wisse nicht, ob es bei seiner Geburt Wunder gibt.
3. Wird der Messias nur Mensch sein oder Gott und Mensch zugleich? Feststellung: Er wird ein heilig lebender Mensch und Prophet sein wird, doch glaube man nicht, dass in ihm Göttliches sein wird.
4. Soll der Messias kommen, um die Seelen für das geistliche Leben zu retten, oder nur die Leiber für das Zeitliche? Man glaube, er werde kommen, um das Volk Israel aus der leiblichen Gefangenschaft zu befreien, so dass die Juden folglich das Mosegesetz besser und freier befolgen können, und das sei ein Unterpfand des ewigen Lebens.
5. Ist Adams Sünde vor der Ankunft des Messias aufgehoben oder nicht? Antwort: Die Folgen von Adams Sünde würden offenkundig noch andauern; man wüsste aber nicht, ob sie vor der Ankunft des Messias verschwunden sein werden.

6. Muss der Messias vielleicht im Tod leiden um der Erlösung von der Sünde Adams willen? Antwort: Man glaube, nein.

   Muss der Messias vielleicht andere Völker erlösen, zusätzlich zu den Abkömmlingen Israels? Die Juden antworten: sie glauben, dass er in erster Linie kommt, um das Volk Israel aus der Gefangenschaft zu befreien, und dann solche, die in den Zeiten des Messias sich zum Mosegesetz bekehrt hätten.
8. Wird der Messias ein neues Gesetz oder eine neue Lehre bringen? Antwort: Man glaube, nein. Das Gesetz des Messias ist vollkommen, und der Messias wird ermahnen, es treu zu befolgen, wie die Propheten, aber wirksamer.
9. Werden nach der Ankunft des Messias die alten Opfer wieder erneuert? Antwort: Man glaube, dass sie erneuert werden.
10. Werden die Zeremonial- und Speisegebote erneuert? Antwort: Man glaube, sie werden erneuert.
11. Was ist der Grund für die lange Gefangenschaft, die die Juden derzeit erleiden? Antwort: Man glaube, dass die Sünden der Grund sind.
12. Sollen die Juden vielleicht, wenn der Messias kommt, dasselbe verheißene Land besitzen, das sie ein erstes Mal besaßen – nach ihrer Befreiung aus der ägyptischen Gefangenschaft – und das sie ein zweites Mal besaßen, als sie aus der babylonischen Gefangenschaft befreit wurden? Oder werden sie ein anderes Land besitzen? Antwort: Man glaube, dass sie dasselbe Land besitzen werden, aber etwas größer.[170]

Diese Antworten stimmen vollkommen mit der Grundhaltung des Judentums hinsichtlich des jüdischen Messianismus überein; der christliche Messianismus Jesu entspricht nicht dem jüdischen Messianismus. Es gilt also genauer, die Elemente der jüdischen Ablehnung von Jesu Messianität zu untersuchen.

2.12.2. Der jüdische Messianismus bezieht sich auf Bund, Sünde, Exil und Erlösung Israels

Der Messiasbegriff im Judentum ist vielfach erforscht worden. Es geht hier also nicht um eine schnelle Zusammenfassung, nicht einmal für das europäische Mittelalter. Immerhin lässt sich feststellen, dass man den Messias nur im Zusammenhang des jüdischen Glaubens an die Erlösung Israels verstehen kann.

In der Tat findet das jüdische Heil sein Fundament im Gottesbund, der die wahre Quelle und Gewähr der Erlösung Israels ist. Der Messias würde nur das Werkzeug – ein Werkzeug – der Erlösung des auserwählten Volkes sein. Dieser Erlösungsbegriff herrscht in der Bibel vor.

Nach dem zweiten Exil und zur Zeit Jesu hatte die jüdische Hoffnung auf den Messias sich immer stärker entwickelt. Sie spielte besonders im frühen Mittelalter teilweise eine große Rolle. Aber es gibt auch eine gegenläufige Entwicklung.. Das zeigt schon *Moshé Ibn-Nahmán von Girona* (Nahmánides) in seiner Polemik gegen den zum Christentum konvertierten *Petrus Christianus*, wo er bereits wesentliche Elemente des jüdischen Messianismus auslässt. Ihm folgen dann einer Reihe jüdischer Theologen[171] sowie andalusische Dichter (wie z. B. Yehúda Ha-Leví, Autor zahlreicher „zionistischer" Gedichte über die Rückkehr des jüdischen Volkes nach Jerusalem). Sie setzten ihr Vertrauen in die Rettung durch Gottes Handeln allein und erwähnten den Messias nur noch am Rande.[172]

Im Allgemeinen erscheinen der Messias und Gott jedoch zusammen in den jüdischen Texten, wie etwa in diesem Gedicht des *Ishaq Ben-Rubén von Barcelona*, eines Rabbiners der Gemeinde im islamischen Reich von Denia (11. Jh.). Gott wendet sich an sein Volk:

> „O Taube, liebliches Mädchen!
> Was hast du? Warum weinst du?
> Dein Messias wird zu dir kommen.
> Steh auf! Komm heraus!
> Denn ich bin dein Retter
> und dein Erlöser, auf den du wartest.
> Gewiss, Erlöser werde ich sein."[173]

Israels Heil hängt von Israels Sünde ab; es hat den Bund gebrochen, weil es nicht in Treue die Gebote erfüllt hat, die Gott ihm im Gesetz aufgetragen hatte. Die schwerste Strafe, die Gott seinem Volk für seine Sünden auferlegt hat, ist das Exil. Im *Zohar*, dem Buch der jüdischen Kabbala in Spanien, ist der Gipfel des Übels das Exil, die gegenwärtige Zerstreuung Israel, für die Esau bzw. Edom verantwortlich sind.

> „Für die Rabbiner ist Edom identisch mit Rom, dem heidnischen Reich, das den Tempel zerstört hat, und später mit dem christlichen Reich und all seinen Nachfolgestaaten, auch mit der Kirche und der christlichen Religion, da das Politische und das Geistliche ja nie getrennt sind. Wir sollen auch nicht vergessen, dass Esau der Schwiegersohn von Ismael ist, des Ahnherrn der Araber und somit des Urbilds des Islam und der islamischen Staaten. So sind die beiden Feinde und Unterdrükker der mittelalterlichen Juden einander verbunden.“[174]

Bei der Disputation von Tortosa gilt als Hauptgrund des Exils tatsächlich die Sünde Israels. Moses Ha-Cohén von Tordesillas – wie alle jüdischen Denker des Mittelalters – gibt nicht der christlichen Anklage Recht, laut welcher das Exil eine Folge der kollektiven jüdischen Schuld an Jesu Tod sei.[175] Selbstverständlich glaubt er, dass die Strafe des Exils eine zeitliche ist.

Der jüdische Heilsbegriff ist mithin vor allem politisch: das Ende der Verbannung des Gottesvolkes und der vollkommene Neuaufbau des jüdischen Lebens in Zion. Dies ist das Hauptbestreben des jüdischen Volkes.[176] Der Messias wird Gottes Werkzeug zu dieser Erlösung sein, wie der hispanische Dichter *Josef Ibn-Sheshet* ausdrückte:

> „Erstgeborenen Sohn hast du mich genannt,
> zu deinem Ruhm hast du mich erschaffen,
> mit Wohlwollen mich an dich gezogen,
> und aus Ägypten mich befreit.
> Warum hast du mich verlassen,
> nachdem du mich erlöst hattest?
> Siehe, nicht für dich hast du mich genommen.

Ach, mein Geliebter, warum hast du mich derart erniedrigt? [...]
Flüchtig irre ich umher,
von dir und dem Deinen verlassen.
Die Winterzeit ist gekommen
nach der Zeit deiner Herrschaft,
die Tage des Glanzes deiner Macht,
an denen dein Knecht, der Messias, herrschen soll,
treffen sie etwa für dein Volk nimmer ein?
Ach, mein Geliebter, wie einsam
und verloren lässt du mich sein!"[177]

Diese Hoffnung auf das göttliche Heil durch den Messias findet sich bei allen jüdisch-hispanischen Autoren, sei es in theologischen Werken wie dem *Meguil-lat ha-megal-lé* („Die Offenbarung des Offenbarers") von *Abraham Bar-Hiyya von Barcelona* (11. Jh.)[178], sei es beim großen Dichter des 12. Jh.s, dem Verfasser der *Zionsgedichte*, Yehudá Ha-Leví.[179]

Es war den mittelalterlichen hispanischen Juden somit klar, dass der Messias, der das Judentum in all seinem Glanz wieder herstellen sollte, ein politischer Mensch sein müsse. Daher die Frage des jüdischen Ministers *Yasday Ben-Shaprut* im muslimischen Córdoba (10. Jh.) an den König der *Kasaren (Chasaren)* im einzigen jüdischen Staat jener Zeit: „Wisst ihr, ob der Messias gekommen ist?"[180]

Die Juden der Disputation von Tortosa legten einen im Judentum sehr verbreiteten Glauben dar: dass der Messias in jeder Generation komme, jedoch nicht erscheine, da die Juden wegen ihrer Sünden der Erlösung nicht würdig seien.[181] Der katalanische Dichter-Theologe *Meshulam Ben-Shelomó de Piera /Rabbi En Vides de Girona*) ging soweit zu glauben, dass die Mongolen, Sieger über Muslime und Ostchristen, die zehn verlorenen Stämme Israels darstellten und die baldige Ankunft des Messias ankündigen. Er widmet ihnen ein langes Gedicht, das mit diesen Versen schließt:

„Die Macht ist in den Händen unseres Gottes;
seine Segnungen schenken Reichtümer.
Seine Segnungen ergießen sich über die Menschen.
Mehr schenkt er, als man erbittet."[182]

An einigen Antworten der Juden von Tortosa sieht man gut, dass sie zweifelten und hinsichtlich einiger Eigenschaften des Messias oder einiger Umstände seines Kommens recht unsicher waren. Klar antworteten sie jedoch, was das politisch-religiöse Ziel des Messias als des Erlösers Israels betraf.

Hier wird wiederum deutlich, dass Jesus von Nazareth, der gescheiterte, gekreuzigte Jesus des Christentums, überhaupt nicht dem jüdischen Messiasbild entsprach.

2.12.3. Der Jesus der Christen ist nicht der Messias; der ist noch nicht gekommen

Es verwundert nicht, dass die jüdische Seite nicht nur den Messiasanspruch der Christen zurückwies, als hätten sich in ihm die alttestamentlichen Weissagungen erfüllt, sondern sie meinten auch, sein Irrtum sei von den Propheten vorhergesehen worden. Der Messias der Christen erweist sich vielmehr als Abtrünniger wie Maimónides bekräftigte:

> „Diese Ereignisse sind schon von Daniel vorhergesagt worden, als er sagte, es werde ein gewaltsamer und gegen Israel abtrünniger Mensch auftreten, der sich bemühen werde, die Religion abzuschaffen, indem er sich dem Volk als Prophet vorstellen werde, dem man Großes zuschreiben und der von sich erklären werde, dass er der Messias sei. Und doch, sagte er, werde er zuletzt gestürzt. So sagt Daniel: ‚Und gewaltsame Söhne deines Volkes werden sich empören, damit die Schau erfüllt werde, doch werden sie gestürzt‘ (Daniel 11,4; vgl. 11,10ff).“[183]

Nach jüdischer Vorstellung kann der Messias nicht Gott selber sein, sondern ist ein Mensch. Darum passen messianische Bilder nicht auf Jesus, auch nicht die Prophezeiungen. Insbesondere kann Jesus nicht mit dem Mosegesetz identifiziert werden. Er ist nicht der politische Heiland Israels, da ja einige Jahrzehnte nach seinem Tod Jerusalem samt seinem Tempel zerstört wurde und die Juden in die Verbannung kamen. Außerdem hat Jesus nicht den allgemeinen Frieden gebracht, eins der klaren Zeichen der messianischen Ära. Moses Ha-Cohén von Tordesillas besteht – wie auch alle anderen jüdischen Polemiker – auf diesem letzten Argument zu Ungunsten der vorgeblichen Messianität Jesu.[184]

Es versteht sich, dass die christlichen Polemiker sich um Antworten auf diese Argumente bemühten. Zum Beispiel wandte sich *Bernardo Oliver* gegen vier Bedingungen, ohne welche die Juden den in den Heiligen Schriften angekündigten Messias nicht annehmen konnten:

1. Jerusalem müsse wieder aufgebaut sein – Es geht um das Jerusalem der Herzen, des heiligen Gottesvolkes, nicht der Stadtmauern.
2. Juda und Israel werden sich vereinigen (Jes 11,12) – Dies hat sich bei der Bekehrung von Juden zu Christus erfüllt.
3. Es werde einen allgemeinen Frieden geben – Dies geschah zur Zeit der Geburt Jesu dank dem römischen Frieden des Kaisers Augustus; und in unseren Tagen gibt es einen christlichen Frieden *per se* und Kriege *per accidens*.
4. „Löwe und Lamm werden beisammen wohnen“ (Jes 11,6) – Oliver entgegnet, man dürfe diese Sätze nicht nach dem buchstäblichen Sinn nehmen, ebenso wenig wie viele andere Sätze der Heiligen Bücher des Alten Testaments.[185]

Dieses Beispiel zeigt deutlich, wie unannehmbar die christlichen Rechtfertigungen von Jesu Messianität den Juden sein mussten.

Die Diskussionen kreisten oftmals um gewisse Behauptungen der jüdischen Texte hinsichtlich des Datums der Ankunft des Messias: Die Zerstörung des zweiten Jerusalemer Tempels, zu Beginn des zweiten Jahrtausends im Leben der Menschheit; oder nach den 85 Jubiläen Davids gemäß dem Talmud. Dieses Problem lieferte den jüdischen und christlichen Polemikern des Mittelalters Stoff zu langen und verwickelten Diskussionen über die Frage, ob diese Rechnungen auf die Epoche des Lebens Jesu wiesen oder nicht. Dies war, wie wir sahen, der Ausgangspunkt der Disputation von Tortosa oder auch des berühmten Traktats *Pugio Fidei* des katalanischen Dominikaners *Ramón Martí*.[186]

Was die Juden ablehnten, war jedoch vor allem die christliche Heilslehre. In der Tat hielten die Christen an dem Glauben fest, dass Jesus Gott war, in die Welt gekommen war, sowie Leiden und Tod erlitten hatte, um die ganze Menschheit von der Erbsünde zu erlösen. Das erklärte und rechtfertigte laut dem christlichen Glauben seine Hauptlehren über Jesus. Es geht um ein ewiges Heil, das von der Hölle erlöst.

Alle jüdischen Autoren begriffen recht wohl die Wichtigkeit dieses christlichen Heilsbegriffs; aus ihm ergab sich die Bedeutung Jesu in einer allgemeinen Heilsgeschichte der Menschheit, bis dahin, dass er Gott sei; ihm widmeten sie lange Gedankenreihen, um ihn jedoch abzulehnen. Ihnen war klar: Das ewige Heil ereignet sich durch die Erneuerungstat des Judentums, die der Messias vollbringt; aber er ist noch nicht gekommen, und seine Tat passt überhaupt nicht in die christliche Auffassung der Heilsgeschichte in Jesus Christus.

2.12.4. Jesu Messianismus: ein schweres politisches Problem für die Juden des Mittelalters

Die Frage nach Jesu Messianität war für die Juden ein politisches Problem, sowohl nach innen wie nach außen gerichtet:[188]

Im Inneren der jüdischen Gemeinschaft hätte die Annahme von Jesu Messianität den Verlust jener kollektiven Hoffnung bedeutet, die den Zusammenhalt der Juden sicherstellte und ihnen die Kraft gab, ihre schmerzliche Situation zu ertragen: die Schwierigkeiten des persönlichen und gesellschaftlichen Lebens, den lastenden Druck auf ihrem religiösen Leben, die andauernde Verbannung usw. Hätten sie die Hoffnung auf das Kommen des Messias verloren, so hätten sie die Verbannung als unabwendbar hingenommen und als sinnlos all ihre Mühen, Gottes Verzeihung für ihre Sünden und das Heil durch die Sendung des Messias in gewissem Sinne zu verdienen. Diese Hoffnung war inhaltlich ein wenig ungenau, wie wir sahen, insbesondere weil Gottes Taten nicht vorhersehbar waren. Doch hatte der jüdische Messianismus eine gewisse Tendenz zur Personalisierung, insofern vielleicht indirekt vom Christentum beeinflusst, da dieses so sehr auf dem Messias Jesus bestand (auch der Islam übernahm solche Personalisierung, mit Abwandlungen, wie wir sehen werden). Aber selbstverständlich konnten die Juden weder Jesu Person noch seine geschichtliche Rolle akzeptieren.

Außerhalb des Judentums steckte für das herrschende Christentum um sie her das Messiasproblem auch voller politischer Verwicklungen. Aus der islamischen Epoche sind einige politische Texte erhalten, welche die Treue der Juden zu ihren muslimischen Herrschern zeigen, von denen sie sich Schutz erhofften.[189] Wo die Juden an der Regierungsarbeit teilnahmen wie im Granada des 11. Jh.s, wurden die Siege jener muslimischen Könige als Siege des Gottesvolkes angesehen.[190] Die christliche Gesellschaft von Westeuropa suchte eine gewisse „Christenheit" zu errichten, im Sinne eines politischen Projektes der Kirche: in diesem Projekt würde die messianische Hoffnung auf einen politischen Retter, der auch die Einheit bringen würde, der durch Gott gesandt würde, die Rolle des Papstes erhöhen und den zweitrangigen und vorläufigen Charakter der „laizistischen" Regierungen aufzeigen. Von daher rührte das besondere Interesse, die Disputation über den Messianismus zu kontrollieren: Sei es seitens des Königs (Jakob I. von Aragón 1263 in Barcelona), sei es seitens des Papstes (Benedikt XIII, 1413 in Tortosa). Der Charakter dieses Messianismus hatte Einfluss auf die politische Zukunft der christlichen Länder.

Die Juden der Halbinsel waren sich in gewissem Ausmaß dieses politischen Risikos bewusst. Sie spürten, dass man sie jenseits religiöser Verhandlungen über Jesus als Messias einem politischen Projekt unterwerfen wollte, einer allseits, gerade auch religiös vereinheitlichten Christenheit, wo sie kein Recht mehr auf den besonderen gemeinschaftlichen Raum haben würden, den sie brauchten, um als Juden zu leben. Im Gebiet des Königreiches von Aragón, Schauplatz der Disputationen von Barcelona und Tortosa, war die Front klar: Zwischen der vereinheitlichenden Geistlichkeit und dem Königtum, das in seinen Staaten einen gewissen Pluralismus zuließ, stellten die Juden sich entschlossen auf die Seite der Könige. Das war ihre Politik bis 1492, als die königliche Stütze wegbrach und sie in Spanien eine gesellschaftliche Präsenz verloren, die sie in der Geschichte der Iberischen Halbinsel über ein Jahrtausend lang durchgehalten hatten.

2.13. Der gemeinsame religiöse Rahmen und die wechselseitigen Einflüsse zwischen Judentum und Islam angesichts des christlichen Jesusbildes

Die gegenseitigen Einflüsse und Reaktionen zwischen Judentum und Islam finden an zwei Zeitstellen statt: Mit der Offenbarung des Koran und dem Auftauchen des Islam im 7. Jh. und dann folgend durch den Islam der Iberischen Halbinsel, der mit gewissen Abwandlungen jene anfänglichen, grundlegenden religiösen Einstellungen zum Judentum und Christentum bewahrt und wiederholt. Das Jesusbild des hispanischen Islam hängt wesentlich von jenen frühesten Erfahrungen ab.

Erinnern wir uns der chronologischen Entwicklung der drei Religionen, die je im Abstand einiger Jahrhunderte zuerst auftreten: das Judentum des Moses im 13. Jahrhundert vor Christus, das Christentum im ersten, der Islam im siebten nachchristlichen Jahrhundert. Trotz merklicher Unterschiede zwischen ihnen zeigen sie sich als Entwicklung einer einzigen religiösen und gesellschaftlichen Tradition, vom Glauben an einen einzigen, fürsorglichen und transzendenten Gott, der sich den Menschen mitteilt, bis zu einem ähnlichen – vorherrschenden, ja ausschließlichen – gesellschaftspolitischen und religiösen Projekt. Insofern gleichen die drei Religionen einander mehr als ihrem gesellschaftlichen Umfeld, das sie global als „götzendienerisch" und „heidnisch" betrachten. Die Gläubigen der drei Religionen befinden sich auch im selben geographischen Gebiet um den fruchtbaren Halbmond und am Mittelmeer, obgleich sie sich immer weiter ausdehnen: nach Eurasien und Indien, nach Ostafrika und ins Niltal, nach Äquatorialafrika und Westeuropa, besonders in der Geschichtsepoche, auf die dieses Buch sich konzentriert (7.–17. Jh.). Dieser geschichtliche, geographische und gesellschaftliche Rahmen erklärt viele fundamentale Besonderheiten der drei Religionen, ihrer thematischen Begegnungen und polemischen Abweichungen, auch was Jesus angeht.

Als der Islam im Inneren Arabiens auftrat, war die Anwesenheit des Judentums und des Christentums in dieser Halbinsel gesellschaftlich sehr ungleich. Das Judentum war fest verwurzelt, sowohl in verschiedenen Oasen des Zentralgebiets von *Hedschas* als auch in den bewohnten Regionen des Jemen und durch die Handelsnetze, die Jahrhunderte lang die arabischen Wüsten durchzogen, d. h. zwischen den Ländern und Meeren um sie her. Mehr noch: das Judentum schien sicherlich die einheitlichste und ausgeprägteste Organisation in einer sehr fragmentierten arabischen Gesellschaft zu sein. Das Christentum erscheint hingegen als noch fragmentierter, nicht nur wegen der theologischen Kämpfe zwischen seinen verschiedenen Kirchen, sondern auf Grund der politischen wie ethnischen Gegensätze seiner weithin bloß oberflächlich bekehrten und in den Randgebieten wohnenden Anhänger: Perser und Nestorianer, Syrer und Griechen, Ägypter, Abessinier usw.

Diese religiöse Situation beeinflusste den Aufbau des Islam wesentlich, und zwar von seiner Entstehung bis zu seinem Eindringen auf die Iberischen Halbinsel.

Deshalb befanden sich Muhammad und der Koran angesichts der Götzendiener einem religiösen Feind gegenüber, der sich bekehren musste oder unrettbar verworfen war, sei dies das traditionelle arabische Heidentum, seien es die großen, weiter entfernten Traditionen wie die persische, afrikanische, indische. Dem Judentum und Christentum gegenüber aber sah sich der Ur-Islam als Erbe und Reformator, noch mehr gegenüber dem Judentum als dem Christentum. Es genügte, den Koran durchzulesen, um das Missverhältnis der Seiten zu bemerken, auf denen es um das „Verbessern" der Juden geht, verglichen mit denen, die sich eigens auf die Christen beziehen; einige Stellen beziehen sich freilich auf beide gemeinsam.

Zwar lässt sich zweifellos feststellen, dass der Islam dem Judentum näher steht als dem Christentum, insbesondere wegen der Schlichtheit seiner Lehren und wegen seiner rituellen Praktiken, doch nimmt der Koran bei den zwischen Juden und Christen umstrittenen Themen, besonders was Jesus und Maria betrifft, im Allgemeinen gegen das Judentum Partei, indem er Jesus für sich gewinnen will, um so das prophetische Bild der „Heilsgeschichte" der Menschheit zu verstärken, die Gott bis zu seinem Propheten Muhammad weiterführt, wie der Koran und der Islam insgesamt es so energisch bekräftigen.

Dies ist im Wesentlichen die Einstellung des Islam, der letzten der drei monotheistischen Religionen, die sich nach Judentum und Christentum auf der Iberischen Halbinsel ausbreiteteten und jahrhundertelang dort weithin vorherrschten. Sie entspricht einer Grundhaltung des Islam seit der Koran-Offenbarung und dem Gesellschaftsmodell, das Muhammad in Medina und Mekka begründete, bis zur allgemeinen Vertreibung der letzten Muslime aus Spanien zu Anfang des 17. Jhs. und bis zum letzten islamischen Rest im Granada des 18. Jh.s, ja sogar bis in unsere Tage.[191]

3. DAS ISLAMISCHE JESUSBILD

3.1. Der Jesus der Muslime: Die verkürzende Aneignung

Während das Jesusbild der Juden sich gut in der Formel „Verneinung und Abwehr“ zusammenfassen lässt, können wir das Jesusbild der Muslime und ihre Einstellung zu ihm zusammenfassend als „Verkürzende Aneignung“ kennzeichnen: Sie eignen sich den Jesus der Christen für den Islam an, indem sie ihn auf das Maß der Propheten des Islam reduzieren, redimensionieren, und zwar im Hinblick auf den Propheten Muhammad, den maßgeblichen religiösen Menschen des Islam. Dem christlichen Jesusbild, das natürlich – als Mitte des christlichen Glaubens – reicher und komplexer ist, stellten die Juden ein abwehrendes Nein entgegen; die Muslime lehnen Jesus nicht ab, sondern integrieren ihn positiv in ihr Glaubenssystem. Verglichen mit dem Jesus des Christentums macht der Koran sich freilich ein verkürztes Bild von Jesus; das gilt ebenso für die Muslime Hispaniens, die im besonderen Kontext des römisch-westgotischen Hispaniens, des arabischen Al-Ándalus und der christlichen Könige von Spanien und Portugal gesehen werden müssen. Es handelt sich also um den gesamten Zeitraum zwischen dem 6. und 17. Jahrhundert.

Genau besehen, bezogen sich die andalusischen Muslime viel mehr auf den Koran direkt und den Anfang des Islam als auf das, was ihre christlichen Zeitgenossen in Andalusien glaubten. So entwickelten sie vom Koran ausgehend ihre Lehre über Jesus, ihre besondere, sehr unabhängige „Christologie“, obwohl die muslimischen Polemiker auch die christlichen Lehren detailliert prüften und widerlegten, ähnlich wie wir es schon bei den Juden sahen.

Diese religiöse Einstellung unterschied sich stark von derjenigen der Juden; diese bezogen sich weit direkter auf die christlichen Lehren ihrer Zeit. Aus den religiösen Logiken von Islam und Judentum ergeben sich diese unterschiedlichen Folgen für den besonderen Fall des Jesusbildes.[192]

Wie zuvor beim Judentum gehen wir auch jetzt vom gelebten Glauben zum objektivierten Bild. Das bedeutet, das Jesusbild ins komplexe islamische Glaubenssystem einzufügen und dabei zweierlei Vergröberungen zu meiden, die sich bei diesem Thema häufig finden: Christen sind geneigt, der gesellschaftlich religiösen Komplexheit des islamischen Jesusbildes auszuweichen und allein die heiligen Texte zu berücksichtigen, besonders den Koran. Gleiches gilt für die Muslime: Unbewusst will man dieses Jesusbild den Christen annehmbarer machen, indem man sich auf die koranischen Texte bezieht und damit Möglichkeiten für mögliche „Bekehrungen" in der einen oder anderen Richtung schafft. Doch wird bei solchen Vereinfachungen zu wenig auf die komplizierte Wirklichkeit des Problems „Jesus im Zusammenhang der islamischen Glaubensüberzeugungen" geachtet.

Das Jesusbild bei den Muslimen Andalusiens muss darum auf analytische und komplexe Weise dargestellt werden, entsprechend der inneren Logik der muslimischen Einstellung zu Jesus – ausgehend von den grundlegenden Glaubenslehren des Islam bis hin zu den genauen Einzelheiten, die sich von diesen Glaubensinhalten ableiten lassen und derselben religiösen Logik folgen.

3.2. Jesus als islamischer Prophet

Für den Islam in Andalusien wie außerhalb, ist Jesus ein Prophet (*nabi:* Sure 19, 30) und ein „Gesandter Gottes" (*rasul Allah:* Sure 4, 136.150–151.156.169; 57, 29; 61, 2.6).

Von allen religiösen Bildern, die ein Mensch, ein „Mann Gottes", in der jüdisch christlichen Tradition annehmen kann, herrscht im Islam das des Propheten vor.[193] Es ist in Muhammad personifiziert und wird von ihm aus auch auf die anderen religiösen Menschen, seine Vorläufer, projiziert, deren einige in der jüdisch-christlichen Bibel auftreten: Adam, Noah, Abraham, Lot, Isaak, Jakob, Josef, Hiob, Moses, David, Salomo, Elia, Elisa, Jonas, Zacharias, Johannes und schließlich Jesus. Andere islamische Propheten vor Muhammad sind schwieriger mit biblischen Personen zu identifizieren, trotz solcher Aneignungsversuche seitens der Kommentatoren des Koran: Idris (Henoch?) Hud, Salih, Suaib, Dhu-l-Qifl … Sie alle sind Gegenstand einer verkürzenden Aneignung gewesen, wurden sozusagen auf eine Linie hin vereinheitlicht und nach demselben Modell „zurecht gestutzt", nämlich dem des Muhammad, des Propheten *(nabi)* und des Gesandten Gottes *(rasul Allah)* [vgl. Sure 163–165].

Er ist offenkundig auf andere Weise Prophet als die Personen der jüdisch christlichen Bibel. Der jüdisch-christliche Prophet verkündet die Zukunft des auserwählten Volkes (für die Christen) und ermahnt zur Treue dem Bund des Gottesgesetzes gegenüber (für die Juden). Aus der erwähnten muslimischen Prophetenliste würde bei Juden und Christen nur Jona, Elia und Elisa als Prophet gelten. Die übrigen würden anderen Bildern frommer Menschen entsprechen: Patriarchen (Noah und Abraham), Königen Israels (David, Salomon), Gerechten (Hiob), Vorläufern und Eltern Jesu (Zacharias, Johannes der Täufer), usw.

Nun lassen sich bei Moses, Jesus und Muhammad nur mit vielen wissenschaftlichen Einschränkungen neben vielen Unterscheidungspunkten einige gemeinsame Punkte feststellen.[194] Einige davon werden vom Islam auch anerkannt. Allerdings hat – gemäß dem Islam – jeder Prophet eine leicht unterschiedliche Rolle. Manche wurden nur gesandt, um einem besonderen Volk zu predigen. Allein Moses, David und Jesus haben ein anerkanntes heiliges Buch gebracht, von Gott geoffenbart: den Pentateuch oder die Tora *(thawrat)*, die Psalmen *(zabur)* und das Evangelium *(inǧil)*. Zudem wurden Abraham, Moses und Jesus neben vielen Unterscheidungspunkten – Muhammads wichtigster Vorläufer nach dem Islam – mit dem Aufbau „prophetischer Gemeinden" beauftragt, d.h. solcher, die von einem Buch oder Gesetz göttlichen Ursprungs geleitet werden, das durch einen gesandten Propheten offenbart worden ist. Hier ist es die *umma* oder politisch-religiöse Gemeinschaft, die Muhammad gegründet hat, und die sich selbst im Werk seiner Vorläufer wiederfindet. So meinen die Muslime, dass sie, gemäß Gottes Willen, den er im Koran geoffenbart hat, treu der jüdisch-christlichen Tradition folgen.

So kann Jesus bereits in der Krippe wie ein echter Muslim sprechen:[195] „Er sagte: ich bin der Diener Gottes. Er hat mir die Schrift gegeben und mich zum Propheten gemacht" (Sure 19, 30).

Diese theologische Schau hat ihren Grund im Koran und, vorher, in den Religionsgesprächen Muhammads und seiner Jünger mit den Juden und Christen seiner Zeit. In den islamischen Texten gibt es

„Geschichten der Propheten", in denen neben den übrigen auch Jesus seinen Platz hat. Diese Berichte waren in Andalusien besonders geschätzt.[196] Bis ins geistliche Leben der andalusischen Mystiker reicht dieser prophetische Stammbaum: *Ibn-Árabi von Murcia* wird an der Hand Jesu, Moses' und Muhammads durch das mystische Leben geleitet, doch überragt (laut seinem *Traktat der Lichter*) der Prophet des Islam seine „Kollegen".

In seinen *Eroberungen von Mekka* zeigt Ibn-Árabi beispielhaft, wie Jesus und andere Propheten im geistlichen Leben muslimischer Mystiker mitwirken:[197]

> „Als Gott uns zu sich rief, hörten wir seinem Ruf eine Zeit lang zu; dann aber überkam uns Lauheit, diese Lauheit, die den Menschen Gottes wohl bekannt ist, sie überfällt auf dem Tugendweg alle, die sich anschicken, ihn zu laufen. Auf dieses Lauheitsstadium folgt danach entweder eine Rückkehr zur früheren Andacht und Glut – solches geschieht den Seelen, für die Gott besonders sorgt – oder aber ein dauerndes Verharren in besagter Lauheit, von der die Seele sich nimmer befreit. Nun denn: Als uns jene erste Lauheit überfiel und sich unseres Geistes bemächtigte, da sahen wir im kritischen Augenblick Gott, der uns diese Koranverse vorlas: ‚Er ist's, der die Winde als Verheißung seiner Barmherzigkeit voraussendet, bis dass, wenn sie schwere Wolken aufgehoben haben, wir diese zu einem toten Land treiben und Wasser darauf hernieder senden.' Und er fügte hinzu: ‚Und das gute Land bringt seine Pflanzen hervor mit der Erlaubnis seines Herrn.' (Sure 7, 56–57) Daraufhin sagte ich mir, weil ich wusste, dass dieser Vers sich auf mich bezog: zweifellos spielt er mit diesen Worten, die er mir vorlas, auf die erste Gnade an, mit der Gott mich durch die Hand Jesu, Moses und Muhammads geleitet hat, da ja unsere Rückkehr zu diesem Weg der Vollkommenheit sich der guten Nachricht verdankt, die Gott uns durch den Dienst Jesu, Moses' und Muhammads geschickt hat; sie sind die Vorläufer seiner Barmherzigkeit, d.h. seiner besonderen Sorge für uns, damit sie die Regenwolken, welche die wiederholten Gnaden bedeuten, hin zu dem toten Land treiben, das ich bin, darauf das Wasser fallen lassen und alle Arten von Früchten

hervorbringen, nämlich die göttlichen Lichter, um mit der Gnade mitzuwirken, das Gute zu tun und sich in Gott zu verlieben."

Abstammung – in diesem Fall eine geistliche, prophetische – ist die islamische Kategorie, den eigenen Gemeinschaftsglauben auf den der Anderen zu beziehen, besonders der Juden und Christen. Sie ergibt Bruderschaften. Die Bruderschaft der Propheten des Islam führt dank göttlicher, von den Muslimen angenommener Erwählung zu einer gewissen Bruderschaft zwischen den Gläubigen. Weil Jesus als einer der Propheten anerkannt wird, erkennen die Muslime die Christen, die ihm folgen, als ihre Brüder an. Auch hier ist für den Hinweis auf das Bewusstsein des gottgesandten Propheten Jesus das gesellschaftliche und politische Element bestimmend.

3.2.1. Der Stamm der Propheten Gottes

Der Jesus des Islam ist, verglichen mit dem Jesus des Judentums und vor allem dem Jesus der Christen, eine übernommene und dem Rahmen des islamischen Glaubens eingefügte Person. Seine Eigenschaften werden verkürzt und dem für den Islam absolut vollkommenen religiösen Modell des Menschen angepasst, dem ihres Propheten Muhammad. Deshalb muss man dieses „Modell Muhammad" studieren, um den Jesus des Islam zu verstehen. Der Schluss der Studie von *Roger Arnaldez* über Jesus und die muslimischen Kommentatoren des Koran zeigt alles, was man in dem religiösen Material entdecken kann, welches die islamischen Quellen bieten.

„Alle Kommentatoren, wer sie auch seien und welches Material sie auch verwenden, wollen uns unabhängig von ihren Unterschieden von dem einen überzeugen, dass der Jesus des Koran ein Prophet des Islam ist. Was soll man darunter verstehen? Dass er nicht der mehr oder minder retouschierte Christus der Evangelien ist. Er ist voll und ganz Muslim und vollkommen in die Gesamtsicht integriert, die der Islam sich von Prophetie und Propheten macht. Er fügt sich in das Konzert der Gesandten, deren Geschichte der Koran erzählt. Gott stiftet zwischen ihnen Gradunterschiede, seinem Willen gemäß. Davon abgesehen lassen sich jedoch alle wesentlichen Züge der Figur Jesu sei es in Abraham, sei es in Mose, sei es in Muhammad finden.“[198]

Die letzten Muslime in Spanien, die „moriscos“, die gut spanisch konnten und das Christentum kannten, sie stellten den Unterschied zwischen dem Jesus der Christen und dem der muslimischen Glaubenstradition klar heraus. Jesus ist „der evangelische Messias Christus, den die Moros Eza nennen. Und Eza ist sein wahrer Name.“[199]

Jesus ist von Gott dem Stamm der Propheten eingefügt worden, die vor Muhammad kamen, heißt es im Koran selbst:

> „Sprecht: Wir glauben an Gott und was er zu uns niedersandte, und was er niedersandte zu Abraham und Ismael und Isaak und Jakob und den Stämmen, und was gegeben wurde Moses und Jesus (…)“ [2,136].

Andere Koranverse und die ganze Struktur der göttlichen Offenbarung nach dem heiligen Buch des Islam stimmen darin überein, Jesus in die Reihe der gottgesandten Propheten zu stellen.

Das zeigen auch verschiedene Hadithe, das sind dem Propheten Muhammad zugeschriebenen Überlieferungen. Diese Texte (sie erfreuen sich in der islamischen Theologie großer Autorität, kommen unmittelbar nach dem Text des Koran) vergleichen oft die verschiedenen Propheten untereinander und mit Muhammad. Diese Vergleiche gehen vielmehr ins Einzelne; auf ihnen beruht eine Gruppe literarisch theologischer Erzählungen, die im Mittelalter „Geschichten der Propheten“ hießen. Die im folgenden zitierten Texte der Morisken hängen stark von diesen Erzählungen ab, gemäß welchen Jesus als ein Prophet neben den anderen Propheten gilt, wohl mit ihm eigenen Besonderheiten.

Diese islamische Sicht Jesu ist nicht statisch, bezieht sich auch nicht nur auf Muhammad und den islamischen Glauben. Wie der Koran und der ganze Islam, bezieht dieser Glaube sich auch auf die übrigen Gläubigen: die Götzendiener, die Juden, die Christen.

Deshalb beansprucht der Islam die göttliche Sendung Jesu den Götzendienern gegenüber, verteidigt die Gesamtheit der göttlichen

Offenbarungen durch Propheten, unter ihnen Jesus. Den Juden gegenüber beansprucht der Islam nicht nur die Echtheit von Jesu göttlicher Sendung, gleich der des Moses, sondern verteidigt ihn auch in vielen Einzelpunkten, die das Judentum ablehnt: die Jungfräulichkeit seiner Mutter, die außerordentliche Geburt, Wunder, Ehre usw. Hätte es nicht vorher jüdisch-christliche Polemiken gegeben, könnte man nicht den Nachdruck verstehen, mit dem gewisse Korantexte Jesu Prophetenwürde gegen die Ablehnung und die „Verleumdungen" der Juden verteidigen.

Doch auch gegen die Christen verteidigt der Islam das islamische Bild Jesu als eines muslimischen Propheten. Deshalb leugnen die Muslime die Gottheit Jesu und die ganze christliche Heilslehre, die aus Jesus den einzig möglichen Erlöser der Menschen macht, da er Gott ist. Die muslimschen Glaubensstreiter, unter ihnen der Andalusier *Ibn-Hazm von Córdoba*, einer der bemerkenswertesten des Mittelalters, bieten alle Arten von einzelnen Gründen auf, um Jesus als einen Propheten aus islamischem Stamm darzutun. Mit zweierlei Argumenten tun sie es: zum einen, indem sie leugnen, dass er mehr als ein Prophet oder die übrigen Propheten sei, zum andern, indem sie erwägen, dass gewisse Ereignisse aus Jesu Leben, wie der Koran sie berichtet, und die Christen sie glauben, nach dem islamischen Glauben annehmbar sind, als schlicht des Propheten Jesu eigene Besonderheiten. Einerseits stellt der Koran im Namen Gottes fest:

„Wir machen keinen Unterschied zwischen den Gesandten" (Sure 2, 285), doch heißt es dort auch: „Jene Gesandten – die einen von ihnen bevorzugten wir vor den anderen; zu einigen von ihnen sprach Gott und erhöhte andere um Stufen. Und wir gaben Jesus, dem Sohn der Maria, die deutlichen Zeichen und stärkten ihn mit dem heiligen Geist" (Sure 2, 253).

Der große Mystiker *Ibn-Árabi* aus Murcia (13. Jh.), der in Damaskus begraben ist, drückt in seinem Glaubensbekenntnis gut Jesu Rolle bei der göttlichen Offenbarung aus, wie auch die anderer Propheten des muslimischen Glaubens:

> „Er (Gott) hat gesprochen, nicht als wäre er zuvor stumm gewesen oder hätte schweigend nachgedacht, sondern durch ein ewiges Wort ohne Anfang noch Ende (...) Durch dieses hat er zu Moses gesprochen und Tora genannt, durch dieses hat er

zu David gesprochen und Psalmen genannt; und durch dieses hat er zu Jesus gesprochen und Evangelium genannt; zu Muhammad hat er gesprochen und dies Herabgesandtes und Unterschiedenes genannt (den Koran) – mögen Gottes Segnungen und sein Heil auf ihm (Muhammad) sein und auf ihnen allen."[200]

Sehen wir uns nun einige besonderen Züge der islamischen Prophetie an, durch die sie sich von dem, was in der jüdischen oder christlichen Theologie „Prophetie" heißt, bedeutsam unterscheidet.

3.2.2. Das Prophetenmodell Muhammad auf Jesus angewandt

Vier Punkte beziehen sich aufeinander: Gott, das geoffenbarte Heilsbuch, der Prophet als Übermittler und das Volk, die Gemeinschaft der erlösten Gläubigen.

Gott, der eine Gott, ist der Ursprung jeder prophetischen Offenbarung. Er ist das Absolute, mit allen erhabenen Qualitäten oder Eigenschaften. Er ist es, der die Geschichte des Menschen in Gang setzt und in der Heilsgeschichte dieses Menschen durch seine Offenbarung die Initiative übernimmt.

Diese Offenbarung ist ein Buch, um das Leben und Tun der Menschen zu leiten: Es sind die Tora (Fünf Bücher Mose / Pentateuch), die Psalmen, das Evangelium und der Koran. Die Offenbarung ist mithin vor allem eine Weisung und schenkt Erkenntnis.

Der Prophet ist der von Gott auserwählte Überbringer dieses Buches, er macht die Weisung/Lehre bekannt. Seine Aufgabe ist es einfach, das Buch Gottes zu empfangen, das den rechten Weg beschreibt, den die Menschen zu ihrem Heil in dieser Welt und im Jenseits gehen müssen.

Einige Propheten sind überdies Gesandte, Führer einer bestimmten Gemeinschaft von Männern und Frauen, die an Gott glauben, an seine Offenbarung, seine Bücher und seine gesandten Propheten. Dies ist der Fall bei Moses mit den Juden, bei Jesus mit den Christen und bei Muhammad mit den Muslimen.

Dieses konstante Schema findet sein vollkommes, bekanntestes und letztes Modell in Muhammad, dem Siegel oder Abschluss der göttlichen Offenbarung.

Selbstverständlich ist das Buch wichtiger als der Prophet, der Koran wichtiger als Lehre und Beispiel Muhammads, obwohl seine persönliche Lehre (die durch die Hadithe oder Berichte, Überlieferungen bekannt ist) und das Vorbild seines Lebens mit dem Koran so übereinstimmen, dass sie für die Glaubenshaltung der Muslime beispielhaft sind. Seine Frau Aischa sagte von ihm, er sei der zum praktischen Leben gewordene Koran in Person.

All diese Elemente des islamischen Begriffs „Prophet" machen im Islam aus dem Heil etwas überaus Pädagogisches und Didaktisches: Es geht darum, die von Gott den Menschen in seinem Buch geoffenbarten Gebote anzuwenden. Denn „Islam" bedeutet „Hingabe": praktische Anwendung der göttlichen Gebote.

Dieses Schema, wie die Muslime es auf Muhammad anwenden, wurde von einigen andalusischen Theologen für das Judentum systematisiert, indem sie auf dessen Propheten die alttestamentlichen Texte bezogen.[201] Ebenso machten sie es mit den christlichen Texten bei Jesus.

3.2.3. Die Propheten und ihre Schwierigkeiten mit den Zeitgenossen

Verständnislosigkeit den Gesandten Gottes gegenüber ist ein gemeinsamer Zug des Lebens der biblischen Propheten. Zur biblischen Dialektik der Gottgesandten gehört es, dass Gott übernatürliche Wunder tun muss, um ihre göttliche Sendung vor den Massen der Zeitgenossen zu bekräftigen, Wunderzeichen, die seinen Gesandten vor den Ungläubigen und Zweiflern bestätigen sollen. Dieser Umstand war auch bei Muhammads Sendung eine geschichtliche Tatsache. So kam es zu seiner Auswanderung aus Mekka (Hidschra): Dorthin kehrte er im Triumph zurück, nachdem er zahlreiche Wundertaten vollbracht hatte.

Jesus, der Prophet der Wunder, tritt im Koran und in der islamischen Theologie als Gottgesandter auf, der immer dem Unglauben und Unverständnis der Juden begegnet. Dieser Widerstand erreicht seinen Gipfel bei den Schmähungen gegen Maria und den Plänen, Jesus zu kreuzigen.

> „Gott hat sie wegen ihres Unglaubens versiegelt, so dass nur wenige glauben – weil sie ungläubig waren und wider Maria eine große Verleumdung aussprachen, und weil sie sprachen: ‚Siehe, wir haben den Messias Jesus, den Sohn der Maria, den Gesandten Gottes, getötet, während sie ihn doch weder erschlagen noch gekreuzigt hatten, sondern dies wurde ihnen nur vorgetäuscht" (Sure 4, 156–157).

„Aber sie haben ihn nicht ermordet …" (Sure 4, 157), empört sich also der Koran, verteidigt so Jesu Sendung, wie Gott im heiligen Text auch immer seinen Boten Muhammad verteidigt. Man kann also behaupten, dass alle Propheten des Islam bei der Ausführung ihrer göttlichen Sendung Verständnislosigkeiten aller Art ausgesetzt waren, wie Jesus und wie Muhammad. Doch gibt es bei diesem Stamm der „Unverstandenen", die trotz des göttlichen Ursprungs ihre Sendung und der Hilfe Gottes auf so viel Widerstand stießen, einen großen Unterschied zwischen Muhammad und seinen Vorläufern, Jesus eingeschlossen: Muhammad hat zuletzt gesiegt, während die anderen letztlich gescheitert sind.

In der Tat musste Jesus den Widerstand der Juden seiner Zeit erleiden. Das ist normal für einen gottgesandten Propheten. Doch musste er sich schließlich zurückziehen – Gott zog ihn zurück; denn nach islamischem Glauben ist er nicht gestorben – ohne die Bekehrung der Juden zu erreichen. Schlimmer noch: Seine Jünger haben seine Botschaft umgeformt und verbreiten jetzt unter seinem Namen eine absurde und lästerliche Lehre. Die Christen weigern sich, im Islam die echte göttliche Botschaft anzuerkennen. Ja, für die Muslime ist Jesu Scheitern total.

Der andalusische Theologe *Abu-l-Walid Al-Bachi* (aus Beja in Portugal, 11. Jh.) antwortete einem „Mönch aus Frankreich", Jesus sei weder Gott noch ein mächtiger Prophet gewesen, hatte er doch nur ein winziges Jüngergrüppchen unter den Juden seiner Zeit, viel weniger zahlreich als die Anhänger des Moses und, vor allem, Muhammads in ihrer Zeit.[202]

Muhammad hingegen hatte es, nach ähnlichen Schwierigkeiten, wie Jesus sie erlitt, durch Gottes Hilfe geschafft, die Widerstände zu besiegen, eine Gemeinschaft gemäß Gottes Buch zu bilden und so zu wirken, dass seine Jünger über ein Buch als Führer ihrer Gemeinschaft verfügten, die den Lehren des Propheten durch und durch treu blieben, ohne die geringste störende Abweichung, im Gegensatz zu den christlichen Jüngern Jesu.

3.2.4. Jesus, Modell für Muhammad: Geburt, Wunder, Tugenden

Es könnte paradox scheinen, dass der Prophet des Islam Jesus, seinem Vorgänger, etwas verdankt. Angesichts Muhammads Leben, das so reich und in zahlreichen Einzelheiten seinen Jüngern so bekannt war, nötigte nichts dazu, in Jesu Leben nach erbaulichen, vorbildlichen Ereignissen zu suchen. Dennoch hat durch die Jahrhunderte hin das Leben des islamischen Propheten sich mit neuen Zügen angereichert – die bei vielen Muslimen, insbesondere unserer Tage als unecht gelten – die man aber dem islamischem „Jesus-Modell" zuschreiben muss.

Der aus Ceuta stammende andalusische Richter (Qadi) *Iyad Al-Yahsubi* (12. Jh.) vollbringt in seinem „Buch der Erlösung über die Rechte des Erwählten Gottes" *(Kitab ash-shifá, fi huquq Al-Mustafá)* eine der ersten und wichtigsten Systematisierungen der Kräfte und Eigenschaften der Erwählten Gottes und überträgt sie auf Muhammad. Dieses Buch hatte in der islamischen Welt solchen Erfolg, dass man später von ihm sagte: „Gäbe es nicht das Kitab ash-shifá, wäre vom muslimischen Westen im Osten keine Rede."

Verschiedene Kapitel widmete er Muhammads Wundern, besonders seiner Geburt, und den Tugenden des Propheten, die „passiv" heißen können (Demut, Sanftmut, Armut, Leiden usw.).[203] Zwar fehlen in Muhammads Leben Beispiele solcher Tugenden nicht, doch spürt man in diesem Buch einen besonderen Hang zu diesen „passiven Tugenden", zum verborgenen Leben und den Wundern gegen die Gesetze der Natur, alles Züge, die im heiligen Text des Koran vielmehr Jesus als Muhammad kennzeichnen.

Wenn der Streitbare *Ibn-Hazm aus Córdoba* (11. Jh.) die Wichtigkeit von Jesu Wundern verkleinern will, vergleicht er sie mit denen anderer vorislamischer Propheten, wie Moses, aber nicht mit denen Muhammads, von dem er nur das völlig rechtgläubige Wunder der Unnachahmbarkeit des Koran anführt. Weniger als ein Jahrhundert später trägt der Qadi Iyad Dutzende von Wundern zusammen, der islamischen Tradition entnommen und wohlgeordnet.

3.2.5. Der Unterschied: Jesu Scheitern und Muhammads Triumph

Man könnte das islamische Prophetenbild und seine Anwendung auf Jesus im einzelnen untersuchen. Zahlreiche Autoren, Muslime und Christen, haben dem Thema viele Seiten gewidmet, besonders in unseren Tagen. Viele haben vor allem die Unterschiede zwischen Jesus und Muhammad betont, nicht nur vom Standpunkt des christlichen Jesus aus, sondern auch von dem der koranischen und allgemein islamischen Texte aus. Wenig wurde aber auf einen grundlegenden Unterschied geachtet, der den Muslimen selbstverständlich ist: das schon erwähnte Scheitern von Jesu Sendung.

Tatsächlich ist Jesus mit einer göttlichen Heilssendung betraut worden. Er empfing ein geoffenbartes Buch und wurde mit Wundern gestützt. Doch ging dieses Buch verloren, seine Lehre wurde von seinen Jüngern – nach islamischem Glauben – entstellt. Die Gemeinde, die er leiten sollte und mit seinen Aposteln gegründet hatte, ist jetzt keine Heilsgemeinde, denn sie folgt absurden Lehren, sogar was die Natur ihres Gründerpropheten betrifft, zudem ist es eine in zahlreiche Gruppierungen zersplitterte Gemeinde, sogar ihren heiligen Sprachen fehlt der Bezug zueinander. Im Islam dagegen ist der Koran auf Arabisch der einzige heilige Text, der keine Übersetzungen gestattet, solche sind für die rechtgläubigen Muslime höchstens „Erläuterungen des Sinnes des Koran".

Nach Jesus musste Muhammad kommen, um die wahre Offenbarung, den Koran, zu bringen und die rechtgeleitete Gemeinde zu gründen, die *umma* der muslimischen Gläubigen.

Apologetisch gesprochen, ist dies der maßgebliche Unterschied zwischen Jesus und Muhammad. Dieser bringt sein heiliges Buch, das von Seiten der Jünger keinerlei Abänderung erlitten hat. Er wusste seine Gemeinde auf den rechten Weg zu leiten, trotz der Verderbnisse, an denen einige politische Herrscher der islamischen Völker Schuld sind; ihnen schreibt man es üblicherweise zu, dass die muslimische Gemeinde nach den Maßstäben des Koran nicht ganz und gar vollkommen ist. Insgesamt, und besonders in den Zeiten der Gemeinde von Medina, war Muhammad ein Gewinner. Dieser Umstand bekräftigt die Wahrheit seiner Lehre: Recht taten seine Anhänger, ihm und seiner Lehre zu folgen, sie stammt von Gott.

Im Stamm der Propheten haben mithin alle eine echte Botschaft gehabt, wie Muhammad, aber alle sind gescheitert, außer Muhammad. Man sieht, wie nach der Logik des Muslimglaubens der Islam die biblischen Personen vor Muhammad übernimmt und dabei an der Überlegenheit seines eigenen, letzten Propheten festhält.

3.2.6. Die prophetische Reduktion Jesu: Er ist nicht „das endgültige Siegel der Prophetie"

Jesus ist also, nach dem Islam, einer der gesandten Propheten Gottes. Und er ist nicht mehr als das. Gegen den christlichen Anspruch, Jesus irgendwelche göttlichen Kennzeichen zuzuschreiben – und eine Überlegenheit im Vergleich zu Gottes anderen gesandten Propheten – glauben die Muslime, wie der spanisch-tunesische Autor des 15. Jh.s *Abdallah At-Tarchumán* (Anselm Turmeda), ein Ex-Franziskaner, der in Tunis zum Islam übergetreten war Folgendes:

> „Es ist klar, dass Jesus – der Friede sei über ihm! – ein Mensch und ein Gesandter ist, derselben Natur wie alle Menschen und alle Gesandten."[204]

Darin folgt er lediglich dem Koran, der das Wort Gottes an Muhammad überliefert:

> „Wahrlich, Wir haben dir eine Offenbarung gegeben, wie Wir Noah und den Propheten nach ihm eine Offenbarung gegeben haben. Und Wir offenbarten Abraham, Ismael, Isaak, Jakob, den Stämmen (Israels), Jesus, Hiob, Jonas, Aaron und Salomo;

> und Wir haben David einen *zabur* (= den Psalter) gegeben … Es sind Gesandte, von denen Wir dir bereits berichtet haben und Gesandte, von denen Wir dir nicht berichtet haben – und Gott hat mit Moses wirklich gesprochen. Es sind Gesandte, Überbringer froher Botschaften und Warner …" (Sure 4, 163–165).

Wo die islamischen Texte behaupten, dass Jesus ein Mensch und ein Gesandter ist, muss man immer lesen: er ist *nicht mehr* als ein Mensch und ein Gesandter.

Alle Züge des Jesusbildes der Muslime sind immer positiv – außer was das Scheitern seiner Sendung angeht, was nicht seine Schuld ist. Eingerahmt sind sie stets von diesen beiden ausdrücklichen Beschränkungen: Jesus ist *nicht mehr* als ein Mensch und ein Prophet; er ist wie die anderen Propheten und ist niemals mehr als Muhammad.

Es gibt ein koranisches Verbot, zwischen Propheten Vergleiche anzustellen, und man darf nicht sagen, dass die Muslime ausdrücklich an irgendeine Überlegenheit eines von ihnen über die anderen glauben. Doch gibt es eine indirekte, grundlegende Überlegenheit Muhammads über Jesus und seine Vorläufer (zusätzlich zum Erfolg seiner Sendung, der auch schon wichtig ist): Muhammad ist „das Siegel der Propheten" *(játim al-anbiyá)*, weil durch ihn die letzte, die endgültige Tat einer Reihe von Heilstaten Gottes für die Menschen sich ereignet, seine letzte Botschaft. Und er ist die vollkommene Botschaft.

Al-Bachi widmet gegen Ende seiner Streitschrift an den „Mönch aus Frankreich" ein Kapitel dem Beweis, dass Muhammad ein wahrer Prophet ist, den die Christen als solchen anerkennen müssen:

> „Wahrlich, Gott, der Erhabene, hat aus Gnade, Weisheit und Wohlwollen Muhammad gesandt – möge Gott ihm Segen und Heil schenken. Durch ihn hat er die Sendung endgültig besiegelt und die Prophetie mit Vollkommenheit beschlossen. Ihn hat er zum letzten der Gesandten gemacht und ihn für das Gesamt der Welten bestimmt; solcher Art hat er ihn mit diesen erhabenen Vorrechten begünstigt und lässt sein Gesetz bis zum Tag des Gerichts andauern. Er hat ihn zu einer Zeit gesandt, da die Juden und die Anhänger der anderen Religionen sich als

Abweichler von Jesus, dem Sohn der Maria, gezeigt haben – Heil sei mit ihm! – Seine Botschaft haben sie abgelehnt, was er predigte, behandelten sie als Lüge. Die Christen haben sich nach ihm in Sekten zertrennt, die sich allesamt vom rechten, sicheren Weg weit fort verirrt und ein Unwissen bekundet haben, das die Vernunft für absurd hält (...).“[205]

Solcher Art hört der Stamm der Propheten mit Muhammad auf. Der Prophet des Islam tut nichts weiter, als die Heilsbotschaft seiner Vorgänger zu wiederholen. Tatsächlich entwertet er sie alle, macht sie irgendwie hinfällig. Das ist die islamische Logik des Prophetenstammes, der sich in Muhammad vollendet. Indem er alle religiösen Personen der jüdisch-christlichen Überlieferung auf ein einziges Modell zurückführt, das Prophetenmodell Muhammad, eignet der Islam sie sich zu Gunsten Muhammads an. Dann ist der letzte offenkundig der beste. Die anderen sind gut, sogar göttlichen Ursprungs, aber nicht entscheidend.

Hierin besteht, nach muslimischer Auffassung, Muhammads Überlegenheit. Und daran erinnerten sie die Christen immer wieder, das ganze Mittelalter hindurch. So bekennt auch Abdallah At-Tarchumán am Anfang seines Buches:

„(Gott) hat uns die ersten und letzten Kenntnisse gelehrt durch den Mund des letzten der Propheten und Herrren der Gesandten, unseren souveränen Herrn Muhammad, den erhabensten der Geschaffenen, den Imam der gottesfürchtigen Imame. Gottes Segen sei über ihm und über seiner Familie und allen seinen Gefährten, in alle Ewigkeit.“[206]

3.2.7. Islamischer Anspruch auf den Propheten Jesus, Juden wie Christen gegenüber

Bestärkt wird der Anspruch der Muslime auf ihr eminent prophetisches Bild Jesu durch ihren Wettstreit mit Juden und Christen. Diese lehnen es aus gegensätzlichen Gründen ab, Jesus in den islamischen Prophetenstamm einzureihen.

Die Juden sahen, wie gesagt, in Jesus keinen Propheten, welche Gott zum Volk Israel gesandt hat, um ihm seine Sünden und Treulosigkeiten gegen den Gottesbund vorzuhalten. Israels Propheten kamen, damit das Mosegesetz sich erfülle, und nicht, um es zu zerstören, wie das Jesus nach mittelalterlich-jüdischer Vorstellung Jesus getan hat.

Gegen die Juden bekräftigen die Muslime, dass Jesus wirklich ein Prophet ist, ein Gottgesandter, ein mit göttlicher Sendung betrauter Bote, der die Religion wieder aufrichten sollte, hätten die Juden nur auf ihn gehört!

Die Christen andererseits sind überzeugt, dass Jesus gemäß dem Evangelium und dem ganzen Neuen Testament viel mehr ist als ein Prophet. Für sie sind die Propheten nicht nur Erneuerer der Sitten, wie die des Alten Testaments, die gesandt werden, um die Juden dazu zu bringen, dem Mosegesetz vollkommen zu folgen. Vielmehr kommen sie, um ein neues Gesetz zu verkünden, ein vollkommenes Heilssystem für alle Menschen, nicht bloß für die Juden. Die Christen glauben zudem, dass die Propheten vor allem Verkünder sind: von Strafen, aber auch von Erlösung. Und diese Erlösung ist Jesus, der Erlöser der Menschheit. Als solcher hat Jesus andere Eigenschaften als die übrigen Propheten und jeglicher fromme Mensch, besonders durch seine Gottheit als Gottes Sohn, die zweite Person der göttlichen Dreieinigkeit. Nach christlicher Glaubenslogik kann er keinesfalls in den Prophetenstamm eingereiht werden und weniger noch, wie der Islam es will, ein bloßer Vorläufer und Ankündiger Muhammads sein.

Gegen die Christen beanspruchen die Muslime Jesus somit als Propheten nach der Art Muhammads: er ist Prophet, wie die anderen, nicht mehr als ein menschlicher Prophet, wie die anderen, er ist der Vorläufer Muhammads wie die anderen Propheten. Seine Botschaft ist dieselbe wie die Muhammads und damit wie die Botschaft aller übrigen Propheten, die vor Muhammad, dem „Siegel der Propheten" aufgetreten sind. Sie erübrigt sich faktisch.

Für die muslimischen Polemiker wie *Al-Jázrachi aus Córdoba* (12. Jh.) hat Jesus selbst sich nach den christlichen Evangelien als Prophet und nur als Prophet betrachtet. So geschieht die verkürzende Einordnung Jesu in die islamische Prophetenreihe.

3.2.8. Jesus kündigt Muhammads Ankunft an

In der islamischen Prophetenreihe erfüllt Jesus eine doppelte Aufgabe: das Modell Muhammads als Vorläufer darzustellen und vor ihm zurückzutreten. Mehr noch: Nach islamischem Verständnis hat Jesus die Ankunft Muhammads nach ihm direkt angekündigt. Ähnlich wie für die Christen Jesu Kommen vom Alten Testament prophezeit wurde, glauben die Muslime an die Voraussagen der Ankunft Muhammads, die in den jüdisch-christlichen Schriften enthalten sind trotz der Entstellungen, welche Juden und Christen an solchen Prophetenworten vorgenommen haben, die Muhammad ankündigten.[207]

Der islamische Glaube, Muhammad sei von den Propheten vor ihm voraus verkündigt worden, gründet sich auf zahlreiche koranische Texte. Einer davon bezieht sich direkt auf Jesus:

„Und da sprach Jesus, der Sohn der Maria: ‚O ihr Kinder Israels, ich bin Gottes Gesandter bei euch, der Bestätiger dessen, was von der Tora vor mir gewesen ist und Bringer der frohen Botschaft eines Gesandten, der nach mir kommen wird. Sein Name wird Ahmad sein'. Und als er zu ihnen mit den Beweisen kam, sprachen sie: ‚Das ist offenkundiger Zauber.' (Sure 61, 6).

Nach Ansicht der Muslime bezieht sich dieser Text auf die Verse des Johannes-Evangeliums, in denen Jesus nach christlichem Verständnis die Ankunft des Trösters, des Heiligen Geistes vorhersagt:

> „Und ich will den Vater bitten, und er wird euch einen anderen Tröster (Fürsprecher, Beistand) geben, dass er bei euch sei in Ewigkeit, den Geist der Wahrheit, den die Welt nicht empfangen kann, denn sie sieht ihn nicht und kennt ihn nicht. Ihr kennt ihn, denn er bleibt bei euch und wird in euch sein" (Joh 14, 16–17).
>
> „Aber ich sage euch die Wahrheit: Es ist gut für euch, dass ich weggehe. Denn wenn ich nicht weggehe, kommt der Tröster nicht zu euch. Wenn ich aber gehe, will ich ihn zu euch senden. Und wenn er kommt, wird er der Welt die Augen auftun über die Sünde und über die Gerechtigkeit und über das Gericht;
> über die Sünde: dass sie nicht an mich glauben,
> über die Gerechtigkeit, dass ich zum Vater gehe und ihr mich hinfort nicht seht;

über das Gericht: dass der Fürst dieser Welt gerichtet ist.
Ich habe euch noch viel zu sagen; aber ihr könnt es jetzt nicht ertragen.
Wenn aber jener, der Geist der Wahrheit, kommen wird, wird er euch in alle Wahrheit leiten. Denn er wird nicht aus sich selber reden; sondern was er hören wird, das wird er reden, und was zukünftig ist, wird er euch verkündigen.
Er wird mich verherrlichen; denn von dem Meinen wird er's nehmen und euch verkündigen.
Alles, was der Vater hat, das ist mein. Darum habe ich gesagt: Er wird's von dem Meinen nehmen und euch verkündigen" (Joh 16,7–15).

In der Sure 61,5 steht nun *Ahmad*. Ahmad und Muham(m)ad sind aber im arabischen Schriftbild faktisch identisch. Das wird sofort deutlich, wenn man die Vokalzeichen fortlässt: *hmd* bzw. *mhmd*. Diese Identität spielt nun auch von der Übersetzung vom Griechischen ins Arabische eine erhebliche Rolle. Dazu merkt ein moderner islamischer Korankommentar an:[208a]

> „Ahmad oder Muhammad (‚der Gelobte') ist eine fast genaue Übersetzung des griechischen Wortes ‚Periklytos' Im heute vorliegenden Johannesevangelium (vgl. Joh 14,16; 16,7) steht das Wort ‚Tröster' für das griechische Wort ‚Parakletos', das wörtlich jemanden bezeichnet, der sich für jemanden einsetzt, jemandem hilft, ihm ein lieber Freund ist. Unsere Gelehrten wandten dagegen ein, dass ‚Parakletos' eine Entstellung des Wortes ‚Perykletos' ist und in der ursprünglichen Aussage Jesus unser Prophet (Muhammad) mit dem Namen ‚Ahmad' genannt wurde. Aber selbst wenn das Wort ‚Parakletos' richtig ist, kann es auf den Propheten Muhammad angewendet werden, der ‚eine Barmherzigkeit für die Welten' (vgl. Sure 21, 107) und ‚gütig, barmherzig gegendie Gläubigen' (vgl. Sure 9, 128) ist."

Diese Vorhersage passt zur Prophetie, wie sie überall in den drei Religionen verstanden wird: als Verheißung, die sich erfüllen muss. Sie passt auch zur Struktur islamischer Prophetie, welche die Werte der geschichtlichen Gestalten in sich aufnimmt, die in der Reihe der Propheten Muhammad vorausgegangen sind.[209] Muhammad selbst behauptet in Botschaften, die er an bestimmte Herrscher seiner Zeit sendet, er sei von den früheren Propheten angekündigt worden, auch von Jesus.[210] Mag die Echtheit dieser Botschaftstexte auch bestreitbar sein, zeigen sie doch ein sehr altes Bewusstsein dieser Prophezeihungen in der muslimischen Gemeinde.

Andalusien brachte sehr bald muslimische Theologen hervor, die ziemlich tief in die christlichen Schriften eindrangen, um in ihnen nach Spuren solcher Prophezeiungen über Muhammad zu suchen, trotz des islamischen Vorurteils, diese Schriften seien von den Juden und Christen geändert und verdorben worden, um in ihnen die Texte zu löschen, die Muhammad erwähnen.

Ibn Hazm von Córdoba (11. Jh.) widmete diesem Thema viele Seiten, zumal er dafür als Experte galt, zumindest von späteren Autoren zitiert wurde.[211] Ein Jahrhundert später bezog sich *Áhmad Ibn-As-Samad Al-Jázrachi von Córdoba* in verschiedenen Kapiteln auf dieses Argument, und zwar in seiner Polemik gegen einen christlichen Priester in Toledo.[212]

Vor allem aber behandelt *Abdallah At-Tarchumán/Anselm Turmeda* im letzten Kapitel seines antichristlichen Werkes die biblischen Prophezeihungen über Muhammad:

> „9. Kapitel: Bestätigung des Prophetencharakters unseres Herrn und Herrschers Muhammad – Gott segne ihn mit vollem Heil – gemäß den Texten der Tora, der Psalmen, der Evangelien und Prophetenverkündigungen, über seine Sendung und die Dauer seiner Religion bis zum Ende der Zeiten – Gottes Segen sei mit ihm und mit ihnen allen."[213]

Als Haupttexte zitiert und kommentiert werden: Gn 16,6–12; Dt 18,18; 33, 2–3; Psalmen 22 (21),8–17; Habakuk 3,3: Micha 4,1–5; Jesaja 42, 1–9. Am meisten beeindruckt waren die Muslime jedoch von den Verheißungen des Parakleten im Johannes-Evangelium. Abdallah At-Tarchumán widmet einige wunderschöne Seiten seiner Bekehrung in Bologna, nachdem sein alter Professor ihm erklärt hatte, der von Jesus verheißene Paraklet sei Muhammad, der Prophet des Islam. Auf ihn wandte er die schon erwähnten Verse aus dem Johannesevangelium an:

> „Ich werde den Vater bitten und er wird euch einen anderen Tröster senden, den Tröster, den heiligen Geist, den der Vater in meinem Namen senden wird (Joh 14,16); und: Wenn der Tröster wiederkommt, den ich euch vom Vater senden werde, der Geist der Wahrheit (Joh 15:26). Wenn ich euch nicht verlassen würde, käme der Tröster nicht zu euch. Doch wenn ich weggehe, will ich ihn zu euch senden" (Joh 16,7).

Diese Texte entsprechen dem ebenfalls schon erwähnten Koranvers (Sure 61, 6) wo Ahmad als arabische Übersetzung des griechischen „Paraklet") mit Muhammad identifiziert wird.[214] Anselm Turmeda/ Abdallah At-Tarchumán kommt zum Ergebnis: „Das ist die Beschreibung unseres Propheten Muhammad – Gott segne und behüte ihn – der schon seit alters beschrieben worden ist, so dass ihn nur leugnen kann, wer von Gott, dem Erhabenen, verlassen und aus den Pforten seines Erbarmens verworfen worden ist."[215]

Diese Verheißung ergibt sich nach muslimischer Vorstellung aus der tiefen Übereinstimmung zwischen den Propheten Gottes. Viele Hadithe, also Muhammad zugeschriebene Überlieferungen, bestätigen, dass er Jesus für den ihm nächsten Propheten gehalten hat.[216]

Deshalb warfen viele Muslime den Christen vor, sie hätten Christi Zeugnis für Muhammad verfälscht und es so unternommen, die prophetische Harmonie und das Einverständnis zwischen Muhammad und seinen gottgesandten Vorläufern zu zerbrechen.

3.3. Jesus im Koran, in den islamischen Texten und iberischen Kampfschriften

Auch innerhalb der islamischen Texte gibt es Unterschiede der Autorität. Der Koran und die ihn ergänzende Lehre des Propheten haben absoluten und universalen Wert. Sie sind die Grundlage des islamischen Jesusbildes und auch anderer muslimischer Texte, die von Jesus sprechen: Biografische Berichte, messianische Texte, theologische Ausarbeitungen, antichristliche Polemiken usw.

Alle mittelalterlichen Texte haben offenkundig nicht dieselbe Autorität wie die Koranverse und Überlieferungen des Propheten. Da sie sich aber auf die Grundtexte gründen, sie kommentieren und entwickeln, ihnen zuweilen auch widersprechen, haben sie einen historischen Zusatzwert, und zwar als Jesusbilder einer konkreten Epoche und Region (Mystiker, Morisken, Theologen ...). Die heutigen Muslime wollen sich in diesen Texten oft nicht wieder erkennen; vor allem gewisse Strömungen des 20. Jahrhunderts neigen dazu, die islamischen Glaubenslehren zu vereinfachen und sich auf die sichersten Daten des Koran und der Hadithe zu beschränken.

Solche Vereinfachungstendenz zeigt sich noch deutlicher bei zahlreichen modernen muslimischen Autoren, die sich oft an eine nichtislamische Leserschaft wenden, und bei Autoren schiitischen Ursprungs, die unter dem Vorwand, jüdische und christliche Korandeutungen auszuschalten, dabei auch prophetische Traditionen der Sunna abweisen.[217]

3.3.1. Jesus im Koran: Texte und Kontexte

Jesus erscheint in zahlreichen Korantexten, in 15 der 114 Suren und 93 Versen wird er namentlich erwähnt.

Diese Korantexte lassen aber nicht wahrhaft das koranische Jesusbild erkennen. Wollte man sein Bild nur mit diesem Material zeichnen, liefe man Gefahr, ein Porträt ohne Nuancen zu erhalten, gibt es doch viele andere Koranstellen, die ihn nicht ausdrücklich erwähnen, sich aber stillschweigend auf ihn beziehen. Wird etwa von göttlichen Boten gesprochen, ist implizit von Jesus die Rede; wird von den Bösen gesprochen, die nicht auf Gott hören wollen, so wird auf die Feinde seiner Botschaft angespielt. Oder wenn es um die Wunder geht, die Gott im Universum vollbracht hat, dann ist das eine Anspielung auf Jesus, seine Wunder, seine jungfräuliche Mutter Maria usw. Man muss das Bild Jesu mithin im Ganzen des koranischen Kontextes und entsprechend den großen Leitlinien der koranischen „Christologie“ erforschen.

Doch heißt das, auch die verschiedenen Stilgattungen des Koran zu beachten. Wer gewohnt ist, das Jesusbild durch die neutestamentlichen Texte vermittelt zu entdecken, besonders durch die Evangelien und Apostelbriefe, steht in Gefahr, das Jesusbild im Koran aus verfälschender Perspektive zu erblicken. Die Korantexte sind nicht, wie die Evangelien, erzählende Texte. In ihnen wird religiös über die Wirklichkeit meditiert. Sie sind auch keine strukturierten theologischen Überlegungen, wie die Briefe, oder moralische Vorschriften des Verhaltens oder der Riten, wie viele Bücher des Alten und Neuen Testaments. Wohl gibt es Stellen, die vergleichbar sind. Aber realistische Einzelheiten sind hier verhältnismäßig unwichtig, werden kaum erwähnt. Es geht ohne Übergang von einem Vers zum anderen. Nur die religiöse Schlusserwägung eines Verses, fast ein Impuls des Herzens, des Glaubens an Gott, wird deutlich ausgedrückt. Diese Überlegungen sind auch kein Ergebnis einer begrifflichen Systematisierung wie bei den biblischen Briefen, wo der hl. Paulus – er besonders – die Geheimnisse Christi im Vergleich zur jüdischen Tradition und zu den neuen christlichen Tatsachen zu erklären sucht. Im Koran findet sich jede Art religiöser Elemente, einschließlich politischer und gesetzgeberischer Verse. Von allen literarischen Arten jedoch, die sich auch in der jüdischen und christlichen Bibel finden, gehört der Koran vor allem zu denjenigen der Psalmen und anderer Weisheitsbücher des Alten Testamentes.

In der Tat weist der Koran einen Stil auf, den man lyrisch nennen könnte. Wie die hebräischen Psalmen, ist er ein literarischer Text voller Ausdruck und Gefühl. Er ist eine Meditation über die Wirklichkeiten dieser Welt, ein Gebet, eine Aufforderung Gottes an die Menschen, eine religiöse Schau und ein meditativer Flug über die Geschichte und Tiefenschicht des Menschen. Im Koran ist Jesus und seine Geschichte also ein weiteres Element in jenem dramatischen Dialog zwischen Gott und den Menschen, an den seine Botschaft gerichtet ist, für Muhammad ebenso wie für andere Personen, die im Koran auftreten.

Der protestantische Theologe *Henri Michaud* drückt sehr gut aus, welche Mühe ein westlicher Koranleser aufwenden muss, um die Reichweite der koranischen Sätze zu verstehen:

> „Will man dieses Buch auf westliche Weise darstellen, so besteht die Schwierigkeit im Trennen der verschiedenen Ideen, die in einem und demselben Korantext ausgedrückt werden. Nach einer völlig semitischen Logik und auf unüber-

setzbare Weise kreuzen und stützen die Gedanken einander, sodass man sie nicht analysieren kann."[218]

Zwei ähnliche Korantexte, die sich auf Jesus beziehen, zeigen sehr deutlich diesen besonderen, recht lyrischen Stil:

> „Wahrlich, ungläubig sind diejenigen, die sagen: Gott ist der Messias, der Sohn der Maria. Sprich: Wer vermochte wohl etwas gegen Gott, wenn Er den Messias, den Sohn der Maria, seine Mutter und jene, die allesamt auf der Erde sind, vernichten will?" (Sure 5, 17).

> „Wahrlich ungläubig sind diejenigen, die sagen: ‚Gott ist der Messias, der Sohn der Maria', während der Messias doch selbst gesagt hat: O ihr Kinder Israels, betet zu Gott, meinem Herrn und euerem Herrn'. Wer Gott Götter zur Seite stellt, dem hat Gott das Paradies verwehrt, und das Feuer wird seine Herberge sein. Und die Frevler sollen keine Helfer finden" (Sure 5, 72).

Michaud zeigt die Beziehungen zwischen der Offenbarung des Koran und Muhammads Lebensgeschichte auf; die muslimischen Theologen sprechen von „Umständen der Offenbarung". Michaud schreibt darum:

> „Auch andere Biografien (außer der von Jesus) werden erwähnt, doch nur um die Sendung des Propheten des Islam zu stützen. Oftmals tut die Geschichte nichts anderes als Beispiele bestraften Unglaubens darzustellen."[219]

Konkret erscheint Jesus vor allem in zwei literarischen Kontexten: in Erzählungen (zusammen mit seiner Mutter, später mit den Jüngern und den Juden seiner Zeit) und in isolierten Zitaten (wo nur sein religiöser Auftrag erwähnt wird).

Erzählungen finden sich im ganzen Koran so wenige, dass sich aus ihnen kaum eine Biografie Jesu erstellen ließe, gäbe es von diesen Ereignissen nicht auch Berichte in der christlichen und jüdischen Tradition. Deshalb benutzten muslimische Kommentatoren der Koranworte über Jesus (wie auch über andere biblische Personen) offizielle oder apokryphe Texte von Juden und Christen: Das sind die „israelitischen Berichte“ *(israiliyat)*. So konnten sie die Koranverse ergänzen, um in den „Erzählungen der Propheten“ *(qisas al-anbiyá)* Jesu Leben einigermaßen ausführlich zu beschreiben.

Die isolierten Verse hingegen fügen sich in große theologische Themen ein: die Prophetologie, die Gottheit, die Ungläubigen, die Gottes Botschaft ablehnen.

Der Koran bleibt Basis und unveränderlicher Rahmen des islamischen Jesusbildes. Doch haben diese Grundzüge sich in verschiedene Richtungen entwickwelt: erzählend, theologisch, mystisch, polemisch, je nach den Notwendigkeiten oder religiösen Interessen der Muslime.

Liest man die christologischen Verse im Zusammenhang des Korans, so fällt ihre relative Unwichtigkeit ins Auge, d. h. sie sind nicht bedeutsamer als solche, die sich auf andere religiöse Gestalten innerhalb der göttlichen Botschaft beziehen. Die besondere Aufmerksamkeit, welche Christen und vor allem Muslime den Versen über Jesus im Koran zuwenden, liegt allein an der aktiven, antiislamischen Existenz des Christentums und der Christen – d. h. der byzantinischen Christen am Anfang der islamischen Geschichte, dann der Kreuzzugsreiche im östlichen oder hispanischen Mittelalter und der „westlichen Zivilisation“ in unseren Tagen.

3.3.2. Jesus nach der Lehre Muhammads

Muhammads Hauptlehre ist nach islamischem Glauben offenkundig die Übermittlung des Korans, des Gottesbuches, dessen Verfasser er nicht ist, sondern schlicht dessen Übermittler. Doch erkennen die Muslime auch die große Autorität der „Überlieferungen“ oder Hadithe des Propheten an, d.h. Muhammads Taten, Behauptungen und sein Schweigen, vor allem wenn man ihn fragte. Diese „Überlieferungen“ haben im Islam eine hochwichtige Autorität. In gewisser Weise ergänzen sie den Koran, weil sie bestimmte Koranwahrheiten auslegen. Wer den islamische Glauben nicht hat, sieht den Unterschied zwischen dem Koran und Muhammads ergänzender Lehre nicht von vornherein ein. Es ist aber klar, dass der literarische

Stil jedes dieser Texte – Koran und Hadithe – sehr verschieden ist; die Muslime verehren beide mit recht unterschiedlicher Einstellung. Insbesondere ist der Koran ein einziger Text, ohne Varianten, während die Hadithe zuweilen verschieden sind und es ungewiss ist, ob sie auf Muhammad zurückgehen oder später entstanden sind. Die Auseinandersetzungen über die Echtheit der Hadithe innerhalb der islamischen Wissenschaften haben zu einer besonderen Religionswissenschaft geführt, welche die Echtheit jeder „Überlieferung“ untersucht.

Dieser Grundzweifel betrifft viele Überlieferungen, die sich auf Jesus beziehen. Zahlreich sind solche, die dem Propheten Muhammad Urteile und Erzählungen über Jesus in den Mund legen, oft recht ausführliche.[220] Viele dieser Texte gelten als „erbaulich“, fromm *(qudsi)*, aber durchaus nicht als echt. Trotzdem wurden sie von Muslimen häufig benutzt, anfänglich bei ihren Beziehungen zu den Christen des Mittleren Ostens, später besonders von den Muslimen von *Al-Ándalus*, von den Mystikern und frommen Volksbewegungen.

Man muss auch sagen, dass diese Berichte in nichts dem koranischen Jesusbild widersprechen, im Gegenteil verstärken sie dieses Bild: Jesus tut Wunder, predigt Demut und Buße, steht direkt mit den Toten und dem Jenseits in Verbindung, gehört zum Stamme Muhammads usw. Diese Erzählungen haben oft einen gewissen literarischen Wert, der sie sehr volkstümlich macht. Auch Maria wird als eine der heiligsten Frauen des Islam dargestellt.

Doch soll man sich dieser Texte klug bedienen, was das islamische Jesusbild betrifft. Einige, oft sehr schöne, werden manchmal aus ihrem Zusammenhang gerissen. Bei kritischen Muslimen haben sie oft keine große Autorität, vor allem, sofern sie denken, diese Jesus zugeschriebenen Eigenschaften würden von etlichen Christen zu Gunsten ihrer Thesen über Jesus angeführt oder zu Gunsten ihres Glaubens an die Überlegenheit des Christentums über den Islam und als Beweis ihrer „Aneignung“ Jesu. Die islamische Polemik gegen das Christentum spielt etliche muslimische Lobsprüche auf Jesus herunter, vor allem, wenn sie sich auf zweifelhafte „Überlieferungen“ gründen. Sind Muslime hingegen unter sich und ohne Furcht vor Polemik, können sie sich ihren Gefühlen frommer Liebe zu Jesus und seiner Mutter Maria überlassen. Eben das geschah in einigen mystisch-frommen Milieus von Al-Ándalus. Hier sind Autorität oder

Echtheit der „Überlieferung“ nicht so wichtig wie die Andacht, die jene Erzählungen in frommen Muslimen innerhalb des orthodoxen islamischen Glaubens erwecken.

3.3.3. Jesus in der Sicht muslimischer Theologen

Wie im Koran und den Überlieferungen des Propheten erscheint Jesus oft in Werken muslimischer Autoren, vor allem der Theologen, die also über religiöse Themen schreiben. Freilich rührt jeder muslimische Schriftsteller mehr oder weniger betont an religiöse Themen. In Al-Ándalus finden sich Texte über Jesus bei Spezialisten wie *Ibn-Hazm aus Córdoba* (11. Jh.), bei *Ibn-Habib* (9. Jh.), dem ersten andalusischen Geschichtsschreiber, oder bei einem der bedeutensten Literaten des Kalifats, *Ibn-Abd-Rabbihi* (10. Jh.) so wie bei vielen anderen.

Konzentrieren wir uns jedoch auf die Religionswissenschaft; sie stellt die Gestalt Jesu in vielfacher Hinsicht dar.

Die Korankommentatoren erklären die Lehren über Jesus oft so, dass sie unklare Stellen mit Hilfe der unermesslichen Hilfsmittel arabischer Philologie erläutern; z.B. forschen sie nach der Bedeutung des Titels *Al-Masih* (Messias), den der Koran Jesus zubilligt,[221] oder nach der Etymologie seines arabischen Namens *Isa*. In historischer Hisicht ergänzen sie die Korantexte oftmals durch Erklärungen, die sie jüdischen und christlichen Traditionen entnehmen, vor allen den kanonischen und apokryphen Evangelien. Auch treiben sie feinste exegetische Arbeit, indem sie die einen Koranverse über Jesus mit anderen vergleichen. Da die Texte über Jesus, seine Mutter, seine Sendung usw. im Koran verstreut sind, muss man sie thematisch gruppieren, daraus lassen sich dann selbständige Biografien Jesu erstellen.

Das islamische Recht und die Wissenschaft der Überlieferungen des Propheten – beide hängen eng zusammen – befassen sich selten thematisch mit Jesus. Hin und wieder jedoch dienen Koranverse und Hadithe in diesen Werken als Beispiele dafür, warum eine juristische Meinung oder ihre Begründung akzepiert oder verworfen wird oder zur Verstärkung bzw. Zurückweisung einer juristischen Option dient.[222] So heißt es z. B. in Notariatsurkunden – im Formular der Eintragung als Muslim – man müsse ausdrücklich glauben, „dass Christus der Sohn der Maria, Gottes Diener, sein Apostel und sein Wort ist, dass er in Maria uns seinen Geist eingesenkt hat."[223]

In Al-Ándalus waren die großen Theologen des Ostens wie *Al-Ghazzali* sehr bekannt und sogar inner-islamisches Streitthema. Vor allem dieser Autor zitiert Jesus häufig in seinem theologischen Hauptwerk „Wiederbelebung der Glaubenswissenschaften".[224]

Die Mystiker ihrerseits haben ein Jesusbild gezeichnet, das sich zwar von dem Korankoordinaten nicht entfernt, im einzelnen aber höchst originell ist. Jesus wird als ein Muster religiöser Tugenden dargestellt und als geistlicher Führer auf dem Weg zur Gottheit.[225]

Sogar *„Tausend-und-eine-Nacht"*, die wunderbare Sammlung mittelalterlicher Geschichten, überliefert großartige Wunder von Jesus: wie er gleich nach der Geburt schon spricht oder aus Lehm einen Vogel macht und ihm Leben einhaucht. Auch ein Rätsel bezieht sich auf ihn: Wer ist die Frau, die nur von einem Mann stammt, und der Mann, der nur von einer Frau stammt? (Eva, Jesus).

Von den sechs mittelalterlichen islamischen Theologen, die in der wichtigsten aktuellen Bibliografie über den Jesus des Islam zitiert werden, sind die Hälfte Andalusier: *Ibn-Hazm aus Córdoba, Ibn-Árabi aus Murcia* und der Tunesier sevillanischen Ursprungs *Ibn-Jaldún*. [226]

Über die koranische Auslegungsgeschichte hinaus geben zwei Typen islamischer Werke eine umfassende Sicht von Jesus: die „Prophetengeschichten" *(qisas al-anbiyá)* und die Kampfschriften oder polemischen Traktate *(ar-rudud ad-diniyya)*. Sie erfordern eine eigene Darstellung.

3.3.4. Jesus in den Heiligenlegenden: Die „Prophetengeschichten"

Jesus ist auch Thema besonderer Biografien einer Art, die bei den Muslimen des hispanischen Mittelalters sehr beliebt war, vom andalusischen Historiker Ibn-Habib (9. Jh.)[227] bis zu den letzten Muslimen im 17. Jh.[228], die aus Spanien vertrieben wurden: die „Prophetengeschichten" *(qisas al-anbiyá)*.

Diese Werke gleichen den christlichen Heiligenlegenden und beschreiben zur frommen Erbauung der Muslime Beispiele der Lehren Gottes und der Wunder, die er in der Geschichte der Menschen vollbracht hat. Ihr Abschluss ist im Allgemeinen die Biografie Muhammads, des „Siegers der Propheten und Gesandten Gottes“.

So geht der Dichter *Muhammad Rabadán* vor. Er preist Johannes, den Täufer, sodann Isa/Jesus, zuletzt überschwänglich Muhammad.[229] Sein Jesuslob beschliesst er mit folgenden Versen:

> „In diesem heiligen Propheten sind neu aufgetreten die Propheten vor ihm, die Bücher und Botschaften, die auf die Israeliten vom Himmel herab gekommen waren.“

Diese Biografien sind nach dem Schema der Geschichtsschreibung aufgebaut, das sich objektiv, erzählend und biografisch gibt, ohne sich aber allzu weit vom einzig anerkannten Stoff zu entfernen, dem Koran und den „Überlieferungen“ des Propheten. Jesu Biografie ist demnach voller Koranverse und Überlieferungstexte, doch sind sie gemäß einer einfachen zeitlichen Struktur biografisch geordnet, entsprechend den Etappen des Lebens Jesu. Weiter unten stelle ich einen dieser kennzeichnenden andalusischen Texte vor.

Jesus ist einer der Hauptpersonen solcher Biografien. Da die Korantexte von seiner Mutter vor seiner Geburt sprechen, der Empfängnis und der Geburt, der Kindheit, seinem Leben als Prediger mit seinen Jüngern und seinem Verschwinden, stellten sie seinen Biografen schon ein ziemlich klares Schema bereit. Das biografische Material war viel reicher als bei den übrigen Personen des Korans, Abraham oder Moses zum Beispiel.

Diese islamische „Biografie“ Jesu ist im Islam offiziell. Sie ist der Maßstab, gemäß dem die Informationen anderer Geschichtsquellen über Jesus, besonders der christlichen Evangelien, angenommen oder abgelehnt werden. Mit Hilfe des offiziellen Bildes werden die „Irrtümer“ der christlichen und jüdischen Quellen korrigiert; mindestens weigert man sich, außer-koranischen Behauptungen Geltung zu verleihen, wie bei heutigen Autoren, so auch schon in Al-Ándalus, bei Ibn-Hazm zum Beispiel. Die wahre Kenntnis des Lebens Jesu verdanken die Muslime der göttlichen Offenbarung an ihren Propheten.

3.3.5. Jesus in den islamischen Polemiken von Al-Ándalus

Die islamisch-polemischen Traktate *(rudud)* haben im Islam eine lange Tradition. Auch in Al-Ándalus wurden zahlreiche Bücher verfasst, sowohl vom islamischen wie vom christlichen Standpunkt aus.[230]

Die antichristliche Polemik des Islam hat ihren Ursprung im Koran selbst: obwohl den Muslimen verboten ist, Streitgespräche mit den Götzendienern, Heuchlern, Juden, Christen usw. zu suchen, ist der geoffenbarte Text der Muslime hoch polemisch. Daher kommt es, dass jeder islamische Text im allgemeinen polemisch ist, wenn er den islamischen Glauben bekennt. Sogar das eigentliche islamische Glaubensbekenntnis „Es gibt keinen Gott außer Gott, und Muhammad ist Gottes Gesandter" – Hauptpflicht des Gläubigen – wird oft (etwa auf Münzen, bei der Pilgerschaft, auf Grabmälern usw.) von Koranaussprüchen über Gott begleitet, die sich gegen die Christen richten: gegen ihren Dreieinigkeitsglauben, den Glauben an Jesus und seine göttliche Natur: „Er hat keinen Sohn oder Genossen". „Er hat weder gezeugt, noch ist er gezeugt worden", usw.

So richtet die Sure 112 „Die Vollkommenheit" *(al-ijlás)* sich direkt gegen den christlichen Dreifaltigkeits- und Menschwerdungsglauben. Sure 112 ist ein kurzer Bestandteil des täglichen islamischen Pflichtgebets und gehört zu den Zeremonien während der Pilgerfahrt nach Mekka (*hadsch / hajj*). [231]

> „Im Namen Gotts, des Erbarmers, des Barmherzigen! Sprich:
> Er ist der eine Gott,
> der ewige Gott;
> Er zeugt nicht und wird nicht gezeugt,
> und keiner ist ihm gleich" (Sure 112, 1–4).

Eben deshalb kann als Kampfschrift nicht jeder Text gelten, der christliche Lehren über Jesus ablehnt: dann müssten alle Korankommentare es sein. Vielmehr geht es um spezielle Werke, die meist als Antwort auf einen christlichen Angriff gegen den islamischen Glauben verfasst worden sind. Mithin betrachte ich das Werk *Al-físal …* von Ibn-Hazm aus Córdoba nicht als antichristliche Kampfschrift, da sie sämtliche heterodoxen Lehren beschreibt und widerlegt, islamische wie nichtislamische.[232]

Um das Jesusbild der Polemiken zu entdecken, benutze ich vor allem vier dieser Werke: die von Abu-l-Walid aus Beja (11. Jh.)[233], von Al-Jázrachi aus Córdoba (13. Jh.)[234], von Anselm Turmeda/Abdallah At-Tarchumán, aus Mallorca stammender Muslim in Tunis (15. Jh.)[235], die spanischen Mudéjaren und Morisken, die im allgemeinen auf Spanisch schreiben (15.–17. Jh.).[236]

Die Glaubenskämpfe von Al-Ándalus lassen sich aber nicht auf die Texte andalusischer Autoren beschränken. Die Iberische Halbinsel nimmt an den östlichen Denkströmungen teil; ein gut erforschtes Beispiel ist die Polemik zwischen dem *Kalifen Umar II.* und dem byzantinischen *Kaiser Leo III.* (Anfang des 8. Jhs.). Diesen theologischen Text gibt es auf armenisch, arabisch und spanisch; er dürfte im 9. oder 10. Jh. verfasst worden sein. Zwei Manuskripte aus der Moriskenzeit zeigen, dass er auch bei den letzten Muslimen von Spanien bekannt war.[237]

Wichtig am Jesusbild dieser Werke ist sein negativer Charakter (während es in den „Prophetengeschichten" nur positive Züge gibt): es geht darum, das christliche Jesusbild abzulehnen. Bisweilen führt man einen oder mehrere Texte eines Christen an, um sie in mehreren Kapiteln zu widerlegen. Man lehnt Jesu Gottheit ab, die christlichen Beweisgründe für sie, die Behauptungen der Evangelien usw. Diese Ablehnungen müssen auf das positive islamische Jesusbild nach dem Koran und den übrigen bisher zitierten Quellen bezogen werden, besonders auf das Schlussbild, das nie fehlt, von Muhammads vollkommener Offenbarung; dank ihrer ist es durchaus nutzlos, sich christlicher Quellen zu bedienen, um die Wahrheit über Jesus zu erfahren.

3.4. Jesus, das Evangelium und die biblischen Texte

Nachdem wir das globale Jesusbild erforscht haben, wie der Koran und die übrigen islamischen Schriften es enthalten, wenden wir uns dem muslimischen Jesusbild zu, wie die Muslime es wahrnehmen, wenn sie die Evangelien und christlichen Texte im Allgemeinen lesen.

Dieses Gebiet steckt beiderseits voller Fallstricke.[238] Dieselben Wörter haben nicht denselben Sinn, angefangen schon beim Begriff

„Evangelium“ (inǧil). Beide Parteien beschuldigen einander der Fälschung und Verderbnis. Doch muss man die wechselseitigen Stellungen verstehen, die sich seit dem Mittelalter wenig verändert haben, wenigstens in theologischen Kreisen.

3.4.1. Jesus, Gesandter des Evangeliums

Gemäß dem islamisch-prophetischen Muster ist Jesus ein Gesandter Gottes, der seiner Glaubensgemeinschaft ein heiliges Buch bringt. Dieses Buch ist göttlich und mithin dem Boten selbst überlegen, wie der Koran Muhammad überragt. In diesem Sinn ist der Jesus des Islam vor allem der „Gesandte des Evangeliums“. Jesus und das Evangelium befinden sich also auf der islamischen Linie der heilbringenden Offenbarung Gottes. So ist das ewige Heil Inhalt derselben Verheißung in allen offenbarten Texten gewesen, laut dem Koran, in welchem Gott seine Paradiesverheißung erneuert:

> „Siehe Gott hat von den Gläubigen ihr Leben und ihr Gut für das Paradies erkauft … Eine Verheißung hierfür ist gewährleistet in der Tora, im Evangelium und im Koran“ (Sure 9, 112).

So bestätigt der Koran nur die früheren Offenbarungen, wie Gott selbst es ihm im heiligen Buch der Muslime mitgeteilt hat:

> „Und dieses Buch, das wir hinabsandten, ist gesegnet; es bestätigt das Frühere“ (Sure 6, 92). So wendet sich der Koran an Muhammad: „Herabgesandt hat er auf dich das Buch in Wahrheit, betsätigend, was ihm vorausging. Und herab sandte er die Tora und das Evangelium zuvor“ (Sure 3, 2).

Diese Koranverse zeigen gut, wie wichtig das Evangelium (= das Neue Testament) im Islam ist. Es wird als Vorläufer des Korans betrachtet, und Jesus ist Gottes Bote für die Offenbarung des Evangeliums.

Das islamische Evangelium *(Inǧil)* ist also einfach das von Jesus gebrachte Buch, wie die Tora von Moses, die Psalmen von David und der Koran von Muhammad. Es gibt somit keinerlei Hinweis auf die griechische Urbedeutung dieses Namens (ευ–αγγέλιον, gute Botschaft), nicht einmal bezogen auf die arabische Entsprechung, die *bushra*, (der Begriff kommt im Koran fünfzehn Mal vor und heißt „Gute Nachricht“, „Frohe Botschaft“).[239] In diesem letzten Sinn gibt es offenkundig nur ein einziges Evangelium Gottes durch Jesus, wie es auch die christliche Bibel anerkennt. Nicht diesen Sinn verwenden aber der Koran und die Muslime, wenn sie von Jesu Evangelium sprechen. Es geht nicht um eine einzige Botschaft, sondern um ein einziges Buch.

Dieses Buch Jesu wird im Koran ein Dutzendmal ausdrücklich und häufig indirekt erwähnt[240]; denn alle Koranverse, die von Gottes Offenbarung an die Menschen sprechen, müssen gewissermaßen als implizite Hinweise auf Jesu Evangelium ausgelegt werden, wie z.B. diese Redeweise des Korans:

> „Und siehe, er ist eine Offenbarung des Herrn der Welten … und wahrlich, verkündet ist er in den Schriften der früheren“ (Sure 26, 192 u. 196).

Das Wie, die Art und Weise der Offenbarung Gottes an Jesus im Evangelium, wird im Koran und von den muslimischen Autoren kaum mehr erläutert. Vermutlich ist das Evangelium offenbart worden wie die Tora dem Moses und der Koran dem Muhammad. Es handelt sich um ein Textdiktat (Gabriel an Muhammad; der Heilige Geist an Jesus?), wahrscheinlich Stück für Stück und lange Zeit hindurch. So wurde der Koran dem Muhammad offenbart, zwölf Jahre lang; diese Verse wurden später zu einem Buche vereint, ohne aber die zeitliche Ordnung zu beachten, in der die Verse oder Versgruppen offenbart worden waren.

All das ist für die Muslime relativ unwichtig und lässt sich kaum mehr erforschen, da der Text dieses Buches von Jesus tatsächlich verloren ist.

3.4.2. Das verlorene Evangelium und die verdorbenen Evangelien

Die Muslime nehmen an, dass das von Gott an Jesus offenbarte Evangelium verschwunden sei. Es ist von Jesu Jüngern verdorben worden. Die vier christlichen Evangelien sind nicht Jesu Evangelium. Die Tatsache, dass es vier gibt und alle verschieden sind, ist für die Muslime ein klarer Beweis, dass sie nicht beanspruchen dürfen, das von Gott geoffenbarte göttliche Buch zu sein. So sagt es kurz, in einem spanischen Gedicht, ein Moriske aus dem Toledo des 17. Jh., *Ibrahim Taybili*, nachdem er als Flüchtling nach Tunesien gekommen war: „Der heilige Koran enthält alles zusammen … Die Evangelien, die die Kirche hat, sind eine bloße Geschichte des Lebens von Christus, wie Matthäus, Johannes, Lukas und Markus sie gesammelt haben."

Hier überwiegt klar das an Muhammad orientierte islamische Prophetenbild, und zwar in Bezug auf das, was die Christen über die Beziehungen zwischen Jesus, dem Evangelium („Frohe Botschaft") und den Evangelien („Biografien Jesu") glauben. Nach koranischem Muster muss die Offenbarung ein Buch sein (nach christlichem ist sie die frohe Botschaft der Erlösung durch Jesus), dessen Bote den Text zu überbringen hat. Für die Christen dagegen sind die Evangelien Texte, Zeugnisse über Jesus, vorgelegt von seinen Jüngern, welche die wahren Verfasser der Texte sind. Allerdings hilft ihnen die göttliche Inspiration, Wahres zu schreiben. Dass der Jesus des Evangeliums nach muslimischer Auffassung dem Jesus der christlichen Evangelien nicht entspricht, liegt daran, dass diese verdorben sind und Jesu Evangelium verloren ging.

Zudem findet man im Koran Stellen, welche die Fälschung von Jesu Evangelium durch seine Jünger gut erklären. Trotz milderer Deutungen bei einigen muslimischen Autoren ist die Meinung des Ibn-Hazm von Córdoba, der die Evangelien für total verdorben hielt, die am meisten verbreitete; sie stimmt mit der Logik des gängigen islamischen Glaubens am weitesten überein.[242] Der Koran selbst bezeugt, nach muslimischer Meinung diese Verderbnis. Gott wendet sich an Muhammad und verheißt ihm eine Offenbarung, die man nicht wie die früheren verderben wird:

> „Wir sandten zu dir das Buch in Wahrheit hinab, bestätigend, was ihm an Schriften voraus ging, und es schützend" (Sure 5, 48).

Auch andere Stellen betonen diese Idee. Hätten die Christen das wahre Evangelium Jesu befolgt, so wären sie, wie der Koran sie beschrieb:

> „Damit das Volk des Evangeliums richte nach dem, was Gott in ihm herabgesandt hat" (Koran 5,46).

> „Und wenn das Volk der Schrift glaubte und gottesfürchtig wäre, wahrlich, wir bedeckten ihre Missetaten, und wahrlich, wir führten sie in die Gärten der Wonne. Und so sie erfülleten die Tora und das Evangelium und was zu ihnen von ihrem Herrn hinabgesandt wurde, wahrlich, sie speisten von dem, was über ihnen und unter ihren Füßen ist" (Sure 5, 65, vgl. 7, 72).

Gott selbst erklärt die Zeichen, welche die Anhänger des an Jesus offenbarten Evangeliums kennzeichnen müssten:

> „Alsdann ließen wir unsere Gesandten ihren Spuren folgen; und wir ließen Jesus, den Sohn der Maria, folgen und gaben ihm das Evangelium und legten in die Herzen derer, die ihm folgten, Güte und Barmherzigkeit" (Sure 57, 27).

Nach einer östlichen Kampfschrift in der spanischen Übersetzung der letzten Muslime Spaniens sind die christlichen Schriften unter der Inspiration des Satans abgefasst worden.[243] Wir haben schon gesehen, dass durch diese Fälschung von Jesu Botschaft durch seine Jünger sein furchtbares Scheitern zum Ausdruck kommt.

3.4.3. Zusätze, Auslassungen und Widersprüche über Jesus in den Evangelien der Christen

Die muslimischen Polemiker beschränkten sich nicht auf allgemeine Behauptungen, was die Verdorbenheit der christlichen Evangelien im Vergleich mit Jesu Evangelium betrifft. Sie analysierten die

Evangelien aufs Genaueste, „jenes Evangelium, das ihr in Händen haltet“, schreibt *Al-Jázrachi aus Córdoba* in seiner Antwort an einen Kleriker aus Toledo.[244] Er widmet ein langes Kapitel den Änderungen der christlichen Texte. Doch der muslimische Autor, der auf diesem Gebiet als „klassisch“ gilt, ist der Vielschreiber und große muslimische Theologe *Ibn-Hazm aus Córdoba*.[245] Vier Jahrhunderte später erkennt der Mallorquiner *Abdallah At-Tarchumán*, inzwischen in Tunis, das im Vorwort seiner Kampfschrift an:

> „Dann stellte ich fest, dass die Traktate unserer muslimischen *ulemas* (= Gelehrten) ausgezeichnet und hervorragend sind. Doch sind sie bei den Beweisen gegen die Leute des Buches meistens nach der Methode logischer Beurteilung verfahren, außer Ibn-Hazm – Gott sei ihm barmherzig – der sie mit Logik widerlegte und auch mittels geschichtlicher Überlieferung, besonders, was die Inhalte ihrer Bücher betrifft. In seinen Erwägungen bedient er sich gegen sie der Traditionsargumente, freilich nur in einigen besonderen Fragen.“[246]

Nach dem Urteil der muslimischen Polemiker gibt es in den christlichen Evangelien Zusätze: Absurditäten, Lügen und Dogmen, die für den islamischen Glauben und sogar für die menschliche Vernunft unannehmbar sind. Im Einzelnen (oft in Übereinstimmung mit der antiken Kritik und modernen und rationalistischen Einwänden) stellt man bei bestimmten Ereignissen des Lebens Jesu kritisch die Widersprüche zwischen den Evangelisten fest.[247]

Vor allem werfen sie den Evangelisten – wie auch anderen biblischen Verfassern – jedoch vor, sie hätten die Ankündigungen von Muhammads Kommen unterdrückt, die Gott in den Vorgängertexten des Koran offenbart hatte. Dort stellt Gott fest:

> „Meine Barmherzigkeit umfasst alle Dinge. Und wahrlich, verzeichnen will ich sie für jene, die gottesfürchtig sind … die da dem Gesandten folgen, dem ungelehrten Propheten, von dem sie bei sich in der Tora und dem Evangelium geschrieben finden“ (Sure 7, 155–156).

Wir haben Jesu Rolle als Verkünder der Ankunft Muhammads gesehen. Um diesen Aspekt der Botschaft Jesu zu zeigen, berufen die Muslime sich sogar auf biblische Texte: Abdallah At-Tarchmán widmet dem ein ganzes Kapitel, wie auch Al-Jázrachi und viele andere.[248] Sie glauben aber auch, Jesus habe Muhammads Ankunft und den Koran noch klarer angekündigt, mit ausdrücklichen Hinweisen auf die islamischen Wahrheiten, wie es auch der Koran behauptet, was man an den Taten der Muslime erkennt (vgl. Sure 48, 29).

Das Ergebnis der islamischen Forschungen im Mittelalter ist also: Die vier Evangelien der Christen sind als geoffenbarte Texte ganz und gar unglaubwürdig und überhaupt nicht wert, dass man sie Jesus zuschreibt, dem Boten des von Gott offenbarten Evangeliums. Tatsächlich wirft man den Christen vielmehr vor, sie hätten jene Evangeliumstexte, die sich auf Muhammads Sendung beziehen, manipuliert und verdorben, also die Verfälschung von Jesu eigener Botschaft vorgenommen.[249]

3.4.4. Ein Evangelium gemäß dem Islam: Das Evangelium des heiligen Barnabas (17. Jh.)

Für die Muslime gibt es drei Evangelien sehr verschiedener Art: das koranische, die christlichen und das Evangelium des Barnabas. Das koranische Evangelium (das einzige *inğil*) ist eins der heiligen Bücher göttlichen Ursprungs, wovon der Koran spricht,[250] geoffenbart oder herabgesandt zu Jesus (Isa Ibnu-Máryam) und durch die Schuld der Christen verloren gegangen. Von seiner Natur weiß man nichts, außer dass es dem Koran zu gleichen hätte, nach Form und Übermittlungsweise („göttliche Offenbarung": arabisch *tansíl* = Herabsendung/Offenbarung).

Die christlichen Evangelien (seien es die vier offiziellen „kanonischen": Matthäus, Markus, Lukas und Johannes, seien es die nicht offiziellen „apokryphen") sind bloße Berichte der Jünger Jesu, voll religiöser Absurditäten und Widersprüche untereinander, so die muslimischen Autoren.

Das sogenannte Barnabas-Evangelium ist nach christlicher Auffassung ein „apokrypher, stark islamisierter Text aus der Wende des 16. zum 17. Jahrhundert[251], auf Spanisch[252] und Italienisch[253] geschrieben von gewiss spanischen Muslimen. Es ist wie die anderen christlichen Evangelien aufgebaut, aber ganz dem islamischen Glaubenslehren angepasst. Den Muslimen blieb es bis zum Beginn des 20. Jh.s unbekannt; etwas Erfolg hatte es in Pakistan, Indien und in westlichen Milieus, vor allem englischer und deutscher Sprache.[254]

Das *Evangelium des heiligen Barnabas* ist nur dank zweier Manuskripte bekannt, einem in ausgezeichnetem Spanisch und einem (vollständigerem) auf Italienisch. Der Stil gleicht dem der offiziellen christlichen Evangelien und wird vorwiegend von Lehrreden bestimmt, in denen Jesus seinen Jüngern verschiedene Auskünfte gibt, ähnlich denen des Koran, über Gottes Einheit, das ewige Heil, das Jüngste Gericht, die Höllenstrafen, die Moralvorschriften, darunter die Beschneidung, das Gebet, die Achtung vor der Familie, die Praxis aller Tugenden, vor allem der Unterordnung und des Gottvertrauens. Die Verheißungen der künftigen Ankunft Muhammads, Tröster und Messias genannt, sind besonders wichtig, ganz auf der Linie der muslimischen Deutung der jüdisch-christlichen Bibel, der gemäß sie auf vielen Seiten das Kommen Muhammads, des Koran und des Islam ankündigt; diese Texte – so die muslimischen Theologen – sind von Juden und Christen unterdrückt worden.

> „Denk daran, wie Jesus, Mariens Sohn sagte: Kinder Israels! Ich bin der Gesandte, den Gott euch gesandt hat, um die fünf Mosesbücher, die vor mir kamen, zu bekräftigen und einen Gesandten anzukündigen, der nach mir kommen wird. Sein Name wird Ahmad[256] sein. Als Jesus ihnen klare Beweise brachte, riefen sie aus: das ist offenkundig Zauberei."[257]

Zu beachten ist auch der Stil, der folgt nicht nur den christlichen Evangelien, sondern auch den islamischen Hadithen, d.h. den Texten, die Muhammad und nicht dem Koran zugeschrieben werden. Auch dort wenden sich die Jünger mit konkreten Fragen an den Meister, der sie dann beantwortet.[258]

> „Zu der Stunde sagten die Juden: Wahrlich, Gott spricht in dir, denn nie hat ein Mensch gesprochen wie du. Jesus erwiderte: Glaubt mir, als Gott mich erwählte, um mich zum Haus Israels zu senden, da gab er mir ein Buch, das als klarer Spiegel in

mein Herz sank; alles, was ich rede, kommt aus diesem Buch … Petrus sagte: Steht da die Herrlichkeit des Paradieses geschrieben? Jesus antwortete: Hört, ich werde euch sagen, wie das Paradies ist und wie die Heiligen und Gläubigen dort ohne Ende sein werden, denn das ist eins der höchsten Güter im Paradies.

… Jesus sagte zu seinen Jüngern: Was denkt ihr vom Paradies? Gibt es einen Verstand, der solche Reichtümer und Wonnen begreifen kann? Der Mensch müsste ebenso viel wie Gott verstehen, um zu wissen, was Gott für seine Diener will …

Pertrus erwiderte: Wird unser Körper, den wir jetzt haben, ins Paradies eingehen? Jesus antwortete: Hüte dich, Petrus, dass du nicht ein Sadduzäer wirst. Denn die Sadduzäer sagen, das Fleisch werde nicht auferstehen und Engel gäbe es nicht, deshalb dürfen ihre Seelen und Körper nicht ins Paradies und in dieser Welt nicht von den Engeln bedient werden. (…)

Petrus erwiderte: O Meister, wo doch der Körper die Seele hat sündigen lassen, dürfte er nicht ins Paradies.

Jesus antwortete: Wie sollte aber der Körper ohne Seele sündigen? Das ist gewiss unmöglich. Wenn du also dem Körper Gottes Barmherzigkeit wegnimmst, verdammst du die Seele zur Hölle. Da sagte Bartholomäus: O Meister! Wird die Herrlichkeit des Paradieses für alle Menschen gleich sein? Wenn gleich, dann wäre es nicht gerecht; wenn aber nicht gleich, dann werden die Geringeren auf die Größeren neidisch sein. Jesus antwortete: Sie wird nicht gleich sein, denn Gott ist gerecht, und jeder wird zufrieden sein, denn Neid gibt es dort nicht. Zu der Stunde sagte der, der dies schreibt (Barnabas selbst): O Meister! Hat das Paradies Sonnenlicht wie diese Welt?

Jesus antwortete: O Barnabas! Gott hat es mir so gesagt: Die Welt, in der ihr Sünder wohnt, hat die Sonne, den Mond und die Sterne als Schmuck zu eurer Wohlfahrt und Freude, denn ich habe sie geschaffen. (…)

Jesus sagte: Diese Kenntnis des Paradieses sei euch genug.

Bartholomäus sagte wieder: Meister hab Geduld, wenn ich dich um noch ein Wort bitte. Jesus erwiderte: Sag mir, was du wünschest. Bartholomäus sagte: Das Paradies muss bestimmt groß sein, damit es ihm so große Güter gibt. Jesus sagte: Das Paradies ist so groß, dass kein Mensch es messen kann. Ich sage dir: Wahrlich, es gibt neun Himmel, zwischen denen sich die Planeten befinden. Sie sind voneinander fünfhundert Wegjahre entfernt, und auch die Erde ist vom ersten Himmel 500 Wegjahre entfernt ...“ [259]

Man sieht: der oder die Verfasser hatten eine umfassende religiöse und allgemeine Bildung, trotz geringer historischer Irrtümer (nach den Maßstäben heutiger Wissenschaft) wirken die Texte lebensecht, „evangelisch“, erst recht, wenn wir sie an der Bibelkenntnis des 16. und 17. Jh. messen.[260]

Geschichtlich gehört dieses Barnabas-Evangelium in den Umkreis der pro-islamischen Schriften aus dem Granada der zweiten Hälfte des 16. Jahrhunderts, verfasst von „Morisken“, also Muslimen, die offiziell als Christen leben mussten. Es sind lauter „Fälschungen“ in dem Sinne, dass ihre Verfasserschaft fälschlich Personen zugeschrieben wird, sei es des islamischen Anfangs auf der Iberischen Halbinsel im 8. Jahrhundert, sei es der christlichen Anfänge in Hispanien im ersten Jahrhundert: falsche Chroniken wie die von *Miguel de Luna*[261], oder das Dokument vom *Torre Turpiana* (Turpiana-Turm) oder die *Bleiernen Bücher von Sacromonte*, die den ersten Christen von Granada zugeschrieben werden[262]. Die Texte erwähnen ein sonst nicht bezeugtes ungewöhnliches „Konzil von Zypern“: Die Apostel zusammen mit der Jungfrau Maria (von dort sei das Evangelium des Barnabas ausgegangen), so dass jenes Konzil von höherer Autorität als die ökumenischen christlichen Konzilien und die Schriften jedes einzelnen Apostels gewesen wäre. Der Apostel Barnabas stammt aus Zypern, war Bischof und Patron der Insel; sein Grab wurde im 4. Jahrhundert entdeckt, auf der Brust lag dem Heiligen ein Evangelium (das des Matthäus nach orthodoxer Überlieferung). All das macht die Verbindung der Bewegung von Granada mit jenem „falschen“, auch so islamischen Evangelium glaubhaft.

Das Barnabas-Evangelium dürfte im Exil der Morisken verfasst worden sein, vermutlich als arabisches Original, samt Übersetzung ins Italienische und Spanische, um es wahrscheinlicher zu machen und den Verdacht der spanischen Autoritäten in Granada zu zerstreuen.[263]

Man hat dieses Ausnahme-Evangelium als „das Evangelium des Islam" bezeichnet, genauer definiert *Henry Corbin* es als das „Evangelium *nach* dem Islam".[264] Ich sage lieber: „Ein Evangelium *gemäß* dem Islam": Es ist nicht das koranische Evangelium (ein solches wäre vermutlich wie der Koran selbst), noch ist es wie die christlichen Evangelien mit ihren total anti-islamisch interpretierten Botschaften, sondern es ist ein Evangelium im Stil der christlichen Evangelien, aber mit islamischem Inhalt und in Übereinstimmung mit dem Koran. Es ist kein synkretistisches Mischevangelium, sondern wie andere Moriskentexte auch wurde es innerhalb der spanischen Gesellschaft des 16. Jahrhunderts von Menschen verfasst, die zugleich Muslime und offiziell, gezwungenermaßen Christen waren. So ist es ein Evangelium, eine Jesus-Biografie mit islamischer Botschaft und christlich-literarischer Form.

Jesus tritt darin so auf, wie ihn auch der Koran und andere islamische Texte zeigen: in erster Linie als Prophet vor Muhammad, sein Vorläufer, der seine Ankunft und den Koran voraus verkündet, Gottes heiliges Buch und endgültige Botschaft.[265] Die folgende Stelle des Barnabas-Evangeliums lässt Jesus bei seinem Gespräch mit der Samariterin das künftige Kommen des wahren Messias-Heilands, Muhammads, ankündigen:[266]

> „Die Frau sagte: Wir warten auf den Messias, und wenn er kommt, wird er uns lehren.
>
> Jesus sagte: Weißt du, dass der Messias kommen wird?
>
> Sie antwortete: Ja, Herr.
>
> Da freute sich Jesus und sagte: O Frau, wie ich sehe, bist du gläubig; wisse denn, dass im Gesetz des Messias jeder Gott erwählte Mensch erlöst wird, und so ist es notwendig, dass du von der Ankunft des Messias weißt.

> Die Frau sagte: O Herr, wenn du der Messias wärest!
>
> Jesus sagte: Wahrlich, ich bin zum Hause Israel gesandt als Prophet des Heils. Aber nach mir wird der Messias kommen, von Gott zur ganzen Welt gesandt, für ihn hat Gott alles gemacht, und so wird Gott von der ganzen Welt angebetet werden und seine Barmherzigkeit solcher Art spenden, dass das Jubeljahr alle hundert Jahre durch den Messias auf jedes Jahr und jeglichen Ort erweitert wird."[267]

Der Jesus des Barnabas-Evangeliums ist das vollständigste Jesusbild von Muslimen für Christen, innerhalb der unterdrückerischen Koordinaten der spanisch-katholischen Gesellschaft. Es ist kein koranisches Bild, entfernt sich aber nicht im mindesten von der islamischen Rechtgläubigkeit. Es ist ein originelles, vollständig islamisch-christliches Jesusbild, muslimische Kopie des christlich-evangelischen Bildes. Es ist ein im Grunde islamisches, in der Form verchristlichtes Bild, das einzige, das die spanischen Muslime bekennen konnten, die vor den Augen ihrer katholischen Mitbürger im Spanien der Habsburger wie Christen zu leben gezwungen waren. Es war ihre katholische Form des islamischen Glaubens an den Jesus des Islam, im 16. und 17. Jahrhundert, auf Spanisch und Italienisch bis in unsere Tage bewahrt.[268]

3.4.5. Wie die Muslime der Iberischen Halbinsel die Evangelien gebrauchten

Die christlichen Evangelien waren gebildeten Muslimen von Al-Ándalus auf Arabisch bekannt. Man weiß, dass es Übersetzungen für die arabisierten Christen (Mozaraber) gegeben hatte.[269] Bekannt waren jene Evangelien aber vor allem durch Auszüge, welche orientalisch-arabische Autoren in ihre Werke eingefügt hatten, besonders in polemischer Absicht gegen die Christen. Von daher stammte anscheinend hauptsächlich die Kenntnis der christlichen Evangelien bei den Muslimen von Al-Ándalus. Selbstverständlich lässt sich nicht ausschließen, dass gewisse Evangelienberichte auch mündlich bekannt wurden, und zwar durch die zahlreichen Kontakte zwischen

Muslimen und Christen auf der Halbinsel; erst recht im 16. und 17. Jahrhundert, als die spanischen Muslime Christen werden und die religiöse Belehrung seitens der christlichen spanischen Kultur ertragen mussten.

Doch weiß man auch, dass die Muslime kein großes Interesse hatten, sich mit den christlichen Evangelien zu beschäftigen, da diese ja praktisch nichts mit dem geoffenbarten Evangelium Jesu zu tun hatten und als verdorben galten, voller Irrtum, Unsinn und Auslassungen. In der Tat erforschten und benutzen die Polemiker sie fast ausschließlich, um die Christen von ihren eigenen heiligen Texten aus zu widerlegen.

Eine „Tradition" des Propheten, die ein Gefährte ihm zuschreibt, erklärt deutlich, warum die Muslime es überhaupt nicht nötig haben, die Evangelien oder andere heilige Texte von Juden oder Christen (der „Völker der Schrift") zu befragen, die freilich laut den Muslimen, nicht ihre echten waren:

> „O Muslime! Wie könnt ihr das Volk des Buches etwas fragen, wo doch das Buch, das ihr rezitiert, die neueste Information von Seiten Gottes ist, die er seinem Propheten geoffenbart hat, und die nicht verschachert worden ist? Gott hat euch offenbart, dass das Volk des Buches mit eigenen Händen das ihm Geoffenbarte verändert hat mit den Worten: Dies kommt von Gott. Damit haben sie einen zeitlichen Vorteil erreicht. Habt ihr nicht genug Offenbarung empfangen, um nicht fragen zu müssen? Ich habe, weiß Gott, keinen von ihnen gesehen, der euch Fragen stellt über das, was euch offenbart worden ist!"[270]

Weil sie überzeugt sind, dass die Bibel verändert worden sei, hat man in muslimischen Kreisen überhaupt kein wirkliches Interesse daran, die jüdischen und christlichen heiligen Texte zu lesen. „Man verehrt sie theoretisch, liest sie aber nicht."[271] „Obwohl Ibn-Hazm die christlichen Evangelien reichlich verwendet, gesteht er ihnen keinerlei Autorität zu."[272]

„Geschichtsschreiber wie Al-Yaqubi (Ende des 9. Jahrhunderts) kennen die Evangelien nicht nur, sondern fassen sie auch ehrlich und ausführlich zusammen; vorgeschaltet wird allerdings die Meinung des Koran über Jesu Leben, was in der islamischen Gesellschaft selbstverständlich die Norm ist."[273]

Man verwendet diese Texte allein im Licht des Koran. Um die Wahrheit über Jesus zu wissen, genügt es den Koran zu lesen und sich nach Muhammads Lehren und den Ergebnissen der muslimischen Gelehrten zu richten; darüber hinaus gibt es nur ungewisse Behauptungen.

Die Verfasser antichristlicher Polemiken entschuldigen sich oft dafür, christliche Texte zu verwenden; sie täten das nur, um den Unsinn der Christen an Hand ihrer eigenen Schriften aufzuzeigen. So steht es im Schluss der Antwort von *Áhmad Ibn-Abd-al-Samad Al-Jázrachi von Córdoba* an einen Priester von Toledo, der ihn zum Christentum bekehren wollte.[274]

Das Jesusbild in den Evangelien und anderen christlichen Texten wird von den Muslimen im mittelalterlichen Al-Ándalus verworfen, missachtet, vor allem sofern es dem islamischen Jesus als „Gesandten des Evangeliums" widerspricht. Und was den wahren Jesus angeht, den des Islam, haben die Muslime logischerweise bessere Quellen: die ihren.

3.5. Jesus und seine Mutter Maria

Wie wir gesehen haben, kennen Stil und Struktur des Koran keinen biografischen Anspruch, weder bei Jesus noch bei sonst einer heiligen Person des Islam. Nicht einmal die Gestalt Muhammads wird biografisch ausgeführt; es gibt lediglich Daten, aus denen mittelalterliche Muslime und moderne Geschichtsschreiber mühsam eine Biografie erstellt haben. Es liegt dem Koran nichts an Chronologie, im Gegensatz zu den christlichen Evangelien, die ihr gleichfalls religiöses Material zu einem chronologischen Strang ordnen, der in großen Zügen die Etappen des Lebens Jesu umfasst.

Es gibt in den zerstreuten Korantexten über Jesus allerdings, neben zeitlosen Hinweisen, auch einige Bezüge zu den verschiedenen Lebensetappen dieses islamischen Propheten. Besonders im Rahmen der „Prophetengeschichten" hat das den Muslimen ermöglicht, eine kleine Biografie Jesu zu erstellen; Ihr wenden wir uns in den folgenden Kapiteln zu und beziehen uns dabei auf einen populären spanischen Text, der uns zusammen mit Prophetenbiografien und religiösen Vorschriften erhalten blieb.[275]

3.5.1. Familie und Biografie Jesu gemäß dem Islam

So wie Jesu Familie in den islamischen Berichten auftritt, umfasst sie drei Generationen: die Großeltern, Eltern Mariens (*Imrán und Hanna*) mit ihrem Schwager *Zakariya*, der mit einer Schwester Hanna verheiratet war (der Name erinnert an den biblischen Zacharias); deren Sohn *Yahya* (der bei den Christen Johannes, dem Täufer entspricht), der mithin ein Cousin Marias wäre (nicht Jesu, wie in der Bibel). Maria (ihr Gatte, Josef, nach den christlichen Texten wird in den islamischen nicht erwähnt); Jesus selbst gehört in die dritte Generation. Yahya ist ein Prophet des Islam, Vorläufer Jesu, vor allem aber Muhammads. Seine wunderbare Geburt wurde dem Zacharias ähnlich wie in den Evangelien angekündigt (Sure 19, 1–12; 3, –36; 21, 39–90; Lk. 1, 5–25). Seine Prophetenrolle wird in anderen Koranversen beschrieben, die Gott sagen lassen:

> „O Johannes! Halte das Buch kraftvoll fest. Und Wir verliehen ihm Weisheit im Kindesalter sowie ein liebevolles Gemüt von Uns und Reinheit, und er war fromm und voll Liebe gegen seine Eltern und war nicht hoffärtig und trotzig. Und Frieden sei auf ihm am Tag seiner Geburt und am Tag, da er starb, und am Tag seiner Erweckung zum Leben“ (Sure 19, 12–14).

> „Gott verheißt dir, Johannes, den Bestätiger eines Wortes von Gott, einen Herrn, einen Asketen und Propheten von den Rechtschaffenden“ (Sure 3, 39).

> „Und Wir leiteten Zacharias und Johannes und Jesus und Elias, alle waren Rechtschaffene“ (Sure 6, 85).

Zacharias wirkt auch mit am Gelübde seiner Schwägerin Hanna, der Mutter Mariens, die ihre Tochter noch vor deren Geburt dem Dienst Gottes weihen wollte, in dem Tempel, wo Zacharias Priester war. Er nahm sich ihrer Erziehung an und kümmerte sich um sie bis zu Jesu Geburt, während sie in einer Zelle eingeschlossen war, dem Gebet und dem Gottesdienst geweiht.

Maria (Maryam) ist also die Tochter von Imrán und Hanna. Vom Schoß ihrer Mutter an ist sie Gott geweiht. Seit ihrer Kindheit ist sie dem Onkel Zacharias anvertraut und führt ein beschauliches Leben, während der Onkel geistig und materiell für sie sorgt.

Als junges Mädchen empfängt sie den Besuch des Engels Gabriel, der ihr die jungfräuliche Empfängnis und die Geburt ihres Sohnes Jesus (*Isa*) ankündigt. Sie bringt Jesus auf der Flucht in die Wüste, aus Furcht vor übler Nachrede zur Welt. Gabriel und Jesus selbst tun zu ihren Gunsten verschiedene Wunder, damit Mutter und Sohn nicht in der Wüste umkommen. Der Teufel (*Iblis*) versucht die Leute hinsichtlich ihrer zu täuschen, doch Jesus spricht schon aus der Wiege auf vollkommen islamische Weise und bringt den Teufel zum Schweigen, indem er seine Betrügereien aufzeigt.

Maria beschäftigt sich mit Jesu Erziehung, bringt ihn zu einem Schullehrer, dann einem Zimmermann und einem Weber. Jesus lässt Anzeichen wunderbaren Wissens erkennen. Zuletzt ziehen Jesus und seine Mutter sich an einen ruhigen Ort zurück; der Koran lässt Gott sagen:

> „Wir gaben beiden einen Hügel zur Wohnung, eine Stätte der Sicherheit und eines Quells." (Sure 23, 50)

Dort wird Jesus seine Mutter eines Tages leblos finden und sie begraben, als der gute Sohn, der er für seine Mutter stets war.

Von diesem Augenblick an beginnt Jesus ein Predigerleben, das die muslimischen Texte sehr knapp beschreiben. Er tut verschiedene Wunder, vor allem erzieherische, im Zusammenhang mit dem Tod und dem Jenseits, um seine religiöse Lehre zu bekräftigen, die sich auf Askese und Verachtung der Güter dieses vergänglichen Lebens gründen. Er gibt seinen Jüngern wunderbar zu essen mit einem Tisch, der vom Himmel herabkommt. Er trifft auf den Widerstand und Unglauben der Juden, seiner Mitbürger, auf die Fallen des Satans (*Iblis*) und seiner Kinder, die seine Hörer betrügen möchten, so dass sie andere Lehren glauben, als Jesus predigt. Aus solchen Täuschungen werden sich die Abweichungen ergeben, die Jesu Botschaft nach seinem Tod seitens der Jünger erleiden wird.

Jesus heilt wunderbar einen Kranken, der sich später, während der Kreuzigung, an seiner Stelle darbieten wird. Denn gemäß dem Islam ist Jesus nicht gestorben. Er ist zu Gott erhöht worden wie andere Propheten der jüdisch-christlichen Bibel und wird vor dem Jüngsten Gericht wiederkommen, um die letzte Ankunft Muhammads anzukündigen und vorzubereiten. Dann wird er heiraten, sterben und in Medina beigesetzt werden – nahe beim Grab des Propheten des Islam, wo ihm in der großen Moschee von Medina ein Platz reserviert ist.

Soweit, in Kürze, die Biografien der Personen um Jesus und Jesu selber gemäß den islamischen Texten. Doch bilden in diesen Texten und vor allem im Koran Maria und Jesus ein untrennbares Ganzes, weit mehr als in den christlichen Evangelien. Man kann sich sogar fragen, wer von beiden im Koran wichtiger sei. Somit heißt es, insbesondere Mariens Bedeutsamkeit in der koranischen Offenbarung zu erforschen.[276]

3.5.2. Marias Bedeutung im Koran

Bevor wir auf das Leben Jesu nach islamischer Vorstellung eingehen, müssen wir im Einzelnen das Leben seiner Mutter Maria untersuchen. Dabei geht es nicht nur um einen zeitlichen Vorrang: erst die Mutter, dann der Sohn. Auch nicht um die Klärung der Fragen um eine Nebenperson, ehe wir uns der Hauptperson zuwenden, wie wir es bei Johannes dem Täufer und seinen Eltern taten. Vielmehr hat Maria im Koran eine hochwichtige Bedeutung, vergleichbar der von Jesus selbst.[277]

Bei islamologischen Studien ist es methodisch nicht korrekt, Koran und Islam systematisch nebeneinander zu stellen, d. h. den heiligen Text und das, was die Muslime glauben. Eine solche Tendenz gibt es besonders in rationalistischen und christlichen Kreisen. Tatsächlich gründen die Muslime das Wesentliche ihres Glaubens auf den Koran selbst. Mitunter hat der Glaube der Muslimgemeinschaft allerdings einem koranischen Thema eine besondere Bedeutung gegeben oder bestimmte Verse mehr als andere betont. So auch hier: die Muslimgemeinschaft von Al-Ándalus hat beim Verhältnis Jesu und Mariens die koranische Basis zwar geachtet, aber die relativen

Gewichte doch ein wenig verschoben. Aus religiösen Gründen hat die muslimische Tradition Jesu Bedeutung über die Mariens gestellt; im Koran schien ihr Verhältnis ausgeglichener.

3.5.3. Jesus und Maria: Auf beide beziehen sich gleich viele Koranverse

Maria kommt in fast eben so vielen Koranversen vor wie Jesus. Nun bewirkt ein theologisches Vorurteil bei Muslimen wie Christen, dass der Sinn solcher Gleichheit anders verstanden wird. In der Tat neigt man zu der Sicht, dass Maria nichts weiter als Jesu Mutter ist und dass folglich alle Texte, die sie erwähnen, nur ein Vorgriff auf Jesu Biografie sind. Für die Christen enthalten die Evangelien offenkundig weit mehr Kapitel über Jesus als über seine Mutter.

Die Muslime wiederum sehen Jesus als Vorläufer Muhammads an und weisen deshalb so gut wie alle Koranverse über seine Mutter oder über beide der Biografie Jesu zu.

Doch lassen diese Koranverse sich auch anders lesen: so, dass sie allesamt zur Biografie Marias gehören, die einen Sohn hatte, von dem man, als Anhang das berichtet, was er nach dem Tod seiner Mutter tat, wie auch sein Verschwinden. Wie man sehen wird, ist das eine sehr nützliche Lesart; sie verdeutlicht die Rollen beider Personen im Korantext und im Islam.

3.5.4. Mutter und Sohn: Isa Ibnu-Máryam

Dreiundzwanzig Mal wird Jesus im Koran „Sohn Mariens" genannt (*Ibnu-Máryam*). Das ist sozusagen sein Familienname. Einen Namen mütterlicher Abstammung zu tragen, ist auf Arabisch nicht die Regel, aber auch nicht unnormal. In Al-Ándalus kennt man beide Fälle: der Historiker und Grammatiker *Ibn-al-Qutiya aus Denia* (= der Sohn der Gotin), der Dichter *Ibn-al-Labbana* (= der Sohn der Milchfrau), die fürstlichen Almoraviden-Feldherren *Banu-Gániya* (= die Söhne der Gániya aus Mallorca) usw. Üblich ist das nicht, denn in den islamischen Gesellschaften herrscht die väterliche

Abstammungslinie vor. Dass Jesus im Koran nach seiner Mutter heißt, ist bedeutsam.

Der Hauptgrund ist natürlich die außerordentliche Weise seiner Geburt: er wurde im Schoß seiner Mutter durch Gottes Tat empfangen, ohne Mitwirkung eines Mannes. Der Glaube an Mariens Jungfräulichkeit vor Jesu Geburt gehört zum Muslimglauben über Jesus und Maria, wie beim Christentum und gegen das Judentum.[278] Der Islam ignoriert sogar völlig die Existenz eines offiziellen Vaters, Josef, wie die christlichen Evangelien sie festhalten. Mithin ist es normal, dass sich sein Familienname nach der Mutter richtet.

Ibrahim Taybili verweist in diesem Zusammenhang auf Adam und Eva: Auch sie hatten keinen Vater und sind trotzdem keineswegs göttlicher Natur. Von Jesus schreibt er:

> „ Der Muslim, von Gottes Gesetz geführt und der göttliche Koran, der das erklärt, und der Prophet (Muhammad), der uns diese Wahrheit verkündet und der heilige Geist, der uns aufklärt: Jesus, hervorgebracht in Gnade von der jungfräulichen Mutter durch den göttlichen Geist, nicht durch einen Vater … so ist Christus nicht Gott, sondern Prophet, empfangen in heiliger und vollkommener Frau."

Dass der Koran Jesus so betont „ Sohn Mariens" nennt, lässt sich als weitere Widerlegung der Gottessohnschaft verstehen, welche die Christen ihm zuschreiben: Mariens Sohn ist er, nicht Gottes. So wird seine Menschen-Natur herausgestellt.[279]

Man kann den üblichen Titel „Jesus, Sohn Mariens" auch als Weise verstehen, beide Personen innig zu verbinden: die Mutter mit ihrem Sohn, aber auch den Sohn mit seiner Mutter. Das ergäbe ein Gleichgewicht, eine wechselseitige Ergänzung der Biografie Jesu (die mit der Geschichte seiner Mutter beginnt, von ihrer Empfängnis bis zu ihrem Tod) und der Biografie Mariens (die mit dem Leben und zuletzt dem Verschwinden ihres Sohnes endet).

Dem koranischen Jesusnamen *Ibnu-Máryam* („Sohn Mariens") entspräche – theoretisch – der mütterliche Name Mariens *Umm-Isa* („Mutter Jesu"). Ihn finde ich nicht dokumentiert.

Allerdings baten mich Studenten der Universität Rabat um die Schallplatte der libanesischen christlichen Sängerin *Fayruz* mit dem

Lied „Ya Umm-Alláh" (O Mutter Gottes). Freilich haben sie, um die Gotteslästerung zu vermeiden, wenn Jesus vergöttlicht würde, Mariens Mutternamen islamisiert zu *Umm al-Masíh* („Mutter des Messias"), was ja ein koranischer Jesustitel ist.[280]

Mariens christlicher Würdename „Mutter Gottes" allerdings ließ sich nicht problemlos ins Arabische übersetzen; dazu findet sich bei *Jaime Oliver Asín* eine interessante Notiz über das arabisch-romanisch-zweisprachige Toledo:[281]

> „Die Mozáraber von Toledo bezeichneten die erste Dame der Christenheit, die heiligste Jungfrau Maria, mit dem Namen *Umm-an-Núr*, „Mutter des Lichtes", sicherlich im Bewusstsein des ehrenvollen Sinnes dieser Benennung."

3.5.5. Maria und Jesus: Wunder und Zeichen Gottes

Welches ist der Sinn solcher „Verschwisterung" Jesu und Mariens im Koran? Beide sind „Wunderzeichen" (*aya*) von Gottes Macht, Wunder, die er für die Menschen tut, indem er dank seiner Allmacht mit den Naturgesetzen bricht. So sagt Gott im Koran: „Aus dem Sohn der Maria und seiner Mutter haben wir ein Zeichen gemacht" (Sure 23, 50).

Dieses Zeichen ist ein Dauerwunder. Tatsächlich sind Jesus und Maria, so wie ihr Leben im Koran dargestellt wird, ein fortwährendes Wunder. Von hier aus versteht man das Gleichgewicht Jesu und Mariens in den Korantexten und auch die Tatsache, dass diese Texte im Vergleich zu denen über andere religiöse Persönlichkeiten, die im Koran auftreten, sehr ausführlich sind. Anders wäre dieses Gleichgewicht von Jesus und Maria nicht zu erklären. Für die Christen ist, trotz ihrer Ehrfurcht Maria gegenüber, die „Mutter Gottes" zwar ein herausragendes menschliches Geschöpf, kann aber ihrem Sohn nicht gleichgestellt werden, dem „Sohn Gottes", eines Wesens mit dem Vater, Gott und Heiland der Menschen, gemäß der klassischen christlichen Lehre.

Maria ist im katholischen Verständnis nicht mehr als eine Mitwirkerin an der erlösenden Heilstat ihres Sohnes. Für die Muslime, die Jesus als geschaffenen Menschen wie seine Mutter ansehen, ist das

Gleichgewicht beider im religiösen Rahmen der Heiligen vor Muhammad viel überzeugender. Doch wegen der Bedeutung des Mannes und Propheten Muhammad im Islam ist auch der Mann und Prophet Jesus wichtiger als seine Mutter geworden, die soziologisch auf die Rolle einer bloß heiligen Frau zurückgestuft wurde. Auf die soziologischen Funktionen geschaut, sind Jesus und Maria gemäß Koran und islamischem Glauben nicht gleich wichtig: beide sind im Koran „Gottes Wunder", Jesus ist aber zudem Muhammads Vorläufer in der islamischen Prophetie. Allerdings hat Maria für viele muslimische Autoren eine Propheten ähnliche Wirkung: „... eine Frau, die von Gott auf besondere Weise gewählt worden ist, Mutter eines Propheten, die vielleicht auch selbst Prophetenwürde hat," schreibt *Abd-el-Jalil*.[282] Die Unterscheidung zwischen dem göttlichen Wunder Jesus und Maria sowie der männlichen Prophetenrolle in der patriarchalischen islamischen Gesellschaft hilft zum besseren Verständnis der Darstellung beider Personen im Koran und Islam.

3.5.6. Adam und Jesus: Das Wunder ihrer Geburt

Von allen Wundern, die Gott an Maria und Jesus tat, ist Jesu Geburt ohne einen Vater das alleraußerordentlichste. Von den Juden abgelehnt, wird es von Muslimen und Christen anerkannt. Diese deuteten das Wunder als Beweis von Jesu Gottheit, das kann der Islam nicht. Von daher stammt ein seltsamer Vergleich zwischen Jesu und Adams Geburt.

Der islamische Gedankengang ist sehr einfach: Wenn Jesus Gott sein musste, weil er keinen Vater brauchte, dann wäre auch Adam Gott, weil auch er weder Vater noch Mutter brauchte, und ebenso die Engel.[283] Der Andalusier *Al-Bachi* argumentiert wie folgt:[284]

> „Eine Mutter hat Jesus im Schoß getragen, während Adam weder aus einer Frau noch einem Manne entstand. Wenn Adam nicht Gott ist, obwohl er der erste Vater ist, vielmehr ein Geschöpf, dann kann erst recht Jesus nicht Gott sein, da er ja von Adam und seinen Söhnen abstammt; im Gegenteil ist er wirklich ein Knecht, unter der Herrschaft seines Herrn ..."

Dieser Vergleich zwischen Adams und Jesu Erschaffung findet sich im Koran, wo dieselbe Tat Gottes, sein Schöpfungswort heißt: „Sei!, Existiere!“ (= *kun*), was sowohl die Erschaffung Adams als auch Jesu Empfängnis in Mariens Schoß bewirkt.

> „Siehe, Jesus ist vor Gott gleich Adam; er erschuf ihn aus Erde, alsdann sprach er zu ihm: sei! Und er ward“ (Sure 3, 47).

Und wie Maria von Gabriel die Verkündigung der Geburt Jesu empfängt, fragt sie:

> „Mein Herr, woher soll mir ein Sohn werden, wo mich kein Mann berührte? Er sprach: also schafft Gott, was er will; wenn er ein Ding beschlossen hat, spricht er nur zu ihm: sei, und es ist“ (Sure 3, 47).

Hier wird der durch und durch menschliche Charakter Jesu bewiesen, trotz des Wunders seiner Geburt.

Auch *Taybili* erwähnt in seiner großen Gedichtsammlung oft diesen Parallelismus der vaterlosen Geburt; sie spricht keinesfalls für Jesu Gottheit, wie die spanischen Christen des 16. Jahrhunderts es fortwährend beweisen wollten:

> „Adam und Christus haben keine Väter. Wir nennen sie Werk des Ewigen allein …
> Dann sollen sie doch gleich sagen, dass Gott zwei Söhne habe, denn auch Adam bekommt von Gottes Geist dasselbe wie Christus, denn ähnlich waren sie bei der Geburt.“[285]

Bei diesem Vergleich zwischen Jesus und Adam begegnen wir wieder der üblichen muslimischen Stellungnahme zu den jüdischen und christlichen Glaubenslehren – gegen die Leugnung der Wunder Jesu behauptet der Islam kraftvoll das Wunder der jungfräulichen Empfängnis Mariens durch Gottes Wundertat; gegen Jesu Vergottung, wie die Christen sie bekennen, behauptet der Islam ebenso kraftvoll Jesu bloßes Menschsein.

Die Idee der parallelen Korantexte über Jesus und Adam ist von *R. Blachère* sehr gut verdeutlicht worden:

„Die Erschaffung Adams ist mindestens ebenso wunderbar wie die des von einer Jungfrau empfangenen Jesus. Warum die erste annehmen und die zweite leugnen?“[286]

Solcher Art erweist sich das Wunder der jungfräulichen Empfängnis Jesu in Mariens Schoß für den Koran und den Islam wie eine neue Schöpfungstat Gottes, wie die Erschaffung Adams, des ersten Menschen, die das erste, menschheitsbegründende Wunder war.

Ein muslimischer Moriske, aus Spanien ausgewiesen und in Tunesien angesiedelt, ging beim Vergleich von Adam und Jesus noch weiter, und zwar in einem Text, der sich so zusammenfassen lässt:

„Jesus ging aus Maria hervor, wie Eva aus Adam, ohne ihren Körper zu zerbrechen (Jungfräulichkeit bei der Geburt) und ohne dass eine Empfängnis nötig gewesen wäre (Jungfräulichkeit vor der Geburt). Gott vollbrachte diese Operation, nachdem er Adam und Maria einen Schlaf eingehaucht hatte. Eine Frucht des Paradieses, die der Teufel anbot, rief Adams und Evas Unglück hervor, während eine Frucht des Paradieses, die Gabriel brachte, von der jungfräulichen Frucht Mariens aufgesaugt und zur Ursache der Empfängnis Jesu wurde, so dass er ‚Gottes Geist hieß‘.“[287]

Man merkt in diesem Text deutliche Einflüsse der christlichen Katechese bei den Morisken in Spanien.

3.5.7. Gegen die Juden: Maria, die wunderbare Jungfrau

Man muss bei der Darstellung Jesu und Mariens im Koran auch Polemisches sehen. Gegen die jüdischen Polemiker, deren verleumderische Behauptungen gegen Maria schon dargelegt wurden, verteidigte der Koran und überhaupt der Islam, in Al-Ándalus wie in der ganzen islamischen Welt, Mariens Jungfräulichkeit im Augenblick der Empfängnis Jesu ohne Zutun eines Mannes. Das ist ein göttliches „Wunder“ für Maria und Jesus. Der Koran stellt dieses Wunder fest, denn Gott hat gesagt: „Sie hielt ihren Schoß keusch, in sie bliesen Wir von unserem Geiste und machten sie nebst ihrem Sohn zu einem Zeichen für alle Welt“ (Sure 21, 91).

Die Juden, die Maria verleumdeten, werden im Koran getadelt. Sie sind verflucht worden, „weil sie ungläubig waren und gegen Maria eine große Verleumdung aussprachen“ (Sure 4, 155).

Nach Jesu Geburt wird Maria von Verwandten und Nachbarn beschimpft, dass ihr Sohn von einem unbekannten Vater stammt. Sie gab ihrem Sohn ein Zeichen, und er sprach aus seiner Wiege und stellte so durch ein Wunder die Ehre seiner Mutter wieder her (Sure 19, 27–34).

So erklärt sich das ganze „vorbereitende Schauspiel“ der Empfängnis und Geburt Jesu im Koran. Es ist eine Serie göttlicher Wundertaten zu Gunsten Mariens und Jesu, besonders aber um diese Wundergeburt gegen die ungläubigen und verleumderischen Juden zu verteidigen. Der menschlichen Logik einer unerklärbaren Geburt widersetzt sich die Logik des Glaubens an Gott und seine Allmacht, eine der Urbotschaften des Korans für den islamischen Glauben.

Die Jungfräulichkeit nach der Geburt, wie der christliche Glaube sie bekennt, war den Muslimen der Iberischen Halbinsel hingegen nicht so klar, hier gingen ihre Meinungen auseinander, was der Islam deshalb erlaubt, weil der Koran über das Thema nichts sagt. Zu Beginn des 16. Jahrhunderts begegnete *Ignatius von Loyola*, der später zum Gründer der Jesuiten wurde, auf seiner Wanderung einem Muslim und hätte ihn fast getötet, weil der Mariens Jungfräulichkeit nach der Geburt leugnete.[288]

31 Jahre später erzählt Ignatius, wie ihn damals „Empörung gegen den Mauren (= einen islamischen Spanier) befiel, er hätte nicht einverstanden sein dürfen, dass ein Maure solche Sachen von unserer Herrin sagt … Und so kam ihn die Lust an, den Mauren zu suchen und ihm für das, was er gesagt hatte, Prügel zu geben.“ War das aber recht? Der Neubekehrte zweifelte. Was tun? „Als er nicht zu einem sicheren Entschluss fand, entschloss er sich dazu, das Maultier mit lockerem Zügel gehen zu lassen, bis dort, wo die Wege sich schieden.“ Und siehe: „Obwohl der Weg“, der ihn zu der Prügelei für die Ehre der Jungfrau geführt hätte, „sehr breit und sehr gut war“, nahm das Maultier den anderen Weg. Das „wollte unser Herr“, bemerkt der 63-jährige Ordensgründer beim Diktieren seiner Lebenserinnerungen.

Ein Jahrhundert später verteidigte der schon erwähnte nach Tunesien verbannte Moriske, der vielleicht mehr vom Christentum beeinflusst und gewiss gebildeter als der frisch bekehrte Ignatius war, Mariens Jungfräulichkeit nach der Geburt mittels des Parallelismus der Erschaffung Evas, der ersten Frau aus der Rippe Adams: Der Anhauch/Atem Gottes für Adam ist gleichzeitig der Anhauch/Atem Gottes für Jesus.

> „Und damit man dieses große Wunder des evangelischen Messias Jesus, besser gesagt Eza, (Isa, Jesus) verstehe, so hat es unserem Herrn Gott gefallen, als Schöpfer aller Dinge unseren Vater Adam aus Lehm zu formen und ihm Lebensgeist in die Nase zu hauchen, wie es im zweiten Genesis-Kapitel berichtet wird … Von diesem ersten Hauch und Wort, womit er Adam belebte, machte der Schöpfer den Geist und die Seele des Messias Christus, des Jesus des Evangeliums."[289]

3.5.8. Gegen die Christen: Maria ist Frau, weder Gott noch Mutter Gottes

Die Darstellung Mariens im Koran nimmt nicht nur die religiöse Polemik gegen die jüdischen Meinungen über Maria und ihren Sohn Jesus auf. Sie antwortet auch auf gewisse christliche Lehren, insbesondere über Jesu Gottheit und Maria als Mutter Gottes, also fundamentalen Dogmen des Christentums.

In der Tat besteht der Koran in der genannten Weise auf den Umständen von Jesu Geburt, um gegen die Christen seine menschliche Natur zu zeigen, d. h. die *alleinige* menschliche Natur dieses Propheten, wie aller Propheten der Offenbarungsgeschichte Gottes mit den Menschen. Wie kann ein von einer Frau geborener Mensch Gott sein? rufen, mit allen Muslimen, die Polemiker von Al-Ándalus aus. Die Koran-Kommentatoren lieben diesen Beleg für das echte Menschsein Christi und für die Notwendigkeit, die christlichen Lehren über seine Gottheit absolut zu verwerfen.[290]

Mehr noch: Der Koran wirft den Christen vor, sie glaubten an die göttliche Dreifaltigkeit, nämlich die Dreiheit aus Gott, Jesus und

Maria. Gott fragt Jesus, ob die Dreifaltigkeitslehre seiner Jünger auf ihn zurückging:

> „Und wenn Gott sprechen wird: O Jesus, Sohn der Maria, hast du zu den Menschen gesprochen: Nehmt mich und meine Mutter als zwei Götter neben Gott an, dann wird er sprechen: Preis sei dir, es steht mir nicht zu, etwas zu sprechen, was nicht wahr ist. Hätte ich es gesprochen, dann wüsstest du es" (Sure 5, 116, vgl. 5, 75–77).

Der koranische Jesus wehrt sich mithin, er habe solches nicht gelehrt. Die Christen andererseits haben immer bekannt, dass ihr Glaube an die göttliche Dreifaltigkeit den Vater, den Sohn und den Heiligen Geist meine, und in keiner Weise Maria, trotz ihrer höchsten Verehrung für Jesu Mutter, die Mutter Gottes. Deshalb betonen sogar die genauesten muslimischen Polemiker, wie Ibn Hazm aus Córdoba, diese spezielle Idee von Dreifaltigkeit nicht sehr, schreiben sie vielmehr, wie auch einige moderne Historiker, einer kaum bekannten orientalischen Christensekte zu. Doch darf man auch meinen, dass Muhammad gut die Bedeutsamkeit kannte, welche Maria in Glaube und Liturgie der Christen hatte? Trotz der Vorsicht der Theologen muss man zugeben, dass die Christen sich in ihrer Religion in Wirklichkeit an drei Haupt-"Gottheiten" wandten: Gott, Jesus und Maria. Das war den Muslimen zuviel, bei ihrem Glauben an die absolute Einheit Gottes, wie der Koran sie als Grunddogma des muslimischen Glaubens bekennt.

Von daher kommt die Wichtigkeit, die der Koran Maria zuerkennt, aber auch sein Nachdruck auf ihre Menschennatur und darauf, dass die für sie vollbrachten Wunder eben von Gott vollbracht worden sind und nicht durch die Macht dieser Frau, die wohl heilig ist, aber *bloß* menschlich.

3.5.9. Maria, Vorbild für die muslimische Frau

Der Koran vereint in Mariens Gestalt viele religiöse Prinzipien. Am wichtigsten ist, dass Gott aus ihr ein Wunderzeichen gemacht hat, aber ein durch und durch menschliches. Darin entspricht das Marienbild des Koran ganz dem Jesusbild, auch er ist ein Dauerwunder Gottes und ein sterblicher Mensch, der keine Gottheit beanspruchen kann. Doch hat Maria in der koranischen Offenbarung eine Sonderrolle: sie ist das Hauptmodell der heiligen Frau. Der Koran kennt nicht allzu viele weibliche Personen nach Eva, der Mutter aller Menschen. Das macht die Wichtigkeit, die er Maria zuschreibt, noch bedeutsamer. Maria repräsentiert in gewissem Sinne alle heiligen Frauen der jüdisch-christlichen Tradition; allerdings wird zwischen Muslimen und Christen gestritten; diese werfen dem Koran vor, er verwechsele die Mutter Jesu mit Miriam, der Tochter von *Imrán* und Schwester des Moses. *Ibn-Al-Samad aus Córdoba* und andere weisen diesen Vorwurf zurück.[291]

Maria steht auch für die verehrungswürdigen Ehefrauen und Töchter des Muhammad, die im Koran fast alle fehlen, im Frömmigkeitsleben der Muslime und Musliminnen aber als Glaubensmodelle sehr gegenwärtig sind.

Für die Muslime ist Maria ein Vorbild weiblicher Tugenden, doch kann man ihrem Beispiel nicht in allem folgen. Sie ist ein wunderbarer Einzelfall. Außerdem hat Muhammad den Gläubigen des Islam durch seine Worte und sein Familienleben andere islamische Vorbilder weiblichen Verhaltens gezeigt.[292] Doch weist der Koran offenkundig auf besondere Eigenschaften Mariens hin, die aus ihr eine vorbildliche Frau machen, die voll im Einklang mit dem religiösen Schema der idealen Muslimin steht.

Erstens muss die Frau jungfräulich in die Ehe treten. Deshalb soll sie sich möglichst wenig außerhalb ihres Hauses sehen lassen. Der Nachdruck des Korans auf Marias Jungfräulichkeit liegt voll auf der Linie traditioneller weiblicher Tugenden, wie sie die patriarchalischen Gesellschaften betonen. Doch dauert die normale Jungfräulichkeit nur bis zur Heirat; die andauernde Jungfräulichkeit der christlichen Ordensfrauen wird vom Islam überhaupt nicht hochgeschätzt; er glaubt an die Berufung jeder Frau zur Mutterschaft. Die Muslime glauben zwar an die Jungfräulichkeit der Empfängnis Jesu, nicht aber an Marias Jungfräulichkeit nach Jesu Geburt.

Hier wäre zu fragen, wie der Islam die im Neuen Testament erwähnten Geburten der Brüder Jesu sieht. Marias Scheu angesichs eines unbekannten Mannes bei der Erscheinung des Erzengels Gabriel in Menschengestalt bei der Verkündigung stimmt voll mit dem Bild einer Jungfrau vor der Ehe im Islam überein; solche Jungfräulichkeit gilt es um jeden Preis zu schützen. Da kann sogar die Gegenwart eines Engels Gottes verdächtig sein, wenn er die Gestalt eines unbekannten Mannes einnimmt.

Frömmigkeit, religiöse Bildung und Meditation sind ebenfalls ideale Grundtugenden der Muslimin. Maria weiht sich dem seit ihrer Kindheit, unter der Leitung ihres Onkels Zacharias. Sie fährt darin bis zu ihrem Tode fort, während sie bei ihrem Sohn Jesus lebt. Sie ist auch Vorbild des Glaubens, mit der Güte und Barmherzigkeit, die der Koran solchen zuerkennt, die Jesu Lehre wahrhaft gefolgt sind; so sagt es sogar Gott im heiligen Buch des Islam:

> „Wir ließen Jesus, den Sohn der Maria, folgen und gaben ihm das Evangelium und legten in die Herzen derer, die ihm folgten, Güte und Barmherzigkeit“ (Sure 57, 27).

Die Muslimin lebt traditionell im allgemeinen unter dem Schutz eines Mannes, Maria zuerst, seit der Geburt unter dem ihres Vaters; bis zu Jesu Geburt unter dem ihres Onkels; dann unter dem Schutz Jesu selbst, sobald er erwachsen ist. Die hässlichen Episoden jüdischer Angriffe zeigen Maria allein, verlassen und rufen wunderbare Hilfen Gottes, seines Engels Gabriel sowie die frühe Wundertat des Jesuskindes hervor, das schon in der Wiege die Rolle eines Beschützers seiner Mutter übernimmt, die zwar heilig, aber zu guter Letzt doch schutzlos ist, sowie die Muslime sich das Weibliche meist vorstellen.

Aber die Muslimin ergreift auch Initiativen, sobald sie Mutter kleiner Kinder und ohne männlichen Schutz ist. Maria entfernt sich von Familie und Nachbarn, um zu gebären. Sie macht sich auf, um den Schulmeister und die Handwerker zu besuchen, die ihren Sohn ausbilden sollen. Ihre Mutter Anna (Hanna) hatte Zacharias besucht, um ihm zu erklären, dass ihre Tochter dem Gottesdienst vorbehalten sei. Laut islamischer Tradition macht Maria sich auch mit Erlaubnis ihres Onkels auf den Weg, um von ihrer Mutter, die Verhaltensregeln während der Menstruation zu erlernen. Wenn ihr Sohn aber erwachsen ist, überlässt sie es ihm, für sie und ihre materiellen Bedürfnisse zu sorgen.

Höchstes Vorbild ist Maria dank ihrer Mutterschaft, ihrer Hingabe an den Sohn. Man kann feststellen, dass die Muslimin weit mehr Mutter als Gattin ist. Maria, ohne Ehemann aber mit einem wunderbaren Sohn, den sie geboren hat, aufzieht, verehrt, ist das Vorbild der muslimischen Frau, die immer Mutter ist, trotz der Wechselfälle ihrer Ehe oder Ehen.

Maria, dieses Bild der Frau, ist zwar nicht in allem nachahmbar[293] (das ist sie – ohne Erbsünde – auch im Christentum nicht), zeigt jedoch ein Beispiel vorislamischer Heiligkeit ohne irgendein negatives Element. Das erklärt die Verehrung Marias im Islam, vor allem in der Volksfrömmigkeit.

3.5.10. Maria und die Volksfrömmigkeit hispanischer Muslime

Die Marienverehrung im hispanischen Islam, wie in der islamischen Welt überhaupt, ist noch nicht hinreichend erforscht worden. Dabei geht es vor allem um Volksfrömmigkeit, ohne viele Spuren in historischen Texten. Weder die Methoden aktueller Soziologie noch die der Geschichtsforschung haben schon viel erbracht. Und die sonst in diesem Buch gebrauchte Methode – zu vermuten, dass sich auch in Al-Ándalus oder bei den Muslimen der christlichen Reiche der Halbinsel die im Mittelalter üblichen islamischen Glaubenslehren fänden – wäre bei einem so besonderen Thema am Rande des islamischen Glaubens allzu kühn.

Immerhin lassen sich einige Aspekte einer Art „Marienfrömmigkeit" in Al-Ándalus zeigen, sowohl bei Intellektuellen und Literaten, als auch bei Dörflern und in der Volksmedizin.

Im *„Halsband der Taube"*, seinem bezaubernden Buch über Liebe und Liebende, schreibt der große *Ibn-Hazm aus Córdoba* ein Gedicht, wo der unglücklich Liebende einen Ausspruch Mariens im Koran, wo sie ihren Verleumdern nicht antworten will, dazu verwendet, seine unerwiderte Liebe auszudrücken: [294]

> „Du hast meinen Augen dein Antlitz verwehrt
> und warst mir geizig mit deinen Worten.

> Ich sehe, du hast dem Erbarmer ein Schweigen gelobt
> und wirst heute zu niemand Lebendigem sprechen."

Das bezieht sich auf den Koranvers: „Siehe ich habe dem Erbarmer ein Schweigen gelobt, darum spreche ich heute zu keinem Menschen" (Sure 19, 26).

Man sieht an diesem Liedvers, wie Mariens Gestalt, durch die Korantexte weithin bekannt, die andalusischen Schriftsteller zu literarischen Anspielungen in Liebesgedichten beflügeln konnte.

Laut jener *„Medizin des Propheten"*, die der Volksglaube mancherlei Überlieferungen entnimmt, hat die *Dattel* viele Heilkräfte, da Maria, nach dem Koran (19, 23–26) Jesus unter einer Palme geboren hat. 1494 zeigte in Granada ein alter Muslim dem deutschen reisenden Arzt *Hieronymus Münzer* eine Art Rosenkranz aus Dattelkernen, berührte ihn erfürchtig und lobte seinen Nutzen für schwangere Frauen; der deutsche Reisende, der den Korantext nicht kannte, glaubte, es seien Reliqien einer Palme, die Maria während ihrer Flucht nach Ägypten berührt hätte (Mt 2, 13–23).[295]

Allerdings nahmen die Muslime von Al-Ándalus keineswegs die zahlreichen Wunder an, die man das christliche Mittelalter hindurch Maria zuschrieb. *Ibn-Al-Samad Al Józrachi aus Córdoba* spottet über das unpassende Wunder Mariens, die dem heiligen *Ildefons* (im 7. Jh. Bischof von Toledo) während einer bei spanischen Christen hochberühmten Erscheinung ein liturgisches Gewand überreichte:

> „Was ihr da erzählt von der Herabkunft Mariens aus dem Himmel über Don Ildefons, den Erzbischof der Kathedrale von Toledo, wie sie ihm den Kopf mit einer Buyella verhüllte und ihn mit reich verzierten Gewändern schmückte; das soll nachts mitten im August geschehen sein, die Toledaner verehren es mit schändlicher Verehrung bis zum heutigen Tag. Sag mir, Betrogener, von dieser Herabkunft, die du von Maria erzählst … Gepriesen sei Gott, was für Zeug traut ihr euch zu erzählen! Gepriesen sei Gott, er ist hoch erhaben über alles, was ihr sagen könnt!"

Auch die aus Spanien vertriebenen und in Tunesien aufgenommenen Morisken lachten über das „Wunder" eines Marienbildnisses von Toledo, das ins Schwitzen geriet. Als man den Erzbischof fragte, was man tun solle, erwiderte dieser „geduldig und sehr behäbig, man solle sie abtrocknen, damit sie sich nicht erkälte – weil er den Blödsinn durchschaute." Hier geht es um islamisch-christliche Polemik; lächerlich gemacht wird der Bilderkult bei den Katholiken, keineswegs Maria selber.

Die Korantexte über Maria führen nicht nur zu theologischen Kommentaren und polemischen Überlegungen. Auf verschiedene Weise prägen sie auch das Leben der Muslime in Al-Ándalus und anderen Gesellschaften der islamischen Welt. Sogar Spuren kultischer Praktiken lassen sich finden. Im Kapitel über das Fasten empfiehlt ein nach Tunis verbannter Moriske auf Spanisch das fromme Fasten

> „am Tag, da der Prophet Jesus aus dem jungfräulichen Leib der Maria geboren wurde. Und an diesem Tag stieg er zum Himmel auf, wo er lebendig ist und sein wird, bis er in die Welt kommt, sie zu regieren …"

Wieder Mariens Einheit mit Jesus. Und man entdeckte eine Anrufung Jesu und Mariens, die in ihren Begriffen sehr fremd ist. In ihnen werden die islamischen und christlichen Zweideutigkeiten reflektiert, dank eines gebildeteten Übersetzers, der auch den arabischen Text wiedergegeben hat.[299]

> So lässt sich sagen, dass im 16. Jahrhundert „die (islamischen) Frauen (also Morisken) vor allem dahin tendierten, sich auf christlicher Linie zu zeigen, und zwar aufgrund ihres gefühlsmäßigen Bezuges zum Marienkult, der sich teilweise mit dem Islam verträgt und gleichzeitig Objekt einer solchen Zurückweisung durch die moriskische Apologetik war.[300] Die fromme Maurin, von der heiligen Maria aufs Wunderbarste angetan, hat schon ihren Ort in den Alfonsischen Liedern aus dem 13. Jahrhundert."[301]

Ibn-al-Jatib, Vielschreiber und Politiker aus Granada (14. Jh.), war nach Marokko ausgewandert; beim Tod seiner Frau „bat er den Sultan, er möge ihm eine Sklavin schenken … Seltsamerweise ausgerechnet eine Christin: auch wenn ihre Leute zur hl. Maria gebetet hätten (*walaw 'abadat aba-u-ha santa Mariya*). Das könnte man auch übersetzen: „Obwohl ihre Ahnen die hl. Maria verehrt hätten", d. h. obwohl sie von Christen der Nordreiche abstamme, wie es der romanische oder neulateinische Ausdruck „Santa Maria"[302] andeutet. Das ist eine seltsame Formulierung von Ibn-al-Jatib, um auf den christlichen Ursprung hinzuweisen; er vermeidet jeglichen arabischen Ausdruck, der irgendeinen abwertenden Sinn haben könnte.[303] Wie repräsentativ sind solche Anekdoten im Zusammenhang der islamischen Frömmigkeit? Das ist für diese Jahrhunderte, in denen reichste religiöse Einflüsse die Iberische Halbinsel prägen, schwer einzuschätzen; immerhin könnten sie andeuten, dass Maria in der muslimischen Religiosität einen positiven Platz einnahm, ohne die theologischen Schwierigkeiten, die sich aus den islamisch-christlichen Streitigkeiten über Jesu Natur und seine Gottheit ergaben, also über ihn, die Mitte des christlichen Glaubenslebens, und das alles, obwohl die Christen in vielerlei Hinsicht Feinde der Muslime waren.

Maria ware eben eine der drei am höchsten verehrten Frauen des Islam, zusammen mit Muhammads Tochter Fatima – die ihm männliche Nachkommenschaft brachte – und seiner jüngsten Ehefrau Aischa – die nach seinen Tod einen großen Teil seiner Lehre weiter überliefern würde. Der Vergleich zwischen Maria und Aischa kommt sogar in einem Hadith vor, einer prophetischen „Überlieferung"[304]. Die drei Frauen waren in Al-Ándalus so beliebt, dass sie auch in Liedtexten auf Spanisch gemeinsam auftreten (zugegebenermaßen in ziemlich erotischem Kontext).[305] In der Gedichtsammlung des Ministers und Schriftstellers *Ibn al-Yayyab*[306] aus dem Granada des 14. Jhs. findet sich aber ein religiöses Gedicht, das Marienfrömmigkeit am dortigen Hofe klar bezeugt:

> „Drei tugendhafte Frauen sollst du lieben
> Aischa, die sich großen Ruhms erfreute;
> Gott hat sie aus der Verleumdung errettet;
> vor ihr kommt Fatima, hohen Ranges,
> und an erster Stelle die reinste der drei,
> die Herrin über ihre Feinde"
> (d. h. Maria, welche die Juden besiegte, die nicht an ihre Jungfräulichkeit glaubten).[308]

3.5.11. Marias Erfolg, Jesu Scheitern

Um diesen Überblick über das islamische Marienbild abzuschließen, kehren wir zum „Duo" Maria-Jesus zurück, und zwar im Lichte dessen, was man „Jesu Scheitern" nennen kann.

Wir haben schon gesehen, wie Jesus für den Islam einer der „Propheten des Scheiterns" ist. Er hatte es schwer wie alle Propheten, übrigens auch Muhammad. Gott hat ihm geholfen, sogar mit Wundern, hat aber schlussendlich nicht gewollt, dass er mit seiner Sendung Erfolg haben sollte; der blieb Muhammad und dem Islam vorbehalten. Daran war Jesus nicht schuld, er war ein makelloser Prophet. Er war Gott gehorsam wie Muhammad:

> „Jesus sagte: ‚Ich bin der Diener Gottes … Er hat mich nicht gewalttätig und unselig gemacht'." (Sure 19, 30+32)
> „Und wann immer die Rede von dem Sohn der Maria ist, siehe, dann bricht dein Volk darüber in Geschrei aus … Er war nur ein Diener, dem Wir Gnade erwiesen hatten, und Wir machten ihn zu einem Beispiel für die Kinder Israels" (Sure 43, 57–59).

Die Verantwortung für Jesu Scheitern fällt ganz und gar auf die Juden, die ihm nicht folgen wollten, auf seine Jünger, die seine Botschaft verdorben haben, auf den Teufel und dessen Brut, von denen sie alle getäuscht worden sind. In der Reihe der Propheten Gottes, die im islamischen Sinne voller Tugenden und Fähigkeiten waren, hat zuletzt allein Muhammad Gottes Botschaft durchsetzen können: Dank dem Koran und dem Islam.

Doch hat Jesus erreicht, was Gott von ihm wollte. Er war Muhammads Vorläufer, hat sein Kommen voraus verkündigt. Jesus und Maria sind „Wunderzeichen Gottes" und seiner Macht gewesen, haben sich stets seinem Willen hingegeben, sind gute „Muslime" (das Wort kommt von „Islam", Hingabe). Das trotz ihrer Schwierigkeiten vollkommen gelungene Leben der Maria und auch das Jesu, wenngleich es mit dem Scheitern seiner Sendung endete, sind beide gleich lobwürdig in den Augen Gottes und der Muslime. Es sind vorbildliche Leben, Gott hingegeben in außergewöhnlichen wie normalen Zeiten, wie das Leben der guten Muslime sein soll. Dies gilt auch uneingeschränkt für Muhammad, das Leben eines vollkommenen Gläubigen, der in außergewöhnlichen wie normalen, widrigen wie günstigen Zeiten Gott hingegeben war wie Jesus und Maria.

3.6. Marias Tod und Leben. Ein andalusischer Text

Sehen wir uns nun des Näheren einen islamisch-spanischen Text an, der uns Marias und Jesu Leben in muslimischer Fassung erzählt.[309] Diese Biografien sind doppelt auf uns gekommen: auf Hocharabisch und auf Spanisch im Dialekt von Áragon. Der anonyme Text stammt wahrscheinlich aus dem Orient und ist überarbeitet worden, wie viele Texte aus der letzten Epoche der spanischen Muslime[310]. Der Bericht gehört zu einem Werk, das auch andere Biografien vorislamischer Personen enthält, dazu praktische Vorschriften für das muslimische Leben. Ich stelle hier nur die Abschnitte vor, die sich auf Maria und Jesus beziehen.[311]

In Klammern füge ich die Koranstellen und zum besseren Verständnis einige Erläuterungen bei. Dem Koran entnommene Sätze sind entsprechend abgesetzt bzw. kursiv hervorgehoben, sodass deutlicher wird, wie sehr der muslimische Bericht eine schlichte Glosse des heiligen Textes sein will. Die zahlreichen Stellen, welche Hadithe oder „Überlieferungen" des Propheten wiedergeben, lassen sich nicht ebenso unterstreichen; diese Arbeit wäre extrem kompliziert, würde freilich auch die Sorgfalt belegen, mit der die Verfasser solcher Heiligenbiografien sich um Rechtgläubigkeit mühten.[312]

3.6.1. Marias Familie und Geburt

„Imran, Mariens Vater, hatte eine Frau, die Hanna hieß. Sie stammte aus edlem Geschlecht. Sie empfing von ihrem Mann Imran durch Gottes, des machtvoll Hervorragenden, Macht. Danach tat sie Gott ein Gelübde und sprach:

‚Mein Herr, siehe, ich gelobe dir, was in meinem Schoße ist, zueigen; so nimm es von mir an; 'du bist der Hörende, der Wissende‘ (Sure 3, 35).

In jenen Tagen hatten drei Männer die Verantwortung für den Tempeldienst in Jerusalem inne: Zacharias und zwei seiner Gefährten. Eine Schwester Hannas, der Mutter Marias, war mit Zacharias verheiratet. Hanna besuchte Zacharias, den Mann ihrer Schwester und sagte zu ihm: ‚Lieber Zacharias, ich habe dem heiligen Tempel ein Versprechen gemacht: Wenn ich einen Knaben gebäre, weihe ich ihn dem heiligen Tempeldienst.'

Doch war es Gottes Wille, dass sie eine Tochter gebar. Sie gab ihr den Namen Maria. Sie stillte sie eine bestimmte Zeit, ging dann zu Zacharias und sagte ihm: ‚Lieber Zacharias, ich habe schon geboren, es ist ein Mädchen geworden. Ich will mein Gelübde erfüllen.' Zacharias antwortete ihr: ‚Frauen taugen nicht zum Tempeldienst. Erziehe sie zu Hause, bis Gott über sie aufs beste verfügt.' Schon war sie dabei, mit der Kleinen heimzukehren, als Zacharias sie rief: ‚Kehr zurück, damit ich sie gut sehe.' Er schaute ihr Antlitz an, es war wie der Mond in einer Vollmondnacht. Sie war gewachsen und hatte sich in ein Wunder an Schönheit verwandelt. In einem Monat wuchs sie um ein Jahr, in einem Tag um einen Monat. Das ist das Wort des erhabenen Gottes:

‚Er ließ sie in schöner Weise in der Obhut des Zacharias heranwachsen (Sure 3, 37, eigentlich: Er ließ sie so schön heranwachsen wie der zunehmende Halbmond).

Als Zacharias ihre bezaubernde Schönheit gewahrte, legte Gott Liebe in sein Herz. Er sagte zu ihr: ‚Schwester, lasst sie bei mir, und so erfüllst du dein Gelübde.' Sie sagte zu ihm: ‚Tu, was du willst, mein Bruder Zacharias'."

3.6.2. Marias Erziehung

Der Moriskentext fährt mit einem Wunder fort, das sich auf einen Koranvers gründet; Gott wendet sich an Muhammad:

> *„Du warst nicht bei ihnen als sie ihre Losröhrchen warfen, wer von ihnen Maria pflegen sollte. Und du warst nicht bei ihnen, als sie miteinander stritten"* (Sure 3, 44).

Das Wunderzeichen liegt ganz auf der Linie der „Wunder der Jungfrau", von denen die hispanischen Christen des Mittelalters sprachen; es drückt die bewundernde Hochschätzung der Muslime für Maria aus, und zwar seit ihrer frühesten Kindheit. Als Vorspiel des Wunders der Empfängnis Jesu bezeugt es Gottes machtvolle Tat an seinem Propheten und dessen Mutter.

Auf folgende Weise berichtet der spanische Text das Wunder, wie Zacharias dazu bestellt wurde, für Maria zu sorgen:

> „Die Gefährten des Zacharias sagten zu ihm: ‚Auch wir wollen mit dir zusammen zu ihrer Erziehung und Ausbildung beitragen, um den Lohn des allerhöchsten Gottes zu erhalten.' Da sagte Zacharias zu ihnen: ‚Meine lieben Freunde, möge Gott den auswählen, der sie am besten versorgt, denn alle zusammen können wir das nicht tun. Lasst uns losen.'
>
> Jeder nahm also einen Stab (= ein Losröhrchen) und schrieb seinen Namen darauf, jeder seinen Namen auf seinen Stab. Mariens Namen schrieben sie auf einen anderen Stab. Sie legten alle Stäbe (Losröhrchen) zusammen und warfen sie in einen Bach. Daraufhin beteten sie zu Gott, dem Hocherhabenen: Herr, wer von uns am würdigsten und fähigsten ist, möge für ihre Bedürfnisse sorgen und sie lehren. Bitte vereine darum sein Los mit dem von Maria auf dem Wasser und lass bitte die anderen Stäbe im Wasser untergehen.
>
> Die Stäbe wurden ins Wasser geworfen. Der von Maria samt dem von Zacharias schwamm auf dem Wasser, während die der Übrigen versanken. Dreimal wurde der Vorgang wiederholt, dreimal traf das Los den Zacharias. Da sagte er zu seinen Gefährten: ‚Ich hatte es euch schon gesagt, dass es meine Sache ist, mich um sie zu kümmern'."

Man erkennt in diesem Bericht den schlichten Stil der mündlichen Erzählung. In der Tat weisen beide Texte, der arabische und der spanische, Varianten auf, wie es bei „typisch traditionellen" Erzählungen üblich ist. Zum Beispiel führt der arabische Text drei Stabwunder vor: Beim ersten schwimmen der Stab von Maria und der von

Zacharias miteinander, während die anderen untergehen; danach schwimmen die einen stromaufwärts die anderen hinab und umgekehrt. Das ist wirklich Mariens „Goldene Legende" im Islam, obwohl diese Wunder auch schon früher in Texten des östlichen Christentums vorkommen.

In der Folge beschreibt der spanische Text mit bezaubernden – freilich traditionellen – Umschreibungen Mariens fromme Erziehung und ihre Vorbereitung auf die Mutterschaft.

> „Sie wurde somit dem Zacharias anvertraut. Er erzog und belehrte sie bis zum Alter des Vernunftgebrauchs. Dann baute er ihr ein Haus, damit sie sich dem Dienste Gottes weihe. Er brachte Schlösser an, damit niemand eintreten könne, wo sie war. Dazu gab er vielerlei Weisungen, sein Verbot zu bekräftigen. So blieb die Lage bis zu dem Augenblick, als ihre Blume kam (d. h. bei der ersten Menstruationsblutung). Als Zacharias mit Vorräten ankam, sagte Maria zu ihm: O mein lieber Zacharias, was bei den Frauen üblich ist, hat sich bei mir eingestellt, und es ist meine Blume. Dann geh und besuche deine Tante, sagte Zacharias zu ihr, und bleib bei ihr, um dich zu waschen. Wenn du rein bist, kommst du wieder an deinen Ort. Daraufhin ging sie ins Haus ihrer Tante und blieb dort, bis ihre Blume rein blieb. Danach bat sie Zacharias um Erlaubnis und kehrte an ihren Ort zurück, wo sie Gott diente."

Der arabische Text präzisiert, dass die Wohnung oder das Haus, worin Zacharias Maria wohnen ließ, ein *mihrab* (= Gebetsnische) oder Gebetsraum war, wie eine islamische Kapelle. Das bezieht sich sicherlich auf den Koranvers: *„Sie zog sich von ihren Angehörigen zurück an einen östlichen Ort"* (Sure 19, 16). In Al-Ándalus ist dagegen die Mihrab der Moscheen nach Südsüdosten ausgerichtet.[313]

3.6.3. Die Verkündigung des Engels an Maria. Jesu Empfängnis

Der arabische Text aus Áragon (1523) entfaltet die Szene des Gesprächs zwischen Gabriel und Maria sehr nahe am Korantext.

„Während sie dastand und Gott, den Erhabenen, Mächtigen anbetete, stieg Gabriel, der treue Geist – Gott segne und rette ihn – an ihre Seite hernieder mit einer Frucht der Früchte des Paradieses. Es war eine Frucht, die nicht der Jahreszeit entsprach. Doch der Allmächtige hatte gesagt: *Sei! Und es ist da*" (Sure 16, 40).

Die Koranformel „Sei! Und es ist da" bildet, wie wir gesehen haben, die Schöpfungsformel bei Adam und bei Jesus, der hier durch die Erschaffung der Wunderfrucht angekündigt wird. Dieses kleine Wunder ereignet sich, wie der Fortgang des Berichtes klar erweist, wegen der islamischen Besorgtheit gegenüber den jüdischen Anschuldigungen hinsichtlich des Ursprungs von Marias Mutterschaft, also um ihre Unschuld zu garantieren. Hier also die Verbindung von Erzählung mit dem Koran-Text:

„Gabriel stellte sich vor sie hin, doch sie wandte ihr Antlitz von ihm ab. Da stellte er sich ihr wiederum gegenüber, und sie wandte wieder ihr Antlitz von ihm ab, wegen der Furcht, die sie vor ihm empfand. Bei all dem meinte sie, er sei ein Betrüger [der spanische Text erläutert, dass es zu jener Zeit unter den Söhnen Israels einen wunderhübschen Betrüger gab, der die Frauen verführte], ein Frauenverführer, an dem keine Frau vorbeigehen könne, ohne dass sie ihm gefällt und er sie erobert. Das war es, was Maria befürchtete; darum verdächtigte sie ihn.

Als Gabriel, der treue Geist, sich auf allen Seiten vor sie hinstellte, sagte sie zu ihm: ‚*Ich nehme meine Zuflucht vor dir bei dem Allerbarmer, (lass ab von mir), wenn du Gottesfurcht hast* (Sure 19, 18). Gabriel erwiderte ihr: ‚*Ich bin ein Gesandter deines Herrn. (Er hat mich zu dir geschickt), damit ich dir einen reinen Sohn beschere*' (19, 19). ‚Ich bin Gabriel, vom Herrn des Alls zu dir gesandt. Iss darum von Gottes Vorrat, denn, *Gott hat dich erwählt und gereinigt; er hat dich auserwählt über den Frauen der Welten; wirf dich nieder und neige dich mit denen, die sich verneigen*' (Sure 3,42). Maria sagte zu ihm: ‚Mein Freund Gabriel, *wie soll mir ein Sohn (ge-*

schenkt) werden, wo mich doch kein Mann (je) berührt hat und ich auch keine Hure bin?‘ (= nicht unkeusch gewesen bin: Sure 19, 20). Gabriel sagte ihr: *‚So ist es, dein Herr aber spricht: Es ist Mir ein Leichtes, und Wir machen ihn zu einem Zeichen für die Menschen und zu Unserer Barmherzigkeit. Und dies ist eine beschlossene Sache‘* (Sure 19, 20).

Darauf sagte sie zu ihm: ‚Danach werden mich aber die Söhne Israels beschimpfen‘. Gabriel antwortete: ‚Aber du bist Gottes Geehrte, und sie werden dich nicht kränken können.‘ Sie warf ein: ‚Die Söhne Israels werden mich jedenfalls steinigen‘ (die von Islam für Ehebrecherinnen vorgesehene Strafe). Er antwortete ihr: ‚Aber du bist Gottes Geehrte, und sie werden dich nicht steinigen können.‘ Sie fragte ihn: ‚Mein Freund Gabriel, wie wird das geschehen und wann?‘ Gabriel sagte zu ihr: ‚O Maria, du hast in diesem Augenblick die Empfängnis erlebt und wirst eben heute zur vierten Stunde gebären, dank der Macht Gottes, des Erhabenen, des Allmächtigen, *denn wenn er etwas will, ist sein Gebot: Sei, und es ist da‘* (Sure 16, 40).

Weiterhin unterhielt Gabriel sich mit ihr. Es gelang ihm, sie abzulenken, und er hauchte ihr in den Ärmel. Andere sagen: er hauchte ihr in die Seiten. Und während er mit ihr sprach und sprach, spürte sie das Kind in ihrem Schoß sich regen. Sie erschrak, fürchtete sich und lächelte. ‚Gabriel‘, sagte sie. ‚Was ist dir, Maria? Du hast die Farbe gewechselt und gelächelt?‘ Sie antwortete ihm: ‚Mein Freund Gabriel, wegen dem, der dich gesandt hat. Ich spüre, wie sich da in meinem Bauch etwas regt.‘ Gabriel sagte zu ihr: ‚Das geschieht durch die Kraft des Herrn über das All.‘ Danach ging Gabriel fort und sie war hoch erstaunt über ihren Zustand, verwirrt und nachdenklich. Sie aß von der Frucht, und ihr Herz und Geist gewannen wieder Kraft.“

Vergleichen wir den Verkündigungstext im Koran und im Lukas-Evangelium (1,26–38), so springen vor allem die Unterschiede ins Auge.[314] Das hatten die Polemiker in Al-Ándalus vollkommen verstanden; so schreibt *Ibn-Al-Samad Al-Józrachi* gegen die Christen:

> „Des gleichen gebt ihr vor, als Gabriel Maria die Geburt Jesu verkündigte, habe er zu ihr gesagt: Gewiss wird er ein Großer sein in den Augen Gottes, der seinen Namen weit verbreiten wird, und er wird der Sohn Gottes heißen; Gott wird ihn zum Erben seines Vaters David machen."

Und Al-Jázrachi fügt hinzu, im allerklarsten Geist islamisch-christlicher Polemik: „Ist er Sohn Gottes, Sohn Davids oder Sohn Josefs?"[315]

3.6.4. Geburt Jesu und Bestrafung der Verleumder

Arabischer wie spanischer Text beschreiben gleicherweise Jesu wunderbare Geburt unter der trockenen Palme, die Früchte brachte. Jesus sprach sofort das islamische Glaubensbekenntnis entsprechend seiner Situation: Der erste Teil ist das Bekenntnis zur Einzigkeit Gottes, wie in der *shahada,* dem islamischen Credo; im zweiten Teil bekennt er den Glauben an seine eigene Prophetensendung als Geist und Wort Gottes, statt des Ausdrucks *„und Muhammad ist Gottes Gesandter"* bei den Muslimen.

Auf dem Korantext beruht ein ganzes Szenario mit dem Ziel, Marias guten Ruf gegen die verleumderischen Angriffe der Juden zu verteidigen, die vom Teufel (*Iblis*) aufgehetzt werden. Bei dieser Episode spielen die Wunder eine wichtige Rolle, Wunderzeichen, die eine von Gott geoffenbarte Wahrheit bezeugen und insofern von seiner übernatürlichen Macht verbürgt sind. Die Koranzitate sind im Folgenden kursiv gedruckt.

> „Maria aß von der Frucht (die Gabriel ihr gebracht hatte). Da wurden Herz und Geist ihr wieder gestärkt. Später trat, wie üblich, Zacharias mit seinen Speisen ein. Er sah, was von der Frucht übrig war, und er staunte sehr, denn es handelte sich um eine Frucht, die nicht zur Jahreszeit passte. Er sagte zu ihr: „O Maria, was ist diese Frucht? Wer hat sie dir gebracht? Ich hatte doch die Tür versperrt und habe sie wie gewohnt vorgefunden." Sie antwortete ihm: ‚Mein lieber Zacharias, iss vom Vor-

rat Gottes, *denn Gott versorgt, wen er will, ohne Maß* (Sure 2, 212). Es ist Gabriel, der treue Geist, der sie mir gebracht hat.'

Da fühlte Zacharias, wie in seinem Herzen seine Liebe zu ihr wuchs. Er lobte und pries Gott und aß darauf von der Frucht. Er fand, dass sie einen Geschmack hatte, den er noch in keiner anderen erschaffenen Frucht gefunden hatte. Danach verschloss er die Tür und zog sich in seine ‚Kapelle' zurück, um dort Gott anzubeten. An dem Tag und zu der Stunde, die Gabriel, der treue Geist, vorausgesehen hatte, kam Maria zum Augenblick ihrer Niederkunft. Aus Furcht vor Zacharias und vor allem vor den Söhnen Israels *zog sie sich an einen entlegenen Ort zurück* (19, 22), *und begab sich zum Stamm einer Dattelpalme* (Sure 19, 23), die vertrocknet war, ohne Blätter und Saft, wohlbekannt bei den Leuten. Sie lehnte sich an die Palme und sagte: „‚*O, wollte Gott, wäre ich doch zuvor gestorben und vergessen und verschollen!*' (19, 23).

Gabriel, der treue Geist, war in der Nähe. Da *rief er ihr von unten her zu. „Bekümmere dich nicht. Dein Herr hat unter dir ein Bächlein fließen lassen*" (19, 24). [Die modernen Koranerklärer legen diese Worte in den Mund Jesu – wegen des ‚von unten' –, die mittelalterlichen islamischen Texte sind aber klar: Der da spricht, ist Gabriel.]

Und siehe, unter ihr war ein Platz, sich hinzulegen. Sie lobte Gott und verherrlichte seinen Namen. Dann rief Gabriel zum zweiten Mal:

‚Schüttele nur den Stamm der Palme in deine Richtung, so werden frische reife Datteln auf dich fallen. So iss und trink und sei frohen Mutes. Und wenn du einen Menschen siehst, so sprich: ‚Ich habe dem Allerbarmer ein Schweigen gelobt, darum will ich heute mit keinem Menschen reden' (Sure 19, 25–26).

Dann gebar sie Jesus – Gott segne und rette ihn – mit der schönsten Niederkunft, die eine Tochter Adams und Evas jemals hatte.

In dem Augenblick, als er aus ihrem Schoße herauskam, erhob Jesus seine Stimme und rief: ‚Es ist kein Gott außer Gott; Isa (Jesus) ist Gottes Geist und sein Wort.‘

Damit beruhigte Maria sich und dankte Gott, dem Erhabenen und Allmächtigen.

Während dieser Zeit hatte Zacharias ihr Fernsein von der ‚Kapelle‘ bemerkt. Sofort rief er den Söhnen Israels zu: ‚Maria ist verschwunden‘. Die Söhne Israels machten sich mit Zacharias auf die Suche.

Iblis (der Teufel, Satan) – Gott verfluche ihn! – ging ihnen voraus. Er begegnete einem der Hirten der Stadt, der vom Berg herab floh und ihn mit ängstlichem Gesicht und Furcht erfülltem Herzen entgegenkam. Iblis nahm nun die Gestalt eines ehrwürdigen Greises an und wandte sich zu ihm: ‚Was ist mit dir los? Ich sehe dich erschrocken, geängstigt, bleich?‘ ‚O ehrwürdiger Greis‘, erwiderte der Hirt, ‚was ich gesehen und geschaut habe, das hatte ich noch nie gesehen, seit ich erschaffen wurde. Schon lang bin ich auf dieser Welt und habe noch nie gesehen, was ich heute sah.‘ ‚Was hast du denn gesehen?‘ fragte ihn der Greis, ‚teil es mir mit.‘

‚Ich habe die Tore des Himmels offen gesehen und Engelscharen aus dem Himmel niedersteigen. Ich erblickte eine lichte Säule auf der Erde und den Bergen. Sterne sah ich vom Himmel herabkommen, vor einer Frau. Diese Frau war wunderschön strahlend und vollkommen. Sie hatte eben einen kleinen Jungen geboren unter der trockenen Palme, die wir alle kennen. Nun ich habe die Palme angeschaut und gesehen, dass sie wieder grün ist mit Blättern und Früchten. Das Kind, das aus ihrem Schoß gekommen war, erhob seine Stimme und rief: Es ist kein Gott außer Gott. Isa ist Gottes Geist und sein Wort.‘ Und sogleich hörte ich die Stimmen der Engel, die für ihn zeugten: Es ist diese übermenschliche Autorität, die mich mit Schrecken erfüllt hat.‘

Als Iblis diese Worte hörte, wandte er sich zu den Leuten um und sagte: ‚Söhne Israels, ihr müsst wissen, dass Maria, die mit Fasten unter dem wohlbekannten dürren Baum, eben ein Kind geboren hat. Dem Hirten da hat sie ein Kind geboren. Als die Söhne Israels das hörten, tat es ihnen leid. Der Dorfobere sagte: ‚Wenn wir sie finden, werfen wir Steine auf sie.‘ Die jungen Leute sagten: ‚Wenn wir sie finden, steinigen wir sie.‘ Die Mädchen sagten: ‚Wenn wir sie finden, peitschen wir sie mit Sträuchern.‘ Die Alten sagten: ‚Wir müssen Schande auf sie häufen.‘

Sie gingen also zu dem Ort, da sie sich befand und fanden sie mit Jesus, der in ihrem Schoß schlief. Sie sagten zu ihr: *‚O Maria, da bist du in etwas Unbegreifbares geraten. Schwester von Aaron, dein Vater war kein Bösewicht, noch deine Mutter eine Hure (19, 27–28).* Du hast Schlimmes getan und bist hierher gekommen, das wird dich aber nicht retten.‘

Sie sagte zu ihnen: ‚Ich habe nichts Schlimmes getan und bin nicht in Sünde gefallen. Fragt den Jungen, und er wird euch antworten, ob das etwas Erlaubtes oder Verbotenes war.‘ Sie antworteten: *‚Wie könnten wir mit einem Säugling sprechen?‘* (Sure 19, 30). Kann ein Neugeborenes etwa reden?

Maria gab ihrem Sohn ein Zeichen (19, 30), er solle zu ihnen sprechen. Da löste Gott Jesus die Zunge, und er sagte ihnen: Ich bin Isa Ibnu-Maryam (Jesus, Mariens Sohn). *‚Ich bin ein Diener Gottes. Er hat mir das Buch gegeben und mich zu einem Propheten gemacht. Und Er gab mir Seinen Segen, wo ich auch sein möge, und Er befahl mir Gebet und zakat, solange ich lebe; und ehrerbietig gegen meine Mutter (zu sein); er hat mich nicht gewalttätig und unselig gemacht. Und Friede war über mir an dem Tage, als ich geboren wurde, und (Friede wird über mir sein) an dem Tage, wenn ich sterben werde, und an dem Tage, wenn ich wieder zum Leben erweckt werde.‘ Dies ist Jesus, der Sohn der Maria – (dies ist) eine Aussage der Wahrheit, über die sie uneins sind. Es geziemt Gott nicht, Sich einen Sohn zuzugesellen. Gepriesen sei Er!*

Wenn er etwas beschließt, so spricht er: ‚Sei!' und es ist da. ‚Wahrlich, Gott ist mein Herr und euer Herr. So dient Ihm: das ist ein gerader Weg.'

Doch die Parteien wurden uneinig untereinander; wehe darum denen, die ungläubig sind; sie werden einen großen Tag erleben. Wie gut wird ihr Hören und Sehen an dem Tage sein, wo sie zu Uns kommen werden.'

Einige waren mit dem Geschehenen, mit dem Worten von Jesu Erwiderung, hoch zufrieden. Sie nahmen sie voll an. Andere aber bewarfen einander mit Steinen und verwundeten sich am Kopf. Jesus nahte sich ihnen, legte ihnen die Hand auf die Köpfe, und ihre Wunden wurden durch Gottes Kraft geheilt. Die gesagt hatten: ‚Wir peitschen sie mit unseren Stöcken', ihnen fielen die Stöcke aus den Händen. Die gesagt hatten: ‚Wir werden sie beschimpfen', ihre Zungen klebten am Gaumen so, dass sie nicht reden konnten'."

3.6.5. Jesus geht zur Schule und in die Lehre

„Er lebte, Gottes Willen gemäß bei seiner Mutter. Da sagte Maria eines Tages zu Jesus: ‚Mein Sohn, wenn du willst, lasse ich dich einen Beruf lernen, damit das Wissen dir nützt.' Er antwortete ihr: ‚Was du willst, meine Mutter, werde ich tun.'
Sie brachte ihn zu einem Lehrer, stellte ihm Jesus vor und sagte zum Lehrer: ‚Meister, könntest du meinen Sohn etwas lehren? Und so bilden wir ihn, Gott und du zusammen, denn er ist eine Waise und hat keinen Vater.'
Der Lehrer sagte zu ihr: ‚Gut, das tun wir, wenn Gott will. Wie heißt er?' Sie antwortete ihm: ‚Jesus'. Der Lehrer sagte zu ihr: ‚Lass ihn mir da', und so blieb Jesus im Hause des Lehrers."

Dieser Unterricht wird Jesus Gelegenheit bieten, als Prophet Gottes zu zeigen, dass er den geistlichen Sinn der ersten Unterweisung kennt. Er weiß die islamische Formel ‚Im Namen Gottes', den Anfang fast aller Suren oder Kapitel des Korans; fromme Muslime beginnen damit jegliches Werk (Essen, Reisen, Schriften, Reden) Zu Beginn seines Unterrichts will der Lehrer ihm die Formel beibringen, und der kleine Jesus erklärt ihm die Schönheit dieser Formel.

> „‚Der Lehrer sagte zu ihm: ‚Komm zu mir', und er stellte sich vor ihn hin. Und der Lehrer sagte zu ihm: ‚Mein Kind, sage: Im Namen Gottes.' Jesus antwortete: ‚Es gibt keine größere, ehrwürdigere Formel als diese: Im Namen Gottes. Wahrlich, diese Formel ist eine Arznei gegen jede Krankheit, ein Mittel gegen jedes Übel'."

Daraufhin lässt der Lehrer ihn das arabische Alphabet aufsagen. Jesus erklärt dabei den religiösen Sinn eines jeden Buchstabens mit Wörtern, die mit diesem Buchstaben anfangen (z. B. bei *álef* = Gott, Gott der Ewige. Bei *ba* = bahcha, Gottes Großzügigkeit usw.). Der spanische Text gibt den Text auf Arabisch wieder; er muss in Muslimkreisen sehr beliebt gewesen sein, um den Kindern die arabische Schrift beizubringen. Sollte es sich historisch bestätigen, dass die Schüler in Al-Ándalus das arabische Alphabet mit dieser Übung lernten, wäre dies ein weiterer Beweis dafür, wie wichtig Jesus seit frühester Kindheit als moralisches Vorbild der Muslime gewesen ist.

Was seine Lehrstelle betrifft, folgen wir dem Bericht des spanischen Textes. Er ist ausführlicher als das arabische Manuskript von *San Lorenzo* im *Escorial*. Man sieht schon Jesu Macht, Wunder zu tun, doch stets im Namen Gottes, als Mensch und Prophet, nicht als Gott.

> „Der Lehrer staunte über die Gewandtheit seiner Antworten und seinen Verstand bei solcher Jugend. Er erhob sich und küsste Jesus – der Friede sei mit ihm – auf den Kopf.
>
> Bald darauf besuchte seine Mutter den Lehrer und fragte ihn: ‚Lernt mein Sohn etwas?' Der Lehrer sagte zu ihr: ‚Dein Sohn weiß mehr als ich. Er ist es, der mich belehrt. Dein Sohn braucht keinen Lehrer. Er ist schon klüger als alle, die ich je kannte. Darum nimm ihn mit.' Seine Mutter ging mit ihm fort, brachte ihn zu einem Färber. Er war der beste Färber, den es zu jener Zeit gab. Maria sagte zu ihm: ‚Schau, das ist mein

vaterloses Kind. Ich möchte, dass du ihm etwas von deinem Beruf beibringst. Du wirst den Lohn bekommen, den Gott dir geben wird.' Der Färber sagte zu ihr: ‚Lass ihn unter meiner Aufsicht und ich lehre ihn den Beruf.' Daraufhin zog Jesus bei dem Färber ein, und er lehrte, was er zu tun habe. Jesus passte bei allem gut auf. Dann ging der Färbermeister wieder in seinen Laden. Sodann machte sich Jesus an die Kessel und Eimer, nahm alle Kleider im Laden und tat sie alle zusammen in die Kessel und Eimer. Das war ein Befehl Gottes, des Allmächtigen. Dann betete Jesus zu Gott – er sei gelobt. Gott erhörte sein Gebet, so dass die Leinenstücke mit der Farbe herauskamen, die sie haben sollten, denn Gott wollte den Leuten dieses Wunder zeigen.

Als der Färber zu dem Hause kam, wo die Kleider waren, fand er kein Gewand vor und schrie los: ‚Ach, Leute, kann jemand mir bei diesem Unglück helfen? Ich bin verloren.' Er meinte, ein Räuber habe ihm alles gestohlen, was im Laden war. ‚Meister', sagte Jesus, ‚schrei nicht! Man hat dir nichts gestohlen.' ‚Und wo sind die Kleider der Leute, die hier in den Kesseln und Eimern waren? Ach, welch ein Unglück hast du angestellt? Welch ein Verlust für mich! Die Kleider sollten verschiedene Farben haben, und du hast sie alle gleich gefärbt. ‚Nimm den Zipfel von irgendeinem Gewand, welches du willst', sagte Jesu, ‚und schau, welche Farbe sein Eigentümer bestellt hat, und du wirst es mit seiner passenden Farbe sehen.' Da nahm der Färbermeister eines der Gewänder und fragte nach seiner Farbe. Jesus tauchte seine gesegnete Hand ein und betete zu Gott, und jedes Kleid kam mit der Farbe heraus, die es haben sollte, mit den schönsten aller Farben. Als der Färber die Kleider herauskommen sah, jedes mit seiner Farbe, rief er aus: ‚O, gute Leute, ich habe noch keinen größeren Zauberer gesehen als diesen Jungen. So etwas habe ich noch nie gehört.' Als die Leute aus demselben Eimer die Kleider in so viel verschiedenen Farben herauskommen sahen, verständigten sie sich miteinander. ‚Gehen wir zum Fluss und waschen sie. Wenn es sich um Hexerei handelt, werden die Farben verschwinden und die Kleider dieselbe Farbe wie vorher haben. Das müssen wir tun.‘

Schnell liefen sie mit all den Leinenstücken zum Fluss. Je mehr sie dort aber wuschen, umso strahlender traten die Farben hervor. Voller Staunen sagten sie: ‚Wenn wir diesen Hexer und seine Mutter nicht aus der Stadt werfen, werden wir alle mit ihren Hexereien angesteckt und selber Hexer. Deshalb nahmen sie Jesus und seine Mutter und verwiesen sie aus der Stadt‘.“

Wir stoßen hier auf ein Echo der jüdischen Einwände gegen Jesu Wunder; sie schrieben sie meist seiner in Ägypten erlernten Zauberkunst zu.[316]

3.6.6. Jesus und der Tod Mariens

Der spanische Text fährt mit Marias Lebensbeschreibung fort. Bei Jesu öffentlichem Leben, seinen Predigten und seinem Tod ist sie nicht dabei. Es wird angenommen, dass sie zuvor während Jesu ganzer Jugend mit ihrem Sohn in einem frommen, zurückgezogenen Dasein, wie auch schon zu ihrer eigenen Jugendzeit lebt.

(Nach der Vertreibung aus der Stadt) „ging Jesus mit seiner Mutter fort, um Gott, dem Allerhöchsten aufs best Mögliche zu dienen. Als sie sich von jenem Ort entfernten, siehe, da gelangten sie in einer gebirgigen Gegend zu einem überaus hohen Berg. Dem näherten sie sich und stießen an seinem Fuß auf eine Höhle. Jesus fand dort gute zarte Kräuter, brachte sie seiner Mutter und sie aßen davon. Danach bereitete Jesus einen Raum, wo seine Mutter Gott dienen konnte. Auch für sich machte er einen. So dienten sie Gott, jeder in seinem Raum. Wenn die Nacht kam, diente Jesus in seinem Raum und seine Mutter im anderen.

Gegen Mitternacht besuchte Jesus seine Mutter. Er fand sie schlafend. Jesus dachte es zumindest. Als er sie so sah, rief

Jesus sie an: ‚Gott sei Lob, Mutter, Gott segne dich bei diesem Schlaf, denn noch nie habe ich dich soviel schlafen gesehen.‘

Jesus kehrte zu seinem Gottesdienstraum zurück bis zum Morgen. Dann besuchte er seine Mutter wieder und fand sie, wie er sie zuvor verlassen hatte. Er sagte zu ihr: ‚Steh auf, Mutter, das Morgenrot ist schon da. Noch nie habe ich dich mit solchem Schlaf gesehen.‘

Sie war tot. Und Gott gab Jesus dieses Leid beim Sterben seiner Mutter. Er nahm sie auf die Schultern und trug sie zur Beerdigung. Doch als die Sonne aufging, erblickte er am Fuß des Berges Leute der Söhne Israels. Er wandte sich an sie, damit sie ihm hülfen, seine Mutter zu begraben und für sie beteten. Mit ihr um den Hals näherte er sich ihnen und sagte: ‚Helft mir meine Mutter begraben, denn ihr ist der Tod widerfahren.‘

‚Bist du, der ins Land Jemen verbannte Zauberer?‘ fragten sie ihn. Sie schickten sich an, Steine auf ihn zu werfen. Als Jesus das sah, floh er weit von ihnen und kehrte zum Fuß der Berge zurück. Er dachte an seine Mutter. Da hörte er eine Stimme vom Himmel: ‚(O Jesus, Geist Gottes) leg deine Mutter nieder und lass sie hier, denn die Huris (= Jungfrauen) des Paradieses kommen, um ihren Leib zu reinigen.‘

Sofort ließ Jesus – der Friede sei auf ihm – sie da und entfernte sich von dem Ort. Bald darauf sagte eine Stimme vom Himmel zu ihm: ‚Jesus, kehre zu deiner Mutter zurück und verrichte für sie die Gebete.‘ Jesus kehrte zurück und betete für sie zusammen mit den Engelscharen, deren Zahl Gott allein wusste – Er ist der Allerhöchste. Daraufhin begrub er sie, und Gott ebnete die Erde über ihr. Jesus seinerseits lobte Gott mit vielen Preisungen.“

In diesem Bericht der Trauerriten erkennt man die muslimische Begräbnisweise: die Einladung an die Nachbarn zum gemeinsamen Gebet, die ehrfürchtige Reinigung von Marias Leib durch Paradiesesfrauen, Jesu Gebete nach dem Begräbnis usw.

Damit schließt diese Biografie Marias. In ihrem schlichten Stil ist sie beispielhaft dafür, was die mittelalterlichen Muslime in Al-Ándalus und anderen islamischen Ländern über Jesu Mutter dachten.

3.7. Jesu Leben und Tod, seine Wunder und seine Sendung

Wir haben schon gesehen, wie Jesu und Marias Leben im Koran und den ihn ergänzenden islamischen Berichten aufs innigste verbunden sind. Die Kindheitserzählungen Jesu und Mariens gleichen einander. Das Leben beider islamischer Heiliger hat nach dem Koran denselben religiösen Sinn: Wunderbares Zeichen von Gottes Macht zu sein. Beide sind als Glaubensvorbilder Gott untertan. Sie künden in gewisser Weise Muhammads Ankunft an.

Nach Marias Tod kann Jesus sich ganz seiner Pflicht widmen, die ihm aufgetragene göttliche Botschaft zu predigen. Er tut es mit wenig Erfolg. Er versucht, seine jüdischen Mitbürger durch Wunder zu überzeugen – Jesus sollte nur erst den Kindern Israels predigen, nicht der ganzen Menschheit, wie Muhammad, so die islamische Vorstellung. Dann klagt man ihn der Hexerei an. Iblis, der Teufel, täuscht die Juden und lässt Jesu Jünger seine Botschaft fälschen. Zuletzt ist Jesus verschwunden. Dies sind in groben Zügen die wichtigsten Ereignisse der zweiten Hälfte von Jesu Leben nach der Kindheit und Jugend bei seiner Mutter Maria.

In Streitschriften wird gegen die Kindheitserzählungen der christlichen Evangelien Stellung genommen. Allerdings kannte die Mehrheit der Muslime in Al-Ándalus außer in der Spätzeit die Bibelstellen gar nicht, die von den gelehrten muslimischen Theologen widerlegt wurden. Wichtig ist, dass damit die Unsinnigkeiten der christlichen Bücher bewiesen werden sollten, ähnlich wie wir es schon beim jüdischen Jesusbild sahen und wie bei den Feinden des Christentums zu allen Zeiten.[317] Im Unterschied zu den jüdischen Autoren richtet sich die islamische Kritik jedoch nur gegen die christlichen Verfasser, nicht gegen die Gestalt Jesu.

Abdallah At-Tarchuman/Anselm Turmeda im 15. Jh. z.B. geht rationalistisch vor, wenn er den Bericht über König Herodes und die

Sterndeuter unsinnig findet, die aus dem Orient gekommen seien, um das Jesuskind anzubeten (Mt 2,1–23):

> ‚Hätte Herodes Angst vor diesem Neugeborenen gehabt oder eine Untersuchung anstellen wollen, so hätte er mit den drei Magiern einen seiner Ratgeber mitgeschickt, der sich vollkommen über alles erkundigt und ihm das Ergebnis seiner Nachforschung mitgeteilt hätte.‘[318]

3.7.1. Jesu Namen und Titel

Neben dem zeitlichen Ablauf von Jesu Leben gibt es für seine Biografie auch noch eine zeitlose Quelle: seine Namen und Titel nach der islamischen Tradition. In gewissem Sinne legen sie fest, wer er war und wie er gelebt hat.[319] Diese Titel stammen vor allem aus dem Koran und haben zu zahlreichen muslimischen und nicht-muslimischen Untersuchungen geführt, mit zuweilen gegensätzlichen Ergebnissen. Mindestens die Haupttitel Jesu müssen wir erwähnen, samt ihren üblichen Ausdeutungen, nur so lässt sich das Bild dieser religiösen Persönlichkeit im Zusammenhang des islamischen Glaubens umfassend verstehen, nämlich der Platz seiner Botschaft innerhalb der islamischen Heilsgeschichte.

Die Namen müssen auch erklärt werden, sonst würde sich der Leser/die Leserin leicht täuschen, ist er/sie doch an den christlichen Sinn solcher Wörter gewöhnt.[320]

Jesu arabischer Name *Isa*, ausgesprochen fast wie *Aisa*, ist vom ursprünglich aramäischen Namen ziemlich verschieden. Aus ihm ist durch die griechische und lateinische Form hindurch schließlisch unser ‚Jesus‘ geworden. Auch vom Hebräischen ist dieser arabische Name verschieden, sogar von dem arabischen Namen, den heute die arabisch-sprachigen Christen verwenden (*Yasú*). Man kann nicht genau wissen, wie die arabisch-sprachigen Christen von Al-Ándalus, die Mozaraber oder Arabisierten, Jesus auf Arabisch nannten; die wenigen Texte, die auf uns kamen, sind im Allgemeinen lateinisch und die arabischen sind vielfach verändert worden.

Eine Theorie erklärt die Verschiebung des islamischen Jesusnamens zu Isa mit einer verächtlichen Umformung jüdischen Ursprungs: Er soll von *Esau* kommen (aus Edom, wie [s.o.] die Christen genannt wurden.) Philologisch scheint diese Erklärung jedoch kaum begründet. Vielmehr hat der koranische Name *Isa* nichts Abwertendes, weder allgemein im Arabischen, noch im Koran und anderen muslimischen Texten.

Der ‚Nachname' Jesu ist *Ibnu-Maryam*, ‚Sohn Mariens'. Er steht häufig im Koran, entweder allein oder nach dem Eigennamen Isa (Isa Ibnu-Maryam). *Al-Masih* ist ein anderer Name Jesu. Er wird im Folgenden eigens erläutert.[321]

Im Koran heißt Jesus arabisch *nabí* und *rasul* , d. h. Prophet und Gesandter Gottes. Beide Titel kommen Muhammad zu und auch anderen, die den beiden gemäß der islamischen Heilsgeschichte vorangegangen sind. Es sind Jesu wichtigste Titel. Sie beschreiben seinen göttlichen Auftrag in der Geschichte der Menschheit, im Stamm der Propheten auf Muhammad zu, laut der Offenbarung des Korans.

Das Beiwort *wachih* wird im Koran einmal auf Jesus angewandt, es bedeutet an sich ‚wichtig', die Ausleger des heiligen Textes wenden es auf Jesus an mit dem Sinn, ‚bedeutsam in dieser und der anderen Welt'.

Der Begriff *mubárak*, gesegnet, ist eindeutig. Die Muslime bezeichnen damit oft heilige Personen, auch ihre verschiedenen Körperteile und sogar ihren Besitz. Die muslimischen Autoren der Halbinsel verwenden dieses Eigenschaftswort vor allem, um von Muhammads Körperteilen zu sprechen. Sie übersetzen es oft nicht einmal in spanischen Texten (*su mano mubáraka* – seine gesegnete Hand; *su dedo mubárak* – sein gesegneter Finger).[322] Kein Wunder also, dass man es auf Jesus anwendet. Manche haben vermutet, das Wort bedeute ‚Träger des Segens' (*báraka*). Dieser Sinn ist nicht auszuschließen, besonders bei Jesus, dem großen Wundertäter, so der Islam. Manchmal tat er die Wunder, indem er Kranke mit der Hand berührte, um sie zu heilen oder sogar Gebeine oder Totenschädel , um sie aufzuerwecken, wie wir sehen werden.

Der Koran nennt Jesus auch einen *min al-muqarribín*, = einer von denen, die Gott nahe sind (Sure 3, 45). Dieser Titel kommt auch anderen Heiligen zu. Bei Jesus trifft er islamisch besonders zu, weil er nicht gestorben sei, sondern zu Gott erhöht worden ist, um vor dem letzten Gericht zur Erde wiederzukehren.

Jesus, der *Abd-Allah / Abdullah / Abdallah*, ‚Diener Gottes': Das sagt er selbst schon seit seiner Geburt (Sure 19, 31). Dieser Titel lässt ihn zu den Heiligen des Paradieses gehören, schließt aber ein Nein zu seiner Gottheit ein, ganz im Einklang damit, was der Islam von Jesus glaubt:

> „Siehe, er war nur ein Diener, dem Wir Gnade erwiesen hatten, und wir machten ihn zu einem Beispiel für die Kinder Israel" (43, 59).

> „Doch Gott bezeugt durch das, was Er zu dir herabgesandt hat, dass Er es mit seinem Wissen sandte; und die Engel bezeugen es … Wahrlich der Messias, Jesus, Sohn der Maria, ist nur der Gesandte Gottes und Sein Wort, das er Maria entboten hat und von Seinem Geist" (Sure 4, 166. 170).

Dreimal wird Jesus im Koran *kálima* (*Wort* oder *kálimat-Allah, Wort Gottes*) genannt, jedesmal in anderem Zusammenhang (3, 39; 3, 45; 4,171). Selbstverständlich darf man darunter nicht im christlichen Sinn das göttliche *WORT* verstehen, wie das in einigen Übersetzungen irrtümlich geschehen ist. Es geht vielmehr um eine wirksame Tat oder Lehre wie die Offenbarung des Koran. Die muslimischen Ausleger kennen manchmal die Reichweite der christlichen Spekulationen über Gottes inneres Wesen, die sich in den Begriffen ‚Göttliches Wort' oder ‚Zweite Person der Dreifaltigkeit' ausdrücken und neigen deshalb dazu, *kálima* lediglich als ‚Tat Gottes nach außen' zu interpretieren. Jesus wäre Kraft dieses Titels also ein ‚Ausdruck Gottes', ‚Sprachrohr Gottes', als Prophet und Bote Bringer seiner Offenbarung. Auch *qawl al-haqq* ist er, ‚Wort der Wahrheit', insofern alles wahr ist, was er als Lehre übermittelt (Sure 19, 34).

Eben diese Sorge der muslimischen Ausleger angesichts der christlichen Dreifaltigkeitsspekulationen hat zum Titel *ruh Allah*, ‚Geist Gottes' (Sure 4, 171) zahlreiche Kommentare hervorgebracht, immer mit der Tendenz, die Bedeutsamkeit dieses Titels abzuschwächen, ihn zu trivialisieren.[323] Jesus ist ‚Geist', weil er den Toten Leben gibt und die Herzen neu bestärkt, weil sein Ursprung eine Art Hauch ist, den Gott in Mariens Schoß gesät hat: ein Gott-geschaffenes Leben; weil er sehr geistlich und rein ist, engelgleich usw.

Alle diese Titel sind eher Eigenschaften oder Beiwörter. Anfügen ließe sich, dass Jesus ein ‚Wunderzeichen' ist wie Maria, ein ‚Zeichen für das Weltall', obwohl das ‚Zeichen' eher in seiner außerordentlichen Geburt liegt. Er ist auch ein ‚Vorbild für die Kinder Israels' (Sure 43, 59), eine ‚Gnade' oder Gabe für die Menschen. Er ist ‚rein', d. h. ‚sündlos', gehört zur ‚Zahl der Gerechten' und ist ‚Zeichen des Jüngsten Gerichtes' (Sure 43, 61).

Alle diese Eigenschaften umgreifen Jesu gesamte Biografie. Sie zeigen die Hochschätzung des Koran und der ihm folgenden Muslime für *Isa Ibnu-Maryam*, sowohl in Al-Ándalus wie im Rest der muslimischen Welt.

Außer den koranischen Titeln lassen sich noch einige andere aufzeigen, die von den Muslimen aus verschieden Gründen auf Jesus angewandt worden sind. Sehr indirekt nannte man ihn *Nasrani*, den Mann aus Nazareth, da nach diesem Wort auch die Christen bezeichnet werden, die sich Nachfolger Jesu, des Nazareners, nennen.[324] Doch ist das ein polemischer Titel. So nennt man ihn, um die Christen nicht für *masihiyyún* zu halten, also ‚die dem Messias folgen' (wie sie sich selbst nennen): Haben sie sich doch nach Ansicht der Muslime von der wahren Lehre des Messias-Jesus getrennt. Der Begriff *Nasrani* bedeutet den Muslimen eher die ‚Leute von Nazareth', wo das von gewissen Jüngern Jesu entstellte Christentum entstand.

Jesus ist auch *Mahdi*, ‚Führer auf gutem Weg', der alle an den einen Gott Glaubenden bei seiner zweiten Ankunft vor dem Jüngsten Gericht einigen wird. *Ibn-Jaldún*, tunesischer Geschichtsschreiber andalusischen Ursprungs, erklärt so den Umschwung in der Religionspolitik des Almohaden-Kalifs *Al-Mamún*, dessen Herrschaft sich im 12./13. Jh. von Valencia bis Tripolis erstreckte:

> ‚Nennt *Ibn-Tumart* (den Gründer der Almohadenbewegung) nicht ‚sündlosen Imam' oder Mahdi. Es gibt keinen anderen Mahdi als Jesus.'[325]

Die Mystiker geben in ihrer Sondersprache Jesus andere Titel, in Beziehung auf seine Heiligkeit, seine ‚passiven' Tugenden wie Demut und Armut, und seine Fähigkeiten, auf passiven Wegen Gott zu erlangen. So heißt er ‚Pol der Heiligkeit', ‚Endgültiges Siegel der absoluten Vermittlung', ‚Siegel der Heiligkeit'.

Alle diese Titel zeichnen klar das islamische Jesusbild. Diese Eigenschaften zeigen sich dann im Verlauf seines ganzen Lebens und erklären, was nach den muslimischen Biografien im Einzelnen geschieht.

3.7.2. Jesus, Al-Masih, im arabischen und Muhammad, der Messias, im europäischen Sprachraum

Al-Masih, ein weiterer Name Jesu, wird im Koran elf Mal auf Jesus angewandt[327]. Die Übersetzung Messias wirft zahlreiche Verständnisprobleme auf, denn der Messiasbegriff hat sowohl im Judentum (das Jesus diesen Titel bestreitet) wie auch im Christentum einen recht genauen Sinn.

Im Prinzip nimmt der Koran diesen messianischen Titel für Jesus in Anspruch, gegen die Juden, wie er überhaupt Jesus und Maria gegen jüdische Angriffe in Schutz nimmt. Das heißt aber nicht im mindesten, dass der Koran unter dieser Bezeichnung das verstünde, was die Christen im Neuen Testament lesen. ‚Masih' bedeutet den Muslimen überhaupt nicht jene Heilsgestalt für die ganze Menschheit. So würde er ja mehr als der den Juden gesandte Prophet, höchstens wurde er als ‚Erlöser Israels' gesandt.[328]

In einem spanischen Text, den ein aus Spanien verbannter Muslim schrieb, – er kannte den christlichen Sinn des Wortes Messias – wird dieses Wort deshalb nicht direkt gebraucht. Selbstverständlich bestreitet er Jesus nicht den Koran-arabischen Titel ‚Al-Masih', doch erklärt er ihn mit der Formel ‚der evangelische Messias Christus'.[329] Das lässt sich so erläutern: ‚Al-Masih, der von den christlichen Evangelien Messias Christus genannt wird'.

Seltsamerweise lehnt auch das *Barnabas-Evangelium*[330] den Messiastitel für Jesus ab, zur Verwunderung der Islamologen, weil ein so islamisierender Text doch in diesem Punkt dem Koran zu widersprechen scheint.[331] Aber dieser und andere spanische Texte stellen überdies fest, dass der von den Juden erwartete und für die Christen schon erschienene Messias eigentlich Muhammad, der Prophet des Islam ist: ‚Der Messias, verheißen in der Tora und im Evangelium Tröster, ist der Gesandte Muhammad – Gott verherrliche seine Vollkommenheit.'[332] In dem langen geistlichen Gesang von *Ibrahim Taybili* (mit fast 5000 Versen) wird dieselbe Idee ausgedrückt:

> „Der im Gesetz verheißene Messias, d. h. der Heilige, Allvollkommene und auserwählte Prophet, das gerechteste und vollkommenste Geschöpf von allen, die geschaffen wurden und gekommen sind, den diese ganze Maschine (das Weltall) verehrt: Muhammad, der erwählte Gesandte aus allen Gesandten, die gekommen sind."[333]

Auch das Barnabas-Evangelium enthält ausführliche Darlegungen über den Messiascharakter, den Jesus selbst für Muhammad beansprucht, der nach ihm kommen soll.[334] Die Kapitel 43 und 44 der spanischen Fassung dieses islamischen Evangeliums erläutern Muhammads Messianität.[335]

> „Andreas sagte: ‚Meister, du hast uns viel vom Messias gesagt, aber nicht klar alles'. Die anderen Jünger sprachen ebenso.
>
> Jesus sagte: ‚Jeder, der ein Werk tut, richtet es nach dem Ziel aus, das ihm wohlgefällt. Ich sage euch aber, in Wahrheit, Gott ist vollkommen und braucht kein Wohlgefallen, denn er selbst ist sein Wohlgefallen. Und da er wirken wollte, schuf er vor jedem Geschöpf die Seele seines Gesandten (besonders herausgehoben versteht sich Muhammad, den Jesus vorhersagt, durch welchen er alles zu schaffen beschloss, damit die Geschöpfe in Gott Freude und Glück fänden und sein Gesandter in allen Geschöpfen Wonne fände, die er zu seinen Dienern bestimmte) …
>
> Ich sage euch in Wahrheit: alle Propheten, die gekommen sind, kamen jeweils nur zu meinem Volk (…); ihre Reden wurden dort allein verstanden, wohin sie gesandt waren. Wenn aber Gottes (letzter) Gesandter kommen wird, wird er ihn senden als das Siegel seiner Hand, so dass er Heil und Barmherzigkeit allen Völkern der Welt bringen wird, die seine Lehre annehmen (…) Denn so hat Gott es Abraham versprochen: In deinem Samen will ich die Stämme der Erde segnen. Wie du

die Götzenbilder zertrümmert hast, o Abraham, so wird dein Same es tun.

Jakob erwiderte: ,O Meister, sag uns, auf wen geht diese Verheißung? Denn zwischen Juden und Ismaeliten (= Arabern, Muslimen) herrscht Wettstreit, weil unser Volk sagt: In Isaak, denn Isaak war Jakobs Vater, und Jakob von Juda, und daher David.

Jesus sagte: ,Wenn Davids Bote kommt, von welchem Stamm wird er kommen?' Die Jünger antworteten: ,Von David.' Jesus sprach: ,Ihr täuscht euch. Denn David sagt im Geiste: Gott sprach zu meinem Herrn: Setze dich zu meiner Rechten, so dass ich dir deine Feinde zu Füßen lege. Gott wird deinen Stab erhöhen, dass er herrschen wird mitten unter deinen Feinden. Wäre der Bote, den ihr Messias nennt, Davids Sohn, wie sollte David ihn Herr nennen? Glaubt mir: Wahrlich, ich sage euch: Die Verheißung geht auf Ismael, nicht auf Isaak.' Die Jünger sagten: O Meister, im Buch Mose steht geschrieben, dass die Verheißung an Isaak erging. Mit einem Seufzer antwortete Jesus: ,Das steht geschrieben. Doch weder Moses noch Josua schrieb es, sondern unsere Rabbiner, die Gott nicht fürchten. Wahrlich, ich sage euch: Wenn ihr die Worte Gabriels überlegtet würdet ihr die Bosheit unserer Lehrer einsehen, denn der Engel sagt: O, Abraham, die ganze Welt soll erkennen, wie Gott dich liebt. Und damit die Welt deine Gottesliebe kenne, ist gewiss notwendig, dass du etwas aus Liebe zu Gott tust.'

Abraham erwiderte: ,Hier ist dein Diener, bereit, alles zu tun, was Gott will. Sodann sprach Gott: Abraham, nimm deinen erstgeborenen Sohn Ismael und gehe auf den Berg und opfere ihn. – Wie wäre Isaak der Erstgeborene, wenn bei seiner Geburt Ismael sieben Jahre alt war? Da sagten die Jünger: ,Da sieht man die Lüge unserer Lehrer und so sag uns die Wahrheit, denn wir wissen, dass du von Gott gesandt bist.' Jesus antwortete: ,Wahrlich, ich sage euch, Satan samt seinen Heuchlern und Übeltätern hat das göttliche Gesetz auszulöschen versucht mit der Irrlehre der einen und dem bösen Leben der anderen. Derzeit ist alles verdorben, so dass man die Wahrheit kaum findet'."[336]

Jesu ,volkstümliche' Biografie, die in diesem Buch reichlich verwendet wird, erklärt am Ende von Jesu Lebensbericht auf Spanisch und Arabisch den etymologischen Sinn des Wortes *masih* mit dem Hinweis auf die arabische Wurzel, die etwa *salben, reiben, fegen, reinigen* bedeutet: ,der Kinder und Kranke berührte, um sie zu heilen'.

In der Tat sollten wir bedenken, dass *Al-Masih* in erster Linie ein Eigenname Jesu ist, ohne besondere Bedeutung und wahrscheinlich ohne die Wichtigkeit, welche Koranerklärer, muslimische wie christliche, diesem Wort vielfach beimessen.

Wenn der arabische Titel *Al-Masih*, obwohl er im Koran steht, vom Barnabas-Evangelium und anderen spanischen Moriskentexten abgelehnt wird, dürften die Muslime eigentlich die christliche Entsprechung ,der Messias' meinen, weil sie etwas anderes bedeutet. [337]

Ich glaube, man kann diesen tatsächlichen oder scheinbaren Widerspruch (Jesus mit dem Koran *Al-Masih* zu nennen, ihm dem Titel ,Messias' aber streitig zu machen, weil der für Muhammad vorbehalten wird) nur damit erklären, dass die Morisken eben beide Sprachen, Arabisch und Spanisch, kannten und in beiden religiösen Kulturen lebten, der christlichen, wie der islamischen. Somit kannten die Autoren dieser Schrift zum einen den Sinn von *Al-Masih*, wie der Koran Jesus nennt, zum anderen auch die Reichweite, die der Messiastitel in einem spanischen oder italienischen Text laut jüdischer und christlicher Auffassung haben musste. Diese Reichweite war dem islamischen Glauben völlig unannehmbar.[338]

Dies bestätigen Studien wie die von *A.G. Wiegers*, der die Messias-Begriffe der arabischen und der christlichen Sprachen miteinander verglichen hat.[339] So gibt es erhebliche Abweichungen zwischen *Masih* und *Messias*. Die Bedeutung ,Messias' im christlichen Sinn steht eigentlich Muhammad zu, wie viele Autoren der Iberischen Halbinsel betonten.[340]

Es wäre also besser, Jesu Titel *Al-Masih* unübersetzt zu lassen und weder als Messias noch als Gesalbten wiederzugeben. Weil das arabische Wort *masaha* soviel wie ,streicheln, massieren, reiben, fegen, salben' bedeutet, schlossen einige Erklärer, dass man Jesus diesen Namen oder Titel gegeben habe, weil er ,die Leute streichelte', um sie zu heilen. Die arabisch-spanische Biografie Jesu, die wir hier vorstellen, beschließt den Lebensbericht dieses islamischen Propheten mit einer Zusammenfassung wahrscheinlicher Ursprünge seines Namens *Al-Masih*:

> „Man nannte ihn Al-Masih, weil er während seiner Zeit in dieser Welt Kindern den Kopf salbte, um sie zu heilen. Andere sagen auch, weil er mit Gottes Erlaubnis seine Hände über Blinde und Lahme hinstreichen ließ, um sie zu heilen. Man sagt auch, dass er Al-Masih heißt, weil er es ist, der den falschen Al-Masih Al-Dachchal töten wird (‚den Betrüger', islamisches Gegenstück zum Antichristen der Geheimen Offenbarung der Christen, der vor dem Weltgericht die Erde zu beherrschen versucht).[341]

3.7.3. Die Wichtigkeit von Jesu Kindheit in der islamischen Biografie

Eine scheinbar zweitrangige Tatsache fällt bei den islamischen Lebensberichten über Jesu auf: Das Übergewicht seiner Kindheit. Von einundachzig Versen über Jesus beziehen sich dreiundfünfzig auf die Kindheit, neunzehn auf das öffentliche Leben und neun sind zeitlos. Ungefähr dasselbe Verhälnis findet sich bei den muslimischen Geschichtsschreibern: *Ibn-Jaldún* (14./15. Jh.) widmet der Kindheit Jesu etwa zehn Seiten, „während der Abschnitt, der vom öffentlichen Leben handelt, sich über knapp zwei Seiten erstreckt".[342]

Dieses Verhältnis, so anders als in den Evangelien und übrigen christlichen Schriften, hat durchaus seine Bedeutung. In der Tat ist der Jesus des Islam vor allem ein Erwählter Gottes. Das will der Nachdruck besagen, der auf seine wunderbare Geburt und Kindheit gelegt wird. Seine Lehre und sein öffentliches Leben beschränken sich auf eine kurze, von Wundern bekräftigte Darlegung ähnlicher Lehren wie im Islam. Sein Tod, der abgestritten wird, hat keinerlei Wichtigkeit. Jesu Leben und Lehre kommt insgesamt so gut wie nicht in Betracht, verglichen mit den zahlreichen wichtigen Ereignissen im Leben des erwachsenen Muhammad und mit seiner so umfassend und fein durchgebildeten Lehre. Es ist genau umgekehrt wie im Christentum. Da sind Jesu Leiden und Tod das Heilbringende, seine Lehre während seines öffentlichen Lebens ist der Weg, dem seine Gläubigen folgen sollen, um das Heil zu erlangen. Die Kindheit ist bloß die Vorbereitung auf seine Sendung. Das Missverhältnis bei der Behandlung der drei Teile von Jesu Lebensweg (oder einfach ihr je besonderes Verhältnis) hat im Islam auch eine theologische Bedeutung: Die Kindheit ist Gottes wunderbares Zeichen für ihn; das öffentliche Leben ist einfach seine Rolle als Muhammads Vorläufer, der Tod wird geleugnet. Seine Namen verstärken nur diese beiden Bilder (des Gotteswunders und des Vorläufers von Muhammad). So wird Jesus vom Islam angeeignet (wobei sein Bild im Vergleich zur christlichen Vorstellung allerdings schrumpft), in die islamische Prophetie einbezogen; nur von diesem Aneignungsprozess aus lässt das Jesusbild der Muslime sich verstehen.

Solche Grundtendenz nimmt der Kindheit Jesu nichts von dem religiösen Wert, den der Islam ihr beimisst. Diese wunderbare Geburt und Kindheit sind nach dem großen andalusischen Mystiker *Ibn-Árabi von Murcia* der Ursprung von Jesu Heiligkeit, darum kann er ‚Gipfel der Fürsprecher' heißen, ‚Endsiegel der Inhaber des vollkommenen Wissens', ‚Vorbild der Mystiker'.[343]

Die Wunder vor, während und nach seiner Geburt offenbaren seine Erwählung durch Gott. Er bricht bereitwillig alle Naturgesetze, um seinem Erwählten zu helfen, seine göttliche Sendung und Botschaft zu bekräftigen, d. h. eigentlich Muhammad zu helfen, seine göttliche Sendung und Botschaft zu bekräftigen.

3.7.4. Bericht über Jesu öffentliches Leben

Was die Christen Jesu öffentliches Leben zu nennen pflegen, umfasst seine Predigttätigkeit bis zu seinem Tod, nach den Evangelien etwa drei Jahre. Die islamischen Texte sind viel kürzer und bringen vor allem einige Wunder, die Jesu Lehre bekräftigen. Diese Lehren schrumpfen auf Glaubensbekenntnisse im islamischen Stil zusammen, sowie auf einige asketische Erwägungen über die Heiligkeit dieses irdischen Lebens.

Der Geschichtsschreiber *Ibn-Jaldún* ist ein gutes Beispiel des knappen Charakters dieses Teils der islamischen Jesus-Biografie:

„Jesus stellte die Vorschriften über Gebet, Fasten und Opfer auf, erlaubte einige Dinge und verbot andere. Das Evangelium kam auf ihn herab. Er tat auch außerordentliche Wundertaten. Sein Ruhm breitete sich weithin aus. Viele Söhne Israels folgten ihm. Die Führer der Juden hatten Angst um ihre Religion und beschlossen, ihn töten zu lassen."[344]

Auf diese kurze Mitteilung folgt eine Zusammenfassung des letzten Abendmahls und der Passion gemäß den Evangelien, wobei jedoch, nach dem Koran, der Gekreuzigte durch einen anderen Mann ‚ersetzt' worden sei. Das ist alles. Es handelt sich offensichtlich um den Text eines Historikers, der stets die verfügbaren Quellen nutzt und zusammenfasst, während er zugleich die Glaubenswahrheiten des Koran berücksichtigt. Weil Koranverse über diesen Lebensabschnitt Jesu fehlen, deshalb sind die islamischen Texte darüber so kurz. Jesu öffentliches Leben beginnt, gemäß der beschriebenen spanischen Biografie aus dem 16./17. Jh., beim Tod Marias. Für die islamische Tradition steht fest, dass Maria keinen Mann hatte und außer Jesus keine Söhne, sodass er bei ihr zu leben hatte, da es undenkbar ist, dass eine Frau ohne Mann lebt, der bei ihr ist und ihr hilft. Maria musste mithin verschwinden, damit Jesus sich voll seinem Leben als Prophet und Gottes Bote weihen konnte.

Dieses öffentliche Leben umfasst vor allem Lehren, mit eher begrenztem Erfolg, und Wunder Gottes zu seinen Gunsten nach dem islamischen Prophetenschema.

„Nachdem er sie begraben hatte, kehrte Jesus zu den *Banu-Israel* (= Söhne Israels) zurück und weilte bei ihnen, indem er sie ermahnte und zum Dienst Gottes rief, des Geehrten, des Edlen.

Er sprach mit den Kindern und riet, was sie im Inneren ihrer Häuser aßen und was sie mit ihren Eltern zusammen taten. Dies tat er, um sie zum Dienste Gottes einzuladen (solche Wunder Jesu sind in der islamischen Tradition sehr bekannt, wie auch das Erraten der Krankheit eines Kindes, das man vor ihm versteckt hat). Daraufhin nahmen die Kinder Israels ihre Kinder und versteckten sie in einem Haus. Sie dachten, wenn

Jesus sie nicht findet, könnte er nicht mit ihnen sprechen und ihre Herzen nicht verderben. Als Jesus die Kinder suchte, fand er sie nicht. Da wandte er sich zu dem Haus, wo man sie verborgen hatte. Er blieb an der Tür stehen und sagte zum Eigentümer des Hauses: ‚Mach die Tür auf! Ich will sehen, wer im Haus ist.' ‚Du wirst nur Schweine finden', sagte der Hauseigentümer. In diesem Augenblick betete Jesus zu Gott, er möge sie in Schweine verwandeln und alle, die im Hause waren, wurden zu Schweinen durch die Macht Gottes, des Geehrten, des Edlen. Dann machte er die Tür auf und alle kamen in Schweinsgestalt heraus.'

Daraufhin hörten die Leute ihm zu. Er predigte ihnen eine ganz und gar islamische Lehre:

‚Folgt Gott und sagt, dass es außer ihm keinen Herrn gibt, dass er euch geschaffen hat, euch und alles, und dass ihr zu ihm umkehren müsst. ‚Welches sind deine Wunder und deine Zeichen, die du uns lehren wirst?' ‚Ich will Gott, meinen Herrn bitten', antwortete Jesus ihnen, ‚dass jeder, der eine Krankheit hat, welche auch immer es sei, sogleich geheilt werde. Ich werde machen, dass der Stumme und der seit einem Tag Neugeborene sprechen kann, mit der Erlaubnis Gottes, meines Herrn.' ‚O Jesus', sagten sie zu ihm, ‚Wann wirst du uns sehen lassen, was du uns da sagst?' ‚Jetzt', sagte Jesus, ‚heile ich die Lahmen, die Blinden und Aussätzigen.' Dann brachten sie ihm einen am selben Tag Neugeborenen, und er sprach. Sie brachten ihm Lahme, Blinde und Stumme, und er heilte alle mit Gottes Erlaubnis."

Es folgt der Bericht einer Auferstehung von den Toten. Diese Art Wunder scheinen die islamischen Prophetentexte Jesus vorzubehalten. In dem Moriskenbericht geht es um den Stammvater Sem, dem Sohn von Noah, der darum bat, ins Grab zurückkehren, und nicht ein langes Leben wieder aufnehmen wollte. Andere Erzählungen auf Spanisch, aber in arabischer Schrift, lassen Jesus den Sohn einer alten Frau wieder auferwecken und zeigen ihn, wie er einen Totenschädel zum Sprechen bringt. Doch ein arabischer und ein spanischer Text berichten dies Wunder in Bezug auf Sem. Das entspricht der prophetischen Linie des Islam wie auch das Wunder, um das die Juden Jesus bitten, er möge, wie Moses, Manna vom Himmel fallen lassen.[345]

Das folgende Wunder im Moriskentext beruht auf einem Korantext, in dem man eine Anspielung auf das eucharistische Mahl der christlichen Tradition hat sehen wollen. Das ist allerdings wenig wahrscheinlich, da jede Deutung des christlichen Eucharistiegeheimnisses aus der Koranbotschaft ausgeschlossen ist und vom islamischen Glauben als absurd abgelehnt wird. Das sieht man an den Witzen, die *Ibrahim Taybili*[346] über diesen christlichen Glauben in hunderten Versen von *Ibrahim* machte oder am arabischen Text der *Tuhfa* des *Abdalah At-Tarchumán* [347]aus Mallorca. Jesu Lebensbericht geht so weiter:

> „Die Söhne Israels traten voller Verwunderung über seine Taten näher und sagten zu ihm: ‚O Jesus! O Geist Gottes! Wenn wir einem Mitglied unserer Stämme gehorchen und uns verpflichten, ihm dreißig Tage zu dienen, wird uns die Belohnung, die er uns gibt, zusätzlich zu unserem Lohn bezahlt. Hilf auch du uns, so dass wir mehr Güter und Zufriedenheit haben. So werden wir dir wahrhaft folgen, dir gehorchen und erreichen, dass auch unsere Knechte tun, was du uns während dreißig Tagen aufträgst. Bist du damit einverstanden?‘
>
> Jesus ging auf ihren Vorschlag ein. Sie fuhren fort: ‚Wir bitten, dass du dafür einen Tisch vom Himmel herabkommen lässt mit jeder Art Speisen und Obst und all dem, was Gottes Diener essen.‘
>
> ‚Einverstanden, wenn Gott es will‘, antwortete Jesus.
>
> Eine Gruppe von Juden vertraute ihm und stellte sich ihm und seinem Dienst zur Verfügung, um Gottes Gebote zu befolgen. Als dann die dreißig Tage um waren, baten sie Jesus um das, was er ihnen versprochen hatte und sagten ihm:
>
> ‚O Jesus, Sohn der Maria, ist dein Herr imstande, uns einen Tisch (mit Speisen) vom Himmel herabzusenden?‘ Er sprach:

‚Fürchtet Gott, wenn ihr Gläubige seid.‘ Sie sprachen: ‚Wir wollen davon essen, und unsere Herzen sollen beruhigt sein, und wir wollen wissen, dass du in Wahrheit zu uns gesprochen hast, und wollen selbst dafür Zeugnis ablegen.‘ Da sprach Jesus, Sohn der Maria: ‚O Gott, unser Herr, sende uns einen Tisch (mit Speise) vom Himmel herab, dass er ein Fest für uns sei, für den Ersten von uns und für den Letzten von uns, und ein Zeichen von dir; und versorge uns, denn du bist der beste Versorger.‘ Gott sprach: ‚Siehe, ich will ihn (den Tisch) zu euch niedersenden, wer von euch aber danach ungläubig wird, über den werde ich eine Strafe verhängen, mit welcher ich keinen anderen auf der Welt strafen werde.‘ (Sure 5, 112–115)

Dann sagte Jesus zu ihnen: ‚O ihr Jünger, fürchtet Gott mit aufrichtiger Furcht! Seid ihm in allem und offenkundig treu, denn Gott sendet euch, was ihr wünscht, und sein Befehl ist wirksam. Bereitet euch darauf vor.‘ Daraufhin hörten sie ein Geräusch in der Luft, das zu ihnen herabkam. Jesus, Friede sei über ihn, rief aus: ‚Herr sende ihn herab, damit Erbarmen und Fürbitte sei und nicht Zorn und Strafe‘.“

Im Moriskenbericht folgt eine lange Beschreibung der Speisen auf dem Tisch, und wie Jesus, als alle sich gesättigt hatten, Gott auf das Ersuchen der Juden hin bat, er möge den von ihnen gegessenen Fisch wieder auf den Tisch legen.

„Er tat es. Er betete über dem Tisch und der erhob sich, wie er herabgekommen war durch Gottes Kraft und alle Welt staunte erschrocken.“

Das folgende Wunder ermöglicht dem Moriskentext, erzählend den Ursprung der christlichen Dreifaltigkeitslehre zu entfalten samt den Streitereien und Spaltungen in Sekten, die der Teufel (= Iblis) und seine Söhne bewerkstelligt haben:

„Unterdessen kam der große Betrüger Iblis – Gott verfluche ihn – zu ihnen in der Form eines alten, kahlen, schlauen Wahrsagers mit zwei Söhnen. Die Kinder Israels sammelten sich um sie, sprachen von Weisheit und Hellseherei und fragten sie: ‚Da ihr so weise Seher seid, sagt uns doch, wer dieser verwaiste Jüngling da ist, der sich bei uns aufhält und Dinge tut, die zuvor niemand gesehen oder gehört hat'. Iblis, der große Betrüger antwortete ihnen: ‚Gebt mir Bescheid, wie er aussieht und was er tut, und ich sage euch, wer er ist.' Sie sagten zu ihm: ‚Er ist ein junger Mann, der sich bei uns aufhält. Er ist mit Schönheit und Glanz begabt, mit Charme und Vollkommenheit, Beredsamkeit und Überzeugungskraft mit einer Weisheit, wie wir ihresgleichen nie gesehen haben.'

Und sie erzählten ihm, *wie er den von Geburt an Blinden und den Aussätzigen geheilt hatte, wie er aus Ton die Gestalt eines Vogels erschuf, sie anhauchte und diese mit Gottes Erlaubnis ein Vogel wurde und wie er den Leuten verkündete, was sie essen und was in ihren Häusern speichern sollten* (Sure 3, 43–44; 5, 110); und dass er mit den Babies in der Wiege sprach, sie anredete und sie antworteten ihm; dass er außerdem zu einem Grab ging, wo der Tote schon seit längerem lag, dass er mit seinem Stock an das Grab klopfte, ihn zum Reden brachte und aus dem Grab heraus kommen ließ. Wer sei fähig, solches zu tun?

Iblis antwortete ihnen: ‚Große Dinge sind das, unmöglich, Größeres zu tun. Gott allein, der Einzige, kann solches tun. Er, der niemanden hat, der ihm gleicht. Es ist euer Herr, der zu euch herabgekommen ist, euch seine Zeichen zu zeigen.' Aber Iblis' Söhne sagten zu ihnen: ‚Wir denken da ganz anders und meinen, du irrst dich, Alter, und dein Verstand lässt schon nach. Du solltest nicht solche Dinge wie eben sagen. Dann wandte sich Iblis wiederum an die Kinder Israels: ‚Behaltet und nehmt nicht an, was ich euch zuvor gesagt habe. In Wahrheit hat Gott – Er sei geheiligt und gelobt – alle Dinge geschaffen und hat alle Ereignisse bestimmt. Er sitzt auf seinem himmlischen Thron, und es ist unmöglich, dass Er herabsteigt, um auf die Erde wieder zu kommen, auch dass er sich aus dem Nichts geschaffen sehen wollte. So sollt ihr diesen Worten weder glauben noch ihnen die geringste Aufmerksamkeit schenken. In Wahrheit ist Gott zu sehr erhöht, um euch unten nahe zu kommen. Der Alte fuhr fort: ‚Es kann seine, meine Kinder, dass es in der Wertschätzung einen Irrtum gibt. Es kann sein, dass ich die Weisheit etwas umgangen habe, und dass ihr (meine Söhne) in der Wahrheit seid. Wendet euch darum an diese (weisen) Leute und informiert euch darüber.‘

Daraufhin sagte der größere der Söhne, Wamís: ‚Ich will sehen, wer es ist. Ihr habt ja schon gesagt, dass er ein Sohn Gottes ist. Gott ist also zu euch herab gekommen, um euch seine außergewöhnlichen Vorzeichen zu zeigen. Während er sich im Himmel aufhält, hat er seinen Sohn der Erde übergeben. Er ist dann sein Sohn, und wer ihn anbetet, betet Gott an, während der, der ihm nicht gehorcht, Gott nicht gehorcht.‘

Durch diese Worte wandten sich einige von ihnen ab und bekannten: ‚Er ist Gottes Sohn‘. Aber sein jüngerer Bruder sagte: ‚Ich bin anderer Meinung als du. O Leute aus Israel. Akzeptiert auf keinen Fall, was der uns sagt und was er daherlügt. In Wirlichkeit ist Gott in seiner Herrlichkeit und hat Macht und Majestät, die höher ist, als dass er einen Sohn hätte oder eine Begleiterin oder einen Sohn an seiner Seite. Nehmt nicht an, was mein älterer Bruder erzählt.‘

Sein (älterer) Bruder sagte zu ihm: ‚Ich habe mich geirrt in dem, was ich sagte – aus Unwissenheit. Wissen und Weisheit sind ganz bei den Kleinen. Sag ihnen, wer er ist.‘

Das tat er: ‚Ich teile euch die Wahrheit mit darüber, was er ist und was er tut. Er ist nicht sein Sohn und auch nicht der Herr – Er sei erhoben und gepriesen – er ist ein Gefährte, den er auf der Erde genommen und gewählt hat. Er ist also sein Partner, sein Stellvertreter auf Erden. Er hat ihn belehrt und ihm diese Fähigkeiten, diese Tätigkeiten und diese Weisheit eingegeben. Wer ihm gehorcht und ihn anbetet, betet gehorsam Gott an, und wer ihm nicht gehorcht, ist Gott ungehorsam.‘

So haben die Kinder Israels sich in drei Gruppen gespalten, die einen sagen: ‚Er ist Gott', andere: ‚Er ist Gottes Sohn', andere: ‚Er ist Gottes Gefährte.'

Gott ist hoch erhaben über das, was die Verirrten sagen. In Wahrheit ist Gott – gepriesen sei Er – der einzige Gott. Es gibt keinen Gott außer ihm. *Er ist ‚der Eine Gott, der Ewige, er zeugt nicht und wird nicht gezeugt und keiner ist ihm gleich'* (Sure 112, 1–4). Unterdessen hat Jesus – der Friede sei auf ihm – sie ermahnt, ihnen Gründe gezeigt und sie aufgefordert, Gott zu dienen und zu gehorchen."

So sieht also, nach diesem islamischen Bericht aus Spanien, Jesu öffentliches Leben aus. Seine Wunder (eine Auferstehung, der himmlische Tisch = die himmlische Tischgemeinschaft, eine Reihe von Wundertaten) und eine Zusammenfassung seiner Lehre in zwei Linien, mit Jüngern, die in drei Gruppen zerspalten sind, woran Iblis und seine Söhne die Schuld tragen. So erklärt sich die Behauptung des Koran (Sure 112, 1–4) und die islamische Ansicht über die trinitarischen Irrtümer und sektiererischen Spaltungen der Christen. Auch hier richten sich die biografischen Erzählungen nach den normativen theologischen Glaubenslehren der Muslime der damaligen Zeit aus.

3.7.5. Botschaft oder Lehre Jesu

Jesu Botschaft ist, islamisch verstanden, eine Botschaft, authentisch wie die Muhammads. Jesus ist Bringer eines heiligen Buches, des einzigen, allerdings verlorenen Evangeliums. Seine Lehre ist nicht mehr als eine Erklärung der göttlichen Botschaft, die in diesem Buch enthalten ist. Da das Buch verloren ist und seine Lehre von den Jüngern verdorben wurde – durch Zusätze, Auslassungen und Unsinnigkeiten, kann man feststellen, dass Jesu Botschaft verschwunden ist.

Jedenfalls behält Jesus im Islam des Mittelalters seine Gestalt als Bote, und die alten islamischen Texte haben einige positive Elemente seiner Lehre bewahrt. Diese Lehre ist allerdings so dürftig, dass es unnütz ist, sich auf sie zu beziehen, hat man doch dieselbe Lehre viel gewisser und ausführlicher in Muhammad und im Koran, den er von Gott her gebracht hat.

Es gibt mit Jesus also das Bild eines Boten, welcher die vollkommene Botschaft und Lehre Muhammads ankündigt. Dieses Bild leuchtet nicht von eigenem Licht, sondern vom Lichte Muhammads, das bis zu ihm gelangt. Doch trägt es mit diesem Licht dazu bei, das Muhammad-Licht zu verstärken. Seine göttliche Botschaft ist nicht ganz und gar verloren, sie ist der Koran und eben die Lehre Muhammads.

Seine Lehre besteht in Taten und Worten wie die von Muhammad in seinen ‚Überlieferungen' oder ‚Hadithen'. Dank der Wunder, die Gott durch ihn vollbracht hat, ist er ein Zeichen für Gottes übernatürliche Macht. Sie fordern die Menschen auf, an Gott zu glauben, an seine Macht, durch die Geschichte hin, die Naturgesetze zu überwinden zu Gunsten der Menschen, die er retten will und zu Gunsten Muhammads, seiner Botschaft und seiner prophetischen Sendung. Dies ist mithin das Wesentliche von Jesu Lehre: Die zahlreichen göttlichen Wunder, welche diejenigen vorbereiten, die das Kommen Muhammads begleiten werden.

Sodann und eng mit dem Vorhergehenden verbunden, lehrt Jesus als ‚Prophet'. Sein Bild ist das Bild eines Vorläufers. Er zeigt, was ein Prophet ist. Er ist ein Modell, das Muhammad viel genauer und wirksamer wieder aufnehmen wird. Doch hatte – für den Islam – das Modell den Weg gewiesen.

Der Jesus des Korans und des Islam zeigt Christen und Muslimen auch, was Jesus nicht ist, und was Muhammad nicht ist. Er verbessert vor allem durch das Bild seiner Natur und seines Verhaltens die Irrtümer von Juden und Christen über verschiedene Themen: Über die göttliche Offenbarung und die heiligen Bücher, über den nur menschlichen und doch Gott nahen Charakter der Propheten, darüber, dass die Propheten Wunder allein durch Gottes Kraft tun, nicht durch eine persönliche Macht, über die Unsinnigkeiten jüdischer wie christlicher Lehren und Praktiken, die es im Islam nicht gibt usw. Jesu Lehre im Islam ist letztlich eine antichristliche Lehre.

Sie enthält auch einige besondere Züge. Es ist die Lehre eines ‚verrandeten' (marginalisierten) Menschen: Er wird verleumdet samt seiner Mutter, muss sie und sich verteidigen. Er sucht Jünger, deren Gefolgschaft er ‚kaufen' muss (mit der himmlischen Tischgemeinschaft). Er muss durch Teufelswerk von jeder Seite Verfälschungen seiner Botschaft erleiden. Aus Mangel an Jüngern sucht er Kinder; die fliehen aber vor ihm oder werden ihm von ihren Eltern entzogen. Er tut außerordentliche Wunder. Aber die Zuschauer verstummen oder halten ihn für einen Zauberer. Er verbringt die meiste Zeit im Gebet oder fern von gesellschaftlichen, gar sozialen Tätigkeiten. Über deren gesellschaftliche Geringschätzung lässt er die Toten reden. Jesus ist wirklich ein Prophet, doch einer am Rande. In seinem islamischen Bild hat er weder die Aktivität noch die Wirksamkeit, noch den Erfolg Muhammads. Ihm gegenüber ist er ein blasser Vorläufer und deutlicher Kontrast. In all dem verwirklicht der Jesus des Islam jenes Bild der Unterwerfung, das die Muslime bei den Christen erreichen wollen: Unterwerfung unter Gott. Es ist ein Bild der Demut und gesellschaftlicher Wirkungslosigkeit, weitab von den Tätigkeiten dieser Welt in Politik und Gesellschaft. Der islamische Jesus ist auch der Jesus, wie die Christen ihn verstehen sollten. So eignet sich der Islam eher einen ‚geschrumpften' Jesus an, verglichen mit dem Jesus des Christentums.

Dennoch, dieses Bild ist durch und durch positiv. Wie Muhammad hat Jesus nichts Schlechtes getan und lehrt nichts Falsches. Alles ist positiv in seinem Leben, in seinen Taten und Worten. Gott gehorsam wie ein guter Muslim weicht er in nichts von der positiven Rolle ab, die Gott ihm aufträgt. Er ist ‚gerecht', so sehr, dass nichts von dem, was Theologen, Mystiker, volkstümliche Erzählungen usw. seinem Leben zuschreiben, je den Schatten einer Kritik hervorrief. Ihm irgendeinen negativen Zug anzuhängen, ist im Islam unvorstellbar. ‚Gott bewahre uns davor, das von Jesus zu glauben', beteuern andauernd die andalusischen Glaubensstreiter und besonders *Abdallah At-Tarchumán*, wenn sie sehen, dass die Christen Unsinniges oder Lästerliches von Jesus behaupten.

Um solche Hoheit zu erreichen, die, verglichen mit Muhammad, zwar eine relative ist, aber ohne Fehl, hat Jesus nach dem Islam von Gott eine besondere Hilfe empfangen ‚einen heiligen Geist' (mit kleinem h, denn mit dem dreifaltigen Sinn der Christen hat er nichts zu tun).

Von der Wiege an wird er von diesem heiligen Geist bei seiner Lehre unterstützt. So sagt Gott im Koran:

> „O Jesus, Sohn der Maria, gedenke meiner Gnade gegen dich und deine Mutter, als ich dich mit dem heiligen Geist stärkte, auf dass du reden solltest zu den Menschen in der Wiege und als Erwachsener“ (Sure 5, 110).

Dieser Beistand des heiligen Geistes (der heiligen Eingebung oder des Geistes der Heiligkeit, d.h. des Engels Gabriel bei den muslimischen Kommentatoren) offenbart sich vor allem, wenn es darum geht, ihn bei der Predigt seiner Botschaft und der göttlichen Schrift zu stützen:

> „Wir gaben Jesus, dem Sohn der Maria, die deutlichen Zeichen und stärkten ihn mit dem heiligen Geist“ (Sure 2, 253).

Das ist ein Geist, der von Gott kommt (Sure 58, 22), den der Herr den Herzen der Glaubenden einschreibt, vor allem in den schwierigen Augenblicken wie am Tag des Jüngsten Gerichts (ebda.).

So kann man die Wichtigkeit und auch die Grenzen von Jesu Lehre einschätzen. Der Koran nennt ihn ‚Wort‘, ‚Wort Gottes‘, ‚Wort der Wahrheit‘. Das ist ein Wort fast ohne Inhalt, mehr eine Leihstimme für Muhammad und um Muhammads willen.

3.7.6. Der Sinn der Wunder Jesu

Es heißt, Jesus habe nach islamischem Verständnis von allen Personen die meisten Wunder vollbracht. Er ist aber nicht der einzige, der sie tut. *Abdallah At-Tarchumán*, mehrfach schon zitierter Polemiker aus Mallorca, weist darauf hin, dass es andere Propheten gäbe, die ebenso außerordentliche Wunder getan hätten – mit Gottes Hilfe, versteht sich – etwa Moses, Elia, Elisa …[348] Nicht um die Menge der Wunder geht es, sie ist unwichtig, sondern um das Wunderbare solcher Taten, die ganz und gar von Gott abhängen. Das ist der Hauptsinn von Jesu Wundern.

Außerdem bereiten diese Wunder Jesu auch das künftige Erscheinen Muhammads vor. Man darf nicht glauben, Muhammad habe, wie etliche moderne muslimische Theologen behaupten, kein einziges Wunder aufzuweisen – die Offenbarung des Korans, wo ihm kein anderes zugeschrieben wird, ausgenommen vielleicht das des geteilten Mondes.[349] Seine Bescheidenheitsbekundungen widersprechen nicht der langen Liste von Wundern aller Art, welche die Muslime ihrem Propheten zuschreiben, insbesondere die Taten Gottes, die ihn während seines Handelns als Propheten, politischen Führer und Meister seiner Gemeinde in Medina zeigen. In Al-Ándalus war das Werk des Richters (Qadi) *Iyad von Sebta* (Ceuta) ein Klassiker hinsichtlich des Themas der Wunder Muhammads. At-Tarchumán zitiert es gegen Schluss seiner Streitschrift, und der ausgewiesene spanische Moriske *Ahmad Al-Hánafi*, der zu Beginn des 17. Jh.s in der Türkei und Tunesien lebte, fasste seine Kapitel über die Wunder auf Spanisch zusammen – zur Erbauung seiner spanisch-sprachigen Glaubensgenossen in islamischen Ländern.[350]

Weil das Wundertun allen Propheten gemeinsam ist, läuft der christliche Versuch, durch Jesu Wunder seine Gottheit zu beweisen, ins Leere. Nach islamischem Glauben tut Wunder Gott allein. Sein Zeichen sind sie. Er wirkt sie, seinen Plänen gemäß für seine Propheten. Die Muslime glauben überhaupt nicht, dass Jesu Wunder Zeichen seiner Gottheit seien, sie bezeichnen nur den göttlichen Ursprung und Unterstützung seiner prophetischen Sendung. Wie wir sahen, gibt es verschieden Aspekte von Jesu Wundertätigkeit. Doch galt es, die Grenzen seiner Macht, gemäß dem Islam, zu unterstreichen. Denn in der Tat sind die Wunder das wichtigste und beständigste Element der islamischen Jesusbiografie.

Noch etwas müssen wir festhalten. Die Wunder setzen den Glauben an Gott und seine Allmacht voraus, bei Muslimen ebenso wie bei Christen (die Juden teilen diesen Glauben logischerweise nicht in Bezug auf Jesus und Muhammad). In diesem Punkt hatten Muslime und Christen auf der Iberischen Halbinsel und in anderen islamischen Gesellschaften ein gemeinsames Verständnis, das während der Epoche, auf die sich diese Untersuchung beschränkt, kaum positiv wahrgenommen wird.

Solcher Wunderglaube ist fundamental, um die Sinnesart der Menschen im Mittelalter zu begreifen. Allerdings wird dieser Gesichtspunkt von zahlreichen modernen Experten für Religions- oder Mentalitätsgeschichte nicht geteilt.

Die meisten Wunder Jesu haben nämlich in den islamischen Berichten mit Verteidiging oder Strafe zu tun, oft mit Totenerweckung, um die Nichtigkeit des Menschenlebens zu bezeugen oder die künftigen islamischen Glaubenslehren zu bekräftigen.[351] Diese Wunder zeigen Jesus als einen ‚frommen' und wegen seiner Misserfolge ziemlich zurückgezogenen Propheten, verglichen mit der prophetischen Gestalt Muhammads: religiös ebenso ‚fromm' wie politisch ‚triumphierend'.

3.8. Jesu Leben und Tod. Sein endgültiges Verschwinden

Die islamische Lehre über das Ende von Jesu Erdenleben lässt sich wie folgt zusammenfassen, besonders in Bezug auf die christliche Biografie Jesu:

- Jesus wurde nicht gekreuzigt.
- Jemand, der ihm ähnelte, wurde an seiner Stelle gekreuzigt.
- Jesus ist noch nicht gestorben.
- Gott hat ihn zu sich in den Himmel erhöht.
- Am Ende der Zeiten wird Jesus zur Erde wiederkehren.
- Er wird die Christen ermahnen, Muslime zu werden.
- Er wird heiraten.
- Er wird gegen den falschen Messias, den Antichristen, kämpfen.
- Er wird sterben und in Medina begraben werden.
- Er wird am letzten Tage bei der allgemeinen Totenerweckung auferstehen.
- Er wird für Muhammad Zeugnis ablegen.

Diese islamischen Aussagen gründen sich auf vier Koranstellen:

> „Und wegen ihres Unglaubens und wegen ihrer Behauptung, die sie gegen Maria mit einer enormen Lüge vorbrachten und wegen ihrer Rede: ‚Wir haben den Messias, Jesus, den Sohn der Maria, den Gesandten Gottes, getötet', während sie ihn doch weder erschlagen noch gekreuzigt hatten; sondern dies wurde ihnen nur vorgetäuscht; und jene, die in dieser Sache uneins sind, sind wahrlich im Zweifel darüber; sie haben keine

Kenntnis davon, sondern folgen nur einer Vermutung; und sie haben ihn nicht mit Gewissheit getötet" (Sure 4, 156–157).

„Maria sprach: ‚Mein Herr, soll mir ein Sohn (geboren) werden, wo mich doch kein Mann berührte?' Er sprach: ‚Gott schafft ebenso, was er will; wenn er etwas beschlossen hat, spricht er nur zu ihm: ‚Sei!' und es ist da. Und er wird ihn das Buch lehren und die Weisheit und die Tora und das Evangelium" (Sure 3, 47–48). „Und sie schmiedeten eine List, und Gott schmiedete eine List; und Gott ist der beste Listenschmied. Damals sprach Gott: ‚O Jesus, siehe, ich will dich verscheiden lassen und will dich erhöhen zu mir und will dich befreien von den Ungläubigen und will deine Anhänger über die Ungläubigen setzen bis zum Tag der Auferstehung. Alsdann werdet ihr zu mir wiederkehren, und ich will zwischen euch richten über das, worüber ihr uneins waret" (Sure 3, 54–55).

„Nichts anderes sprach ich zu ihnen als das, was du mich geheißen hattest: ‚Betet Gott an, meinen Herrn und euren Herrn.' Und ich war Zeuge, solange ich unter ihnen weilte, doch seit du mich hast sterben lassen, bist du ihr Wächter gewesen; und du bist der Zeuge aller Dinge" (Sure 5, 117). „Wenn du sie strafst, sind sie deine Diener, und wenn du ihnen verzeihst, bist du wahrlich der Allmächtige, der Allweise. Gott wird sprechen: ‚Das ist ein Tag, an dem den Wahrhaftigen ihre Wahrhaftigkeit nützen soll. Für sie gibt es Gärten, durch welche Bäche fließen; darin sollen sie verweilen auf ewig und immerdar.' Gott hat an ihnen Wohlgefallen, und sie haben Wohlgefallen an ihm; das ist große Glückseligkeit. Gottes ist das Königreich der Himmel und der Erde und dessen, was zwischen ihnen ist; und er hat Macht über alle Dinge" (Sure 5, 118–120).

„Doch wahrlich, er (Jesus) ist ein Erkennungszeichen der Stunde. So bezweifelt sie nicht, sondern folgt mir. Das ist ein gerader Weg" (Sure 43, 61).

3.8.1. Jesus starb nicht und wurde nicht gekreuzigt

Die Korantexte sind sehr klar. Jesus wurde von den Juden weder getötet noch gekreuzigt. Diese Behauptung richtet sich sowohl gegen die Juden als auch gegen die Christen.

Gegen die Juden stellt der Koran ausdrücklich fest, die Juden, seine Feinde ‚haben ihn nicht getötet und nicht gekreuzigt' (Sure 4, 157). Der Koran und der Islam im Allgemeinen treten hier als Verteidiger der Ehre Jesu und seines Triumphes gegen seine Feinde auf, und zwar mit Gottes Hilfe, wie auch bei anderen Ereignissen von Jesu Biografie. Kann man von Jesu Scheitern sprechen, so geht es um das persönliche vorläufige Scheitern seiner Sendung und Botschaft, aber nicht um den Triumph seiner Feinde. Mit der Zeit wird diese Verkündigung sich durchsetzen, bei Muhammad und dem Erfolg seiner Koranbotschaft. In Jesu Leben selbst kann Gott aber nicht scheitern und seinen Propheten dem ungerechten Triumph seiner jüdischen Feinde ausliefern. Gott überlistet sie, indem er Jesus zu sich erhöhte (4, 157). Das ist eines der Lieblingsthemen der muslimischen Streitschriften gegen die Juden.[352]

Gegen die Christen, die an Jesus glauben, sich jedoch auch täuschen ließen, bestehen die Muslime auf der Ehre Jesu, seinem ziemlich ehrenvollen Lebensabend. ‚Es ist gewiss eine Lüge gegen den Messias. Gott behüte, dass er von Gott verlassen worden wäre oder dass die Juden ihn hätten kreuzigen können!' ruft *At-Tarchumán* aus Mallorca aus.[353]

Noch während die Muslime in den christlichen Gesellschaften der Halbinsel ihren Glauben verbergen mussten, erklärten ihre religiösen Führer ihnen, wie sie diese Wahrheit in ihren Herzen bekennen sollten.

> „Wenn sie euch zu sagen zwingen, das Jesus am Kreuz gestorben ist – welche Lüge – so sollt ihr dabei denken, dass Gott der Allerhöchste ihn zu den Himmelshöhen erhöht hat, um ihn zu ehren und dem Bösen zu entreißen."[354]

Es versteht sich, dass die islamische Leugnung von Jesu schändlichem Tod in den Rahmen des Glaubens an den gesamten prophetischen Stammbaum gehört. Jesus ist ein Vorläufer Muhammads und kann nicht auf solche Art scheitern, wie die Christen dies beschreiben. Ein göttliches Scheitern wäre unvorstellbar! Jahrhundertelang wird die islamische Behauptung sich gegen die jüdischen und christlichen Aussagen wenden. Die koranische Lösung ist klar: sie ließen sich durch den Anschein täuschen, also: „Sie folgen nur einer Vermutung" (Sure 4, 157). In ihren Streitschriften beschuldigten die Muslime die vier Evangelisten, sie hätten die Kreuzigung schlechthin erfunden.[355] Mit einer Reihe von Erklärungen rechtfertigten sie die göttliche Behauptung des Koran gegen Jesu Kreuzigung und Tod sowie die lange jüdische und christliche Tradition über diesen Tod am Kreuz. So berichteten sie über Jesu ‚Ersetzung': Ein anderer Mann habe bei der Hinrichtung seine Stelle eingenommen.

3.8.2. Jesu Stellvertreter am Kreuz

Die muslimischen Erklärungen über Jesu Ablösung sind vielgestaltig und haben natürlich nicht dieselbe Autorität wie die Korantexte, deren Rechtfertigung sie versuchen. Der große östliche Korankommentator *Al-Razi* (12. Jh.) stellte die Hauptdeutungen zusammen und wies zugleich auf ihren Wundercharakter hin (‚solche Ereignisse sind in der Epoche der Prophetie nicht unbegreiflich'[356]): Der Gegreuzigte könnte der verräterische Jünger Judas sein oder der jüdische Beamte, der Jesus verhaften sollte oder einer seiner Jünger, der ihn freiwillig vertrat. Alle Texte betonen die außerordentliche Ähnlichkeit mit Jesus, zu der sein Vertreter umgestaltet worden sei. *Ibn-Hazm aus Córdoba* stellt fest, dass es vor der Offenbarung des Koran nicht darauf ankam, ob jemand an Jesu Kreuzigung glaubte. Das war bloß ein Geschichtsirrtum. Nach der vollkommenen Koranoffenbarung wird seine Nicht-Kreuzigung zu einem offenbarten Glaubensatz.[357]

Die sehr populären spanischen Berichte der Morisken lassen begreifen, wie die Muslime von Al-Ándalus, vor allem solche, die in direktem Kontakt mit den christlichen Erklärungen von Jesu Tod standen, sein Ende auffassten. Nach kurzer Beschreibung des öffentlichen Lebens Jesu halten sie sich ausführlich bei der Vorbereitung der islamischen Version seines Entschwindens und der ‚Ablösung' auf:

„Als Jesus zu predigen begann, sie ermahnte und zum Dienste Gottes rief – wie erhaben ist Er – siehe, da verbreitete sich sein Ruf über die Gebiete der Erde. Alle, die von ihm hörten, verwunderten sich. Die Leute äußerten verschiedene Meinungen über ihn. Schließlich versammelten sich die Kinder Israels und sagten: ‚Wenn wir diesen jungen Mann aus dem Land Jemen nicht töten, werden zahlreiche Zweifel in die Herzen der Leute gesat."[358]

Es folgt eine lange Geschichte, ähnlich der griechischen Ödipussage:

Ein König von Damaskus hat unwissend seinen Vater erschlagen, nimmt seinen Thron ein und heiratet die Witwe, in Wahrheit seine eigene Mutter) oder den Bericht über einen jungen Mann, den Jesus heilt und später auferweckt. Sie werden Jesu Stellvertreter sein. Die Geschichte des Jünglings zum Beispiel endet so mit der Kreuzigung:

„Der König (der Juden) ließ viele Leute losreiten, um sie zu verfolgen und beide töten zu lassen. Sie folgten ihren Spuren, aber Gott – wie erhaben ist Er – gab dem Jüngling die Gestalt von Jesus. Die Leute des Königs ergriffen den Jüngling und, in der Meinung, es sei Jesus, brachten ihn um. Deshalb sagten die Kinder Israels, sie hätten Jesus, den Sohn Marias getötet. Und deshalb hat Gott – wie erhaben ist Er – in seinem ehrwürdigen Koran gesagt *gua me catelhu, gua me çalabubu gualiquim xubihelehum, lo cual significa: No le han matado, ni le han crucificado, sino que les pareció que lo habián hecho.* (Das bedeutet: Sie töteten ihn nicht und kreuzigten ihn nicht, sondern es kam ihnen so vor, als hätten sie es getan.) Und Gott – wie erhaben ist Er – erhöhte Jesus zum Himmel, wie es sein Willle war, und es gibt keinen Herrn als Gott, der tut, was er will und allmächtig ist. Der König und diejenigen, die den toten Jüngling bei sich hatten, kehrten um und hängten ihn auf, und dann begruben sie ihn. Deshalb sagten die Söhne Israels, dass es Jesus sei, den sie getötet hatten, was vor Gott – wie erhaben ist Er – ein Irrtum ist. Andere haben behauptet, dass

> Gott ihn erhöhte, weil er sein Sohn war und andere auch, weil er Gott war. Darüber ist Gott hoch erhaben und unwandelbar trotz allem, was die Ungläubigen sagen.“

Der Bericht über den König von Damaskus ist leicht verschieden. Er erzählt von der Tragödie des Vatermörders und fährt fort:

> „Jesus, König von Damaskus, Ehemann und Sohn, heiliger Mensch und weiser König, gerecht und willens, Gottes Gesetze zu erüllen, erwog die Schwere seines Verbrechens … und beschloss, Buße zu tun, um die Vergebung seiner Sünde zu erlangen.
>
> Zu jener Zeit hatte die Predigt Jesu großen Ruhm erlangt, der sich über die Welt hin ausbreitete. Der gute König verließ Herrschaft und Reich und machte sich auf die Suche nach Jesus. Nachdem er zu ihm gelangt war, wurde er sein Gefährte, um zu sehen, ob er von Jesu Werken aus etwa das Geheimnis seines Herzens oder vielleicht seiner Schliche erkennen könne. Doch ein Engel teilte Jesus mit, dass sein neuer Gefährte der König von Syrien sei, warum er gekommen und dass er derjenige sei, der seinen Platz zum Sterben einnehmen werde.“

Nach einem langen Gespräch verständigten sie sich über die Ersetzung und

> „Dieser König Jesus von Syrien ist es, der gelitten hat stattdessen, den die Evangelien den Messias Christus nennen und die Mauren Isa.“[359]

3.8.3. Jesus wurde zum Himmel erhöht

Zweimal wendet der Koran das Wort ‚erhöht‘ (*tawaffá*) auf Jesus an (Sure 3, 55; 5, 117). Im derzeitigen Arabisch und auch in den Geschichtswerken von Al-Ándalus bedeutet diese Umschreibung den Tod einer Person. Sie ist ‚abgerufen‘ worden (zu Gott, versteht sich).

Im Falle Jesu zwingt die koranische Behauptung ‚Sie haben ihn nicht getötet' die Kommentatoren, diese Texte anders auszulegen. Diese Deutungen sind sehr verschieden.[360]

Ohne zu sterben, wurde er zum Himmel erhoben. Das erfuhren auch andere jüdisch-christliche Propheten, die dann zum Jüngsten Gericht wiederkehren. Diese Vorstellung erlaubt es dem Islam, anders als Juden und Christen, an Jesu Himmelfahrt festzuhalten und dabei Jesu Ehre zu bewahren. Ja, sie machen aus Jesus sogar den ‚Patron' oder Beschützer der Toten, feiern seine Geburt und Himmelfahrt am selben zehnten Tag des islamischen Monats *Muhárram*, wie das islamische Totenfest zur Erinnerung an den Tod von Muhammads Enkel *Hussein* in Kerbela, im heutigen Irak. So steht es in einer Art spanischem Katechismus der islamischen Lehre, der bei den letzten hispanischen Muslimen sehr beliebt war.[361]

Die islamische Sicht von Jesu ‚Erhöhung' zu Gott hängt stark von zwei religiösen Ereignissen der jüdischen und christlichen Tradition ab, die der Islam in gewisser Weise übernahm: Der Himmelfahrt von Elia und Henoch und der Rolle Jesu beim Jüngsten Gericht. Der Patriarch Henoch soll nach der Bibel (Sirach 44, 16; 49,14, Hebräer 11, 5, Judasbrief 14–16), ohne zu sterben, in den Himmel aufgefahren sein. Die Mehrheit der Korankommentatoren hat ihn mit dem islamischen Propheten *Idrís* identifiziert, dem ersten nach Adam, so die ‚Geschichten der Propheten':

> „Gedenke im Buch des Idris, siehe er war aufrichtig, ein Prophet und Wir erhoben ihn zu einem hohen Ort" (Sure 19, 56–57).
>
> Auch der Prophet Elia der Bibel (2 Kön 2, 1–11; Sirach 48, 3–13) fuhr ohne zu sterben in die Himmel auf, ihn erwähnt der Koran mit dem Namen Elijah (Sure 6, 85; 37, 123)

Abdallah At-Tarchumán[362], der immer wieder als Beispiel dienende Ex-Franziskaner aus Mallorca und muslimischer Glaubensstreiter in Tunis, widerlegte das christliche Argument, Jesus sei Gott, weil er zum Himmel fuhr:

> „Wenn ihr sagt, dass Jesus Gott war, weil er zum Himmel auffuhr und ihr ihn deshalb zu Gott macht, dann müsst ihr auch

> Elia und Henoch – Friede sei auf ihnen – zu Göttern machen, denn sie sind zum Himmel aufgefahren. Darüber gibt es bei euch nicht den geringsten Zweifel.“

Man sieht mithin, wie diese Vorläufer im islamischen Prophetenstammbaum zu einer besonderen Deutung von Jesu ‚Erhöhung‘ führen. Auch die für Jesus vor dem Jüngsten Gericht vorgesehene Rolle gleicht der anderen, die die Bibel für die Wiederkehr des Elias vorsieht, „um die Stämme Jakobs wieder herzustellen.“ (Sirach 48,11).

Das spanische Manuskript BNM 9067 des aus Spanien verbannten Morisken *Ibrahim At-Taybili,* der in Spanien *Juan Pérez* heißt, behauptete im Jahre 1631, dass Jesu Wunder, auch das seiner Himmelfahrt, ohne zu sterben von Gott auch anderen Heiligen gewährt worden seien:

> „Und der Geist kam über sie, und sie erhoben sich, bedeckt mit Fleisch und standen wieder auf. Schließlich haben alle Propheten im Allgemeinen so wunderbare Wunder getan wie die Jesu Christi und noch größere, denn Josua und Elias und Jesaja und Moses taten Wunderzeichen im Himmlischen. Sie taten also wunderbarere Wunder als der evangelische Messias Christus.“

Daraus, dass die übrigen Propheten außergewöhnliche Wunder taten wie er und man sie dennoch deshalb nicht für Götter hielt, ergibt sich zuvörderst, dass man ihm nicht mehr Gottheit zuschreiben darf als ihnen.

> „Entnimm klar und offen, dass der evangelische Messias Christus, ohne den Tod zu kosten, aufbewahrt wird, um in den katastrophalen Zeiten des Antichrist aufzutreten und die Gerechtigkeit wieder herzustellen, die von jenen in der Welt zerstört worden ist. Und es ist klar, dass der evangelische Messias Christus, ohne zu sterben, auferweckt worden ist, um zur Zeit des Antichristen wieder in die Welt zu kommen, um gegen ihn und seine Bosheiten vorzugehen und nicht um Lebende und Tote zu richten, was Unsinn ist.“[363]

Jesu Rolle im Jüngsten Gericht ist auch ein wichtiges Element, um sein Entschwinden am Ende seines ersten Erdenaufenthalts zu verstehen. Er muss vor dem Jüngsten Gericht wiederkommen, um die an Gott Glaubenden im Glauben an Muhammad zu vereinen. Dann wird er wahrhaft sterben, nahe beim Propheten des Islam, in Medina begraben werden und wie alle übrigen Menschen am Tag des Jüngsten Gerichtes wieder auferstehen.[364]

Was der Islam ablehnt, ist eine Auferstehung, die von der der übrigen Propheten verschieden wäre und bewiese, dass Jesus Muhammad und den übrigen Propheten überlegen ist. Von daher der Schauder von *Ibn-Jaldún*, eines Andalusiers aus Tunis, als er die Auferstehungskirche in Jerusalem betrat. An Jesu Gottheit zu glauben, hätte ihn aus dem islamischen Prophetenstammbaum herausgenommen. Das ist nicht der Fall, wenn er nur einfach zu Gott erhöht wurde wie Elia und Henoch, um vor dem Jüngsten Gericht wiederzukommen.

3.8.4. Das Kreuz – höchstes Symbol des vom Islam abgelehnten Jesus

Wir müssen uns also nicht wundern, dass die Muslime das Kreuz ablehnen, das christliche Symbol von Jesu Tod, und das aus zahlreichen wichtigen Gründen. Vor allem leugnet der Koran Jesu Kreuzigung und Tod. Wenn Gott ausdrücklich bestreitet, dass die Juden Jesus gekreuzigt hätten, dann ist Jesu Darstellung am Kreuz unmittelbar gotteslästerlich. *Ibn Hazm aus Córdoba* drückte sein Grauen vor dem Kreuz aus und sah die Reliquien des wahren Kreuzes, die von der heiligen Helena gefunden wurden, als Fälschung an.[366]

Indirekt behauptet der Glaube ans Kreuz das Scheitern Gottes bei seinen Sendungen. Gott wäre in seinem Vorhaben von ein paar Meschen besiegt worden, von Juden, die seinen Propheten gekreuzigt haben. Das ist ganz und gar gegen die islamische Sicht der göttlichen Allmacht, insbesondere wenn man sie auf die Offenbarungssendung Muhammads bezieht.

Das Kreuz ist auch eine schreckliche Kränkung gegen Jesus, eine vorbildliche Person des Islam. Er hat den schändlichen Tod nicht verdient, den Juden und Christen ihm andichten. So besteht der Islam auf Jesu Ehre gegen seine Verleumder. Außerdem hassten die Muslime das Kreuz wegen der Christen, die aus ihm ein Symbol ihrer Gegnerschaft zum Islam (‚Kreuz und Halbmond') und gegen die tiefsten politischen Überzeugungen der Muslime gemacht hatten.

In der Tat hat das Christentum aus dem Kreuz das Symbol der verchristlichten oder dem Christentum unterworfenen politischen Macht gemacht. Wenn *Kaiser Konstantin* während der Schlacht an der Milvischen Brücke vor Rom das Kreuz vom Himmel her schaut, zeigt das Christentum einen politisch triumphierenden Jesus ganz gegen das Bild des demütigen und allem politischen Ehrgeiz fernen Jesus, wie ihn sowohl der Koran als auch die Evangelien zeigen. Die muslimischen Glaubensstreiter von Al-Ándalus spotteten ständig über das Kreuz und das christliche Wunder als Betrug, wo ein Kreuz in der Luft schwebte.[367]

Dieses Kreuz ist auch das Symbol der christlichen politischen Obrigkeiten, die sich der Macht des Islam nicht unterwerfen wollen: Byzantiner, Abessinier, die christliche Reiche von Hispanien. Es ist vor allem das besondere Zeichen der Kreuzzüge, politisch religiöser Unternehmungen gegen die islamischen Länder sowohl im Orient wie auf der Iberischen Halbinsel und um das ganze Mittelmeer herum, sowohl in der mittelalterlichen als auch in der neuzeitlichen Epoche. Das von den Christen verehrte Kreuz bedeutet somit den christlichen Widerstand auf allen Ebenen gegen die islamische Gesellschaftsordnung, die Gott will, und die Muslime in der ganzen Welt aufrichten sollen. Das Zeichen des Kreuzes fasst all das zusammen, was die Muslime am Christentum verwerfen.[367]

Das Kreuz bedeutet auch, gemäß der christlichen Erlösungslehre, dass Gott die Menschen durch Jesus Christus erlöst hat. Weder die Erbsündenlehre kann vom Islam angenommen werden noch die der Erlösung von dieser Sünde und von den anderen Sünden durch das Opferblut des Gottmenschen Jesus. Mit zahlreichen Argumenten wiesen die muslimischen Polemiker diese Lehre zurück, als absurd, gotteslästerlich und lächerlich. *At-Tarchumán,* der diesem Thema viele Seiten widmet, fasst folgendermassen die christlichen Gruppen zusammen, die man ablehnen muss:

> „… Sie glauben, dass Jesus Sohn Gottes und Gott-Mensch ist: Gott, kraft der Natur seines Vaters und Mensch, Kraft der Natur seiner Mutter. Sie glauben, dass die Juden seine

Menschheit töteten und dass die Gottheit, nachdem der Leib seiner Menschheit ins Grab kam, zur Unterwelt hinabstieg und von dort Adam, Noah, Abraham und alle Propheten herauskommen ließ, die dort wegen der Sünde ihres Vaters Adam waren, – Friede sei über ihm – des Adam, der vom Baume aß. Sie glauben, dass alle diese Propheten zusammen mit Jesu Gottheit nach der Vereinigung der göttlichen Natur mit der menschlichen zum Himmel aufstiegen."[368]

Dieses ganze Bündel christlicher Glaubenslehren, die der Autor ‚einigen von ihnen' zuschreibt, musste seitens der Muslime zu einer totalen Ablehnung der Lehre von der Erlösung durch das Kreuz führen.[369]

Vor allem zur Zeit, als die Morisken, also die hispanischen Muslime, in näheren Kontakt mit den liturgischen Praktiken der Christen kamen, beschuldigten diese spanisch-muslimischen Glaubensstreiter die Christen, dass sie die Bilder und das Kreuz anbeteten. Das ist natürlich ein Verbrechen des Götzendienstes, den Muslimen besonders verhasst, weil sie die Anbetung des einen, einzigen Gottes bekennen. Dieses Argument wurde den spanischen Manuskripten der orientalischen Disputation ‚*Briefwechsel zwischen Omar I. und Leo III.*' hinzugefügt. In den orientalischen Textversionen findet es sich nicht.[370]

Die anti-christlichen Polemiker setzten sowohl im Orient als auch in Al-Ándalus oft schon in den Titel ihrer Werke bereits einen Angriff auf das Kreuz. Die Christen direkt anzugreifen, konnte ja auf das falsche Bild Jesu zurückfallen, dem sie angeblich folgten. Das ist der Fall bei dem Orientalen *Al-Ghazzali,* dem Andalusier *Al-Jázrachi aus Córdoba* und dem zum Islam übergetretenen *Anselm Turmeda / Abdallah At-Tarchumán* in Tunis. Ebensosehr, wie die Muslime im Rahmen ihres Glaubens Jesus positiv schätzten, verabscheuten sie das Bild von Jesus am Kreuz, wo die Christen zwei Glaubenslehren symbolisieren, die der Islam am christlichen Glauben ablehnt: die Herabwürdigung Jesu durch seinen Tod am Kreuz und seine himmlische Erhöhung bis zur Gottheit.

Anhang 1

Die Gesellschaften der drei hispanischen Religionen

Christen, Juden und Muslime – diese drei Religionen durchlebten sehr verschiedenene gesellschaftliche Situationen, während ihre Gläubigen etwa ein Jahrtausend lang auf der Iberischen Halbinsel zusammen lebten. Daran soll dieser kurze Anhang erinnern, um gleichzeitig in die dargestellten Jesusbilder zeitliche oder geschichtliche Nuancen einzuführen. Sogar in derselben Periode bedingt die gesellschaftliche Situation sehr stark das Jesusbild, vor allem die öffentliche Darstellung dieser historisch religiösen Persönlichkeit in den verschiedenen Quellen.

1. Drei Gemeinschaften in Entwicklung

Die gesellschaftspolitische Situation der drei Gemeinschaften ändert sich stark zwischen 589 (3. Konzil von Toledo mit schwerwiegenden politischen und religiösen Maßnahmen gegen die Juden) und 1614 (letzte offizielle Vertreibung der Muslime aus Spanien). Diese 1025 Jahre lassen sich in drei Perioden einteilen mit Varianten je nach der Region der Halbinsel. Zwei Perioden stehen politisch unter christlicher Vorherrschaft, die lange Zwischenzeit unter muslimischer. Die anderen beiden Religionen werden jeweils zu ‚Minderheiten' (nicht notwendig in dem Sinn, dass ihre Gläubigen zahlenmäßig weniger wären, aber weil sie nicht zur Religion der herrschenden Kreise gehören) und werden während der christlichen oder muslimischen Vorherrschaft unterschiedlich ‚geduldet'.

Es ist wahr, dass dieses hispanische Jahrtausend hindurch drei Religionen einander begegnen, aber nie leben drei Kulturen oder drei gesellschaftlich-religiöse Gruppen gleichgberechtigt miteinander. In jeder Epoche oder Gegend gab jeweils nur eine Kultur und Gruppe den Ton an mit zwei Subkulturen oder Untergruppen als Minderheiten, die sich fast ausschließlich auf ihre Religion und deren Vorschriften und Glaubenslehren sowie die Sprache ihrer Religion stützten (hebräisch und aramäisch; Latein und romanische Sprachen;

arabisch). Insgesamt nahmen die ‚Minderheiten' an der Mehrheitskultur teil, entweder die der gebildeten Kreise oder die des gewöhnlichen Volkes.

2. Westgotische Periode (Ende des 6. bis Anfang des 8. Jahrhunderts)

Von den verschiedenen kriegerischen Stämmen mitteleuropäischen Ursprungs, den Barbaren, die beim Fall des weströmischen Reiches in Hispanien die politische Macht ergriffen, waren die Westgoten die mächtigsten. Sie beherrschten während zweier Jahrhunderte praktisch die ganze Halbinsel und Teile des heutigen Südfrankreich bis zu ihrem politischen Verschwinden bei der Ankunft der Muslime im Jahre 711.

Religiös gehörten sie zur arianischen Strömung des Christentums. Um die Zustimmung der katholischen religiösen Obrigkeiten der Halbinsel zu gewinnen, deren politische Unterstützung sie wünschten, nahmen sie schließlich gegen Ende des 6. Jhs. den Katholizismus als offizielle Staatsreligion an und übernahmen die Einstellungen der katholischen Kirche den Juden und vorchristlichen Religionen gegenüber, die sich in manchen Gegenden und gesellschaftlichen Schichten noch gehalten hatten.

2.1. Eine sehr differenzierte Gesellschaft

Wegen ihrer verhältnismäßig geringen Anzahl bildeten die Westgoten nur einen winzigen Teil der hispanischen Gesellschaft, nämlich ihre politischen und militärischen Führer. Tatsächlich mussten sie mit den hispanisch römischen Obrigkeiten zusammen wirken, dem hohen christlichen Klerus und den tonangebenden Familien, die ihnen eine römisch christliche Lebensform aufdrängten, vor allem was Kultur und Gesetzgebung betraf. Allerdings kannten die Westgoten diese römische Lebensform bereits, ehe sie nach Hispanien kamen, und zwar aus ihren Kontakten auf dem Balkan, in Italien und anderen europäischen Gegenden. Die kirchlichen Konzilien von Toledo waren der höchste Ausdruck dieser zunehmend engeren

Beziehungen zwischen politischer Macht und christlicher Religion. Diese gesetzgeberischen Versammlungen versuchten, das Land unter einer römisch-christlichen Lebensform und unter der westgotischen Macht zu einigen. Dazu musste man dauernd und vielförmig gegen alle kulturellen, religiösen und politischen Abweichungen vorgehen, darunter auch die religiösen der Heiden und Juden.

Tatsächlich waren ja, abgesehen von diesen vorherrschenden gesellschaftlichen Gruppen, viele Bewohner der Halbinsel in Wirklichkeit ‚Heiden', vor allem in den ländlichen Gebieten. Sie hingen eher ihrem überlieferten Brauchtum an als dem römischen Kult, obwohl die Christianisierung Fortschritte machte, vor allem in den Städten und von innen aus. Die Hispanier waren im Allgemeinen höchst oberflächlich bekehrt worden. Im Norden wehrten sie sich offenkundig gegen jede politische oder religiöse Christianisierung, Romanisierung oder Gotisierung. Unter einem offiziellen Anschein der Verchristlichung blühten vielerorts noch die vorchristlichen Religionen. Die religiösen und politischen Kämpfe zwischen christlichen Führern verdecken in den Geschichtsquellen, die auf uns gekommen sind, eine religiöse Realität des Volkes, die sich bis zur Ankunft des Islam nicht sehr änderte, trotz der Anstrengungen der christlichen Obrigkeiten, von denen die Dekrete der Konzilien von Toledo zeugen.[372]

2.2. Die Juden zur Westgotenzeit

So schwer es ist, das Entstehen, die Fronten und die Entwicklung der verschiedenen Gruppen von Christen und Heiden in der hispanischen Gesellschaft der Westgotenzeit genauer zu bestimmen, umso mehr zeigt in dieser Periode die jüdische Gemeinschaft besondere Züge. Mit ihr hat eine religiös wie politisch klar umrissene Gesetzgebung zu tun.[373]

Hispaniens Juden stammten natürlich aus dem Osten, obwohl sich nicht ausschließen lässt, dass hispanische Einheimische sich zum Judentum bekehrt haben können, ähnlich wie bei den Juden im Maghreb oder im übrigen Römischen Reich.[374] Die Anwesenheit jüdischer Gemeinden in der hispanischen Bevölkerung ist vor allem auf Grund der Beschlüsse des *Konzils von Elvira* nachzuweisen (303 – 309), die ja eine allgemeine Einstellung der christlichen Kirchen von damals widerspiegeln und auf der Gegenseite ihre Entsprechung in der jüdischen religiösen Einstellung haben: Verbot von Mischehen oder sexueller Beziehungen zwischen Mitgliedern beider religiöser Gemeinden, Verbot von Fruchtsegnungen oder gemeinsamen Mahlzeiten usw. Solche Trennungsmaßnahmen gegen den wechselseitigen Einfluss ersetzten die differenzierenden Gesetzestexte der ersten christlichen Gemeinschaften und bereiteteten verschärfte Maßnahmen vor. Dies geschah in einem Kontext religiöser Propaganda, wo die christlichen Autoritäten versuchten, jüdischen Proselytismus zu verhindern und gleichzeitig Konversionen der Juden zum Christentum erreichen wollten. Im Grunde lag das Problem darin, dass der westgotische Staat seine politische Macht durch eine differenzierte Einheit des Christentums stärken wollte und deshalb gegen religiöse Abweichler vorging.[375]

Die auffallenden Besonderheiten der Juden machten aus ihnen die sichtbarsten Opfer dieser Religionspolitik, wegen ihres von der Bibel und den rabbinischen Vorschriften geregelten Gemeindelebens sowie ihrer orientalischen Lebensweise. Dazu kamen die Verurteilungen seitens christlicher Theologen, unter ihnen der Bischof *Isidor von Sevilla*. Sie alle fassten die Texte des Neuen Testaments schlicht antijüdisch auf. Auch vorher hatten östliche wie westliche Kirchenväter schon gegen die Juden geschrieben.

Aus diesen theologischen Vorbedingungen musste sich eine politische Verfolgung ergeben, die unternahm, alle besonderen Züge des Judentums auszuschalten, um aus den Juden eben solche Christen zu machen wie die übrigen Untertanen der westgotischen Monarchie. Kein Mittel wurde dabei ausgespart, von einer Gesetzgebung nach byzantinischem Muster bis zur Trennung der Kinder von ihren Eltern, um sie wie die kleinen Christen zu erziehen.

Das erklärt, warum die hispanischen Juden mit großer Hoffnung die politische Macht der Muslime begrüßten und wie sie sich der islamischen Herrschaft, die viel liberaler war, bereitwillig anpassten.

Diese Situation des hispanischen Judentums wie auch der Juden in anderen christlichen Ländern des Hochmittelalters musste schwer auf dem Jesusbild lasten, welches sich die Juden jener und der folgenden Zeiten bildeten. In der Tat ist es eine Gestalt nach dem Maß derjenigen, welche die Christen ihnen zeigten, ausgearbeitet als Antwort auf die Vorwürfe, die man ihnen machte.

3. Periode der islamischen Herrschaft (8. bis 15. Jahrhundert)

Die Durchsetzung des Islam auf der gesamten Iberischen Halbinsel, dem Al-Ándalus der Araber, ändert radikal die gesellschaftliche Situation der hispanischen Christen und Juden. Während die neue politische Macht und die Religion sich einrichteten, mussten Juden, Christen und Muslime ihre wechselseitigen Beziehungen neu definieren und folglich ihre jeweiligen Jesusbilder einander gegenüber stellen.

3.1. Entwicklung der islamischen Herrschaft in Al-Ándalus

Bei jedem Wechsel an der Spitze ändert sich spürbar die muslimische Gesellschaft der Halbinsel mit Folgen für ihre Beziehungen zu den anderen Religionen, genauer zu jeder Gruppe von Gläubigen der anderen Religionen. Diese Perioden lassen sich wie folgt zusammenfassen:

8.–9. Jahrhundert: Einsetzung des Omayyaden-Kalifats von Damaskus, dann Omayyaden-Emirat von Córdoba.

Das zuvor herrschende Christentum verlor die politische Macht, das Land unterwarf sich dem Islam. Die Mehrheit der Bevölkerung, zur Zeit der Eroberung offiziell christlich, bekehrte sich schnell und offiziell zum Islam. Kleine christliche Minderheiten, ‚Mozaraber' genannt, hielten an ihrem religiösen Leben und der lateinischen Kultur fest. Beide wurden zwar immer schwächer, von der islamischen Macht jedoch geduldet, besonders in den Städten und Gefilden bestimmter südlicher Gegenden und in Toledo. Im Norden der Halbinsel christianisierten die christlichen Fürsten die Bevölkerungen mit einer ziemlich dürftigen Kultur, die immer auf die kulturellen und religiösen Strömungen jenseits der Pyrenäen bezogen blieb. Die Juden, die die neue muslimische Obrigkeit anscheinend mit Erleichterung aufgenommen hatten, passten sich deren Gesetzgebung hinsichtlich der religiösen Minderheiten an und bildeten Ortsgemeinden, die sich im Innern nach ihren eigenen Traditionen richteten und sich in jener Gesellschaft, wie es scheint, nicht allzusehr durch auffallende Aktivitäten hervortaten.

Gegen Mitte des 9. Jahrhunderts

Damals lösten einige Christen, die das Martyrium erstrebten, in Córdoba eine Religionskrise aus. Anlässlich von Hungersnöten und von nördlichen Fürsten angelockt, wanderten Christen aus Al-Ándalus in die christlichen Nordgebiete aus. Um die Wende vom 9. zum 10. Jh. brach gegen die Obrigkeit von Córdoba eine Revolte aus, getragen hauptsächlich von Muslimen hispanischen Ursprungs in der Gegend von Malaga. Dieser *Mulad*-Aufstand wurde schließlich niedergeschlagen. Damit war die lateinische Kultur in Al-Ándalus am Ende. Die christlichen Gemeinden in der muslimischen Gesellschaft waren fast ganz verschwunden. Sie gingen in der herrschenden arabischen Kultur auf.[377]

10. Jahrhundert: Das Omayyaden-Kalifat von Córdoba

Das politische, gesellschaftliche und kulturelle Erstarken der islamischen Macht von Córdoba entspricht auch einer Glanzzeit der jüdischen Gemeinden und Kultur in Al-Ándalus. Andererseits führte das Erstarken der christlichen Nordstaaten zu gespannten, manchmal auch freundschaftlichen Beziehungen zur politischen Macht von Córdoba der arabisch muslimischen Kultur.

11. Jahrhundert: Taifa-Reiche

Beim Fall der Zentralmacht in Córdoba durch Palastrevolte und Aufstände der Milizen, die in Nordafrika und Andalusien im Dienst der Omayyaden standen, lösten verschiedene lokale Herrscher jene Zentralmacht nicht ohne Kämpfe ab und organisierten eine im Allgemeinen wohlhabende Stadtgesellschaft von hohem kulturellen Niveau, vor allem bei den literarischen und wissenschaftlichen Eliten. Die jüdischen Gemeinden hatten an den Folgen der Unruhen teil und auch am Wohlstand jener Epoche, je nach den Wechselfällen des politischen Lebens. Die Christen des Nordens griffen mehr und mehr in Politik und Wirtschaft der muslimischen Lämder ein und banden sich zusehens enger an die europäischen Reformbewegungen in Cluny und Rom, die am Ende des Jahrhunderts einen kraftvollen antiislamischen Kreuzzugsgeist heraufführten.

12./13. Jahrhundert: Almoraviden und Almohaden des Maghreb

Als Reaktion auf die christliche Eroberung von Toledo (1085) und die Schwäche der lokalen islamischen Mächte in Al-Ándalus ergriffen zwei mächtige Reformdynastien mit Sitz in Marrakesch allmählich die Macht in den islamischen Territorien der Halbinsel. Die Politik dieser Dynastien, vor allem die der Almohaden, war besonders kämpferisch gegen die christlichen Eroberer (die sich des Ebrotals bis zum Mittelmeer bemächtigten, des Tejo-Tals bis zum Atlantik und weiterer Landstriche der Hochebene), vor allem auch militärisch. Juden und Christen von Al-Ándalus wurden verfolgt und wanderten in andere islamische Gebiete aus, sowie in die christlichen Bereiche der Halbinsel und nach Südfrankreich.

13. – 15. Jahrhundert: Verlust von Al-Ándalus – Reich von Granada – Mudéjar-Bevölkerung

Beginnend mit der Entscheidungsschlacht von *Las Navas de Tolosa* bei *Despeñaperros* (1212) verloren die Muslime nach und nach die Herrschaft über fast alle ihre Gebiete auf der Halbinsel zu Gunsten der christlichen Reiche von Aragón, Katalonien (Balearen, Valencia), Kastilien-León (Murcia, Tal des Guadalquivir) und Portugal (Algarve). Allein das Reich von Granada in den Bergregionen von Ostandalusien (Almeria, Malaga, Ronda, Baza, Guadix und Granada) hielt sich bis zum Ende des 15. Jhs. (1484–1492). Ein bedeutender muslimischer Bevölkerungsanteil verblieb unter christlicher Herrschaft – die Mudejaren (‚*mudayyan*‘ auf Arabisch, *Mauren* oder *Sarazenen* in den christlichen Dokumenten jener Epoche). Besonders in Áragon, Valencia und Murcia lebten sie unsicher, konzentriert in *Aljamas* oder Ortsgemeinden ähnlich den jüdischen *Aljamas,* öffentlichen Vierteln oder Gemeinschaften. Ihrer kulturellen Eliten großenteils beraubt, führten diese muslimischen Gemeinden ein sehr schlichtes islamisches Leben und lehnten sich zuweilen gegen ihre christlichen Herren auf, vor allem aus Anlass wirtschaftlicher Missbräuche. Verstärkt seit der Mitte des 15. Jhs. ist eine bedeutsame kulturelle Anstrengung festzustellen, Glauben und Kultur des Islam in spanischer Sprache auszudrücken, die sog. Morisken-Literatur, die sich in arabischer oder lateinischer Schrift bis zum Exil nach der allgemeinen Vertreibung im 17. Jh. durchhielt.[378]

16. und Anfang des 17. Jahrhunderts: Morisken-Epoche

Die offiziellen und erzwungenen Bekehrungen zum Christentum erfolgten in Portugal 1497, Granada 1499/1500, das gesamte Königreich Kastilien 1502; Navarra nach 1512; das gesamte Königreich Aragón 1526. 1569/1570 lehnten sich die Morisken bzw. christlichen Ex-Mauren auf und wurden daraufhin in andere Gebiete von Kastillien verbannt. Viele Morisken wurden schließlich zwischen 1609 und 1614 endgültig aus Spanien vertrieben.[379]

Nach dieser Zeit gibt es nur noch drei bedeutsame Vertreibungen von Juden bzw. Muslimen aus Spanien. Dabei waren nur kleine religiöse Gruppen betroffen, z. B. Juden aus dem nordafrikanischen Oran, die seit 1509, als die Stadt von den Spaniern erobert wurde, dort mit diesen bis 1669 friedlich zusammengelebt hatten.[380] Einer Gruppe Morisken, die ihren Glauben und ihre Identität in Granada bewahrt und verborgen hatten, wurde zwischen 1726 und 1731 der Prozess gemacht, durch den die einen ‚wieder versöhnt', die anderen verbannt wurden[381]. Das betraf auch die muslimischen Sklaven, die nach den Verträgen zwischen dem Sultan Muhammad Ben-Abdallah und König Karl III. von Spanien frei gelassen worden waren.[382]

Offensichtlich war die gesellschaftlich-religiöse Situation der Muslime je nach den Epochen dieser neun Jahrhunderte in Al-Ándalus recht verschieden, mithin auch ihre Beziehungen zu Juden und Christen. Dementsprechend entwickelte sich in den Quellen, die auf uns gekommen sind, auch ihr Bild von Jesus, je nachdem, wie sie jeweils gesellschaftlich, politisch zu den Christen standen.

3.2. Soziale Stellung von Christen und Juden unter islamischer Herrschaft

Koran und islamische Gesetzgebung gewähren den ‚Leuten des Buches' (oder dem ‚Volk der Schrift'), Juden und Christen, Glaubensfreiheit, freie Gestaltung ihres Lebens im Innern ihrer Gemeinden und den Status von ‚Schutzbefohlenen' mit besonderer finanzieller Regelung. So war es auch in Al-Ándalus, wo sie sich gemeindlich organisieren konnten, vor allem in den größeren Städten und in bestimmten ländlichen Zonen der südlichen Halbinsel. Das waren die christlichen ‚Mozaraber' und die andalusischen Juden.

Außerhalb dieser Gegenden scharte sich die vorislamische Bevölkerung um christliche Militärführer (in den Bergen des Nordens, Asturiens, Kastillien, Navarra, Aragón, katalanische Grafschaften) oder sie gingen offiziell zur islamischen Religion über, da bischöfliche und überhaupt kirchliche Strukturen sich nicht hatten halten lassen (Taufe, Klerus ...), sodass sie in jener Gesellschaft ihr Christentum offiziell hätten bewahren können. Die Bekehrung des größten Teils der hispanischen Einwohner zum Islam war weder erzwungen noch individuell. Es war eine juristische Bekehrung, welche allmählich zu einer mehr oder minder tiefen Hingabe an die Glaubenslehren und religiösen Praktiken des Islam führte. Den Juden, die weder Klerus noch Bischöfe brauchen, fiel es leichter, an ihren Gemeindestrukturen festzuhalten und ihre politische und religiöse Stellung als Juden zu bewahren.

Dies war die allgemeine Situation der Juden und Christen vorislamischen Ursprungs aus der Gotenzeit in der islamischen Gesellschaft von Al-Ándalus. Andererseits war diese Gesellschaft ziemlich offen für fremde Einwanderer, so dass ständig Juden und Christen aus anderen Gegenden kamen (die Christen kann man darum ‚Neu-Mozaraber' nennen)[383].

Wir können hier nicht auf die Einzelheiten der Vorschriften eingehen, die den Status der ‚Schutzbefohlenen' des Islam regeln. Den christlichen Glauben an Jesus bzw. die jüdische Religion durfte man innerhalb der mozarabischen oder jüdischen Gemeinden bekennen. Tat man dies ausdrücklich vor den Muslimen, hieß dies logischerweise, ihrem Glauben an den einzigen Gott, der nicht in Jesus Mensch geworden war, zu widersprechen, auch ihren Glauben an

Muhammad als ‚Endgültiges Siegel der Propheten' und höchsten Offenbarer der Botschaft Gottes. Wenn es hier oder dort an Klugheit fehlte, drohte die Gefahr eines schweren Konflikts. Der Christ beleidigte, wenn er seinen Glauben an Jesus kundtat, den Propheten des Islam und wurde nach dem islamischen Gesetz der Lästerung schuldig befunden. Wegen dieses Verbrechens zum Tod verurteilt, nahm der Christ oft diese Strafe als höchst ehrenvolles Martyrium auf sich, Ideal des Christen seit den Anfängen des Christentums.[384]

Das ereignete sich einige dutzend Male in Córdoba in der Mitte des 9. Jh.[385] und führte zu anti-islamischen Schriften und späteren Streitigkeiten, so dass die Muslime ihre Einstellung zu Jesus öffentlich klären mussten.[386] Trotzdem stellten die islamischen Texte Jesus zum größten Teil entsprechend dem Koran und den theologischen Lehren dar, wie sie sich im Orient herausgebildet hatten.

Dieselbe notwendige Klugheit ließ die Juden, während sie zwar untereinander Berichte anscheinend talmudischen Ursprungs über Jesus verbreiteten, dennoch über diese Themen keinen Streit mit den Christen anfangen, die wie sie der muslimischen Obrigkeit unterworfen waren. Man kennt lediglich den Fall eines zunächst christlichen Westgoten, der im 9. Jh. in Córdoba zum Judentum übertrat. Daraus entstand ein kleiner Streit mit bstimmten Christengruppen der Hauptstadt von Al-Ándalus.[387] Das Thema der Zwangsbekehrungen und der Verstellung angesichts von Gefahr ist insbesondere von dem jüdischen Philosophen *Maimonides* behandelt worden, ohne die verwickelten Optionen auszuschöpfen.[388]

Es gibt somit in der islamischen Epoche drei Jesus-Auffassungen nebeneinander. Unter muslimischer Herrschaft kehrten sie sich fast nie gegen einander außer in den seltenen Fällen, wo Christen nach dem Martyrium verlangten und ihr Bekenntnis zu Christus mit lästerlichen Angriffen gegen Muhammad verbanden. Dann verhängte die islamische Obrigkeit die vorgesehenen Strafen.

4. Periode der christlichen Herrschaft (8. bis 17. Jahrhundert)

Hier handelt es sich um die kleinen christlichen Königtümer (Asturien, Galizien, Portugal, León, Kastilien, Navarra, Aragón, katalanische Grafschaften usw.), deren Entwicklung zu den modernen Staaten Spanien und Portugal geführt hat. Zu Beginn waren sie zwar vielfach der islamischen Oberherrschaft des *Rex Hispaniae* von Córdoba unterworfen, hatten jedoch stets die volle Autorität über ihre Ländereien und standen in Verbindung mit den übrigen christlichen Ländern Europas und mit der höchsten religiösen Autorität, dem Papst in Rom.

4.1. Entwicklung der christlichen Herrschaft gegenüber Islam und Judentum

Wenn wir von den rein militärischen Aspekten der ‚Reconquista' absehen, jenes Kampfes, den die christlichen Mächte gegen die Muslime führten, so lassen sich klar abgegrenzte Etappen bezeichnen, was die Einstellung der christlichen Länder der Halbinsel zu den beiden anderen Religionen betrifft.

Vom Ende des 6. bis zum Anfang des 8. Jh.: Westgotisch-katholische Periode

Das katholische Christentum löste offiziell den Arianismus ab, der von den westgotischen Herrschern auf die Halbinsel gebracht worden war, und zwar gegen den dort bestehenden römischen Katholizismus und gegen den byzantinische Orthodoxie in jenen Gebieten von Süd- und Südost-Hispanien, die fast ein Jahrhundert lang von Konstantinopel abhingen.[389]

Von der zunehmenden Verfolgung der Juden seitens der westgotischen Herrscher in dieser Periode, und zwar politisch und religiös, war schon die Rede. Wir sollten uns aber auch der Leichtigkeit erinnern, mit der das Land auf den Religionswechsel des Herrschers hin 589 beim Konzil von Toledo vom Arianismus zum Katholizismus übertrat. Dies zeigt, dass der Schritt der Bevölkerungsmehrheit vom Christentum zum Islam während des 8. Jh.s einem recht zeitnahen ähnlichen Vorgang entsprach.

Die ‚offiziöse Religion' hielt die Masse in jenen Jahrhunderten im Griff, kurz nach der vergleichbaren offiziellen Einführung des Christentums in Armenien und in Konstantins Römerreich, und dies trotz der kräftigen Kirchenorganisation im politischen Leben des westgotischen Hispaniens. Die Flucht der Metropoliten von Toledo und Tarragona (während der Erzbischof von Sevilla und seine Anhängerschaft sich mit den Muslimen vertrugen) zeigte, wie schnell die bisherigen politischen und religiösen Strukturen des Christentums einstürzten, obwohl der Arianismus im islamischen Al-Ándalus in Form einiger ‚geduldeter und gemeindlich organisierter Minderheiten' überlebte, fast wie die Juden.

Vom 8. zum 11. Jahrhundert: Entstehen der christlichen Staaten

In dieser Periode gab es in den christlichen Ländern sehr wenige Juden und Muslime. Sie lösten keinerlei wichtigen Konflikt aus, von dem man wüsste. Sie bekundeten anscheinend nicht ihren Widerstand gegen die christlichen Lehren, wurden auch von den Christen nicht wegen ihres Judentums angegriffen, mindestens was die auf uns gekommenen Dokumente angeht. Nur theoretisch wandte man sich gegen die Juden, indem man die klassischen christlichen Texte wiederholte, Bibel, Liturgie und Schriften der heiligen Kirchenväter, besonders die lateinischen: *Augustinus von Hippo* (jetzt Annaba in Ost-Algerien) und *Isidor von Sevilla.*

11.– 12. Jahrhundert: Politik im Geist der Kreuzzüge

Seit der Mitte des 11. Jh.s (kurze Besetzung von *Barbastro* im heutigen *Aragón*, 1063/1064, während eines vom Papst gesegneten Vorkreuzzuges von jenseits der Pyrenäen aus) und vor allem seit der Eroberung von Toledo (1085) auch durch fränkische Kreuzfahrer breitete sich in den christlichen Königreichen der Halbinsel ein neuer Geist politisch-religiöser und militärischer Eroberung aus, bedingt durch den Einfluss der europäischen Kreuzzüge und des Papsttums. Er drängte die christlichen Fürsten zu umfangreichen Landeroberungen auf Kosten der islamischen Länder der Halbinsel. So fielen allmählich zahlreiche islamische Gemeinden unter die politische Herrschaft der Christen. Es sind die unterworfenen ‚Mudejaren'. Zahlreiche Juden wanderten in die christlichen Länder aus auf der Flucht vor den Unterdrückungsmaßnahmen der Almohadenmacht (afrikanische Muslime, die in Spanien eine strenge Ordnung einführen wollten). Dies ist der Ursprung der *Aljamas*, also organisierte Gemeinden von Juden und Muslimen in den christlichen Staaten.

Vom 12. – 15. Jahrhundert: Periode der religiösen und politischen Vorherrschaft der Christen über die Muslime

Im 13. Jh. hatte sich die christliche Herrschaft fast über die ganze Iberische Halbinsel ausgebreitet. Es ist das große Jahrhundert der *Aljamas,* einer wichtigen Finanzquelle für Fürsten und Herren, die den Gemeinden von Juden und Muslimen ein selbständiges Leben gestatteten, wenngleich nicht ohne Übergriffe. Ein Geist heftigen Bekehrungseifers, vor allem in den neuen Orden der Dominikaner und Franziskaner, brachte eine Unmenge Kampfschriften gegen Juden und Muslime hervor und schließlich spontane Verfolgungen, besonders gegen die Juden.

Ende des 15. bis Anfang des 17. Jahrhunderts: Periode der totalen Verdrängung von Juden und Muslimen

Die endgültige Vertreibung der Juden fand in den Königreichen Kastillien und Aragón 1492 statt. Später ging die Inquisition gegen neubekehrte Christen jüdischen Ursprungs vor *(Konvertiten, Marranen).* Die Eroberung von Granada machte, ebenfalls 1492, Schluss mit der letzten islamischen Herrschaft auf der Halbinsel. Die islamischen Bevölkerungen sahen sich von 1497–1526 zur Bekehrung zum Christentum gezwungen, bis sie zwischen 1609 und 1614 endgültig aus Spanien vertrieben wurden.

Die Entwicklung ging also hin zu einem europäischen, kämpferischen und exklusiv handelnden Christentum, das immer erobernder und unduldsamer auftrat. Religiöse Unterschiede sah es als unerträgliche Abweichungen an. Unter dem Schutz der Beschlüsse katholischer Konzilien (der Laterankonzilien und des von Vienne [1311/12] gegen die Juden) taten sich hauptsächlich die Bettelorden hervor. Die römische und am Ende des 15. Jh.s dann die spanische Inquisition wirkten als religiöse Behörden im Dienst der Staaten für die religiöse Vereinheitlichung und die Abschaffung aller Sonderwege. Weder weltliche Obrigkeiten noch die kirchliche Hierarchie entgingen ihrer bedrückenden Tätigkeit. Juden und Muslime, vor allem nach ihrer Zwangsbekehrung zum Christentum, wurden die Lieblingsopfer der Inquisition, die durch sie enorme, vor allem auch materielle Vorteile gewann.

4.2. Reaktionen der Juden und Muslime

Juden wie Muslime reagierten in gleicher Weise auf die politische Macht der Christen. Mit besonderen finanziellen Leistungen erkauften sie sich ihr Überleben samt der Freiheit, ihrem Glauben gemäß zu leben. Die verschiedenen Steuern, die auf den muslimischen *Aljamas* lasteten und von Handwerkern in den Städten, von Bauern in den mehr oder minder reichen ländlichen Gebieten, welche die Muslime Jahrhunderte hindurch zu verbessern gewusst hatten. Diese Steuern schlossen Enteignungen und vielerlei Missbräuche nicht aus, erreichten aber zuweilen den Schutz der Fürsten und Herren gegen die Feindseligkeiten der Volksmenge und des niederen Klerus. Die Juden erreichten solchen Schutz dank ihrer Tüchtigkeit in Handwerk und Handel. Auch hatten manche jüdische Beamte hervorragende Posten in der Verwaltung inne, besonders in den Staatsfinanzen. Allerdings machte das Problem der Neuchristen jüdischen Ursprungs, manchmal die schlimmsten Feinde des Judentums, die Lage noch schwieriger. Nach der Vertreibung der bekehrungsunwilligen Juden 1492 blieb ein anderes Problem, das der Zwangsbekehrten, deren wahren Überzeugungen kaum zu ergründen waren, nicht einmal durch ihre ‚Geständnisse' unter der Folter der Inquisition.[390]

Eine zweite Reaktion der jüdischen und muslimischen Gemeinden richtete sich nach innen. Die von den Christen ihnen auferlegte Situation zwang sie, die Bindungen zwischen den Glaubensgenossen zu stärken, das religiöse Leben zu kräftigen und ihre jüdische oder islamische Kultur zu vertiefen. Mitten in einer herrschenden und oft gegen sie aggressiven christlichen Kultur und Gesellschaft mussten sie aus der eigenen religiösen Tradition Argumente gegen die Angriffe schöpfen, mit denen die Christen im Namen Jesu auf sie losgingen. Obwohl das innere Leben der *Aljamas* uns wegen fehlender Quellen oft verschlossen bleibt, können wir leicht erraten, dass es Strömungen mündlicher antichristlicher Traditionen am Leben hielt. Dieses Nein war zum Überleben ihrer religiösen Identität notwendig.

Die Juden fanden sich vielfach in der Pflicht, christliche Predigten anzuhören, manchmal in ihren eigenen Versammlungsstätten. Öffentliche Dispute zwischen christlichen Theologen, oft selbst jüdischen Ursprungs, und Rabbinern fanden in Anwesenheit der Obrigkeit statt: Barcelona 1263, Avila 1375, Tortosa 1413 usw. Solche Zusammenkünfte waren zwar gefährlich, trotzdem versäumten die jüdischen Gemeindeleiter es nicht, den christlichen Bibeldeutungen zu antworten und den Talmud zu verteidigen. Die Muslime verstanden vielfach nicht die romanischen Sprachen der Halbinsel, so dass die Predigten und Angriffe, mit denen die Christen sie zu bekehren suchten, sie viel weniger berührten als die Juden bis zum 15. Jh., als sie offiziell schon christlich waren.

Solche Verteidigungshaltung im Inneren der *Aljamas* wie gegenüber den christlichen Bekehrungsmühen mussten gerade in dieser Epoche zu zahlreichen jüdischen und muslimischen Reaktionen auf die zentralen Glaubensaussagen des Christentums führen, nämlich die Gestalt und Bedeutung Jesu. In dieser Epoche entstanden die meisten herangezogenen Texte und Dokumente des vorliegenden Buches.

Die Vertreibung oder aber die Bekehrung zum Christentum führte 1492 zu einer gesellschaftlichen Doppelsituation; da waren einerseits die hispanischen Juden im Exil, genannt *Sefarden* (vor allem auf Grund eines traditionellen Ritus; auf Hebräisch heißt die iberische Halbinsel Sefarad, auch wenn es Sefarden nichtspanischen Ursprungs gibt), andererseits befanden sich da die zum Christentum Bekehrten in Spanien. Diese nahmen höchst aktiv am spanischen Gesellschafts- und Kulturleben teil, waren freilich auch wichtige Opfer der inquisitorischen Religionsverfolgungen und der Regelung der ‚Reinheit des Blutes‘ die im sogenannten *Goldenen Jahrhundert* galt.

Anhang 2

Die Quellen über Jesus

Welche Jesusbilder hispanische Christen, Juden und Muslime im Mittelalter hatten, dazu gibt es zahlreiche unterschiedliche Quellen. Da der Zugang zu ihnen nicht immer leicht fällt, sind in diesem Buch nicht alle gleichermaßen verwendet worden. Allerdings wiederholen sie sich oft, das ist bei religiösen Texten normal, die überlieferte Wahrheiten ausdrücken, welche ja umso ‚wahrer' sind, je unveränderlicher sie von den früheren Generationen angenommen und ausgelegt worden sind. Deshalb hängt das Jesusbild des mittelalterlichen Islam und Judentums nicht von der Vollständigkeit der zugänglichen Quellen ab.

Andererseits hat jeder Text einen Kontext, den wir oft nur schematisch kennen können. Außerhalb ihres Kontextes laufen Sätze Gefahr entstellt zu werden, vor allem, wenn es sich um religiöse Diskussionen einer anderen Epoche handelt. Daher musste unsere Darlegung notwendig vereinfachen, so dass die Zusammenschau jedes Element besser verstehen lässt, als wenn die Texte vollständiger analysiert würden.

Wie jede andere geschichtliche Person und vor allem jedes Glaubenssymbol lässt sich Jesus nicht auf einen Text reduzieren, so reich und ausdrucksstark er auch sei. ‚Er lebt' verschieden in jedem Menschen, der von ihm spricht und in jeder kulturellen und religiösen Gemeinschaft zu deren gemeinsamen Glaubenselementen er gehört. Geht es um das Wesen eines Jesusbildes im Judentum oder Islam, darf man dieses individuelle ‚Leben' des Jesusbildes in jedem Gläubigen dieser beiden Religionen nicht vergessen. Die Einzeltexte, welche die von ihren Verfassern gelebten Situationen widerspiegeln, sind zwar häufig kollektiv, befinden sich aber in der Mitte zwischen dem Jesusbild aus persönlicher und aus gemeindlicher Perspektive.

1. Die traditionellen Überzeugungen der drei Religionen außerhalb der Iberischen Halbinsel

Judentum, Christentum und Islam sind nicht auf hispanischem Boden entstanden. Während diese Religionen sich in den Gesellschaften der Halbinsel einrichteten, hat jede von ihnen schon mindestens einige Jahrhunderte Geschichte und Institutionalisierung hinter sich. Das Gemeindeleben der Juden, Christen und Muslime in Hispanien erhebt keinerlei Anspruch auf Originalität und fühlt sich mit einer weltweiten Gemeinschaft verbunden, mit der man enge Beziehungen pflegte. Deshalb muss man das Wesen des Jesusbildes von Christen, Juden und Muslimen der Halbinsel außerhalb von Hispanien oder Al-Ándalus suchen. Die tiefen Quellen der heiligen Bücher dieser Religionen liegen im Mittleren Osten. Auch die einflussreichsten Kommentare und Traktate über Jesus stammen aus dem Orient. Es sind die Kirchenväter für die Christen, die Talmudisten für die Juden, Theologen und Koranerklärer für die Muslime.[392] Die lokalen hispanischen Quellen finden das Wesentliche ihrer Überzeugungen in den Grundtexten jeder Religion. Wenn bestimmte hispanische Texte besonders interessant sind, so deshalb, weil sie die Gemeindetradition dieser Religion innerhalb eines konkreten Kontextes bezeugen. Was die Iberische Halbinsel originell sein lässt, ist die Tatsache, dass die drei großen religiösen Gruppen hier über tausend Jahre lang zusammen gelebt haben, in wechselnden gesellschaftlich-religiösen Umständen, die sich wahrscheinlich in anderen Teilen der Welt nicht finden, außer vielleicht – aber dann doch sehr verschieden – im Mittleren Osten.

Andererseits haben die hispanischen Texte, die von Jesus handeln, christliche, islamische, jüdische (auf Lateinisch, Arabisch, Hebräisch, Spanisch, Katalanisch oder Portugiesisch) Parallelen in anderen Gegenden: in Ägypten, Frankreich, Deutschland oder Italien.

Die zahlreichen im Ausland geschriebenen Texte spiegeln das, was die hispanischen Gläubigen denken, manchmal sogar besser wider, weil sie sich vielleicht durch gesellschaftlichen Druck oder die Verfolgungen der herrschenden Macht gehindert fanden, sich auszudrücken. Das ist vor allem der Fall bei gewissen jüdischen Texten aus Deutschland im 15 Jh. oder spanischen Texten von Muslimen, die im 17. Jh. aus Spanien vertrieben wurden und nach Tunesien flüchteten.

Von Bedeutung sind schließlich auch die Sammlungen und Zusammenfassungen vom Ende des Mittelalters. Diese manchmal sehr umfangreichen Texte sammeln die Früchte geistiger Arbeit von Jahrhunderten.

2. Quellen aus der westgotischen Epoche: Die Überlieferungen, Konzilien, Beschlüsse und antijüdischen Traktate

In der Westgotenzeit vom 6. bis zum Anfang des 8. Jh.s lässt sich das Jesusbild der hispanischen Juden nicht direkt in ihren Schriften erforschen, weil es solche nicht gibt. Nur indirekt lassen sich ihre Ideen über Jesus erschließen, aus der Meinung, welche sich die Juden über ihn im Allgemeinen seit dem Beginn des Christentums und vor allem seit der Verchristlichung des Römerreiches gemacht hatten. Die antijüdischen Schriften christlicher Verfasser – einige waren Hispanier – spiegeln gleichfalls (freilich verzerrt) die Meinung der zeitgenössischen Juden über Jesus, die Hauptperson des Christentums, wider.[393] Die von den Christen angezettelten mittelalterlichen Polemiken führten manchmal zu antichristlichen Schriften, vor allem über die Gestalt Jesu.[393] Ihre Reaktion auf den Jesus der Christen lässt sich auch an deren antijüdischen Einstellungen ablesen, etwa an den religionspolitischen Beschlüssen der Konzilien von Toledo, vom 3. Konzil 589 bis zum 18. Konzil 689.

Tatsächlich waren die jüdischen Traditionen über Jesus in den jüdischen Gemeinden des Römischen Reiches klar ausgestaltet. Mögen wir auch zahlreiche historische Zweifel gegenüber Ursprung und Chronologie dieser Traditionen haben. Auf der Basis von Informationen, die aus den urchristlichen Jahrhunderten stammen, sie seien von Juden aus Palästina oder von den Christen selber, hatten die Juden des Römischen Reiches ein Jesusbild ausgestaltet, das sie das ganze Mittelalter hindurch beibehielten.[394] Gewiss war ihre Ansicht über Jesus ein durchaus zweitrangiges Thema innerhalb ihrer Überzeugungen, bildete keineswegs einen dogmatischen Schwerpunkt, den alle jüdischen Gläubigen bekennen mussten. Es ging bloß um die Geschichte des jüdischen Volkes im Palästina des ersten Jahrhunderts, wie auch um das Verhältnis zwischen Juden und Christen im alltäglichen Religionsstreit. Tatsächlich definierten sich die Christen besonders durch ihre Beziehung zum Alten Testament, der jüdischen Bibel, und bekannten aufs Vielfältigste ihren Glauben an Jesus, besonders in den Texten ihrer Schriften des Neuen Testaments, in den theologischen Kommentaren, aber auch in ihrer Liturgie und den einfachsten, volkstümlichtsten Glaubensbekenntnissen. Die Juden hätten über dieses Thema lieber nicht sprechen wollen. Das ganze Mittelalter hindurch neigten sie in ihren Schriften und Beziehungen zu den Christen zu Diskretion, aber die Christen griffen sie an und verlangten von ihnen, eine eigene Meinung zu haben und auszudrücken, natürlich eine polemische über jenen Jesus, als zentrales Glaubensthema der Christen. Immerhin bemühten sich die Juden immer um Diskretion in dieser Sache.[395] Sogar die Talmudtexte, deren Endredaktion man im Osten ungefähr auf das 6. Jh. datieren kann, sind überaus nüchtern und unterlagen gewiss der Selbstzensur. Dennoch wurden sie von den christlichen Autoritäten des europäischen Mittelalters als sehr antichristlich angesehen und zwischen dem 13. und 17. Jh. oftmals auf dem Scheiterhaufen verbrannt (z.B. 1240 in Paris).[396]

Einige jüdische Ideen kommen in christlichen Spezial-Traktaten der griechischen und lateinischen Kirchenväter vor, die sich ‚gegen die Juden' *(Adversus Judaeos)* richten. Hispanische Autoren wie *Isidor von Sevilla* und *Julian von Toledo* bildeten im 8. Jh. gewissermaßen Echos dieser klassischen Polemiken. Hier lässt sich schwer unterscheiden, was die jüdische Seite wirklich dachte und was ihr die christlichen Verfasser mit ihrer neutestamentlichen Dialektik gegen das biblische Judentum unterstellten, indem sie sich dessen Überzeugungen für die eigene christliche Verteidigung zurecht legten. Um diese Texte als Quellen für unsere Kenntnis des jüdischen Jesusbildes während der Westgotenzeit in Hispanien verwenden zu können, braucht es mühevolle Ideologie- und Literarkritik.

Was die hispanischen Juden über das Jesusbild dachten, das die Christen ihnen darboten, lässt sich schließlich recht leicht aus den christlichen Glaubensbekenntnissen ableiten, die sich direkt gegen gewisse Grundüberzeugungen des Judentums wandten, sowie aus dem konkreten Verhalten der Christen zu ihnen, wie es sich in unterdrückerischen Vorschriften und im Alltag zeigte. Alle diese Bilder haben wir im ersten und besonders im zweiten Teil dieses Buches untersucht.

Wichtige Quellen zum Verständnis des jüdischen Denkens über Jesus sind auch besonders während der Renaissance (15.–16. Jh.) die Schriften in verschiedenen Sprachen, welche die Vertriebenen von 1492 und ihre Nachkommen abfassten, natürlich mit mehr Freiheit, als sie das in hispanischen Gesellschaften hätten tun können.[397]

3. Islamische und andere Quellen in Ländern des Islam

Zu den islamischen Quellen gehört natürlich in erster Linie der Koran, das heilige Buch der Muslime, Richtschnur ihres Glaubens. Jesus erscheint dort vielmals. Indirekt verweist sogar die Hauptformel des Glaubensbenntnisses auf ihn ‚Es gibt keinen Gott außer Gott und Muhammad ist Gottes Gesandter' (d. h. nach den anderen Gesandten, unter ihnen Jesus und Muhammad als endgültiges Siegel aller göttlichen Propheten).

Ausgehend von dieser koranische Überzeugung haben die Lehre des Propheten Muhammad und die Hadithe oder prophetischen Überlieferungen und die Überlegungen der muslimischen Gelehrten eine ganze ‚Christologie' oder islamische Jesuslehre entwickelt. Die muslimischen Texte von Al-Ándalus aus der islamischen oder der späteren christlichen Epoche auf Arabisch oder Spanisch halten sich treu an diese Grundlehren.

Diese islamischen Quellen sind aber auch sehr nützlich, um das jüdische Jesusbild zu erkennen. In der Tat tritt der Koran als Jesu Verteidiger gegen die Verzerrungen auf, welche die Christen seiner Person und Botschaft angetan hätten. Er verteidigt die Wahrheit über Jesus aber auch jüdischen Behauptungen gegenüber, vor allem, was den göttlichen Ursprung seiner Botschaft, seine Geburt und seine Wunder betrifft. In gewissem Sinn ist der Koran eine Antwort auf das vorhergehende jüdische Jesusbild und insofern ein Mittel, das jüdische Jesusbild zur Zeit Muhammads zu erkennen. Natürlich muss man diese Quelle recht verstehen, wie andererseits auch die koranische Antwort auf den Jesus des Christentums.

Das Bild Jesu auf Grund der islamischen Quellen ruft neue christliche Schriften hervor, vor allem auf der Iberischen Halbinsel und im lateinischen Europa. Es sind die antiislamischen Polemiken, die ihrerseits wiederum das islamische Jesusbild verzerrten.

Die Erforschung des islamischen Jesusbildes muss sich deshalb erstens an den Koran halten, zweitens an die Überlieferungen des Propheten Muhammad. Ihnen kommt nach Meinung der muslimischen Fachleute in Bezug auf Jesus nicht allen dieselbe Autorität oder Echtheit zu. Es handelt sich um die ‚Geschichten der Propheten' *(qisas al-anbiyá),* in denen Jesus unter Muhammads Vorläufern einen sehr wichtigen Platz einnimmt, an die Koranerklärer, die antichristlichen Kampfschriften (z.B. von Abu-l-Walid Al-Bachi, Al-Jázrachi, Al-Qúrtubi usw.). In den islamischen Gebieten von Al-Ándalus waren alle diese Texte, die im allgemeinen östlichen Ursprungs sind, weithin bekannt. Doch auch in Al-Ándalus selbst entstanden Schriften, vor allem vom 11. Jh. an (z. B. Ibn Hazm). Durch sie wurden die Muslime genötigt, auf immer genauere Fragen einzugehen; so bekamen die Texte hispanischen Ursprungs über Jesus einen recht eigenen Charakter.

Das jüdische Jesusbild in islamischen Gebieten hat nicht so viele Gelegenheiten, sich zu bekunden. Edom oder die christlichen Unterdrücker sind weit. So kommt es höchstens zu Anspielungen (Ibn-Gabirol) an ferne Zeiten und Räume, ganz auf der Linie des traditionellen jüdischen Denkens, das von Diskretion beim Thema Jesus gekennzeichnet ist. Am liebsten würde man sogar die Existenz Jesu vergessen, jenes Juden, der eine so feindlich antijüdische Religion hatte entstehen lassen.

Aus der arabischen Epoche und in Gebieten des Islam gibt es wenige christliche, also mozarabische Quellen, welche die Ideen widerspiegeln, die Juden und Muslimen in Al-Ándalus sich von Jesus machten. Nur von einigen Polemikern aus dem Córdoba des 9. Jh.s gibt es lateinische Texte mit kurzen Hinweisen.

4. Christliche oder aus der christlichen Epoche stammende Quellen

Die reichste Epoche für die Kenntnis des Jesusbildes der Juden und Muslime ist sicherlich die christliche Epoche des späten Mittelalters, vor allem ab dem 12. Jh. Die Glaubenskämpfe um die Zentralgestalt ihres religiösen Lebens, zu denen die Christen anstachelten, zwangen Juden und Muslime zu genauen Erwiderungen auf Grund ihres jeweiligen Glaubens. Dies ganze religiös intellektuelle Gewoge bleibt schriftlich in christlichen, islamischen und jüdischen Quellen aufbewahrt. Sie sind reich und ergiebig, wie es bei einer Geschichtsepoche zu erwarten ist, die das Wissen früherer Zeiten sammelt.

Die *christlichen Quellen,* meist auf Latein, nehmen die jüdischen und muslimischen Jesusbilder wieder auf, um sie zu widerlegen. Es sind Zerrbilder, Ergebnisse der antiken Glaubenskämpfe – der Kirchenväterzeit im Fall der Juden – doch durch die neueren Kämpfe aufpoliert, dank talmudischem und rabbinischem Material, das die Christen der Römer- bzw. Westgotenzeit noch nicht kannten. Was die Muslime betrifft wurde die christliche Lehre natürlich erst allmählich neu erarbeitet, je genauer man die islamische Lehre kannte.

Die *islamischen Quellen* der christlichen Epoche sind weniger reich. Oft sind sie von Auswanderern aus Spanien auf Arabisch geschrieben (Das Werk von Anselm Turmeda/Abdallah At-Tarchumán) oder sogar auf Spanisch, von Verbannten des 17. Jh.s (wie At-Taybili, Al-Hánafi usw.). Wenige in Spanien selbst verfasste Texte sind erhalten. Doch dürften die hispanischen Muslime dieser Epoche, also die Mudejaren, Morisken oder muslimische Sklaven dasselbe von Jesus geglaubt haben wie ihre Zeitgenossen jenseits des Meeres, also auf sehr traditionelle Weise.

Die *jüdischen Quellen* auf Hebräisch sind hingegen ziemlich reich und insofern besonders interessant, weil sie im Fall einiger hispanischer Kontroversen eine von den lateinischen Quellen darüber stark abweichende Fassung bieten. Was z. B. in Barcelona, Ávila und Tortosa verhandelt wurde, erfahren wir auf zweierlei Weisen, was eine genauere Untersuchung dieser Glaubensgegensätze erlaubt.

Überdies enthalten die Archive, insbesondere die der Inquisition, eine Fülle von Quellen jeder Art, nicht nur gelehrte Texte, sondern auch mündliche Äußerungen, die gut das volkstümliche Jesusbild jüdischer und muslimischer Gläubiger zeigen. Diese neuen Formen gehören besonders dem 16. Jh. an.[399]

Anhang 3

Der hispanische Adoptianismus im 8. Jahrhundert: Jesus zwischen Christentum, Judentum und Islam

Wie die drei Religionen bei der Gestalt Jesu einander begegnet sind und einander verfehlt haben, zeigt sich am Adoptianismus, einer christlichen ‚Häresie' der Antike und des Mittelalters, die hauptsächlich gegen Ende des 8. Jh.s auf der Iberischen Halbinsel entstand und sich ausbreitete und dann auch im 12. und 14 Jh. in Europa noch einmal neu aufbrach.[400] Ihr Name bezeichnet den Hauptpunkt dieser Lehre über Jesus: seine Person sei nur kraft Adoption göttlich gewesen, nicht wesenhaft und von Natur.

Die Einzelheiten dieser christologischen ‚Irrlehren' sollen uns hier nicht beschäftigen.[401] Dargestellt wird nur, warum ihr Ursprung sich auf christliche, jüdische und islamische Einflüsse zurückführen lässt und wie diese verschiedenen religiösen Einstellungen angesichts des Problems von Jesu göttlicher Natur zusammen gewirkt haben. Wir werden zeigen, dass vor allem islamische Elemente zusammen mit jüdischen das Entstehen dieser Christologie begünstigt haben. Wie die islamisierenden Neuerungen dieser christlichen Lehre sich hinter anderen christlichen oder jüdischen Lehren von früher verstecken: dieses Verfahren wird das ganze Mittelalter hindurch sehr beliebt sein, wenn man im lateinischen Christentum islamische Einflüsse berücksichtigen will, ohne das ausdrücklich einzugestehen, dann versteckt man sie hinter ähnlichen christlichen Vorgaben.

1. Islamische Elemente im adoptianischen Jesusbild

Bei der Entwicklung des Adoptianismus gegen Ende des 8. Jh.s hat man auf einige Elemente islamischen Ursprungs hingewiesen, die als mehr oder minder direkte Ursachen dieser Lehren gelten können. Wir müssen sie im Einzelnen bewerten und ihre Beziehung zum christologischen Kern des Adoptianismus erwägen. Sie alle deuten auf einen Glaubensstreit zwischen Muslimen und Christen hin, was Jesu Menschennatur betrifft. Aus solcher Polemik, die sich auch in Hispanien/Al-Ándalus des 8. Jh.s vielfach wiederholt, sollte sich die christologische Lehre des Adoptianismus ergeben.

1.1. Der Umgang der Christen mit den Muslimen in Córdoba

Vom fernen Konzil in Frankfurt (794) aus schrieb Alkuin den Beginn dieser Häresie Christen von Córdoba zu. *(„maxime origo huius perfidae de Corduba civitate processit“[402]).* Man hat das so gedeutet, dass er Córdoba als Hauptstadt der hispanischen Muslime bezeichnet, aber ganz Al-Ándalus meinen könnte.[403] Doch ein Satz des Erzbischofs *Elipandus von Toledo,* Hauptstreiters in dieser Sache, benennt jene Christen von Córdoba viel ausdrücklicher. Er entschuldigt sich beim Bischof *Felix von Urgel* dafür, dass er ihm einige Texte nicht sendet, die den Adoptianismus verteidigen und die er seinen Gegnern in Asturien geschickt hat. Diese Texte waren von Christen in Córdoba verfasst worden. Er nennt sie ‚Brüder, die über Gott Richtiges meinen und die mir schon viel geschrieben haben‘ *(„… ad Córdobam, fratribus qui de Deo recta sentiunt et mihi multa scripserunt“[404]).* Er gibt dort auch genau an: *de fratre Militane, qui recta de Deo sentit.*

Aus dieser Erwähnung wird zweierlei klar. Zum einen, dass Elipandus sich von jenen Christen aus Córdoba im Hauptpunkt des Streits mit den Asturianern beraten ließ; gewiss hatte ihn auch das Konzil von Sevilla samt seinen adoptianischen Dekreten gegen *Melecius* beeinflusst.[405] Zum anderen erkannte er den Leuten aus Córdoba vor allem deshalb soviel Autorität zu, weil sie ‚von Gott recht denken‘ *(recta de Deo sentiunt).* Dieses ‚Recht‘ entspricht logisch dem adoptianischen Thema der göttlichen Transzendenz, die sich mit Jesu Menschheit nicht vermischt, sondern ihn als Sohn ‚annimmt‘ oder ‚adoptiert‘.

Diese Christen von Córdoba, auf die sich auch *Alkuin* bezieht, waren Christen ‚am Hofe‘ der muslimischen Omayyaden, dem politischen Zentrum von Al-Ándalus im 8 Jh. Es waren die Christen, die den meisten Umgang mit gebildeten Muslimen hatten, mit den Hauptvertretern der islamischen Religionswissenschaften auf der Halbinsel. Kein Kleriker oder Prälat aus Córdoba wird anlässlich des Adoptianismusstreits erwähnt. Als gebildete Laien waren sie in der

Lage, mit Muslimen in Dialog zu treten und das Wesen des religiösen Gegensatzes zwischen Christen und Muslimen zu verstehen: Wie verhält sich Gottes Transzendenz zu Jesu Menschheit?

Man hat interpretieren wollen, diese ‚Brüder' seien Bischöfe, Äbte und sogar Mitglieder eines Konzils von Córdoba gewesen, doch gibt es für diese Hypothese keinen überzeugenden Beweis.[406]

Jedenfalls beklagte sich um 783 Papst *Hadrian I.* in Rom bei seinem karolingischen Legaten in Hispanien (Al-Ándalus) *Egila* darüber, dass ‚viele, die sich katholisch nennen, mit Juden und ungetauften Heiden zusammenleben' *(„multi se discentes catholicos, communem vitam gerentes cum Judaeis et non babtizatis paganis …")*. Von solchem Umgang mit Juden und Heiden – d. h. Muslimen – in Córdoba und anderen Gegenden der Halbinsel erwuchsen dem christlichen Glauben die geistlichen Schäden, die der römische Pontifex beklagt. Der Adoptianismus war eine jener Folgen für das Christentum jenseits der Pyrenäen.

1.2. Die islamisierende Lehre des Migetius und seine Verurteilung in Sevilla

Migetius, Gegner und später Verbündeter des päpstlichen Legaten *Egila,* verurteilte den Umgang mit den ‚Heiden' (Muslimen) und verteidigte die Heiligkeit des Christentums. Obwohl man seine Lehre nur aus der entstellenden Beschreibung des *Elipandus*[407] kennt, lässt sich in ihnen ein islamischer Einfluss feststellen, nicht direkt, aber verdeckt, Ergebnis von Auseinandersetzungen mit Muslimen, freilich auf höchst oberflächlichem und peinlichem Niveau.

Er empfiehlt, den Umgang mit Muslimen zu meiden und gründet seine Angriffe auf die Heiligkeit des Priestertums und der Kirche von Rom – vielleicht weil der Islam weder Priestertum noch klerikale Struktur kennt wie das Christentum, möglicherweise auch wegen eines alttestamentlichen judaisierenden Begriffs priesterlicher Heiligkeit, wie man vermutet hat. Seine Dreiheit (David, Jesus, Sohn Davids, Paulus) besteht aus Personen, die als Thema eines Dialogs mit Muslimen genau passen, indem er sich seinen Gesprächspartnern anpasst, sei das auch, um sie zu widerlegen. Seine christologische Lehre lässt sich als Vorstufe des Adoptianismus verstehen, da er Jesu menschliche Sohnschaft so erklärt: ‚Sohn Davids nach dem Fleische'. Schon *Möller* war der Meinung, dass seine Analogien mit den prophetischen Sendungen des Koran (so ein Vorschlag von *Baudissin*) – wenn es sie überhaupt gab – doch ziemlich unstimmig und weither geholt waren.[411]

Im Ganzen nähert Migetius sich beim Thema der Dreiheit und beim absoluten Monotheismus dem Islam an, aber um den Muslimen besser entgegen zu treten: statt sie anzuschwärzen, stellt er lieber die innere Heiligkeit der Christen heraus, wegen ihrer Verbindung mit Jesus und mit seiner Kirche. Eben wegen dieser ihrer erhabenen Heiligkeit sollten sie keinen Verkehr mit den Muslimen haben.

Migetius wurde 784 von einem Regionalkonzil in Sevilla verurteilt. Doch der Wortlaut seiner Verurteilung durch Elipandos und andere Bischöfe führte zum Widerspruch der asturischen Katholiken gegen das adoptianische Verständnis von Jesu menschlicher und göttlicher Natur. Diese Einstellung wurde rasch von Alkuin und den Karolingern jenseits der Pyrenäen mitgetragen gegen Elipandos und die hispanischen Bischöfe. Hatte Migetius beim Streit mit den Muslimen islamische Problemstellungen in seine christliche Lehre übernommen, so nahmen umgekehrt seine christlichen Gegner beim Streit mit ihm islamische Elemente auf!

1.3. Die islamische Bildung des Elipandos von Toledo

Im Blick auf die langen Ausbildungsjahre des Erzbischofs von Toledo wiesen seine Gegner kritisch darauf hin, dass er sich mit profanen Studien beschäftigt habe: ‚Neigung zu abergläubischen Studien und profaner Literatur' Erforschung ‚weltlicher Fächer', ‚philosophischer Dogmen', so dass er und die seinen Inhalte aus weltlicher Bildung und der Sekte der Philosophen in die Kirche einzuführen versuchte *„intentaron introducir en la Iglesia estudios seculares y de la secta de los filósofos" (= de schola saeculari et philosophorum secta in Ecclesias conati sunt introducere*[412]*).* Laut Rivera beschäftigten diese profanen Studien sich mit dem arabischen Denken, das in der Gesellschaft von Al-Ándalus dominierte.[413] Dessen Beliebtheit bei der Christenjugend kritisierte *Álvaro von Córdoba* ein halbes Jahrhundert später.[414]

Elipandos aus Toledo ist also ein christlich wie islamisch hochgebildeter Kirchenchrist, der die islamische Lehre über Gott vollkommen kennen konnte. So suchte er in seiner rechtgläubigen christlichen Tradition nach Formeln, die den christlichen Glauben gegen muslimische Einwände verteidigen könnten. Doch mehr oder minder unbewusst übernahm er dabei auch islamische Fragestellungen. Insofern warnten die römischen und karolingischen Anklagen – gegen das Zusammenleben der Christen von Al-Ándalus mit Muslimen und Juden – vor offenkundig islamisierenden Glaubensformulierungen.

1.4. Die katechetische Arbeit des Felix von Urgel unter Muslimen und Juden

Bischof Felix von Urgel war wohl der erste hispanische Christ, der sich schriftlich mit den Muslimen auseinandersetzte[415], wie vielleicht auch mit den Juden.[416] Schon als junger Mann könnte er mit den Muslimen in Kontakt gekommen sein: mit den islamischen Garnisonen in den Pyrenäentälern, wo er Mönch war.[417] Anscheinend übte er seine Predigt oder Katechese mit großem Eifer aus, so dass er auf schlichtem Niveau die Hauptlehren des Islam über Gott und Jesus und ihren Unterschied oder Gegensatz zum Christentum gut kennenlernen konnte.[418]

Riu vermutet, dass der Adoptianismus gerade aus solchen Katechesen des Felix von Urgel im Pyrenäengebiet entstehen konnte:

> „Es scheint uns wenig wahrscheinlich, dass eine Lehre wie die adoptianische in Córdoba oder Toledo hätte entstehen können, bei den mozarabischen Gemeinden des islamischen Spaniens, mit dem Vorsatz, die Muslime zu bekehren. Statt dessen dürfte sie zu den mozarabischen Gemeinden und zum Erzbischofsitz von Toledo ‚von außen her' gekommen sein, wo man nicht den islamischen Obrigkeiten unterstand und folglich weniger deren Unterdrückungsmaßnahmen ausgesetzt war, sobald jene Obrigkeiten die Gefahren merkten, welche die neuen Lehren für das islamische Glaubensleben mit sich brachte."[419]

Wie auch immer: Im Umfeld eines Dialogs mit den Muslimen, wenn es sich nicht um Proselytismus, handelte, bildeten sich die islamisierenden christlichen Formeln des Adoptianismus zur Beschreibung der Gestalt Jesu, und zwar zwischen dem christlichen und dem islamischen Glauben.

1.5. Andere islamisierende Ansichten bei Felix von Urgel und Claudius von Turin

Die adoptianische Christologie, die Bischof Felix verteidigte, war nicht der einzige Punkt, an dem sich der Einfluss des Islam auf seinen Glauben feststellen lässt.

Auf seinem Sterbebett „habe er sich, so glaubwürdige Mönche, die ihn hörten, so dagegen gewehrt: Man dürfe keinesfalls hinnehmen, dass jemand sagt, der Sohn Gottes, des Vaters, sei gekreuzigt worden. Vielmehr sei der Gekreuzigte der von ihm angenommene Mensch gewesen. Das habe er mit dem Beispiel Isaaks bekräftigt. Als er von seinem Vater geopfert werden sollte, war nicht er das Opfer, sondern der Widder, der sich im Gestrüpp verfangen hatte.,[420]

Die Lehre von Jesu *Ersetzung* bei Kreuzigung und Tod, also dass ein anderer statt Jesus gekreuzigt wurde, ist koranischen Ursprungs und liegt voll auf der Linie des islamisierenden hispanischen Adoptianismus.[421] Doch sind die Probleme des christlichen Glaubens in Bezug auf Jesu Leiden und Tod und ihrer Zuschreibung zu Gott in der christlichen Theologie traditionell, und sie erscheinen als solche auch in der adoptianischen Kontroverse zwischen *Beatus von Liébana* und *Elipandus von Toledo.*[422]

So versteht man die vitale und intellektuelle Reaktion des Bischofs Felix, während er vor Schmerzen die Kontrolle verlor, angesichts der frommen Hinweise auf das Leiden Christi, mit denen die Mönche ihn auf seinem Totenbett trösten wollten. Gott konnte sich nicht erniedrigen, solche Schmerzen zu leiden. Die Reaktion glich der des Korans und der Muslime angesichts des christlichen Glaubens an Jesu Leiden und Tod.

Auch nach Felix' Tod finden sich islamisierende Lehren bei seinem brillanten Schüler *Claudius von Turin.* Als er dort zum Bischof ernannt worden war, ‚hielt er die Fahne der Bilderzertrümmerung im

Westen hoch, verbot die Bilder in allen Kirchen seines Bistums, griff die Verehrung des Kreuzes und der Reliquien an, bekämpfte die Wallfahrten …'[423] Um ihn auszuschalten, musste 825 ein Konzil in Paris zusammentreten, samt vielen Theologen, die sich der traditionellen christlichen Lehre gegen die Bilderstürmer der christlichen Ostkirchen bedienten. Doch dürfte des Claudius Bilderfeindschaft ihren Ursprung tatsächlich im muslimischen und auch jüdischen Abscheu vor figürlicher Darstellung gehabt haben, den Bischof Claudius von Turin dank seines Lehrers Felix von Urgel kannte. An beiden sieht man, wie sehr islamisches Gedankengut von Al-Ándalus bei christlichen Theologen des Westen eingesickert war.

1.6. Ansichten über islamische Einflüsse auf den Adoptianismus

Eine Vorstufe des Adoptianismus als christlicher Irrlehre gab es in der Gesellschaft von Al-Ándalus bereits um die Mitte des 8. Jahrhunderts ‚zur Zeit des Erzbischofs *Cixilia von Toledo* (745–754). Dort tritt ein Mann auf, den die sabellianische Irrlehre verführt hat. Dem heiligen Bischof gelingt es, ihn dem Irrtum zu entreißen …[424] Es ist nicht schwer in dieser Anklage auf Sabellianismus die Übersetzung des jüdischen und islamischen antitrinitarischen Monarchismus zu erkennen. Es gibt keinen Gott außer Gott, und Muhammad ist sein Prophet oder: du sollst keine fremden Götter neben mir haben.'[425]

Rivera Recio ist der Historiker, der den meisten Nachdruck auf die Wichtigkeit des islamischen Elements beim Ursprung der adoptianischen Lehre über Jesus gelegt hat.

> „Das Zusammenleben verunsicherter Christen mit Juden und Arabern, die von der islamischen Verwaltung begünstigt wurden, musste bei dem besiegten Volk einen starken Eindruck hinterlassen. Um ihren christlichen Glauben zu schützen, kommen verschiedene Versuche auf, in einer synkretistischen Lehre die verschiedenen religiösen Tendenzen zu versöhnen, indem man sich dem koranischen Monotheismus oder den mosaischen Kultpraktiken annäherte."[426] „Das andauernde

Zusammenleben zwischen Hispaniern und Arabern musste zu zahlreichen Begegnungen führen, je nachdem kämpferisch oder freundschaftlich. Das Thema der religiösen Verschiedenheit musste auch das vieler Gespräche sein … In der Hitze der Diskussion haben die Christen den Muhammadanern in einem Augenblick apologetischer Großzügigkeit wohl mehr zugestanden als sie durften: Jesus war wahrhaftig so wie sie, die Araber, ihn darstellten, der als Gottes Adoptivsohn die göttliche Sohnschaft wahrte … Die wechselseitigen Einflüsse mussten beträchtlich sein. Während des ganzen ersten Jahrtausends des Zusammenlebens sahen die Mozaraber sich einem Sturzbach von Irrlehren ausgesetzt, die sich aus der Wucht der neuen arabischen und jüdischen Glaubensform ergaben, in deren Mitte sie lebten und von denen die Abtrünnigen ihnen vorschwärmten".[427]

Rivera zeigt damit, dass die adoptianische Christologie zwar nicht genuin islamisch war,[428] aber dass die muslimischen Araber diese hispanische Heterodoxie begünstigten und zum Ausbruch brachten.[429]

Schon im 19. Jh. hatte *F. J. Simonet* den islamischen Einfluss auf Elipandus dargestellt.[430]

Auf der Linie von *Menéndez y Pelayo* und *Abadal* hat *Riu* den islamischen Ursprung der adoptianischen Einstellung von Felix von Urgel untersucht und ihn dem Bekehrungseifer des jungen Mönchs in seiner Pyrenäenzeit zugeschrieben.[431] Mit Recht sieht er wie *Rivera Recio* [432] den Zielpunkt des adoptianischen Denkens in ‚apologetischen Notwendigkeiten' von Christen beim Umgang mit Muslimen. Jüngst hat *Urvoy* den inneren Zusammenhang des Adoptianismus mit der islamischen Christologie und ähnlichen Lehren des Ostchristentums untersucht.[433]

Auf die Frage nach dem konkreten Ursprungsort des hispanischen Adoptianismus – Sevilla, Córdoba, Urgel, Toledo, christlicher Osten … – gehen wir nicht ein, da er aus vielen Quellen zusammenfließen dürfte, allerdings bei direkt islamischem Ursprung. Wir meinen, dass die christlichen oder jüdischen Elemente, die man als Ursprung des Adoptianismus angeführt hat, ausdrückliche Erscheinungen einer unbewussten Verdrängung sind. Den direkten Ursprung der christlichen Lehre des Adoptianismus muss man in der schlichten Auseinandersetzung zwischen Muslimen und Christen suchen, und zwar auf der Ebene jener Gespräche im alltäglichen Umgang, auf die *Rivera Recio* verweist und deren Grundprinzipien sehr bekannt sind.[434]

1.7. Die islamisch-christliche Auseinandersetzung und Jesu Gottheit

Die adoptianischen Streitigkeiten sind aus religiösen Alltagsgesprächen zwischen Muslimen und Christen entstanden. Solche Auseinandersetzungen waren normal in einer Gesellschaft, der die Religion als Mitte der gesellschaftlichen und politischen Identität der einzelnen galt, die alle gleichermaßen am ewigen Heil ihrer Seelen und der Wirklichkeit des Jenseits, des Übernatürlichen und Göttlichen interessiert waren.

Zu diesem Interesse am Religiösen kam die Tatsache, dass die religiösen Unterschiede oder Entscheidungen dazu neigten, die Form der Überlegenheit der einen Gruppe über die andere anzunehmen, sogar wenn die sich nicht öffentlich äußern konnte. Man diskutierte die Überlegenheit der Gründer von Christentum und Islam, Jesus und Muhammad. Jesu Gottheit war ein leichtes christliches Argument angesichts des bloßen Menschen Muhammad. Von daher mussten die Muslime jene Gottheit Jesu absolut leugnen und auf sein Menschsein verweisen, das nach innen seine Göttlichkeit absolut ausschloss. Auf diese muslimischen Einwände suchten die Christen im Laufe solcher Gespräche direkt verständliche Lösungen. Etwa so könnten Muslime und Christen von Al-Ándalus sich unterhalten haben:

> *Muslim:* der Islam ist besser als das Christentum – aus dem und jenem Grunde – und die Offenbarung Muhammads ist die vollkommenste und endgültige.
>
> *Christ:* Aber Jesus ist Gott.
>
> *Muslim:* Wie kann er aber Gott sein? Wenn Gott transzendent und unveränderlich ist, während Jesus ein Mensch ist, trinkt und isst, leidet usw. Dass Jesus Gott sei, widerspricht sogar der

christlichen Vorstellung von Gott. Denn dass er ein Mensch war, glaubt ihr Christen doch auch.

Christ: Gewiss. Dass er Gottes Sohn ist, muss man nicht so verstehen …

Und hier lässt sich die Idee einer ‚göttlichen Adoption' entwickeln, die liturgisch und theologisch im Christentum längst vor der Ankunft der Muslime auf der Iberischen Halbinsel bestand, sozusagen als Scharnier zwischen der göttlichen Transzendenz und Jesu menschlicher Natur.

Aus diesem schlichten Gespräch, das keine freie Erfindung ist, sondern eine Zusammenfassung der islamisch-christlichen Auseinandersetzung[435] dürfte die adoptianische Lösung des Problems von Jesu Gottessohnschaft entstanden sein.

O'Callaghan hat vermutet, der Ausgangspunkt der Kontroverse habe im muslimischen Angriff auf den christlichen Dreieinigkeitsglauben gelegen. Die Christen seien von den Muslimen Polytheisten genannt worden (*mushrikún* = Beigeseller, d. h. das „Dazustellen" anderer Gottheiten zu dem transzendenten Gott) wegen ihrer Verehrung dreier Götter.[436] Das Trinitätsverständnis ist in der islamisch-christlichen Auseinandersetzung logisch und theologisch ein entscheidender Punkt, gesellschaftlich ebenfalls, mussten die Christen sich doch zurückgesetzt fühlen, wenn sie im Alltag als ‚Ungläubige' *(kuffar)* oder eben ‚Beigeseller' angesehen, d. h. als Objekte gesellschaftlicher Verachtung, ja politischer Unterdrückung gemäß der überaus logischen religiösen Einstellung der Muslime gegenüber der hispanischen christlichen Bevölkerung des 8. Jh.s. Für noch grundlegender halte ich indes die religiöse Auseinandersetzung, welches die bessere, echtere Religion sei und schließlich: ob Jesus größer als Muhammad sei, wodurch das theologische Thema der göttlichen oder menschlichen Natur Jesu direkt ins Spiel kommt.

Jedenfalls fängt die Auseinandersetzung in theologischen Begriffen nicht unter Theologen an, sondern in einem gesellschaftlichen Kampf der alten Hispanier gegen die muslimischen Neuankömmlinge, wobei die beiden Gruppen ihre Überlegenheit zeigen wollten. So erklärt sich der Mehrfach-Ursprung von Lehren über Jesu Menschheit und die göttliche Transzendenz im Christentum der ersten islamischen Jahrhunderte sowohl im islamischen Westen als beim Nestorianismus des Nahen Ostens. Die Berufung auf den Begriff ‚Adoption' der westgotischen Tradition und Liturgie des ‚Hispanischen Ritus' ist nichts weiter als ein dialektisches Verbergen religiöser Neuerungen hinter tradionellen christlichen Elementen, was wir für ein im christlichen Mittelalter übliches Vorgehen halten, islamisch provozierte Neuerungen im lateinischen Westen christlich zu bewältigen.

Seltsamerweise tauchen die theologischen Abwertungen der Gegner der Adoptianer, sich der Abwertung der Muslime anpassen, ein halbes Jahrhundert später in der Feder von *Álvaro* und *Eulogio von Córdoba*[437] wieder auf.

2. Jüdische Elemente im adoptianischen Jesusbild

Die ganze adoptianische Auseinandersetzung hindurch geht es, wie schon bemerkt, immer wieder um Jüdisches, Warnung des Papstes gegen den Umgang mit Juden, Vorwurf judaisierender Lehren gegen Megetius in Sevilla, antijüdische Angriffe des Felix von Urgel usw. Alle Texte jener Zeit, die Jüdisches erwähnen, sind christliche Texte, die christliche Lehren und Praktiken deshalb verwerfen, weil sie angeblich judaisieren.[438]

Im Allgemeinen muss man bei solchen Judaisierungsvorwürfen im 8. hispanischen Jahrhundert vorsichtig sein. Es stimmt wohl, dass es auf der Iberischen Halbinsel einige jüdische Gemeinden gab, die sich von der neuen Regelung begünstigt sahen, welche die islamische Gesellschaft und Gesetzgebung ihnen nach den schon erwähnten westgotischen Verfolgungen angedeihen ließ – doch ist es nicht wahrscheinlich, dass ihr direkter Einfluss auf das Christentum hätte bedeutsam sein können. Der antijüdische Argwohn des hispanischen Christentums saß tief und lässt sich bei den Schriftstellern der Mitte des 9. und sogar noch bei Christen der Mitte des 10. Jhs. feststellen: ein Kleriker am Hof von *Abderrahmán III.* teilte einem fränkischen (deutschen) Botschafter in Córdoba hinsichtlich der Situation der Christen in der islamischen Gesellschaft von Al-Ándalus mit:

„Unsere Sünden haben uns unter das Joch der Heiden fallen lassen, und die Worte des Apostels verbieten uns, der bestehenden Macht zu widerstehen. Der einzige Trost, der uns inmitten solchen Unglücks geblieben ist, besteht darin, dass wir uns nach unseren eigenen Gesetzen selbst regieren dürfen und dass sie alle achten und schützen, die treu dem Christentum gemäß leben. Mit denen haben sie gern Umgang, während sie die Juden verabscheuen."[439]

2.1. Zur Tradition jüdisch-christlicher Polemik

Viele Hinweise auf judaisierende Lehren im Christentum entstammen der traditionellen antijüdischen Polemik schon der neutestamentlichen Texte. Jede Neuerung, die im christlichen Horizont auftaucht, stimuliert den naheliegenden geistigen Reflex, nach einer früheren Entsprechung in der bekannten Bezugswelt des biblischen Judentums zu suchen, des alttestamentlichen, evangelischen oder paulinischen, oder dessen, das in den Evangelien beschrieben wird. So reagieren moderne Historiker. Sie reflektieren damit christliche Kirchenleute der westgotischen Tradition, besonders der des Bischofs *Isidor von Sevilla*.

Deshalb ergeben sich die kirchlichen Verdammungsurteile gegen Neuerungen. Auf diese Weise haben uns hauptsächlich die Hinweise auf judaisierende Lehren erreicht – aus den traditionellen Katalogen von judaisierende Irrlehren. Da der Islam und seine besonderen Glaubenslehren in den traditionellen Verdammungen nicht vorkommen, hängt damit zusammen, dass Islamisches, das mit Jüdischem übereinstimmt – das ist vieles und Tiefes – von den christlichen Theologen im Hinblick auf die bekannte Häresiologie schlichtweg als ‚judaisierend' eingestuft wird.

2.2. Verhüllung neuer islamisierender Lehren in den bekannteren jüdischen Lehren

Kein Wunder ist es deshalb, dass islamische Einflüsse im hispanischen Christentum des 8. Jh.s leicht judaisierenden Lehren zugeschrieben werden. Der Islam war noch nicht bekannt genug und bei den Christen des Ostens, erst recht des Westens, auch noch kaum als eigene Religion deutlich geworden, sodass er noch nicht Gegenstand von Verdammungen sein konnte, was im Übrigen auch politisch gefährlich gewesen wäre, während Verwerfungen des Judentums nicht als öffentliche Lästerung gegen die Religion des islamischen Staates strafbar waren. Deshalb wurden fast automatisch islamisierende Lehren dem bekannteren Judentum zugeschrieben.

Einige Neuerungen in der Lehre und vor allem der Praxis, die bei den Christen von Al-Ándalus schon um die Mitte des 8. Jh.s aufkamen, wurden dem Judentum zugeschrieben, solche z. B., die zu Auseinandersetzungen zwischen Bischof *Freduarius von Guadix,* einer Gruppe in Toledo und einer in Sevilla führten.[440] Ihr jüdischer Ursprung ist nicht klar, obwohl es Parallelen zum Alten Testament gibt. Die Probleme des Mondkalenders können sich auch aus der offiziellen Einführung dieses Religionskalenders durch die Muslime ergeben. Tatsächlich nannte *Alvaro von Córdoba* das islamische Fest des Fastenbrechens *pascua = Passa.*[441] Das ist ein Beispiel neben anderen, wie islamisierende Einflüsse als judaisierend verhüllt werden.

Um 730 warf Erzdiakon *Evantius von Toledo* einigen Christen in Zaragoza judaisierendes Verhalten vor, weil sie es nach jüdischen Brauch für unrein hielten, Tierblut zu essen. Höchstwahrscheinlich stammt das Problem des Genusses unreiner Tierteile aus den diesbezüglichen islamischen Vorschriften,[442] obwohl die christliche Polemik auf die jüdischen verweist. Einige arabische Anmerkungen könnten das bekräftigen.[443]

3. Christliches im adoptianischen Jesusbild

Der Adoptianismus ist offenkundig eine christliche Häresie: „Eher als eine Häresie war er eine Ungenauigkeit in den Worten … Die fehlerhafte Ausdrucksweise hatte zum Denkfehler geführt …“[444] Formuliert wird auf Lateinisch mit lauter christlichen Begriffen, weder hebräisch-jüdische noch arabisch-islamische Ausdrücke finden sich. Man geht immer von Bibeltexten und der traditionellen christlichen Lehre aus. Deshalb konnte der Adoptianismus ohne Bezug auf Judentum oder Islam erforscht werden, als innere Bewegung der vorislamischen hispanischen Theologie[445] ‚Der islamische Kontext des hispanischen Adoptianismus war eher politisch als theoretisch' und habe für den traditionell christlichen Gedankengang der hispanischen Kirche keine Rolle gespielt.[446]

Doch kann eine christliche Lehre islamische Einflüsse verdecken, die als solche unbewusst sind oder aus religiösen Gründen nicht offengelegt werden können? Gerade wenige Jahre vor Ausbruch der adoptianischen Kontroverse empfiehlt Papst *Hadrian I.* seinem Legaten *Egila* (in der *Bética Egila*), den Kampf gegen eine Lehre „die er nicht nennt, die aber darin besteht, dass Heil oder Verdammung der Menschen einem Willkürbeschluss Gottes zugeschrieben werden. Bei den Mozarabern hat es in jener Epoche mithin einen Flügel gegeben, der sich in diesem Punkt dem Islam annäherte und einen anderen, der sich von der neuen Religion so sehr zu unterscheiden suchte, dass er der gegenteiligen Irrlehre verfiel."[447]

Das ist ein weiterer Fall islamisierender Lehren, die aus Streitgesprächen mit Muslimen erwuchsen und sich als Fortführung früherer christlicher Auffassungen darstellten.

Deshalb seien kurz die besonderen christlichen Züge des Adoptianismus dargestellt, damit die Art und Weise verständlich wird, wie er die neuen Einflüsse aus dem Islam verarbeitet.

3.1. ‚Adoption' in der hispanisch-westgotischen Liturgie und Lehre

Sowohl Elipandos als auch Felix, die bedeutendsten Vertreter des Adoptianismus, bezogen sich auf liturgische und andere Texte der hispanisch-westgotischen Tradition, wo die Wörter *Adoptio, Assumptio* und ähnliche vorkommen.[448] So suchten sie, die neue Lehre einzubeziehen, indem sie diese mit Hinweisen auf traditionelle Auffassungen verdeckten (unbewusst, ohne Zweifel), was Jesu Sohnschaft in der göttlichen Dreifaltigkeit betrifft.

Die Adoptianer waren sich der Neuheit ihrer Lehre sicherlich bewusst, rechtfertigten sie aber mit traditionell biblischen, liturgischen und theologischen Begründungen. Insofern lässt der Adoptianismus sich auf der Linie einer ursprünglich hispanischen theologischen Entwicklung untersuchen,[449] ja sich in späteren Epochen und sogar in der modernen Theologie noch als wirksam finden.[450]

3.2. Arianische und sabellianische Einflüsse auf der Iberischen Halbinsel

Hispanische Frühformen der adoptianischen Häresie hat man sowohl im herrschenden Arianismus der Westgotenzeit finden wollen als auch in kleineren Strömungen der *Priscillianer* und *Sabellianer.* Einige Texte jener Zeit stützten diese Auffassung zwar, auch will ich eine direkte Abstammung von solchen Christologien nicht unbedingt leugnen. Wahrscheinlicher scheint mir aber die dargestellte theologische Dialektik. Man suchte für die verdammenswerten zeitgenössischen Neuerungen früher schon verdammte Entsprechungen. Bekannt ist das Interesse der Mozaraber an Bücher mit Listen christlicher Irrlehren, ähnlich wie sie zur selben Zeit im Osten *Johannes von Damaskus* verfasst hat.[452]

3.3. Östlich nestorianische Einflüsse

Schon 792 beim Konzil von Regensburg griffen die Karolinger den hispanischen oder andalusischen Adoptianismus mit dem Vorwurf des Nestorianismus an.[453]

Schon *P. B. Gams* hatte die Übereinstimmung des Adoptianismus mit der alten östlichen Irrlehre des Nestorianismus dargelegt, die im 5. Jh. verurteilt worden war.[454] *Menéndez y Pelayo* stellte richtig: „Es ist kein reiner Nestorianismus… sondern ein Vermittlungsversuch, etwas Ursprüngliches und Geistvolles.“[455] *Heil* verweist auf die antiochenische Tradition der hispanischen Kirche während des 2. Konzils von Konstantinopel. *Amann* stellt sich die Frage, streitet solchen Einfluss zuletzt aber ab. „Hat Spanien etwa, wie manche meinen, den Einfluss der nestorianischen Theologie zu spüren bekommen, die zur selben Zeit am anderen Ende des Araberreiches einen großartigen Aufschwung nahm? Das glauben wir nicht.“[456] Auch viele andere Forscher haben diese möglichen Einflüsse auf den Adoptianismus untersucht.[457]

Rivera führt an, dass um die Mitte des 8. Jhs. zahlreiche Syrer, die ja vielleicht mit den im Osten herrschen Nestorianismus verknüpft waren, sich in Al-Ándalus ansiedelten. „Die Möglichkeit ist ernst zu nehmen, dass es zwischen dem Westen, der damals Nestorius nicht kennt, und dem Osten, wo die Lehre des Nestorius sowie die seiner Lehrer und Schüler in täglicher Übung war, zu einem Austausch von Lehrmeinungen kam."[458] *Urvoy* schreibt Nestorianern in Bagdad, der geistigen Hauptstadt der arabischen Welt, die Verbreitung neuer Christologien in Al-Ándalus zu, schließt jedoch: „Wenn es im Adoptianismus Nestorianismus gibt, dann spontanen, der umso weniger bewusst ist, als die Mozaraber getreu einer wesenhaft traditionellen Religionsauffassung sich im Gebiet der Absichten aufhalten, aber nicht auf das der Begriffsanalyse zwingen lassen wollen."[459]

Um die Mitte des 9. Jh.s ist in Córdoba die Anwesenheit des Jerusalemer Mönchs *Georg* bezeugt, der auf Bettelreise für sein Kloster war und sich der Gruppe freiwilliger Märtyrer anschloss.[460] *Franke* hat die Möglichkeit untersucht, dass die Auseinandersetzungen der östlichen Christen mit dem Islam bei den Christen von Al-Ándalus bekannt gewesen sein könnten. Doch gibt es für diesen Einfluss bisher keinen Beweis.[461] *Lapiedra* hat diese Fragestellung mit interessanten Parallelen neu aufgegriffen.[462] Die Verbreitung ostchristlicher Schriften allgemein in Europa durch Vermittlung der Halbinsel ist schwach bezeugt.[463]

Ohne diesen möglichen Einfluss abzustreiten, gilt es, die gemeinsame Situation islamisch-christlicher Auseinandersetzung zu betonen, in der im 8. Jh. alle Christen in der muslimischen Gesellschaft standen, sowohl die Nestorianer im Osten als die Mozaraber im Westen. Die monophysitischen Ostkirchen, besonders Jakobiten des *Abbasidenreiches* ebenso wie die hispanische Kirche, konnten der muslimischen Argumentation mit unabhängig voneinander ähnlichen Christologien entgegen treten.

3.4. Der politische Hintergrund: Unabhängigkeit der Asturier und Karolinger von den Christen in Al-Ándalus und ihrem Bischofssitz in Toledo

Dieser politische Hintergrund ist ausführlich erforscht worden und muss beim Thema der adoptianischen Auseinandersetzung stets mit berücksichtigt werden.[464] Er allein genügt aber nicht, das Aufkommen der theologischen Lehre zu erklären. Allerdings begründet er die Verschärfung des Konflikts und der nachfolgenden Verurteilungen. Dadurch wurden die Christen von Al-Ándalus von ihren Glaubensbrüdern im Norden der Halbinsel und jenseits der Pyrenäen isoliert, die seit damals schon voll in die Einflusssphäre des westlich-lateinischen Christentums einbezogen waren, abhängig von Rom und dem Reich des Westens. Der Adoptianismus war der Beginn einer Einbindung der hispanischen Kirche, die in der Westgotenzeit von Byzanz und sogar von Rom eine gewisse Unabhängigkeit hatte, seitens der lateinischen, römisch-kaiserlichen Christenheit, samt neuem Austausch religiöser Strömungen über die Pyrenäen hinweg und wachsender Distanzierung zur islamischen Welt trotz späterer islamisierender Einflüsse. Auf diesem Gebiet hatte der Adoptianismus wichtige Folgen:

> „Dieser große Streit, zweifellos der wichtigste in der westlichen Theologiegeschichte des 8. Jh.s, ließ einen dauerhaften gegenseitigen Argwohn nicht nur zwischen Mozarabien und dem Reich aufkommen, sondern auch zwischen der römischen Theologie und den geistigen sowie liturgischen Traditionen der hispanischen Welt, an denen die Mozaraber sorgsam hingen, verständlich bei der stets enger werdenden kulturellen Belagerung in ihren mehr und mehr islamisierten Städten.“[465]

3.5. Entsprechungen zum spätmittelalterlichen Adoptianismus: Neuer Versuch, die vom Islam und Judentum gestellten christologischen Probleme zu lösen

Islamisierende neue religiöse und philosophische Strömungen als angeblich christliche verdeckt einzuführen, diese Dialektik wird im Adoptianismus des 8. Jh.s ‚uraufgeführt', wird aber das westliche Mittelalter hindurch viele andere Darstellungen erhalten.

Ich habe dieses Verfahren schon im Zusammenhang mit der Entstehung von *Cur Deus homo* von *Anselm von Canterbury* und seiner Christologie untersucht.[466] Es wäre nicht erstaunlich, stünde dieselbe Dialektik auch am Ursprung der Ausbrüche von Adoptianismus im Europa des 12. und 14 Jh.s deren Beziehung zum Adoptianismus des 8. Jh.s sich nicht klar hat feststellen lassen. Es ist durchaus möglich, dass dies erneut eine christliche theologische Antwort auf eine islamische Problemstellung war. Beide Epochen sind Perioden eines starken islamischen Einflusses auf die westeuropäische Kultur ebenso wie das 8. Jh.

Schlussfolgerung: Verdeckte religiöse Einflüsse infolge der Auseinandersetzungen und Annahme der gegnerischen Problemstellungen

Diese kleine Untersuchung hat offenkundig zwei verschiedene Themen, die zwei verschiedene, wenngleich aufeinander bezogene Schlüsse erfordern.

Das erste Thema ist das Gewicht des Islam beim Ursprung des hispanischen Adoptianismus des 8. Jh.s. Es ist deutlicher geworden, wie diese Christologie aus der Auseinandersetzung mit dem Islam entstanden ist, als Reaktion auf die religiösen Angriffe der Muslime von Al-Ándalus auf die christliche Lehre von Jesu Gottessohnschaft. Das zweite, methodisch weit wichtigere Thema ist die Art und Weise, wie neue Strömungen eines islamisierenden Denkens im westlichen Christentum unter dem Deckmantel traditioneller christlicher Texte und Lehren eindringen. Ein solches Verfahren hatte dann das Mittelalter hindurch viel Erfolg.

Darauf muss man beim Erforschen islamischer Einflüsse auf das westliche Christentum methodisch achten, zusätzlich zu den traditionellen Forschungsmethoden, die von ausdrücklichen Zitaten auf Einflüsse schließen. Solche mehr oder minder ausdrücklichen Zitate sind in profanen Wissenschaften und auch in der Philosophie relativ leicht zu entdecken. Auf religiösem Gebiet aber gaben sich neue christliche theologische Entwürfe aufgrund anti-islamischer Auseinandersetzungen kaum ausdrücklich in ihrem islamischen Ursprung zu erkennen. Vielmehr verdeckten Christen die islamisierenen Lehren mehr oder minder bewusst unter traditionellen Ausdrücken. Damit begonnen hat der hispanische Adoptianismus des 8. Jh.s hinsichtlich Jesu Gott-Menschlicher Natur. Solche islamisierende Äußerungen verkleiden sich traditionell christlich, wenn man sie annimmt oder unter judaisierenden Formulierungen, wenn man sie verwirft.[467]

So lassen sich am Ende unseres Durchgangs durch die Geschichte der Auffassungen über das Jesusbild des Mittelalters auf der Iberischen Halbinsel bei Juden, Christen und Muslimen einige Schlüsse ziehen:

Zunächst sei festgehalten, dass die Untersuchung ihr Thema nicht erschöpfend behandeln will. Nicht alle Texte wurden erforscht. Gewisse Aspekte ließen sich noch ausführlicher und detaillierter darstellen. Doch liegt dem Leser das Wesentliche vor. In Gestalt einer Zusammenfassung, die sich dem Verständnis der jüdischen und muslimischen Jesusbilder auf neuartige Weise nähert. Im Allgemeinen untersucht man das Jesusbild im Islam und Judentum unabhängig voneinander, ohne es auf die anderen beiden Religionen zu beziehen, die auch ihr Jesusbild haben. Höchstens werden statische Vergleiche gezogen.

Hier sollten die *dynamischen* Beziehungen zwischen den drei Darstellungsweisen Jesu deutlich werden, besonders in mittelalterlichen Gesellschaften, wo die Gläubigen jeder der drei Religionen sich in engem Bezug zu den Gläubigen der anderen beiden zu jener Person verhielten. Deshalb mussten sie ihren Glauben, was Jesus betrifft, immer wieder neu an den Glaubensquellen ausrichten, den eigenen wie denen der anderen.

Die Juden mussten ihre Ablehnung Jesu rechtfertigen, bedrängt durch den gesellschaftlichen Druck der Christen und in geringerem Maß auch der Muslime.

Die Muslime, religionsgeschichtlich die letzten, stellten sich als Erben von Judentum und Christentum dar und gewannen Jesus für sich, indem sie ihn auf die hohe Rolle eines Vorläufers Muhammads beschränkten.

Für die Christen war und ist Jesus die Mitte des religiösen Lebens. So, wie sie ihn damals sahen, stellten sie ihn, notwendigerweise, auch denen dar, die ihren Glauben an ihn nicht teilten und provozierten solcherart eine klärende Verhärtung jüdischer und muslimischer Einstellungen Jesus gegenüber.

Das Ergebnis ist, wie sich in diesem Buch deutlich zeigt, eine ziemlich kämpferische religiöse Auseinandersetzung. Wir sind im Mittelalter und auf der Iberischen Halbinsel in einem Religionsklima, in dem sich die Beziehungen zwischen Christen, Muslimen und Juden kaum von jener Aggressivität in Religionsfragen lösen können, welche die gesellschaftlichen Streitigkeiten widerspiegelt, von ihnen hervorgerufen oder verschärft. Von daher rührt ein bitterer Geschmack, den der Leser dieser Texte und Berichte verspürt, bei denen es um das jüdische, islamische und christliche Jesusbild geht. Dieser schlechte Beigeschmack kann in unseren Tagen zweierlei Ursprung haben.

Einmal einen traditionellen: Die Enttäuschung jedes Gläubigen, wenn er sieht, dass es andere gibt, die die Sicht Jesu, die er selbst hat und religiös lebt, nicht teilen, ja sogar mit Argumenten in Frage stellen, die man durchschlagend widerlegen möchte. Der moderne Ungläubige – und das sind wir irgendwie alle, wenn es um fremden Glauben geht – fühlt sich ebenfalls unwohl, wenn er Jesus in einem religiösen Universum erblickt, das er nicht annimmt. Überdies erlaubt der historische Abstand, der uns vom hispanischen Mittelalter trennt, ein ziemlich distanziertes und im gewissen Sinne reines Nachdenken, eben weil es sich auf ein konkretes, geschichtlich fernes Umfeld bezieht. Mithin werden die gesellschaftlichen Kräfte, welche das christliche, islamische und jüdische Jesusbild ausgestalten, vielleicht deutlicher, weil sie nicht zur erlebten modernen Wirklichkeit der Leser dieses Buches gehören.

Es gibt aber noch einen anderen Grund, warum der untersuchte Streit um das Jesusbild uns geistig und religiös so beunruhigt. Jeder Glaubende möchte ‚seinen Jesus' bewahren, um sich an ihm friedlich und ohne Konkurrenz zu erfreuen. Die in der hispanischen

Geschichte so zahlreichen Streitigkeiten zwingen die Gläubigen, eine gewisse aggressive Einstellung auf, die geistig und gefühlsmäßig schmerzt, erst recht in unseren Tagen.

In der Tat besteht der radikale Unterschied zwischen unserer Gesellschaft und der des Mittelalters darin, dass damals jede Religion sich in ausschließlichem Besitz der Wahrheit über Jesus glaubte und die fremden Glaubensweisen schroff, ja kriegerisch ablehnte. Die moderne Situation einer Welt, wo die Religionen es in gewisser Weise – leider noch viel zu unvollkommen – geschafft haben, miteinander zu leben, sogar zusammen mit dem religiösen Unglauben, ohne deshalb auf ihr Leben aus dem traditionellen Glauben zu verzichten, macht die Religionsstreitigkeiten und gegenseitigen Verwerfungen der Vergangenheit besonders peinlich.

Es galt hier jedoch die Aufgabe des Geschichtsschreibers zu erfüllen, die wirkliche Situation der Vergangenheit darzustellen, zu erklären, ihre Gründe und Ursachen aufzuzeigen. Das Ergebnis ist eine überaus aggressive Sicht des jüdischen, islamischen und christlichen Jesusbildes.

Diese kämpferischen Bilder gibt es heute vor allem in zahlreichen religiösen Milieus mitten in den drei Religionen. Es lässt sich träumen – das ist mehr Wunsch eines Nachdenklichen als Feststellung eines Historikers – von einer Welt, wo jeder (Christ, Muslim Jude, Ungläubiger oder Gläubiger jeder Art) sein Jesusbild haben und genießen könnte, ohne die Notwendigkeit zu spüren, es gegen die übrigen Gläubigen oder Ungläubigen zu verteidigen, und zwar innerhalb eines gemeinsamen Lebens in der Gesellschaft, ohne dass man sämliche religiösen Erfahrungen der anderen mitmachen müsste.

Wenn Juden, Muslime und Christen an Gottes geheimnisvolle Pläne in der Menschheitsgeschichte glauben, könnten sie logischerweise denken, dass angesichts der historischen Realität Gott vielleicht gewünscht hätte, es solle nicht mehr als ein einziges Jesusbild für alle Menschen geben, dass er aber tatsächlich vorausgesehen und zugelassen hat, dass es verschiedene gibt. Ein Glaubender sollte gewissermaßen Achtung vor jenen Absichten Gottes haben.[468]

So können wir als Ergebnis festhalten: Judentum, Islam und Christentum sind im hispanischen Mittelalter aneinander geraten und haben es geschafft, ihre widersprüchlichen Jesusbilder aufs klarste gegeneinander zu stellen. Diese halten sich großenteils bis in unsere

Tage durch. Ihre Erforschung gestattet es, sie besser zu verstehen und vielleicht solches Verständnis auch auf heute gültige Glaubensweisen anzuwenden.

> „Für jeden von euch haben Wir Richtlinien und eine Laufbahn bestimmt. Und wenn Gott gewollt hätte, hätte Er euch zu einer einzigen Gemeinschaft gemacht. Er wollte euch aber in alledem, was Er euch gegeben hat, auf die Probe stellen. Darum sollt ihr um die guten Dinge wetteifern. Zu Gott werdet ihr allesamt zurückkehren; und dann wird Er euch kundtun, worüber ihr uneins waret“ (Sure 5, 48).

Anmerkungen

Sofern Aufsätze von Míkel de Epalza und Luis Bernabé in den Anmerkungen erwähnt sind, von denen es eine (Teil-)Übersetzung in Deutsch gibt, ist dies entsprechend vermerkt und der deutsche Titel vollständig im Nachwort von Reinhard Kirste: „Zur Forschungsarbeit von Mikel de Epalza" angegeben.

1 In dem vorliegenden Werk wird häufig das Wort Halbinsel (im Original: Península bzw. das Adjektiv peninsular) verwendet (geografischer Begriff, mit angrenzenden Regionen), weil er die sozialen und historischen Koordinaten des Themas am umfassendsten kennzeichnet (vom 6. bis zum 17. Jahrhundert; das Westgotische, das Andalusische, die christlichen mittelalterlichen Reiche, das Spanien und Portugal der Neuzeit). Andere Bezeichnungen werden entsprechend ihrer eingeschränkteren Bedeutung verwendet: hispanisch für die von der römisch-lateinischen Kultur des westgotischen Spanien und der christlichen Reiche abstammenden Völker der Halbinsel; dies schließt jedoch Andalusien und das Andalusische aus (dies als hispano-arabisch zu bezeichnen, erscheint ungenau, sofern diese Adjektive nicht als komplementär zueinander und miteinander in Bezug stehend verwendet werden, da das Arabische in seinen kulturellen Eigenschaften dem Spanischen widerspricht oder es ergänzt); spanisch bezieht sich auf die vereinigten Königreiche zu Beginn des 15. Jahrhunderts. (Aragonien, Kastilien, Navarra) und schließt Portugal, das ebenfalls zur Halbinsel gehört, und andere europäische Gebiete jener Zeit unter spanischer Herrschaft (Italien, Flandern ...) nicht ein. Aus diesem Grunde haben wir in der deutschen Übersetzung den Begriff hispanisch gewählt, wenn die Gesamtheit der Iberischen Halbinsel angesprochen wird.
Weiterhin gilt zu beachten: moro = Maure, muslimischer Bewohner Andalusiens; morisco = Nachkomme der Muslime in Spanien, der durch Zwangstaufe offiziell als Christ leben musste; mozárabe = Christ unter islamischer Herrschaft auf der Iberischen Halbinsel; mudéjar = Muslim unter der Herrschaft christlicher Könige der Iberischen Halbinsel.

2 s. E. LAPIEDRA GUTIÉRREZ: Cómo los musulmanes llamaban a los cristianos hispánicos. Alicante 1997. In diesem Buch werden mit ausführlicher Dokumentation 16 unterschiedliche arabische Begriffe analysiert, die in den arabischen Chroniken Andalusiens zur Bezeichnung der Christen verwendet werden. Zu den jeweiligen islamisch-christlichen Bildern des Mittelalters siehe auch R. BARKAÏ: Cristianos y musulmanes en la España medieval (El enemigo en el espejo), Madrid 1984 und die Dokumentation in den beiden Ausgaben von N. DANIEL: Islam and the West. The Making of an Image, Oxford 1960, erweiterte Aufl. 1993.

3 s. dazu die guten theologischen Präzisierungen vom Standpunkt des Christentums und insbesondere für die heutige Zeit in K.-J. KUSCHEL: Streit um Abraham, München 1994.

4 In der im Spanischen verwendeten Terminologie werden die Adjektive *muslimisch* (musulmán) und *islamisch* (islámico) gleichgesetzt, da sie die Religion des Islam bezeichnen (das ist nicht das gleiche wie *islamistisch* (islamista), das einige moderne muslimische oder islamische Bewegungen bezeichnet, die unter der globalen Bezeichnung Islamismus (islamismo) zusammengefasst werden). In der deutschen Übersetzung haben wir versucht, „islamisch" stärker von der Religion des Islam her zu sehen und „muslimisch" stärker auf die variierenden Richtungen einzelner und einzelner Gruppen zu beziehen. Eine letztlich klare Unterscheidung ist im deutschen Sprachgebrauch bisher jedoch nicht zu treffen.
Koran (Corán) (von arabisch Qur'an, Lektüre, Vortrag) ist die heute gebräuchlichste Bezeichnung für die heilige Schrift der Muslime und entspricht der mittelalterlichen spanischen Bezeichnung Alcorán, bei der für die Muslime der arabische Artikel zugefügt wurde (für die Muslime, al-Qur'an al-Karim, Der Heilige Koran). Mahoma ist die traditionelle kastilische Bezeichnung für den Propheten des Islam, während das moderne Muhámmad phonetisch mehr der arabischen Aussprache des Namens ähnelt und deshalb von den Muslimen und der angelsächsischen Tradition (deutsch, englisch ...) bevorzugt wird. Ich denke, ich kann beweisen, dass es die Muslime des Mittelaters selbst waren, die die Vokale im Namen – Muhammad-Mahoma – vertauschten, wenn sie mit den Christen über ihren Propheten sprachen, um so zu verhindern, dass diesen den Namen in ihren Blasphemien gegen ihn richtig verwendeten. Damit ließe sich erklären, warum diese Veränderung in den bedeutendsten romanischen Sprachen des Mittelmeerraums – die den Muslimen am nächsten waren – auftrat, als diese sich aus dem Lateinischen entwickelten: Kastilisch Mahoma, Alt-Katalanisch Mafumet, Portugiesisch Maomé, Französisch Mahomet, Italienisch Maometo ...
s. Beispiele für die Empfehlung an unter Christen lebende Muslime, die Namen zu vertauschen, um Blasphemien zu vermeiden: in M. DE EPALZA: La voz oficial de los musulmanes hispanos, mudéjares y moriscos, a sus autoridades cristianas: cuatro documentos, en árabe, en castellano y en catalán-valenciano, Sharq Al-Ándalus: Mudéjares y Moriscos (Teruel), Vol. 12 (1995), S. 279–297. Diese Hypothese wird außerdem dadurch gestützt, dass diese Vokalveränderung in Eigennamen der Muslime, die den Namen des Propheten Muhammad tragen, nicht vorkommt. Diese tauchen in mittelalterlichen Aufzeichnungen auf, z.T. auch mit Abweichungen, die jedoch nicht den Austausch der Vokale betreffen.

5 Es gibt ein außergewöhnliches Beispiel eines Autors aus dem 16. Jahrhundert, der die drei religiösen Traditionen und deren Jesusbilder in seiner Person vereint: *Mancebo de Arévalo*, wahrscheinlich gebürtiger Jude, der gezwungen wurde, zum Christentum zu konvertieren und ein sehr ursprünglicher muslimischer Autor war, der die drei Glaubensrichtungen strukturell vereint. s. M. J. RUBIERA MATA: Nueva hipótesis sobre el Mancebo de Arévalo, Sharq Al-Ándalus, Estudios Mudéjares y Moriscos. (Teruel), Vol. 12 (1995), S. 315–323, und L. BERNABÉ PONS: Nueva

hipótesis sobre la personalidad de Baray de Remino, ibid., S. 299–314. Daher stammt das ursprüngliche Bild von Jesus und seiner Mutter Maria, gemäß M.T. NARVÁEZ: El Mancebo de Arévalo frente a Jesús y María. Tradición y Novedad, in A. TEMIMI (Hg.): La Littérature aljamiado-morisque: hybridisme, linguistique et univers discursif. Tunis 1986, S. 109–115 (Spanisch), S. 127–133 (Arabisch). In dieser Untersuchung werden weitere direkte jüdische Einflüsse aufgedeckt, die mit der Hypothese von M. J. RUBIERA MATA in: Mitificación de Andalucía como Nueva Israel: el capítulo Kaida del Andaluzaiyya del Mancebo de Arévalo. Nueva Revista de Filología Hispánica (Mexiko) XXX/1–2 (1981), S. 143–167 übereinstimmen.

6 Als Beispiele für Monografien – von denen viele sicherlich wertvoll sind – seien die angeführt, die unter einem allgemeinen Einheitstitel zusammengefasst sind in J. IRMSCHER: Rapports entre Juifs, Chrétiens et Musulmans. Eine Sammlung von Forschungsbeiträgen. Amsterdam 1995, mit 18 Untersuchungen in 5 Sprachen und vielen spanischen Publikationen über Begegnungen von Experten, anlässlich der erzwungenen Konversion oder der Vertreibung der Juden durch die Königreiche von Aragonien und Kastilien und den Niedergang des muslimischen Königreiches von Granada (zum Gedächtnis nach 500 Jahren: 1492–1992). Vgl.: Diálogo filosófico-religioso entre cristianismo, judaismo e islamismo durante la Edad Media en la Península Ibérica. Turnhout 1994.

7 Viele muslimische, vor allem arabische Historiker verwenden diesen Begriff *mittelalterlich* nicht, der spezifisch westeuropäisch ist und die Epoche zwischen der griechisch-römischen, als klassisch bezeichneten Kultur, und der Renaissance im 15. Jahrhundert als mittelmäßig und dekadent bezeichnet. Diese Historiker lehnen die kulturelle Abwertung dieser Epoche durch die Westeuropäer ab, weil diese Jahrhunderte zu den glanzvollsten der islamischen Kultur zählen. Jedoch verwenden Historiker aller Kulturen aus praktischen Gründen diesen Begriff *mittelalterlich* zur Bezeichnung jener Periode der menschlichen Geschichte, auch wenn die detaillierte zeitliche Festsetzung von Beginn und Ende dieser Epoche unterschiedlich ist.

8 Für das Thema dieses Buches wird das Adjektiv mittelalterlich für die gesamte untersuchte Epoche verwendet: Von der Einführung des Katholizismus im westgotischen Spanien im Jahre 589 – mit einigen Nuancierungen, auf die später eingegangen wird – bis zum Ende der offiziellen Vertreibung der Morisken oder letzten ursprünglichen Muslime aus Andalusien (1614).

9 s. für den Maghreb, also die heutigen arabischen Staaten Libyen, Tunesien, Algerien und Marokko vgl. die Bücher von R. LOURIDO u. a.: El Cristianismo en el Norte de Africa, Madrid. 1993 ; H. ZAFRANI: Los judíos del Occidente musulmán. Al-Ándalus y el Mágreb, Madrid. 1994; M. DE EPALZA: La desaparición del Cristianismo en el Magreb y en el Al-Ándalus, Encuentro Islamo-Cristiano. Madrid, Nr. 267, Juli 1994, 6 Seiten [span.

Übersetzung aus dem französischen Original, Mélanges ... Mohamed Talbi .... Tunis 1993, S. 69–79].

10 F. CASTELLÓ DE MOXO: Descripción nueva de Córdoba musulmana. Traducción y notas, Anuario de Filología. Barcelona, Vol. 2 (1976) S. 139–140.

11 Jésus otage = spanisch: Jesús rehén = „Jesus als Geisel", war der Titel, den die französischen Herausgeber meinem ersten Buch über Jesus, dem Vorgänger von diesem, gaben. Sie hatten mich um dieses Buch gebeten für eine Sammlung in 30 Bänden über verschiedene Jesusbilder in verschiedenen Epochen und Gesellschaften:
Mikel DE EPALZA: Jésus otage. Juifs, chrétiens et musulmans en Espagne (VII–XVIIe siècle) Paris 1987: Les Éditions du Cerf, Sammlung: Jésus depuis Jésus Vol. 2 (= Jesús desde Jesús). Der Titel Jesús rehén = Jésus ôtage gefällt mir überhaupt nicht, weil er ein Zusatz war bzw. ein Werturteil, das ich in meinem Text in keiner Weise auch nur andeuten wollte. Dennoch verstehe ich, dass die katholischen Geistlichen, die den Text als Manuskript zu diesem Buch lasen, die für die Sammlung *Jesús desde Jesús* verantwortlichen Dominikaner, durch die Vermittlung der Glaubensgemeinschaften (christlich, jüdisch, islamisch) mit ihren jeweiligen Jesusbildern beeindruckt werden mussten. Doch, Jesus war eine Geisel der Christen für Juden und Muslime, die sich mit spezifischen Bildern, die in den Rahmen der jeweiligen Sicht ihrer Gemeinschaft passten, von dieser christlichen Strategie lösen wollten. Mit diesen Bildern machten sie Jesus auch zu einer Geisel ihrer eigenen Gemeinschaften, Judentum und Islam. Deshalb habe ich bei der Wiederbearbeitung des Themas im vorliegenden neuen Buch, auf Kastilisch und mit neuen Perspektiven, die Bezeichnung der Herausgeber des französischen Buches akzeptiert und in den drei Anhängen *Die Gesellschaften der drei hispanischen Religionen, Quellen über Jesus* und *Der hispanische Adoptianismus im 8. Jahrhundert: Jesus zwischen Christentum, Judentum und Islam,* die soziologischen Grundlagen des religiösen Hintergrundes der drei Gemeinschaften erläutert, die tatsächlich die historische Person Jesus als religiöse Geisel verwendet haben. Deshalb waren die christlichen, jüdischen und muslimischen Jesusbilder unveränderlich, konnten jedoch in verschiedenen Situationen des Zusammenlebens nebeneinander bestehen, so wie sie es auch heute am Ende des 20. Jh.s noch können.

12 s. moderne Zeugnisse in den Anmerkungen zu Teil II dieses Buches.

13 Genannt seien zwei aufgrund ihrer Verbreitung bemerkenswerte Beispiele für die moderne islamische Sichtweise Jesu: Das eine ist die sehr umfangreiche Studie von A. K. AL-JATIB: Al masih, fi'l-Qur'an wa-t-tawrat wa-l-inyil [Jesus der Messias im Koran, der Tora und dem Evangelium]. Kairo 1966, das andere Werk des Literaten A. M. AL-AQQAD: Abqariyyat al-masih [Genialität Jesu, des Messias].

14 Entwicklung des Gedankens vom mittelalterlichen Zusammenleben in den verschiedenen Gesellschaften der Halbinsel bereits in M. DE EPALZA: Historia medieval de la Península: tres culturas o tres religiones, Congreso

Internacional. Encuentro de las tres culturas. Toledo 1998, S. 99–104 und in: Pluralismo y tolerancia: un modelo toledano?, in L. CARDALLAC: Toledo siglos XII–XIII. Musulmanes, cristianos y judíos: la sabiduría y la tolerancia, Madrid 1992, S., 251–261 [französische Übersetzung, Paris 1991]. Mein Hauptgedanke ist, dass die Bedingungen der mittelalterlichen Toleranz in unserer Zeit nicht mehr tolerabel sind; angesichts der andauernden Exklusivismen, Völkermorde und ethnischen Säuberungen in unserem Jahrhundert kann die andalusische und hispanische Toleranz jedoch dazu animieren, das Zusammenleben im Pluralismus in allen Aspekten, den religiösen, ethnischen, politischen, linguistischen etc. zu verbessern. Vgl. M. DE EPALZA: Le modèle andalou: une tolérance intolérable?, in T. FABRE: L'héritage andalou. La Tour d'Aigues 1995, S. 117–122. In jedem Fall gibt es durch die soziale Realität erzwungene Dialoge; wichtig ist, dass es Dialoge sind und dass sie offen sind für die Realität, so wünscht es sich – wie viele andere heute – H. BECK: Judentum, Christentum und Islam in ganzheitlich-dialogischer Deutung. Zeitschrift für Ganzheitsforschung. Philosophie-Gesellschaft-Wirtschaft.(Wien), Vol. 37/2 (1993) S., 59–66.

15 In diesem Teil sind keine Anmerkungen enthalten, die die Aussagen der dargelegten Synthesen stützen. Christliche Aussagen dieser Art sind in der spanischsprachigen christlichen Kultur hinreichend bekannt, und Aussagen jüdischen und islamischen Ursprungs werden in den folgenden Kapiteln belegt und ausführlicher dargestellt.

16 Das ist ein altes Streitthema zwischen Christen und Juden. Für das Mittelalter siehe S. SERPER: Le débat entre Synagogue et Église au XIIIe siècle. Revue des études juives. Paris, Vol. 123 (964), S. 307–323.

17 Sure 57, 27: „... und Wir ließen (ihnen) Jesus, den Sohn der Maria, folgen, und Wir gaben ihm das Evangelium. Und in die Herzen derer, die ihm folgten, legten Wir Güte und Barmherzigkeit. Doch das Mönchtum, das sie im Trachten nach Gottes Wohlgefallen erfanden, – das schrieben Wir ihnen nicht vor; und doch befolgten sie es nicht auf die richtige Art. Dennoch gaben Wir denen von ihnen, die gläubig waren, ihren Lohn, aber viele von ihnen waren Frevler." Vgl. in diesem Buch Kapitel 3.4.2: Das verlorene Evangelium und die verdorbenen Evangelien. Sowie auch Kapitel 3.4.3: Zusätze, Auslassungen und Widersprüche über Jesus in den Evangelien der Christen.

18 s. P. LEÓN TELLO: Emeq ha bakha de Jose Ha Kohen. El valle del Llanto, crónica hebrea del siglo XVI. Madrid/Barcelona 1964, Neuauflage Barcelona 1989.

19 s. I. OLAGUE: Revolución islámica en Occidente, Madrid 1977. Die französische Übersetzung hatte einen besser zum Thema passenden Titel: Les arabes n'ont jamais envahi l'Espagne, Paris 1969.

20 s. die Ausnahme zum Adoptianismus, einer spanischen Doktrin aus dem 8. Jahrhundert, die kurioserweise vom Islam Andalusiens beeinflusst wurde, im Anhang 3 dieses Buches: Der spanische Adoptionismus im 8. Jahrhundert. Jesus zwischen Christentum, Judentum und Islam.

21 s. D. BERGER: The Jewish-Christian Debate in the High Middle Ages. A Critical Edition of the Nizzahon Vetus, Introduction. Translation and Commentary. Philadelphia (PA, USA) 1979.

22 A. SAEZ-BADILLOS – J. TARGARONA BORRAS: Poetas hebreos de Al-Ándalus (Siglos X–XII). Antología. Córdoba 1988, 1990, S. 200–201, wiedergegeben in: A. ANTELO IGLESIAS: Judíos Españoles de la Edad de Oro (Siglos XI–XI). Semblanzas, antología y glosario, Madrid 1991, S. 203.

23 Sehr bekannt ist der Satz des Schriftstellers *Raymon Aron*, Jude und Franzose, der Jesus in seinem offenen Brief an die Kirche Frankreichs mit Muhammad verglich: Sei sein Wesen göttlich oder nicht, Jesus ist größer, erhabener, brüderlicher und dem Göttlichen näher.

24 s. die ins Lateinische übersetzten, vielfach mystischen muslimischen Texte in M. ASIN: Loghia et agrapha Domini Iesu. Paris 2 Bände, 1916 und 1926; Neudruck Turnhout (B) 1977.

25 s. M. DE EPALZA: La Tuhfa, autobiografía y polémica islámica contra el Cristianismo, por Abdalah At-Tarchumán/Fray Anselmo Turméda. Roma 1971; Neudruck mit neuer Einleitung und Vorwort, Fray Anselm Turméda Abdalah at-Taryuman y su polémica islamo-christiana. Edición, traducción y estudio de la TUHFA. Madrid 1994. Diese polemische Haltung zwischen Christen und Muslimen findet sich auch noch in modernen Ausgaben und Übersetzungen des Werkes von Turméda, vgl. die Studien von M. DE EPALZA: Actualidad de Turméda en la polémica islamo-christiana en Francia. In: Awraq XII 1992 (Madrid), S. 271–286 und Symbiose arabo-hispanique: l'écrivain Anselm Turméda/Abdallah At-Tardjuman et son rayonnement, in M. BARBOT (Hg.): 1492: L'héritage culturel arabe en Europe. Strasbourg 1994, S. 51–60.

26 Beispielsweise soll Melchisedek als Priester des höchsten Gottes Brot und Wein genommen haben [Gen 14,18]. Der Text der von D. Berger herausgegebenen jüdischen Enzyklopädie aus dem 8. Jahrhundert, op. cit., lässt darauf schließen, dass es in der hebräischen Bibel ebenfalls andere Opfer mit verschiedenen Tieren gibt.

27 s. zahlreiche Texte in M. DE EPALZA: Fray Anselm Turméda ..., insbesondere S. 308–380, vgl. L. CARDAILLAC: Moriscos y cristianos. Un enfrentamiento polémico 1492–1640. Madrid 1979 [französische Übersetzung, Paris 1977]; A. TEMIMI (Hg.): Las prácticas musulmanas de los moriscos andaluces 1492–1609. Zaghouan 1989.
Vgl. M. DE EPALZA: Arabisch-spanische Symbiose: Der Schriftsteller Anselm Turméda/Abdallah At-Tardjuman und seine Wirkung. In: Religionen im Gespräch (RIG 5), Bd. 5: Die dialogische Kraft des Mystischen. Balve: Zimmermann 1998, S. 280–292 und ders.: Die Aktualität von Anselm Turméda in der islamisch-christlichen Polemik in Frankreich und Katalonien. Religionen im Gespräch (RIG), Bd. 6: Hoffnungszeichen globaler Gemeinschaft. Balve: Zimmermann 2000, S. 182–192.

28 s. E. LAPIEDRA GUTIÉRREZ, op. cit.

29 Zu den muslimischen Bezeichnungen der Christen, die den Namen Jesu näher stehen, siehe im Text, Abschnitte 3.7.1: Jesu Namen und Titel und 3.7.2: Jesus Al-Masih, im arabischen und Muhammad, der Messias, im europäischen Sprachraum.

30 s. den folgenden Vers, obwohl in Sure 9, 31 und 34 den christlichen Mönchen *(ruhban)* und Gelehrten bzw. Theologen *(ahbar)* vorgeworfen wird, sich der Christen zu bemächtigen, sie von der Wahrheit wegzuführen und sich ihre Güter anzueignen.

31 s. Abschnitt 3.5.10: Maria und die Volksfrömmigkeit hispanischer Muslime.

32 s. E. FELIU: Un antievangeli jueu de l'Edat Mitjana: El Séfer Toledot Jesu. El debat intercultural als segles XIII x XIV, Estudi General. Gerona, Vol. 9/1989, S. 237–262.

33 s. die Untersuchung eines für diesen Wandel im Christentum bedeutenden Textes von J. HERNANDO: Tractatus adversus Iudaeos. Un tratado anónimo de polémica antijudia, siglo XIII. Acta Historica et Archaelogica Medievalia (Barcelona), Vol.7–8 (1986–1987), S. 9–77. Zur Situation der islamisch-christlichen Polemik dieser Themen und Autoren siehe einen bedeutenden katalanischen Autor, Dominikaner, vorgestellt von J. HERNANDO: De nuevo sobre la obra antiislámica atribuida a Ramón Marti, dominico catalán del siglo XIII, Sharq Al-Ándalus. Estudios Árabes (Alicante), Vol. 8 (1991), S. 97–112.

34 s. die Polemik über die Kenntnis des Talmud des katalanischen Polemikers Ramón Marti in A. DÍEZ MACHO: Acerca de los midrashim falsificados de Raimundo Marti. Sefarad (Madrid), Vol. 9 (1949), S. 165–196. Eine detaillierte Studie zu diesem Thema am Beispiel eines zum Christentum konvertierten Juden aus dem 15. Jahrhundert durch M. ORFALI: El tratado „De iudaicia erroribus ex Talmud" de Jerónimo de Santa Fe. Madrid 1987.

35 s. N. DANIEL, op.cit. In jüngerer Zeit siehe dazu trotz sehr unterschiedlicher und teilweise sehr punktueller Beiträge die Einstellung von J. V. TOLAN (Hg): Medieval Christian Perceptions of Islam. A Book of Essays. New York & London 1996.

36 Renzo FABRIS hat dies sehr gut zum Ausdruck gebracht: Il rifiuto ebraico di Gesú per motivi di defensa (die jüdische Ablehnung Jesu durch Motive der Defensive) – dies ist der Titel des Kapitels seiner Abhandlung in: Tu Solus altissimus. La figura di Gesú Christo nel tempo. Mailand 1976, S. 15–51.

37 Übersetzung aus: The Universal Jewish Encyclopedia. New York 1969, Vol. 6, S. 86–87.

38 Übersetzung von J. RIERA I SANS: La crònica en hebreu de la Disputa de Tortosa. Barcelona 1974, S. 26–27.

39 s. E. FELIU i MABRES: Poemes hebreus de judeus catalans (segles XI–XV). Barcelona 1976 , S. 172–173.

40 s. ebd., S. 212.

41 s. Y. SHAMIR: Rabbi Moses Ha Cahen of Tordesillas and His Book Ezer ha-emunah. Leiden 1975

42 s. ebd., S. 89.

43 s. D. BERGER, op. cit., S. 215.

44 Zum Beispiel in D. BERGER, op. cit., S. 81 = S. 60 des hebräischen Textes. Vgl. auch den großen andalusischen Dichter *Ibn-Gabirol* in seinem Werk, das einen Gesang auf die absolute Einheit Gottes darstellt, vorgestellt von C. MAILLARD: Salomón Ibn Gabirol. Keter-Malkut. La Corona. El Reino. Málaga 1979; spanische Übersetzung von Gil Emeth auf der Grundlage der französischen Übersetzung von Paul Vuillaud (zu diesem Autor siehe später in diesem Kapitel). Dagegen fügten die Christen des Mittelalters an jeden Psalm Davids an: *Ehre dem Vater und dem Sohn und dem Heiligen Geist, wie es war im Anfang, jetzt und immerdar und von Ewigkeit zu Ewigkeit. Amen*, um so die Trinität in das Alte Testament einzuführen.

45 s. RIEGA I SANS, op. cit. S. 59–60

46 s. A. SHAMIR, op. cit. S. 90.93

47 s. Petrus Alfonsi, Jude aus Huesca, der im 12. Jahrhundert zum Christentum konvertierte, in: Dialogus Petri, cognomi Alphonsi, ex Judaeo Christiani, et Moysy Judaei. Hg.: Migne: Patrologia Latina, Vol. 157, S. 609. Lateinischer Text und Übersetzung von *Esperanza Ducay* im von M.J. LACARRA zusammengestellten Band: Pedro Alfonso de Huesca. Diálogo contra los judíos. Huesca 1996. Vgl. auch die Einleitung von M.J. LACARRA: Pedro Alfonso. Zaragoza 1991, weiterhin neuere Untersuchungen von M.J. LACARRA (Hg.): Estudios sobre Pedro Alfonso de Huesca. Huesca 1996; schließlich und J. TOLAN: Petrus Alphonsi and His Medieval Readers. Gainesville 1993.

48 s. D. BERGER, op. cit., S. 347–349.

49 s. Y. SHAMIR, op. cit., S. 88–91.

50 s. J. CARRERAS ARTAU: Arnaldo di Vilanova, apologista judío, und ders.: La Allocutio super tetragrammatam de Arnaldo de Vilanova. Sepharad (Madrid), Vol. 7 (1947), S. 49–61; Vol. 9 (1949), S. 75–105.

51 s. D. BERGER, op. cit., Anhang 4: The Christian Exegesis of Genesis 18, S. 362–365.

52 s. Patrologia Latina, (Hg. Migne), Vol. 83, S. 243.

53 s. Y. SHAMIR, op. cit., S. 86.

54 s. D. BERGER, op. cit., S. 117.

55 s. Y. SHAMIR, op. cit., S. 96.

56 s. D. BERGER, op. cit., S. 176–177.

57 s. P. LAPIDE: Fils de Joseph? Jésus dans le judaisme d'aujourd'hui et d'hier, Paris 1978; deutsche Ausgabe: Ist das nicht Josephs Sohn? Jesus im heutigen Judentum. Stuttgart/München 1976; vgl. auch R. FABRIS: L'imagine di Gesù Christo nel mondo ebraico, in Tu solus altissimus ..., S. 15–15 und die These der protestantischen Theologie von Gösla LINDESKOG: Die Jesusfrage im neuzeitlichen Judentum. Uppsala 1938, kommentiert von F. CANTERA: La cuestión de Jesús en el judaísmo moderno. Sefarad (Madrid), Vol. 6 (1946), S. 143–161.

58 s. D. BERGER, op. cit., S. 75 und 119.

59 s. D. BERGER, op., cit., S. 63.

60 s. D. BERGER, op. cit., S. 66.

61 s. D. BERGER, op. cit., S. 96.

62 s. die ziemlich vollständige klassische und moderne Bibliographie in der Untersuchung von L. DÍEZ MERINO: La madre de Jesús en los escritos cristológicos y neotestamentarios de algunos judíos modernos, Estudios Marianos. Salamanca, Vol. XLVI (1982), S. 237–265.

63 Siehe op. cit., S. 468–469. Zur Bedeutung von Isidor von Sevilla in den antijüdischen Polemiken des mittelalterlichen Spanien, siehe auch: A. VIÑAYO GONZÁLEZ: San Martín de León y su apologética antijudía. Edición y estudio, Madrid/Barcelona 1949, insbesondere S. 45 ff.

64 s. D. BERGER, op. cit., S. 72.

65 s. D. BERGER, op. cit., S. 100.

66 So spricht der Herr, der dich gemacht und bereitet hat und dir beisteht von Mutterleib an: Fürchte dich nicht, mein Knecht Jakob, und du, Jeschurun, den ich erwählt habe! [Jes 44,2].

67 s. D. BERGER, op. cit., S. 93–94 und 350 ff., Anhang: God in the Womb and the Problem of the Incarnation.

68 F. CANTERA BURGOS (Hg.): El tratado „Contra caecitatem Iudaeorum de Fray Bernardo Oliver". Edición crítica y bibliografía, Madrid/Barcelona 1965, S. 111–114.

69 s. D. BERGER, op. cit., S. 63–64.

70 s. D. BERGER, op. cit., S. 202.

71 s. Y. SHAMIR, op. cit., S. 95.

72 s. D. BERGER, op. cit., S. 119.

73 s. D. Berger, op. cit., S. 111.

74 Diese Frage taucht im Text der vorangegangenen Anmerkung zweimal auf, S. 111.

75 s. D. BERGER, op. cit., S. 169.

76 s. J. RIERA I SANS, op. cit., S. 17–18.

77 s. J. COHEN: The Friars and the Jews. The Evolution of Medieval Anti-Judaism. London 1982. Zum Einfluss der jüdischen und christlichen Studien der hebräischen Bibel auf die hispanischen Gesellschaften vgl. K. REINHARDT: Hebräische und spanische Bibeln auf dem Scheiterhaufen der Inquisition. Texte zur Geschichte der Bibelzensur in Valencia um 1450. Historisches Jahrbuch Freiburg/ München CI/1 (1981) S. 1–37.

78 s. D. BERGER, op. cit., S. 81, 148,111.

79 s. Y. SHAMIR, op. cit., S. 95; D. BERGER, op. cit., S. 100–101, 121–122.

80 s. D. BERGER, op.cit., S. 97.

81 s. D. BERGER, op. cit., S. 106–107.

82 s. die ersten jüdischen Untersuchungen neutestamentlicher Texte in P. LAPIDE, op. cit., S. 116 ff, insbesondere des nach Algier emigrierten katalanischen Juden *Profiat Durán*.

83 s. D. BERGER, op. cit., S. 121 = S. 71 des hebräischen Textes.

84 s. Anmerkung oben mit Werken von E. Ducay, M. J. Lacarra und J. Tolan. Zur allgemeinen Sichtweise des jüdisch-christlichen Problems in Hinsicht auf den Talmud, siehe auch Abschnitt 1.6: Jesus in den Heiligen Schriften der Christen gegenüber den Offenbarungsbüchern des Judentums und des Islam.

85 s. A. PACIOS: La Disputa de Tortosa. Madrid/Barcelona 1957, Teil, I, Kap. V, S. 171–223: La falsificación de los midrashim invocados en la controversia de Tortosa. Siehe auch J. COHEN, op.cit., und O. ORFALL, op. cit., und für das 16. Jahrhundert in Portugal, in der Epoche der zum Christentum konvertierten an den Schriften orientierten Juden (also den christianisierten Krypto-Juden) ist heranzuziehen: I. S. REVAH: Joâo de Barros. Diálogo evangelico sobre os artigos da fe contra o Talmud dos Judeus. Lissabon 1950. Für die Auseinandersetzungen in Spanien siehe auch J. M. MILLÁS VALLICROSA: Extractos del Talmud y alusiones polémicas en un manuscrito de la Biblioteca Catedral de Gerona. Sefarad (Madrid) Vol. 20 (1960), S. 17–49 und C. MERCHARYA: The Talmud in the Additiones of Paul of Burtos. Journal of Jewish Studies, Vol. 16 (1965), S. 115–134.

86 s. P. LAPIDE, op. cit., S. 97. s. auch die Studie von J. MAIER: Jesus von Nazareth in der Talmudischen Überlieferung. Darmstadt 1978.

87 s. z.B. E. FELIU: Un antievangeli judeu ...

88 Spanische Übersetzung von B. D. DUPUY in seinem Vorwort zur französischen Übersetzung von D. FLUSSER: Jésus. Paris 1970, S. 7.

89 Übersetzung von G. VERMES: Jésus le Juif. Les documents évangeliques à l'épreuve d'un historien, Paris 1977, S. 19. Es gibt spanische Übersetzungen von zwei bedeutenden und sehr interessante Studien über Jesus, und zwar aus der Perspektive eines modernen jüdischen Geschichtsschreibers, die nicht auf das mittelalterliche Judentum angewandt werden kann – außer bei der Zurückweisung des übernatürlichen Wesens Jesu. Vgl. die spanische Ausgabe: G. VERMES: Jesús el Judío. Los Evangelios leídos por un historiador. Barcelona 1994 und: La religión de Jesús el judío. Madrid 1996.

90 s. J. ISAAC: Jésus et Israël, Paris 1948, 1959, englische Übersetzung: Jesus and Israel. A Call for the Necessary Correction of Christian Teaching on the Jews. New York 1971. Das ist ein sehr interessanter, obwohl offenkundig sehr moderner Text, der auch dazu beitragen kann, das Denken der Juden im Mittelalter und vor allem dessen heutige Entwicklung zu verstehen.

91 siehe insbesondere Abschnitte 3.1: Der Jesus der Muslime: Die verkürzende Aneigung und 3.2.7: Islamischer Anspruch auf den Propheten Jesus, Juden wie Christen gegenüber.

92 Im Lukasevangelium [Lk. 2,21] und im Fest der Beschneidung und des Namens Jesu, in der römisch-katholischen Kirche der 1. Januar.

93 s. D. BERGER, op. cit., S. 215–216, 333.

94 s. D. BERGER, op. cit., S. 171–175.

95 Teiluntersuchung über die identischen Dimensionen der Beschneidung Jesu in T. STRAMARE: La circoncisione di Gesú. Significato esegetico e teologico. Bibbia e Oriente, Vol. 142/4 (1984), S. 193–203.

96 J. MAIER: Condiciones haláquicas previas en la confrontación religiosa del judaísmo con el cristianismo, in C. DEL VALLE RODRÍGUEZ (Hg.): Polémica judeo-cristiana. Estudios. Madrid 1992, S. 28.

97 s. Patrología Latina (Hg. Migne), Vol. 20/1, S. 1.172.

98 s. M. GOLDSTEIN: Jesus in the Jewish Tradition. New York 1950, und die Themenzusammenfassung in L. DÍEZ MERINO, op. cit.

99 J. TARGARONA BORRÁS: Moshe Ben Maimón – Maimónides. *Sobre el Mesías.* Carta a los Judíos del Yemen. *Sobre Astrología.* Carta a los Judíos de Montpellier. Notas biográficas, introducción, traducción y notas. Barcelona 1987, S. 149.

100 M. J. CANO: Yishaq Ibn Jalfún. Poeta cortesano cordobés. Cordoba 1988, S. 49.

101 s. D. BERGER, op. cit., S. 60–61, 102.

102 s. J. MAIER, op. cit.

103 s. E. LEVINE: Un judío lee el Nuevo Testamento, Madrid 1980 (= ein Jude liest das Neue Testament).

104 H. LAIBLE: Jesus Christus im Talmud, im Anhang von G. DALMAN: Die Talmudischen Texte über Jesus. Leipzig 1900, S. 7 ff.

105 s. Y: SHAMIR; op. cit., S. 108–113.

106 s. D. BERGER, op. cit., S. 192, 101–102.

107 s. Y. SHAMIR; op. cit., S. 86.

108 s. D. BERGER, op. cit., S. 173–174.

109 s. D. BERGER, op. cit., S. 199–200.

110 s. G. VAJDA: L'Amour de Dieu dans la théologie juive du Moyen Age. Paris 1957, S. 174–175.

111 vgl. die islamische Ablehnung der Kreuzigung und des Todes Jesu durch die Juden in den Abschnitten 3.8.1: Jesus starb nicht und wurde nicht gekreuzigt, und 3.8.4: Das Kreuz – höchstes Symbol des vom Islam abgelehnten Jesus.

112 s. Quaestiones (Hg. Migne): Patrologia Latina, Vol. 83, S. 273.

113 s. D. BERGER, op. cit., S. 58–59.

114 s. D. BERGER, op. cit., S. 58–59, 78–79, 64–65.

115 s. R. FABRIS, op. cit., S. 17–18.

116 s. Y. SHAMIR, op. cit., S. 96.

117 s. B. BLUMENKRANZ: Le juif médiéval au miroir de l'art chrétien. Paris 1966

118 s. D. BERGER, op.cit., S. 62.252.202.326.

119 s. D. BERGER, op. cit., S. 57–58.199.

120 s. D. BERGER, op. cit., S. 57.

121 Dies war einer der Hauptstreitpunkte im Disput von Barcelona aus dem Jahre 1263, zwischen Nahmánides und Paulus Christianus. s. J. COHEN, op. cit., S. 111–114; I. LOEB: La controverse de 1263 entre Paulus Christiani et Moïse ben Nahman. Revue des Études Juives (Paris), Vol. 15 (1987), S. 1–18; J. M. MILLÁS VALLICROSA: Sobre las fuentes documentales de la controversia de Barcelona en el año 1263. Anales de la Universidad de Barcelona. Memoria y comunicaciones. Barcelona 1940, S. 25–44; NAHMANIDE (Rabbi Moïse ben Nahman): La dispute de Barcelone, suivie du Commentaire sur Esaïe 52–53. Traduit de l'hébreu par Eric Smilévitz. Archives des textes traduits du latin par Luc Ferrier. Lagrasse 1984; H.G. VON MUTUIS: Die Christlich-Jüdische Zwangsdisputation zu

Barcelona: Nach dem hebräischen Protokoll des Moses Nachmanides. Frankfurt/Main 1982.

122 s. Zeugnisse in diesem Sinne in P. LAPIDE, op. cit., S. 50–52.

123 J. TARGARONA BORRÁS, op. cit., S. 150.

124 ebda., S. 150.

125 s. D. BERGER, op. cit., S. 88–89, hebräischer Text S. 46–47.

126 s. Y. SHAMIR, op. cit. S. 10

127 s. PÉREZ CASTRO: Un manuscrito apologético de Alfonso de Zamora. Traducción y estudio. Madrid/Barcelona 1950, S. 306–330. Dort geht er von einer sehr traditionellen Argumentation im Christentum aus.

128 s. CANTERA BURGOS, op. cit. Siehe auch zum 16. Jh. ein anderes antijüdisches Handbuch zu diesem Thema: L. CASTÁN LACOMA: Un apologista anti-judío aragonés desconocido: Jaime Civeroso. Revista española de Teología (Madrid), Vol. XXII, 1962, S. 153–177.

129 s. A. PACIOS,op. cit., S. 67.

130 s. D. BERGER, op. cit., S. 98.221.

131 s. D. BERGER, op. cit., S. 171–172.174–175.

132 S. Y. SHAMIR, op. cit., S. 102.

133 s. D. BERGER, op. cit., S. 181 und 45.

134 s. J. M. MILLÁS VALLICROSA: Un tratado anonímo de polémica contra los judíos. Sefarad (Madrid), Vol. 13 (1953), S. 6

135 s. D. BERGER, op. cit., S. 184–185.219–221.225.

136 J. TARGARONA BORRÁS, op. cit., S. 150.

137 s. D. BERGER, op. cit., S. 210–213.

138 vgl. die Definition im Glossar von L. CATANI: Yehuda Halevi (Hallevi). Lírica religiosa y cantos de Sión. Bilbao 1993, S. 163: „Edom. In der rabbinischen Literatur bezeichnet Edom/Esau den eschatologischen Feind Israels, der im Mittelalter mit dem römisch-päpstlichen Reich und den Christen identifiziert wurde.

139 R. CASTILLO: Poetas hispanos-hebreos. Antalogía. Ferrol 1996, S. 43.

140 E. ROMERO: Selomó Ibn Gabirol. Poesía secular. Edicion bilingüe. Madrid 1979, S. 271. Vgl auch zu diesem großen jüdischen Autor von Al-Ándalus. J. SCHLANGER: La philosophie de Ibn Salomon Ibn Gabirol. Étude d'un néoplatonisme. Leiden 1968, und C. MAILLARD, op. cit.

141 s. J. M. MILLÁS VALLICROSA: La poesía sagrada hebraico-española. Madrid/Barcelona 19482, S. 281

142 ebd. S. 282.

143 s. D. BERGER, op.cit. S. 205–206.98–99.117–118.

144 s. J. R. MAGDALENA NOM DE DEU: Libro de viajes de Benjamin Tudela. Barcelona 1982. Dreisprachige Ausgabe in baskisch, spanisch/kastilisch und hebräisch. Navarra 1994. Vgl.: Los caminos del exilio. Actas de los Segundos Encuentros Judaicos de Tudela 01.08. und 09.11.1995. Navarra 1996.

145 s. J.M. MILLÁS VALLICROSA: Yehuda Halevi (Hallevi) como poeta y apologista. Madrid/Barcelona 1987.

146 s. K. KHRUBY: L'approche du christianisme dans le judaisme. Bible et Vie Chrétienne (Paris), Vol. 80 (März/April 1968), S. 57ff.

147 Geringschätzung (desprecio) und Furcht dominierten das politische Denken der iberischen Juden im Mittelalter im Blick auf ihre Beziehungen zu den Christen; s. F. DIÁZ ESTEBAN: Aspectos de la convivencia jurídica desde el punto de vista judío. Congreso internacional de las tres culturas. Toledo 1984.

148 s. für den Islam die Studie unter Beachtung dieser Superiorität: M. DE EPALZA: Fray Anselm Turméda ..., S. 102–105.

149 s. G. VAJDA; op. cit., S. 31–32.52–53: vgl dazu: L. CATTANI, op. cit. S. 164 (Glossar): SHEMÁ ISRAEL. Das „Höre Israel ..." ist das bedeutendste jüdische Gebet, das aus drei biblischen Abschnitten gebildet wurde: Dt 6,4–9; 11,13–21; Num 15,37–41. Es wird in der synagogalen Liturgie und im täglichen Gebet am Morgen und am Abend rezitiert.

150 T. ALSINA TRÍAS / G. DEL OLMO LETE: El diwán de Yosef Ibn Saddiq. Barcelona 1987, S. 83.

151 s. B. BLUMENKRANZ: Les auteurs chrétiens latins du Moyen Age sur les juifs et le judaïsme. Paris 1963, vgl. ders.: Altercatio Aecclesiae contra Synagogam. Texte inédit du Xe siècle. Strasbourg 1954.

152 R. LLULL: Libre del gentil e los tres savis. Hg. J. Rosselló. Palma de Mallorca 1901. Deutsch: Buch vom Heiden und den drei Weisen. Freiburg u.a.: Herder 1986. Englisch: The Book of the Gentile and the Three Wise Man, in: BONNER, Anthony (Hg. und Übers.): Doctor Illuminatus. A Ramon Llull Reader. Princeton, NJ: Princeton Univ. Press 1993, S. 73–171.

153 Patrologia Latina (Migne Hg.): Vol. 157, S. 535–672. Siehe über Anmerkungen mit modernen bibliografischen Angaben des jüdischen Konvertiten aus Osca (= Huesca, Stadt südlich der Pyrenäen) Petrus Alphonsi (11.–12. Jh.).

154 s. J. RIEREA I SANS, op. cit., S. 16.

154a Vgl. PLETNJOWA, Swetlana Alexandrowna: Die Chasaren. Mittelalterliches Reich an Don und Wolga. Leipzig: Koehler & Amelang 1978.

155 s. die schon erwähnte klassische Studie von J. M. VALLICROSA: Yehuda Ha-Levi (Hallevi) como poeta y apologista. Madrid/Barcelona 1947. Originaltext: JEHUDA HALLEVI: Al-Chazarî. Übers.: Hartwig HIRSCHFELD (Ausgabe 1885). Wiesbaden: Reprint Fourier 2000.

156 vgl. L. CATTANI, op. cit., besonders S. 18–32.

157 Spanischer/kastilischer Text wieder herausgegeben von: J. IMIRIZALDU: Jehuda Ha-Levi. Cuzary. Madrid 1979.

158 s. D. BERGER, op. cit., S. 216–218.

159 ebd., S. 203.

160 s. J. IMIRAZALDU, op. cit., S. 163.

161 Eine kurze, aber nützliche allgemeine Darstellung zum Thema „Messias" in den hispanischen Gesellschaften und in ihren jüdisch christlichen Polemiken findet sich bei J. LAFAYE: Le Messie dans le monde ibérique. Aperçu. Mélanges de la Casa de Velázquez (Paris), Vol. VII (1971), S. 165–185.

162 Übersetzung in M. J. CANO, op. cit., S. 78, vgl. S. 49 und die Gedichte von *Ibn-Jalfún* bei: C. DEL VALLE RODRÍGUEZ: Isaac ben Jalfón. Poemas. Madrid 1992, S. 76–77.

163 C. DEL VALLE RODRÍGUEZ, op. cit., S. 82–83.

164 C. DEL VALLE RODRÍGUEZ: El diván poético de Dunash Ben Labrat. La introducción de la métrica árabe. Madrid 1988, S. 192–193.

165 s. das gute Beispiel jüdischer Messias-Lehre in einem Traktat von Maimónides aus Córdoba (12. Jh.) bei J. TARGARONA BORRÁS, op. cit., besonders S. 77–222.

166 Um den Messianismus in den jüdisch-christlichen Polemiken des Mittelalters sachgemäß einschätzen zu können, vgl. C. DEL VALLE RODRÍGUEZ (Hg.): Polémica judeo-cristiana. Estudios. Madrid 1992, besonders die Kapitel von J. MAIER: Condiciones haláquicas previas en la confrontación religiosa del judaísmo con el cristianismo (= frühere halachische Bedingungen in der religiösen Konfrontation mit dem Christentum); ferner: R. SCHMITZ: Jacob ben Rubén y su obra 'Milhamot ha-sem, und C. DEL VALLE: Jacob ben Rubén de Huesca. Polemista. Su patria y su época.

167 s. P. LAPIDE, op. cit., S. 123.

168 s. die exzellente Zusammenfassung über das komplexe Problem der jüdischen Strömungen zu diesem Thema in: P. GRELOT: L'Espérance juive à l'heure de Jésus. Paris 1978 (mit guter Bibliografie); S. 57 zum Messianismus und S. 256 zum Rabbinentum.

169 s. J. RIERA I SANS, op. cit., S. 17.

170 s. A. PACIOS, op. cit., S. 67–68.

171 s. J. MILLÁS VALLICROSA: Literatura hebraico-española ..., S. 167 und P. LAPIDE, op. cit., S. 123; P. GRELOT, op. cit.

172 s. J. MILLÁS VALLICROSA: La poesía sagrada ... y La poesía hebraica postbíblica. Barcelona 1953

173 J. MILLÁS VALLICROSA: La poesía sagrada ..., S. 241

174 G. VAJDA, op. cit., S. 212–213.

175 s. Y. SHAMIR, op. cit., S. 84–86.

176 Dies ist eine Meinung, die ausführlich unter andern durch einen spanischen Juden entwickelt wurde, der nach Italien im 16. Jh. emigrierte, s. S. LOVINGER: Recherches sur l'oeuvre apologétique de Abraham Farrisol. Revue des Études Juives (Paris), Vol. V (CV) 1939, S. 23–52.

177 J. MILLÁS VALLICROSA: Literatura hebraico-española ..., S. 103.

178 Aus dem Hebräischen ins Katalanische übersetzt von J. MILLÁS VALLICROSA: Biblioteca Hebraica-Catalana, Vol. 1. Barcelona 1930

179 s. R. CASTILLO: Antología poética. Jehudá Ha Leví (Hallevi). Traducción, prólogo, notas. Madrid 1983. David Baneth hat in Jerusalem 1977 zwei polemische Werke in Hebräisch herausgegeben, und zwar von jenem jüdischen Autor, der in Tudela/Navarra kurz vor der Eroberung durch die Christen geboren wurde.

180 s. J. IMIRIZALDU: Jehudá Ha Leví ...

181 s. J: RIERA I SANS; OP: CIT:; S. 26–27.

182 Übersetzung ins Katalanische bei E. FELIU I MABRES, op. cit., S. 105.

183 J. TARGARONA BORRÁS, op. cit., S. 151.
184 s. Y. SHAMIR, op. cit., S. 105–106.
185 s. F. CANTERA BURGOS: El tratado ..., S. 120–124.
186 Herausgegeben 1687; Nachdruck: Farnborough 1967.
187 s. Y. SHAMIR, op. cit., S. 84–85; D. BERGER, op. cit., S. 195–197, 218–219.
188 vgl. die gute Einführung zur politischen und religiösen Bedeutung des Disputs um NAHMANIDES, op. cit., S. 9–20.
189 vgl. die übersetzten Gedichte von *Shamuel Ibn-Nagrella Ha-Nagid*, des mächtigen jüdischen Ministers des islamischen Königs von Granada (Manuskript 1056) bei R. CASTILLO, op. cit., S. 22–26, mit der anderen Version bei A. ANTELO IGLESIAS, op. cit., S. 39–41, wo er sich über einige gewonnene Schlachten durch seinen Herrscher und die Nachbarkönige freut.
190 s. die politischen Gedichte bei A. SÁEZ-BADILLOS / J. TARGARONA BORRÁS, op. cit., S. 80–89
191 Es lassen sich als Beispiele einige gute Studien über jene jüdisch-islamischen Beziehungen heranziehen, die verschiedene Epochen und soziale Situationen berücksichtigen: A. H. CUTLER: The Jews as Ally of the Muslims. Medieval Roots of Anti-Semitism. Notre Dame (USA) 1986; E. GUTWIRTH: Hispano-Jewis Attitudes to the Moors in the Fifteenth Century. Sefarad (Madrid), Vol. XLIX/2 (1989), S. 237–262 und im Blick auf einen bedeutenden muslimischen Schriftsteller Andalusiens im Besonderen: C. ADANG: Islam frente al judaísmo. La polémica de Ibn Hazm de Córdoba. Madrid 1994.
192 Es gibt ein ausgesprochen wichtiges Buch, das hier vorgestellt werden sollte, das Zusammenfassungen und Kommentare über dieses Thema in Französisch und Englisch hat: D. WISMER: The Islamic Jesus. An annoted bibliography of sources in English and French. New York 1977. Aus der immensen Bibliografie seien nur folgende Autoren genannt, von denen auch einige in Deutsch publiziert haben:
N. Robinson, D. Pinault, G. Tartar, L. Massignon, R. Chidiac, J. Jomier, M. Borrmans, P. Schwarzenau, L. Veccia Vaglieri, J. Abd-El-Jalil, C. Amigo Vallejo, F. Vaderrama Martínez, M. Sulaimán, J. J. Tamayo-Acosta, J. Imbach, A. Vespertino Rodríguez, A. Galmés de Fuentes – bei Epalza im spanischen Original dieses Buches, S. 112–113 (mit weiteren Angaben).
193 Über das religiös-monotheistisch-christliche Ambiente Arabiens, besonders in Mekka zur Zeit des Muhammad ist viel geschrieben worden, und zwar mit gewissen a priori religiösen Vorurteilen, aber das letzte Wort ist hier noch nicht gesprochen, vgl. dazu die spanische Auswahlbibliografie von M. DE EPALZA / L. F. BERNABÉ PONS: Novedades bibliográficas sobre el Corán y Mahoma. Sharq Al-Ándalus. Estudios Árabes (Alicante), Vol. 5 (1988), S. 235–240.
194 s. R. ARNALDEZ: Trois messagers pour un seul Dieu. Paris 1983.
195 s. H. MICHAUD: Jésus selon le Coran. Neuchâtel 1960, S. 27.
196 s. F.M. PAREJA: Un relato morisco sobre la vida de Jesús y María. Estudios Eclesiasticos (Madrid), Vol. 34 (1960), S. 859–871; M. DE EPALZA: Un manuscrito normativo árabe y aljamiado: Problemas lingüisticos, litera-

rios y teológicos de las traducciones moriscas, in: A. TEMINI (Hg.): Actes de la première Table Ronde du C.I.E.M. sur la Littérature aljamiado-morisque: hybridisme lingüistique et univers discursif. Tunis 1986, S. 35–45 (arabische Übersetzung S. 39–47); A. VESPERTINO RODRÍGUEZ, op. cit.

197 M. ASÍN PALACIOS: El Islam cristianizado. Estudio del 'sufismo' a través de las obras de Abenarabí (Ibn Árabi) de Murcia. Madrid 1931/1981, S. 268.

198 s. R. ARNALDEZ: Jésus, fils de marie, prophète de l'islam. Paris 1980, S. 221.

199 A. VESPERTINO RODRÍGUEZ, op. cit., S. 334.

200 s. R. DELADRIÈRE: La profession de foi d'Ibn 'Árabi. Texte, traduction et commentaire de la Tadhkira. Lille 1975, S. 26 (letzte Ausgabe, Paris 1985).

201 s. C. ADANG: Islam frente al Judaísmo ...; M. ASÍN PALACIOS: Abenházam (Ibn Hazm) de Córdoba y su historia crítica de las ideas religiosas. Madrid, 5 Bde., 1927–1932.

202 s. A.M. TURKI: La lettre du 'Moine de France' Á al-Muqtadir Billâh, roi de Saragosse, et la réponse d'Al-Bâyi, le Faqîh Andalou. Al-Ándalus (Madrid), Vol. 31 (1966), S. 73–153.

203 s. M. DE EPALZA: Los nombres del Propheta en la teología musulmana. Miscalánea Comillas (Madrid), Vol. 63 (1975), S. 149–203. Englische Übersetzung dieses fundamentalen Werks der andalusischen Theologie: Qadi ibn Musa al-Yahsubi. Mohammad Messenger of Gott. Ash-Shifa of Qadi 'Iyad. Granada 1991.

204 M. DE EPALZA: La Tuhfa ..., S. 304–305.

205 s. A.-M. TURKI, op. cit., S. 143.

206 M. DE EPALZA: Fray Anselm Turméda ..., S. 192

207 vgl. oben zur Zurückweisung des jüdischen Denkers Maimonides von Córdoba aufgrund von muslimischen Ansprüchen, dass die hebräische Bibel das Kommen Muhammads ankündigen würde: J. TARGARONA BORRÁS, op. cit., bes. S. 151–152.167–170.172.

208 s. die Geschichte dieser Polemik im Kapitel „Das Argument des Parakleten" von M. DE EPALZA, op. cit., S. 34–36

208a Die Bedeutung des Koran, Bd. 5. München: SKD Bavaria 1998, 2. neu bearb., und verbesserte Aufl., S. 2705, Anm. 15 zu Sure 61, 5.

209 Muhammad ist durch Abraham und durch Mose gemäß den von Y. Moubarac gesammelten Texten angekündigt worden: Y. MOUBARAC: Abraham dans le Coran. Paris 1958, S. 144. Basis ist der Hinweis des Prophetentums in den drei Religionen, vgl. J.M. CASCIARO: El diálogo teológico de Santo Tomás con Musulmanes y Judíos. El tema de la Profecía y la Revelación. Madrid 1969.

210 s. M. HAMIDULLAH: Documents sur la diplomatie musulmane à l'époque du Prophète et des Khalifes orthodoxes. Paris 1935.

211 s. M. ASÍN PALACIOS: Abenházam de Córdoba ..., besonders im Bd. 2. Er wird als bedeutende Autorität zu diesem Thema von Abdallah At-Tarchu-

mán 400 Jahre später zitiert – nach einem Text, der von Mikel de EPALZA herausgegeben wurde, op. cit., S. 194–195

212 s. A.-M. CHARFI: Kitab maqami as-sulbán, li-Áhmad Ibn-Abd-as-Samad Al-Jázrachi. Tunis 1975, S. 118–139.

213 s. M. de EPALZA: op. cit., S. 470–497

214 s. M. de EPALZA: Los nombres del Propheta ..., S. 171.

215 s. M. de EPALZA: op. cit., S. 484. Über den Zusammenhang der Konversion von Turméda/At-Tarchumán im Blick auf das Argument mit dem Parakleten, vgl. S. 208–243.26–42 und: Actes del Nove Colloqui Internacional de Llengua i Literatura Catalanes. Vol. I. Montserrat 1993, S. 153–159.

216 In der Übersetzung einer Auswahl von „Traditionen“ des Propheten von *Houdas y Marçais* sind verschiedene Seiten den Worten Jesu im Munde Muhammads gewidmet (Al-Bukhari: Les Traditions islamiques. Paris 1903–1914, 4. Bde, hier Bd. 2, S. 513–521.

217 z.B. die Geschichten der Propheten des Libanesen *Samih Atef Az-Zayn* (erschienen in Kairo und Beirut seit 1980 mit englischen und französischen Heften).

218 S. H. MICHAUD, op. cit., S. 7.

219 ebda., S. 13.

220 S. M. HAYEK: op. cit. Und die Sammlung von Texten mit lateinischer Übersetzung von M. ASÍN PALACIOS: Loghia et Agrapha Domini Iesu ...

221 vgl. unten besonders 3.7.2: Jesus, Al-Masih, im arabischen und Muhammad, der Messias, im europäischen Sprachraum.

222 Es lassen sich auch Erwähnungen Jesu in notariellen Formularen finden – im Kapitel der Christen, die zum Islam übertreten wollen: P. CHALMETA/ F. CORRIENTE: Formulario notarial hispano-árabe ... Madrid 1984, S. 405–415.

223 F. J. SIMONET: Historia de los mozárabes de España. Madrid 1903 / Amsterdam 1983, S. 86. Ähnliche Texte sind auch veröffentlicht worden von: P. CHALMETA und F. CORRIENTE (vgl. Literaturangaben) und erforscht worden von: M. ABUMALHAM.

224 S. G.H. Bousquet: Ghazâli: Ih'ya Ouloum Ed-dîn, ou vivification des sciences de la foi: analyse et index. Paris 1955; vgl. auch L. MASSIGNON, op. cit. und R. CHIDIAC, op. cit.

225 s. die schönen, wahrscheinlich christianisierten Texte bei: M. ASÍN PALACIOS: El Islam cristianizado ...

226 s. D. WISSMER, op. cit.

227 Vor allem auch Ibn Jaldún (aus Tunis und andalusischer Herkunft – im 15. Jh.), vgl. dazu: J. CUOQ: La religion et les religions (judaïsme et christianisme) selon Ibn Khaldun. Islamochristiana (Rom), Vol. 8 (1982), S. 107–128. Die Geschichtsschreiber des Mittleren Ostens wie At-Tábari und Ibn al-Athir, widmen Jesus immer ein Kapitel, wenn sie die Geschichte der Menschheit schreiben und bevor sie mit der islamischen Geschichte beginnen.

228 s. A. VESPERTINO RODRÍGUEZ, op. cit.

229 s. J.A. LASARTE LÓPEZ: Poemas de Mohamad Rabadan. Canto de las Lunas. Día del Juicio. Discurso de la luz. Los nombres de Dios. Zaragoza 1991.

230 s. M. de EPALZA: Note pour une histoire des polémiques antichrétiennes dans l'Occident musulman. Arabica (Leiden), Vol. 18 (1971), S. 99–106, sowie der Beitrag: Fray Anselm ..., bes. S. 66–77.121–145. Wichtig sind weiterhin die Forschungarbeiten von G.C. ANAWATI, A.T. KHOURY, A.-M. CHARFI (ASH-SHARFI), A. BOUAMAMA; D. WISSMER u.a.

231 s. die Einleitung zu den muslimischen Riten, deren Beschreibung bei: F. M. PAREJA: Islamología. Madrid 1952–1954, bes. S. 528–553, vgl. auch M. de EPALZA: (Hg.): L'Islam d'avui, de demà i de sempre. Barcelona 1994, S. 22–57 (Gebote) und S. 399–418 (Lexikon). Das Lexikon der alten Begriffe, die von den spanischen Muslimen benutzt wurden, ist ebenfalls heranzuziehen: A. GALMÈS DE FUENTES / M. SANCHENZ / A. VESPERTINO RODRÍGUEZ / J.C. VILLAVERDE AMIEVA: Glosario de voces aljamiado-moriscas. Ovido 1994 (z.B. Pflichtgebet – salat; Wallfahrt – hajj usw.). Ferner aktuelle Handbücher der spanischen Sprache, etwa von A.G. MELARA NAVÍO / A.B. OJEMBARRENA (1984) und A. MACHARDOM COMINS (1995).

232 s. ASÍN PALACIOS: Abenházm ...

233 s. A.-M. TURKI, op. cit.

234 s. A.-M. CHARFI, op. cit.

235 s. M. de EPALZA: Fray Anselm Turméda ...

236 s. A. VESPERTINO RODRÍGUEZ, op. cit.

237 s. J.M. GAUDEIL: The Correspondence between Leo and Umar. Umar's Letter Rediscovered? Islamochristiana (Rom), Vol. 10 (1984), S. 109–157

238 s. die gute Einleitung von J. JOMIER: Bible et Coran. Paris 1959 oder auch E. KELLERHALS: Koran und Bibel. Stuttgart 1963.

239 s. H.E. CASSIS / K.L. KOBBERVIG: op. cit., S. 126–127.

240 s. G: TARTAR: Le Coran rend témoignage à Jésus-Christ. Les textes coraniques relatifs à l'Évangile. Paris 1980 (im Stil eines Christuszeugnisses vor den Muslimen durch einen protestantischen Pfarrer).

241 L. F. BERNABÉ PONS: El cántico islámico del morisco hispanotunecino Taybili. Zaragoza 1988, S. 200.

242 s. I di MATTEO: „Il tahrîf" od alterazione della Bibbia secondo i musulmani. Bessarione (Rom), Vol. 6 (1980), S. 64–111.223–260; J. M. GAUDEUL / R. CASPAR: Textes de la tradition musulmane concernant *le tahrîf* (falsification) des Écritures. Islamochristiana (Rom), Vol. 6 (1980), S. 78–82.

243 s. J.M. GAUDEUL: The correspondence ..., S. 125.

244 s. A.-M. CHARFI: op. cit., S. 58 u.a.

245 s. M. ASÍN PALACIOS: Abenházm ... und J. M. Gaudeul / R. CASPAR, op. cit.

246 s. de EPALZA: Fray Anselm Turméda ... , S. 194.

247 vgl. zahlreiche Beispiele, die systematisch zurückgewiesen werden, op. cit. S. 404ff.

248 s. op. cit., S. 276ff.

249 s. F. GOUIN: Critique du christianisme chez Ibn Hazm. Universitätsthesen, Lyon 1968

250 vgl. Suren 3, 3, 48.65; 5, 46.66.68.110; 7, 157; 9, 111; 48, 29; 57, 27.

251 Die älteste bekannte Erwähnung dieses Textes ist z.Zt. ein unediertes Manuskript in kastilisch, das in der Nationalbibliothek von Madrid aufbewahrt wird (Nr. 9653, Folio 178); vgl. R. CARDAILLAC: Morisques et Chrétiens. Un affrontement polémique (1492–1640). Paris 1977 (spanisch: Madrid 1979). Vgl. weiterhin: M. de EPALZA: Le milieu hispano-moresques de l'Évangile de Barnabé (XVIe-XVIIe siècles). Islamochristiana (Rom), aaO S. 158–183, bes. S. 177–178 sowie die Forschungen von L. F. BERNABÉ PONS.

252 Das einzige erhaltene Manuskript unter dem Namen „Evangelium des Apostels Barnabas" befindet sich in Sydney. L. F. BERNABÉ PONS hat es herausgegeben: El texto morisco del Evangelio de San Bernabé. Granada 1998, beschrieben und wissenschaftlich bearbeitet in: El Evangelio de San Bernabé. Un evangelio islámico español. Alicante 1995 und in einer kürzeren Zusammenfassung auch auf Deutsch in: Religionen im Gespräch, Bd. 4 (RIG 4) Hg.: R. KIRSTE / P. SCHWARZENAU / Udo TWORUSCHKA (Balve 1996), S. 133–188, dort unter dem Titel: „Zur Wahrheit und Echtheit des Barnabasevangeliums".

253 Fotografische Edition mit englischer Übersetzung und Recherche durch: L. & L. RAGG: The Gospel of Barnabas. Edited and translated from the Italian Manuscript in the Imperial Library of Vienna. Oxford 1907. Alle Übersetzungen in moderne Sprachen berufen sich auf diese Ausgabe, so auch die spanische Übersetzung von M. A. ANZALDÚA-MORALES (1994), vgl. dazu die Rezensionen von L. F. BERNABÉ PONS in Islamochristiana (Rom), Vol. 22 (1998), S. 302–303.

254 s. M. de EPALZA: Sobre un posible autor español del Evangelio de Barnabé. Al-Ándalus (Madrid), Vol. XXVIII (1963), S. 479–491; Le Milieu hispano-moresque ..., y San Bernabé. Awrâq (Madrid), Vol. XVII (1996), S. 121–133 und bibliografisch sehr ausführlich J. SLOMP: The Gospel of Barnabas in recent research. Islamochristiana (Rom), Vol. 21 (1998), und L.F. BERNABÉ PONS, op. cit.

255 Vgl. Abschnitt 3.7.2: Jesus, Al-Masih, im arabischen und Muhammad, der Messias, im europäischen Sprachraum.

256 Zu den verschiedenen Namen: Muhammad, Muhammad, Mahomet usw. vgl. M. de EPALZA: Los nombres del Propheta in la teología musulmana. Miscelánea Comillas (Madrid), Vol. XXXIII/63 (1975), S. 149–203.

257 L. F. BERNABÉ PONS: El Evangelio de San Bernabé ..., S. 206 und die sich auf Sure 61, 6 und Joh 16,6–10.13–14 berufende Prophezeiung.

258 L. F. BERNABÉ PONS: El texto morisco del Evangelio ..., S. 88ff.

259 Ebda., S. 260–266 und: El Evangelio de San Bernabé ..., Abschnitte 168–178.

260 Details bei J. JOMIER: L'Evangile de Barnabé. Mélanges de l'Institut Dominicain d'Études Orientales (Kairo), Vol. 6 (1959–1961), S. 137–166 und: „Une énigme persistante: L'Évangile de Bernabé". Mélanges ...

Vol. 14 (1980), S. 271–300; ebenfalls J. SLOMP, op. cit. In diesen Zusammenhang gehören auch die „Dokumente" zum Sacromonte in Granada.

261 s. F. MÁRQUEZ VILLANUEVA: El problema morisco (desde otras laderas). Madrid 1991, S. 45–97.

262 Vgl. die entsprechenden ausführlichen Bibliografien: M. J. HAGERTY: Los Libros Plúmbeos del Sacromonte. Madrid 1988 / Granada 1998; C. ALONSO: Los apócrifos de Sacromonte (Granada). Estudio histórico. Valladolid 1979; J. CARO BAROJA: Las falsificaciones de la Historia (en relación con la de España). Madrid 1992, S. 113–143. Der Disput über die Authentizität der „Bleiernen Bücher", die vom Vatikan am Ende des 17. Jhs. negativ entschieden wurde, ging jedoch im 20. Jh. weiter.

263 Vgl. die reichhaltige Bibliografie über muslimische Texte in Spanisch: L. F. BERNABÉ PONS: Bibliografía de la literatura aljamiado-morisca. Alicante 1992. Vgl. auch P. S. van KONINGSVELD / Q. AL-SAMARRAI/ G. WIEGERS: Ahmad Ibn Qasim Al-Hajari (gest. nach 1640). Kitab Nasir al-din 'ala' l-qawm al-kafirin (the supporter of religion agianst the infidel). Madrid 1997 und die Texte von L. CARDAILLAC, op. cit.

264 L. CIRILLO / M. FRÉMAUX: Évangile de Barnabé. Recherches sur la composition et l'origine. Texte et traduction. Paris 1977, in seinem Vorworrt zur Übersetzung und Studie des italienischen Textes: S. 5: L'Évangile après l'Islam.

265 s. M. J. HAGERTY, op. cit., S. 317.

266 L. F. BERNABÉ PONS: El texto morisco ..., S. 158; Text des „Evangelio de Barnabé", Kap. 82.

267 Vgl. im Buch 3.7.2: Jesus, Al Masih ...

268 L. F. BERNABÉ PONS hat gerade für diesen Bereich entscheidende Forschungsergebnisse vorgelegt.

269 s. H. S. GEHMAN: The Arabic Bible in Spain. Speculum (Brüssel), Vol. 1 (1926), S. 219–221; A. S. TRITTON: The Old Testament in Muslim Spain. Bulletin of the School of Oriental and African Studies (London), Vol. 21 (1958), S. 293–295 und M. T. URVOY: Le Psautier Mozarabe de Hafs le Goth. Édition et traduction. Toulouse 1994 (vgl. die Rezension von M. de EPALZA in „Al-Qantara" (Madrid), Vol. XV (1994), S. 523–524.

270 Übersetzung des Hadith, zitiert von A. SOESILLO VIJOYO: The Christian as Religious Community according to the Hadith. Islamochristiana (Rom), Vol. 8 (1982), S. 87.

271 s. J. JOMIER, op. cit.

272 s. R. ARNALDEZ: Grammaire et théologie chez Ibn Hazm de Cordoue. Paris 1956, S. 309.

273 s. A. FERRÉ: L'historien Al-Yaqubi et les Évangiles. Islamochristiana (Rom), Vol. 3 (1977), S. 65–83.

274 s. die Ausgaben von A.-M. CHARFI, op. cit. Und M. SHAMA, Kairo 1979. Französische Zusammenfassung in Islamochristiana (Rom), Vol. 6 (1980), S. 242–254.

275 s. F. M. PAREJA: Un relato morisco ...

276 Vgl. die kleine Monografie von M. CUENDE PLAZA: María en la mujer y mística musulmana. Burgos 1986

277 s. J. M. ABD-EL-JALIL: Maria en el Islam, in: Cristianismo e Islam. Madrid 1954, S. 11–104; R. CASPAR: Christologie et Mariologie dans l'Islam. Rom 1969.

278 s.o. Kap. 2.4: Die Zurückweisung der übernatürlichen Geburt Jesu ...

279 L. F. BERNABÉ PONS: El cántico islámico ..., S. 186–187

280 Vgl. Abschnitt 3.7.2: Jesus, Al-Masih ...

281 J. OLIVER ASÍN (Hg. D. OLIVER): Conferencias y apuntos inéditos. Madrid 1996, S. 233–234. Vgl. A. GONZÁLES PALENCIA: Los mozárabes en los siglos XII y XIII. Madrid 1928, Vol. III, Dokument No. 1023 des Jahres 1211, Zeile 13.

282 J. ABD-EL-JALIL, op. cit., S. 56–57 mit einem Hinweis über dieses Glaubensverständnis bei muslimischen Autoren.

283 s. M. de EPALZA: Fray Anselm Turméda ..., S. 340–341

284 s. A.-M. TURKI, op. cit., S. 90.125–126.

285 L. F. BERNABÈ-PONS: El cántico espiritual ..., S. 168–169 und in vielen anderen Versen.

286 s. R. BLACHÈRE: Le Coran. Paris 1957, S. 871.

287 s. A. VESPERTINO RODRÍGUEZ, op. cit., S. 335–336.

288 Autobiografisches Zeugnis in seinem „Relato del Peregrino" (= Pilgererzählung), wiedergegeben bei J. ABD-EL-JALIL, op. cit., S. 54.

289 A. VESPERTINO RODRÍGUEZ, op. cit. ; S. 335.

290 s. ABD-EL-JALIL, op. cit.

291 s. A.-M. CHARFI, op. cit., S. 165 und Erklärungen zu gewissen Gleichklängen in der islamisch-christlichen Polemik über dieses Thema, bei J. ABD-EL-JALIL, op. cit., S. 23–25.

292 s. J. D. McAULIFFE: Chosen of all Women: Mary and Fatima in Qur'anic Exegesis. Islamochristiana (Rom), Vol. 7 (1981), S. 19–28.

293 Allerdings wird im katholischen Dogma die Unbefleckte Empfängnis Mariens betont, die voraussetzt, dass Maria nicht von der Erbsünde belastet war.

294 s. die spanische Übersetzung des Gedichts durch E. GARCÍA GÓMEZ: Tratado sobre el amor y los amantes, de Ibn Hazm de Córdoba. El Collar de la Paloma. Madrid 19713, S. 251.

295 s. F. GIRÓN IRUESTE: La medicina en Al-Ándalus. Encuentro Islamocristiano (Madrid), Vol. 157 (1985), S. 5. Über deutsche Reisende des 15. Jh.s vgl. W. HÖNERBACH: Der deutsche Humanist Hieronymus Münzer im eroberten Granada. Die Welt des Islam (Leiden), Vol. XXVIII (1987), S. 45–69 und P. VALERO CUADRA: El viaje de un trovador alemán del siglo XV: Oswald von Wolkenstein. Homenaje/Homenatge a María Jésus Rubiera Mata. Sharq Al-Ándalus (Alicante), Vol. 10–11 (1993–1994), S. 693–710.

296 s. F. de la GRANJA: Milagros españoles en un obra polémica musulmana (El Kitâb maqâmi' al-sulbân). Al-Ándalus (Madrid), Vol. 33 (1968, S. 354.

297 S. M.de EPALZA. Arbismos en el manuscrito castellano del morisco tunecino (= aus Tunesien) Ahmad Al-Hánafi. Homenaje a Alvaro Galmés de Fuentes. Oviedo/Madrid 1985, Vol. 2, S. 515–527 (bes. S. 518).

298 J. OLIVER ASÍN: Un morisco tunecino (= aus Tunesien) admirador de Lope. Estudio del Ms. S.2 de la Colección Gayangos. Al-Ándalus (Madrid), Vol. 1 (1933), S. 409–450 (bes. S. 440); aus dem Französischen übersetzt bei M. de EPALZA / R. PETIT (Hg.): Recueil d'Études sur les Morisques Andalous en Tunisie. Madrid 1974, S. 205–239.

299 s. R. BARKAÏ: Une invocation musulmane au nom de Jésus et de Marie. Revue de l'Histoire des Religions (Paris), Vol. CC/3 (1983), S. 357–368. Hier scheint es eine Verbindung zu den „Dokumenten" vom Sacromonte in Granada zu geben (vgl. oben 3.4.4: Ein Evangelium gemäß dem Islam ...).

300 J. CARO BAROJA: Los moriscos del reino de Granada. Madrid 1957, S. 237.

301 F. MARQUÉZ VILLANUEVA: El problema historiográfico de los mosriscos. Bulletin Hispaniques (Burdeos), Vol. 86 (1984), S. 61–135 (bes. S. 88), von ihm auch aufgenommen in: El problema morisco (desde otra laderas). Madrid 1991, S. 98–105

302 s. E. GARCÍA GÓMEZ: Foco de antigua luz sobre la Alhambra desde un texto de Ibn al-Jatib en 1362. Madrid 1988, S. 223.

303 Vgl. die 16 Denominationen der Christen bei E. LAPIEDRA GUTIÉRREZ, op. cit.

304 s. OUDAS-MARÇAIS, op. cit., Vol. 2, S. 625.

305 s. M. J. RUBIERA MATA: De nuevo sobre las tres morillas. Al-Ándalus (Madrid), Vol. 37 (1972), S. 133–143.

306 Zur Person s. M. J. RUBIERA MATA: Ibn al-Yayyab. El otro poeta de la Alhambra. Granada (1982) 1994.

307 M. J. RUBIERA MATA: De nuevo sobre ..., S. 141.

308 Vgl. in diesem Buch 2.9.1: Die Angriffe gegen Maria ... und besonders 3.5.7: Gegen die Juden: Maria, die wunderbare Jungfrau.

309 Dieser Text ist sehr repräsentativ innerhalb der islamischen Tradition, wenn auch wenig original; wie man in der Studie von J. ABD–EL-JALIL: María y el Islam, op. cit. S. 11–104, sehen kann. Er hat verschiedene Quellen benutzt und beinahe fast alle bigrafischen Anekdoten über Maria und Jesus, die sich auch in diesem spanischen Text finden.

310 s. L. F. BERNABÉ PONS: Bibliografía de la literatura aljamiado-morisca. Alicante 1992, bes. S. 136 zu Maria (Virgen María).

311 s. F. M. PAREJA, op. cit. Auch A. VESPERTINO RODRÍGUEZ, op. cit.

312 Vgl. die Analyse dieser Texte als Kontrolle der mündlichen Erzählungen, die von den wenig alphabetisierten Muslimen besonders geschätzt wurden (was im Mittelalter der Normalfall war) bei M. de EPALZA: Problemas lingüisticos, literarias y teologicas de las traducciones moriscas, in: A. TEMINI (Hg.): Actes de la première Table Ronde du C.I.E.M. sur la littérature aljamiado-morisque: hybridisme ligüistique et univers discursif. Tunis 1986, S. 35–45 (arabische Zusammenfassung, S. 39–47).

313 Zu diesem bedeutenden Element der Architektur, des urbanen Lebens und der muslimischen Spiritualität, s. J. SAMSÓ: En torno al problema de la determinción del acimut de la alquibla en Al-Ándalus en los siglos VIII–X. Estado de la cuestión e hipótesis de trabajo. Homenaje a Manuel Ocaña Jiménez. Córdoba 1990, S. 207–212; M. RIUS: La orientación de las mezquitas según el 'Kitab dalail al-qibla' de Al-Mattiyi (siglo XII), in: J. CASULLERAS & J. SAMSÓ (Hg.): From Baghdad to Barcelona. Studies in the Islamic Exact Sciences in Honour of Prof. Juan Vernet. Barcelona 1996, Vol. II, S. 781–830; M. de EPALZA: Mutaciones urbanisticas debidas a la transformación de mezquitas en iglesias. VI Simposio Internacional de Mudejarismo. Actas. Teruel 1996, S. 501–518, und: La mezquita, reguladora de espacios urbanizados y templo de acústica, in: E. GARCÍA VERDUGA (Red.): Las ciudades de Al-Ándalus. Cordoba 2000.

314 s. G. TARTAR: La Vierge Marie dans le Coran. Réflexions sur le mystère de Marie et de Jésus-Christ. Paris 1979.

315 s. A.M. CHARFI, op. cit., S. 138–139.

316 s. oben Abschnitt 2.9.2: Der Aufenthalt Jesu in Ägypten und der Betrug mit den Wundern.

317 s. E. SANCHEZ SALOR: Polémica entre cristianos y paganos a través de los textos. Problemas existenciales y problemas vivenciales. Madrid 1986; vgl. Modernere klassische Kritiken am Christentum von G. PUENTE OJEA: Elogio del ateísmo. Los espejos de una ilusión. Madrid 1995 und andere Werke desselben Autors.

318 s. M. de EPALZA: Fray Anselm Turméda ..., S. 282.

319 s. M. HAYEK: L'origine des termes 'Isa-al-Masîh (Jésus-Christ) dans le Coran. Orient Syrien, Vol. 7 (1962), S. 223–254.365–382; G.C. ANAWATI: Artikel „Isa“. Encyclopédie de l'Islam. Leiden, Vol. 4 (1978²), S. 85–90.

320 Vgl. die detaillierte Methodologie, um die arabischen Namen und Gattungen zu studieren, die die mittelalterlichen Chroniken Andalsusiens und des Maghreb benutzten, um die Christen zu bezeichnen, zitiert bei: E. LAPIEDRA GUTÍERREZ: Como los musulmanes llamaban ... Es handelt sich insgesamt um 16 Begriffe, vgl dazu Abschnitt 1.5: Jesus und seine Jünger ... Bei Muhammad kommt man nach der islamischen Tradition und Frömmigkeit auf 200, vgl dazu: M. de Epalza: Los nombres del Propheta ...

321 s. Abschnitt 3.7.2: Jesus, al-Masih ...

322 s. M. de Epalza: Arabismos en el manuscrito ...

323 s. G: TARTAR: La naissance de Jésus dans le Coran. Commentaires des exégètes Baydâwi – Râzi – Tabarî – Zamakcharî. Rapports entre le Coran et les Évangiles. Paris 1977, S. 76–79

324 s. E. LAPIEDRA GUTÍERREZ: Como los musulmanes llamaban ..., S. 82–113.

325 s. seine „Historia de los beréberes“. Französische Übersetzung von QATREMÈRE, S. 236.

326 s. A. D'SOUZA: Jesus in Ibn Arabî's „Fusûs al-Hikam". Islamochristiana (Rom), Vol. 8 (1982), S. 185–200 und M. CHODKIEWICZ: Le sceau des saints. Prophétie et sainteté dans la doctrine d'Ibn Arabi. Paris 1986.

327 Vgl. den Begriff „Messias" in: Sure 3, 45; 4, 157.171.172; 5, 17.72.75; 9, 30–32. Von diesen 11mal steht achtmal die Formel: *Al-masih Isa ibnu Maryam (der Messias, Sohn der Maria)*, die unterschiedlich übersetzt wird (Messias oder Einzig-Geborenener). Heranzuziehen sind: H.E. KASSIS / K.L. KOBBERVIG: Las concordancias del Corán. Madrid 1987, S. 347 und: E. LAPIEDRA GUTIÉRREZ: Cómo los musulmanes llamaban ..., bes. Kap. III.14: Masihi/seguidor de Al-Masih, S. 326–329.

328 s. H. MICHAUD, op. cit., S. 44–49 und den Text des Barnabasevangeliums, wo Jesus seine Jünger über die begrenzte Funktion der Propheten für bestimmte Völker aufklärt, während der Auftrag von Muhammad universal ist: „Wahrlich ich sage euch, dass alle Propheten, die gekommen sind, jeweils zu meinem Volk gekommen sind ... Aber diejenigen, denen diese Worte galten, hörten sie nicht. Nunmehr wird der Gesandte Gottes kommen, den er als Siegel seiner Hand schicken wird, so dass er Heil und Barmherzigkeit allen Nationen zuteil lassen wird, die seine Lehre aufnehmen." Diese Glaubenslehre ist sehr wichtig, um die Funktion der „zurückführenden Wiederherstellung" Jesu im Islam zu verstehen, und zwar innerhalb der Prophetenlinie Gottes, aber nicht in völliger Gleichheit mit Muhammad, dem „endgültigen Siegel" Gottes (*játim al-anbiyá – Siegel Seiner Hand*, d.h. der Hand Gottes, wie das ein apokrypher spanischer Muslim ausdrückt), vgl. dazu: L.F. BERNABÉ PONS: El texto morisco ..., S. 112–113).

329 A. VESPERTINO RODRÍGUEZ, op. cit., S. 325

330 s. oben Abschnitt 3.4.4: Ein Evangelium gemäß dem Islam ...

331 s. L. CIRILLO / M. FRÉMAUX, op. cit. Und weitere Studien, bes. von J. JOMIER: L'Évangile de Barnabé ...; ders.: Une énigme persistante ... und J. SLOMP: The Gospel in Dispute ..., S. 75–77.87.93.

332 Text von *Ibrahim Taybili*, einem toledanischen Morisken, der aus Spanien vertrieben wurde und sich in Tunis ansiedelte (Manuskript der Biblioteca Casanatense in Rom, Nr. 1976, Folio 61 r°, vgl. M. de EPALZA: Le milieu hispano-mauresque ..., S. 183.

333 L. F. BERNABÉ PONS: El cántico islámico del morisco hispanotunecino Taybili. Zaragoza 1988, S. 203.

334 S. oben, Abschnitt 3.4.4: Ein Evangelium gemäß dem Islam ...

335 L. F. BERNABÉ PONS: El texto mosrico ..., S. 158.

336 L. F. BERNABÉ PONS: El texto morisco ..., S. 112–113: Mit diesem Text versuchte der Autor bzw. die Autoren des Barnabasevangeliums nachzuweisen, dass der Messias arabisch und muslimisch sein würde, wenn man davon ausgeht, dass jüdische wie christliche Traditionen Jesus übereinstimmend als Juden sahen (wenn man die Messiasfrage einmal ausklammert) oder wie die Juden des Mittelalters den künftigen Messias eben noch erwarteten.

337 Vgl. M. de EPALZA: le milieu hispano moresque ..., S. 183. Im 16. Jh. waren Christus und der Messias identisch, die Fülle der Offenbarung. Danach gab es keine Offenbarung mehr. Dies war für Muslime nicht akzeptabel, weil Jesus Muhammad ansagen musste (so auch bei *Taybili* im schon erwähnten Manuskript Casatanense, Nr. 1976, Folio 61 r°).

338 Dazu die Analyse dieser Lösung der schon dargelegten „Anomalie" bei M. de EPALZA: Le milieu hispano-moresque ..., S. 183 (oben zitiert).

339 Zu den Details der Beurteilung und der religiösen wie kulturellen Einordnung des Barnabas-Evangeliums vgl. u.a.: G.A. WIEGERS: Muhammad as the Messiah: A comparison of the polemical work of Juan Alonso with the ‚Gospel of Barnabas'. Bibliotheca Orientalis. Leiden, Vol. LII/3–4 (1995), S. 245–291 und die schon mehrfach herangezogenen Forschungsarbeiten von L.F. BERNABÉ PONS.

340 s. A. VESPERTINO RODRÍGUEZ, op. cit., S. 325: Über diesen islamischen Antichristen, s. Abschnitt 3.8.3: Jesus wurde zum Himmel erhöht.

341 s. F.M. PAREJA: un relato morisco ..., S. 871 und M. de EPALZA: Jésus otage ..., S. 202

342 s. J. CUOQ, op. cit., S. 122.

343 s. A. D'SOUZA, op. cit.

344 Ders., op. cit., S. 122–123.

345 s. A. VESPERTINO RODRÍGUEZ, op. cit., S. 315–317.342–353.

346 Vgl. L.F. BERNABÉ PONS: El cántico islámico ..., besonders den Gesang: *Canto sesto, de donde se contradice el sacrifiçio ydolatría de la missa, y como no a sido preçepto ni mandamiento de Dios, sino conpostura* (S. 206–213, Verse 2193 bis 2488) und: *Canto septimo, de la ostia y lo que en ella se contiene* (S. 213–217, Verse 2489–2672).

347 s. M. DE EPALZA: Fray Anselm Turméda ..., S. 348–359 (gegen die christliche Messe).

348 ders. aaO, S. 436–439

349 Vgl. dazu die anti-islamischen Polemiken über die Wunder Muhammads in der Studie von A.T. Khoury, op. cit., S. 42–58.

350 s. M. de EPALZA, op. cit., S. 470 und „Arabismos ...", aber auch: L. F. BERNABÉ PONS: El Qâdi 'Iyâd en la literatura aljamiado-morisco. In: Tercer Encuentro Hispano-Marroquí de Estudios Andalusíes. Marrakesch 1992.

351 s. die edierten Texte von F. GUILLÉN ROBLES: Leyendas moriscas. Sacadas de varios manuscritos existentes en las bibliotecas Nacional, Real y de P. Gayangos. Madrid 1985, 3 Bde. (wieder hg. Granada 1994) mit zwei Texten zur Auferstehung Jesu (S.159–170) sowie Geschichte der Begebenheiten in der Zeit Jesu. Vgl. auch ebda. M.P. TORRES: Estudio preliminar. P. VALERO CUADRA hat in ihrer Dissertation Ursprung und Weiterentwicklung dieser Erzählung beschrieben: Estudio y edición crítica de la leyenda morisca *La Doncella Carcayona*. Universität Alicante 1996. Zusammenfassung in: Sharq Al Ándalus (Teruel), Vol. 112 (1995), S. 349–361.

352 s. M. ASÍN PALACIOS: Un tratado morisco de polémica contra los judíos. Mélanges Hartwig Derenbourg. Paris 1909, S. 343–366 und: Obras Escogidas, Vol. II–III. Madrid 1948, S. 246–273

353 M. de EPALZA: Fray Anselm Turméda ..., S. 392.

354 s. J. CANTINEAU: Lettre du Moufti d'Oran aux musulmans d'Andalousie. Journal Asiatique (Paris), Vol. 210 (1927), S. 9.

355 s. G. TARTAR: La crucifixion et la mort de Jésus, sa résurrection et son élévation au ciel. Illusion, légende ou réalité? Étude des textes du Coran et de l'Évangile. Paris 1978 (mit Zusammenfassung der Meinungen der sunnitischen Hauptkommentatoren zu den koranischen Versen, die sich mit diesen Themen befassen.

356 G. TARTAR, op. cit., S. 30–31.

357 s. M. ASÍN PALACIOS: Abenházm ..., Vol. III, S. 170.

358 Vgl. mit anderen Varianten A. VESPERTINO RODRÍGUEZ, op. cit., S. 318–325 und F.M. PAREJA, op. cit., S. 566–567.

359 A. VESPERTINO RODRÍGUEZ, op. cit., S. 333–334.

360 S. H: MICHAUD, op. cit., S. 60–64 und G. TARTAR, op. cit., S. 37–38.

361 Hg. Von P. de GAYANGAS: Memorial histórico español ..., vgl. dazu den Ursprung dieser islamischen Feier für die Verstorbenen bei: J.F. CUTILLAS FERRER: Un texto chií en castellano del siglo XVII, en el universo islámico de los moriscos expulsados. Sharq Al-Ándalus (Teruel), Vol. 12 (1995), S. 393–400. Vollständiger Text: Universität Alicante 1999.

362 M. de EPALZA, op. cit. S. 344.

363 A. VESPERTINO RODRÍGUEZ, op. cit., S. 329

364 Vgl. A. FABER-KAISER: Jesús vivió y murió en Cachemira. La tumba de Jésus en Srinagar? (Jesus lebte und starb in Kaschmir. Das Grab Jesu in Srinagar?). Barcelona 1976, wo allerdings nur die als nicht islamisch-orthodox angesehenen Ahmadiyya-Traditionen reflektiert werden, besonders was die Beerdigung Jesu betrifft.

365 Vgl. J. CUOCQ, op. cit., S. 127.

366 Vgl. M. ASÍN PALACIOS: Abenházam ..., Vol. III., S. 139.

367 Vgl. F. de la GRANJA, op. cit., S. 336–346.

368 Vgl. M. de EPALZA, op. cit., S. 304.

369 Vgl. A. GAUDEUL, op. cit., S. 123.

370 Ebda.

371 Vgl. zu Form und Typik der Sprache und des Sprechens auf der Iberischen Halbinsel, bezogen auf die drei Religionen bzw. Kulturen: M. de EPALZA (s.oben): Historia medieval de la Península ...

372 Vgl. oben in Bezug auf die Beziehungen des volkstümlichen Christentums und der Islamisierung: M. de EPALZA / E. LLOBREGAT: Hubo mozárabes ... (und dazu die Bibliografie zu der obigen Anm.).

373 Vgl. zur gesamten vorislamischen Periode L. GARCÍA IGLESIA: Los Judíos en la España. Madrid 1978; J. GIL: Judíos y cristianos en la Hispania del siglo VII. Hispania Sacra (Madrid), Vol. XXX/59–60 (1977), S. 1–102; XXXI (1978–1979), S. 9–80; L.A. GARCÍA MORENO: Los judíos de España Antigua. Del primer encuentro al primer repudio. Madrid

1993 (Das Buch bezieht sich hauptsächlich auf die prä-westgotische Periode, also vor dem 6. Jh.). Vgl. auch M.A. BEL BRAVO: Sefarad. Los judíos de España. Madrid 1997. Über die kulturellen Aspekte: D. GONZALO MAESO: El legado del judaísmo español. Madrid 1972 und J. M. de AUGUSTÍN LADRÓN DE GUEVARA / M. L. SALVADOR BARAHON: Ensayo de un catálogo biobliográfico de escritores judeo-españoles-portugueses del siglo X–XIX. Buenos Aires o.J.

374 Für das maghrebinische Judentum mit seinen weitergehenden Beziehungen zum hispanischen Judentum, s. H. ZAFRANI: Los judíos del Occidente ... Ergänzend: R. GIL GRIMAU: Aproximación a una bibliografía española sobre el Norte de África 1850–1980. Madrid 1982.

375 Besonders im Blick auf die Judenverfolgungen im westgotischen Hispanien B. SAITA: L'Antisemitismo nella Spagna visigotica. Rom 1995.

376 s. oben M. de EPALZA: Hubo mozárabes ... und: Les mozarabes. État de la question. Revue du Musulman et de la Méditerranée (REMMM, Aix-en-Provence), Vol. 63–64 (1992), S. 39–50.

377 Über die zentrale Person dieser „muladischen" Revolution vgl. M. ACUIÉN ALMANSA: Entre el Feudalismo y el Islam. 'Umar Ibn Hafsun en los historiadores, en las fuentes y en la historia. Jaén 1994. Über die Art des Verschwindens der christlichen Gemeinschaften s. M. de EPALZA: Falta de obispos y conversión al islam de los cristianos de Al-Ándalus. Al-Qantara (Madrid), Vol. XV (1994), S. 385–400 und ebda. die Bibliografie, bes. Anm. 1, S. 385.

378 Vgl. insgesamt M. DE EPALZA: Los moriscos, antes y después de la expulsión. Madrid 19973.

379 s. M. GARCÍA-ARENAL: Los Moriscos. Madrid 1975 / Granada 1996; A. DOMÍNGUEZ ORTIZ / B. VINCENT: Historia de los moriscos. Vida y tragedía de una minoría. Madrid 1978; M. de EPALZA (Hg.): L'expulsio dels moriscs: conseqüències en el món islàmic i en el món cristià. Barcelona 1994.

380 Vgl. die Ergebnisse von Juan BAUTISTA VILAR bei J.B. VILAR / R. LOURIDO: Relaciones entre España y el Maghreb. Siglos XVII y XVIII. Madrid 1994, das Kap.: Orán, última judería del eimperio español (S. 132–156).

381 s. R. de LERA GARCÍA: Cripto-Musulmanes ante la Inquisición Granadina en el siglo XVIII. Hispania Sacra (Madrid), Vol. XXVI (1984), S. 1–55; S. CARRASCO URGOITI / M. de EPALZA: El mansucrito *Errores de los Moriscos de Granada.* Un núcleo criptomusulmán en el primer tercio del siglo XVIII. Fontes Rerum Balearium (Palma de Mallorca), Vol. III (1979–1980), S. 235–247; M. de EPALZA: Nuevos documentos sobre descendientes de moriscos en Túnez en el siglo XVIII. Studia historica et philologica in honorem M. Batllori. Rom 1984, S. 195–228; A.-H. SLAMA GAFSI: La familia andalusí de los Lakhoua y sus negocios tunecinos en el siglo XIX. 1999; Vgl. weiterhin die Veröffentlichungen von R. LERA GARCÍA und M. de EPALZA, die in französischer Fassung auch in Tunesien herauskamen.

382 Zusammenfassung vieler monografischer Studien bei R. LOURIDO DÍAZ: Marruecos y el mundo exterior en la segunda mitad del siglo XVIII. Relaciones político-comerciales del sultan Sidi Muhammad b. 'Abd Allah (1757–1790) con el exterior. Madrid 1989, besonders das Kapitel über den Kampf gegen die Sklaverei (S. 113–180).

383 s. M. de EPALZA: La islamización de Al-Ándalus: mozárabes y neo-mozárabes. Revista del Instituto Egipcio de Estudios Islámicos. (Madrid), Vol. 23 (1985–1986), S. 171–179 und: Mozarabs: An Emblematic Christian Minority in Islamic al-Ándalus, bei S.K. JAYUSSI (Hg.): The Legacy of Muslim Spain. Leiden 1992, S. 149–170.

384 s. F. J. SIMONET: Historia de los mozárabes de España. Madrid 1897–1903, Nachdruck Amsterdam 1967 und Madrid 1983; E. COLBERT: The Martyrs of Córdoba (850–859). A Study of the Sources. Washington 1962.

385 s. E. LAPIEDRA: Los mártires de Córdoba y la política anticristiana contemporánea en Oriente. Al-Qantara (Madrid), Vol. XV/2 (1994), S. 453–463.

386 Vgl. dazu das ausgezeichnete Buch von D. MILLET-GÉRARD: Chrétiens mozarabes et culture islamique dans l'Espagne des VIIIe-IXe siècles. Paris 1984. Die Texte dieser Kontroversen sind herausgegeben von J. GIL (Hg.): Corpus scriptorum Muzarabicorum. Madrid 1973.

387 s. J. GIL, op. cit. S. 227ff.

388 Vgl. die einführende Studie sowie die Texte bei J. TARGARONA BORRÁS, op. cit.

389 s. J. AMENGUAL i BATTLE: Els orígens del Cristianisme a les Balears i el seu desenvolupament fins a l'època musulmana. Mallorca 1991, bes. Vol. I, S. 359–510, vervollständigt von M. de EPALZA: Mallorca bajo la autoridad compartida de Bizantinos y Árabes (siglos VIII–IX), bei: C. M. GHITAKOS (Hg.): Homenaje a Juan Nadal. Athen 1992, S. 167–175.

390 Vgl. die klare Einführung zum Problem der konvertierten Juden schon im 15. Jh. bei E. BENITO RUANO: Los orígenes del problema converso. Barcelona 1986 und für die Gesellschaft des 16./17. Jh.s A. DOMÍNGUEZ ORTIZ (mit einer Einführung von F. MÁRQUEZ VILLANUEVA): La clase social de los conversos en Castilla en la Edad Moderna. Granada 1991. Zu den Konvertiten wahrscheinlich muslimischen Ursprungs vgl. A. GALMÉS DE FUENTES: Los que se quedaron. Significado e influencia de los moriscos conversos que no siguieron el exilio, bei M. de EPALZA (Hg.): L'expulsió dels moriscos. Conseqüències en el món islàmic i en el món cristià. Barcelona 1994, S. 173–182 und B. VINCENT: Et quelques voix de plus: de Francisco Núñez Muley a Fátima Ratal. Sharq Al-Ándalus (Teruel), Vol. 12 (1995), S. 131–145. Für eine umfassendere Übersicht der Inquisition vom 15.–17. Jh. vgl. J. PÉREZ VILLANUEVA / B. ESCANDELL BONET (Hg.): Historia de la Inquisición en España y América. Madrid, 3 Bde., 1984, 1993, 1998.

391 Ausführliche Bibliografie zu den vertriebenen Juden und den Konvertiten bei H. MÉCHOULAN: Los judíos de España. Historia de una diáspora (1492–1992). Valladolid / Madrid 1993.

392 Zu den wenig bekannten zahlreichen Erzählungen über Jesus aus apokryphen Quellen der orientalischen oder auch nicht-griechischen Kirchen (z. B. aus Syrien, Armenien, Ägypten, Äthiopien) vgl. J. GONZÁLEZ NUÑEZ: La leyenda del rey Abgar y Jesús. Orígenes des cristianismo en Edesa ... Madrid 1995, vgl. den deutschen Text: Briefwechsel zwischen Abgarus Ukkama, Fürst von Edessa und Jesus von Nazareth. Bietigheim 1992[9].
Zum christlichen Kontext bei der Entstehung des Islam vgl. die herausragende Untersuchung von T. ANDRAE: Der Ursprung des Islams und das Christentum. Kirkohistorik Asszkrift (1923–1925), französisch: Les origines et le christianisme. Paris 1955.

393 z. B. über den Disput in Barcelona Mitte des 13. Jh.s E.FELIU i MABRES: Mossé Ben Nahman. El llibre de la Redempció i altres escrits. Girona / Barcelona 1993.

394 s. die klassische Studie von M. SIMON: Verus Israel: Étude sur les relations entre chrétiens et juifs dans l'Empire romain, 135–425. Paris 1948.

395 Zur jüdischen Selbstzensur über Jesus kurz und exzellent ausgeführt von P. LAPIDE: Fils de Joseph? Jésus dans le judaïsme d'aujourd'hui et hier. Paris 1978, S. 93–94.123–124; deutsche Ausgabe: Ist das nicht Josephs Sohn? Jesus im heutigen Judentum. Stuttgart / München 1976.

396 s. I. LOEB: La controverse de 1240 sur le Talmud. Revue des Études Juives (Paris), Vol. 1 (1980), S. 247–261; Vol. 2 (1981), S. 248–270; Vol. 3 (1981), S. 39–57. Vgl. auch C. MERCHAYA: La Iglesia contra los escritos talmúdicos y midráshicos, 500–1248 (auf Hebräisch). Jerusalem 1970.

397 s. z. B. M.-R. HAYOUN: Eliya Delmédigo. *Examen de la religion* ... und seine Präsentation anderer Werke jener Epoche. Paris 1992, wie auch S. SULTAN-BOHBOT und seine Übersetzung und Darstellung von E. CAPSALI: Chronique de l'expulsion. *Seder Eliahu Zouta*. Paris 1994.

398 s. die diversen Register bei J. GIL, op. cit.

399 Vgl. L. CARDAILLAC: Morisques et Chrétiens: un affrontement polémique. Paris 1977

400 s. R. SILVA: Adopcionismo, in: Q. ALTEA / J. VIVES: Diccionario de Historia Ecclesiástica de España. Madrid 1972, Vol. I, S. 10–11.

401 In Spanisch: R. SILVA COSTOYAS: Es posible une filiación adoptiva en Jesucristo? Estudio histórico doctrinal del adopcionismo. Compostellanum (Santiago de Compostela), Vol. VI/1 (1961), S. 99–137; VII/1 (1962), S. 78–96; VII/3 (1962), S. 237–247; VIII/3 (1963), S. 181–200; M. DÍAZ Y DÍAZ: „Elipando“ und „Felix“ in: Diccionario de História Eclesiástica de España, Vol. II, S. 782 und 912; E. AMANN: El adopcionismo español. Los Carolingios, in spanischer Übersetzung durch A. FLICHE / V. MARTIN: Historia de la Iglesia. Valencia 1975, S. 121–147 und die Werke von J. F. RIVERA RECIO sowie R. GARCÍA-VILLOSLADA.

402 Migne (Hg): Patrologia Latina, Vol. 101, S. 234 B.

403 s. M.D. VERDEJO SÁNCHEZ: Repercusiones del priscillanismo y sabelianismo en el conflicto adopcionista. Bracara Augusta (Braga, Portugal), Vol. XXII (1968), S. 157–162.

404 s. Migne (Hg.): Patrologia Latina, Vol. 96, S. 881 C.

405 s. D. URVOY: La pensée religieuse des mozarabes face à l'Islam. Traditio, Vol. 39 (1983), S. 419–432.

406 Vgl. E. P. COLBERT: The Martyrs of Cordoba, 850–859. A Study of the Sources. Washington 1962.

407 s. Migne (Hg.): Patrologia Latina, Vol. 96, S. 859–867; J. GIL: Corpus Scriptorum ..., S. 68–78.

408 s. M. DÍAZ Y DÍAZ, op. cit.

409 s. M. de EPALZA: Fray Anselm Turméda ..., S. 412–413 und 86.

410 s. J. F. RIVERA RECIO: El adopcionismo en España ..., S. 34.

411 s. D. URVOY, op. cit., S. 426–427.

412 J. F. RIVERA RECIO: Elipando de Toledo ..., S. 9,29–40.

413 Ders.: Los arzobispos de Toledo ..., S. 169–171.

414 s. Indiculus luminosus, Hg.: FLÓREZ: España sagrada, Vol. IX, S. 274; J. GIL (Hg.), Vol. I, S. 314–315.

415 s. M. T. D'ALVERNY: La connaissance de l'Islam en Occident du IXe au milieu du XIIe siècle. Occidente e l'Islam nell' Alto Medoevo. Spoleto 1965, Vol. II, S. 576–602.

416 s. J. MADOZ: Una obra de Félix de Urgel falsamente adjudicada a S. Isidoro de Sevilla. Estu Eclesiásticos. (Madrid), Vol. 23 (1949), S. 147–168; (1950), S. 435–458; A. VEGA: *El Liber de variis quaestionibus* no es de Félix de Urgel. La Ciudad de Diós (San Lorenzo de Escorial), Vol. CLXI (1949), S. 217–268; J.N. HILLGARTH: Isidoriana. León 1961, S. 30ff.

417 M. RIU: *Entorn de l'origen de adopcionisme en el monacat visigot pirenenc* en Spania. Estudis d'Antiguitat Tardana oferts en homenatge al professor Pere de Palol i Salellas. Barcelona 1996, S. 225–228.

418 s. M. MENÉNDZ Y PELAYAO: Historia de los heterodoxes españoles. Madrid 1956, Vol. I, S. 356; R. D'ABADAL: la batalla del adopcionismo en la desintegración de la iglesia visigoda. Vic 1949, S. 70; M. RIU: Revisión del problema adopcionista en la diócesis de Urgel. Anuario de Estu Medievales. (Barcelona), Vol. 1 (1964), S. 82–83, und: El adopcionismo: una herejía cristológica en la España islámica, bei: A. FLICHE / V. MARTIN, op. cit., vol. VI, S. 525; L. Nicolau D'OLWER: Felix bisbe d'Urgell (segle VIII). Barcelona 1910.

419 M. RIU: El adopcionismo ..., S. 524.

420 J. F. RIVERA RECIO: El adopcionismo en España..., S. 74.

421 s. Kap. 3.8: „Jesu Leben und Tod. Sein endgültiges Verschwinden" und: M. de EPALZA: Jésus otage ... Paris 1987, S. 216–226.

422 Vgl. J. McWILLIAM: The Context of Spanish adoptionismo: A review, in: M. GERVES / R.J. BOKHAZI (Hg.): Conversion and Continuity: Indigenous Christian Communities in Islamic Lands. 8 to 18th Centuries. Toronto 1990, S. 79.

423 R. D'ABADAL, op. cit., S. 73–74.

424 Chronicon pacense, in: Migne (Hg.): Patrologia Latina, 1275 B. Der Sabellianismus bezieht sich auf den modalistischen Theologen Sabellius, der im 3. Jh. lebte

425 J. F. RIVERA RECIO: El adopcionismo en España ..., S. 21.

426 Ebda.

427 Ebda., S. 32.

428 J. F. RIVERA RECIO: Elipando de Toledo ..., Toledo 1940, S. 39.

429 J. F. RIVERA RECIO: Formas de convivencia ..., S. 8.

430 s. F. J. SIMONET: História de los mozárabes. Madrid 1897–1903, S. 207 (Nachdruck Amsterdam 1967 und Madrid 1983).

431 Zu Félix von Urgel und seine Beziehungen zum Bischofssitz von Toledo und zu den Karolingern vgl. die Arbeiten von J.F. RIVERA RECIO, F. J. SIMONET, MENÉNDEZ Y PELAYO und ABADAL.

432 s. M. RIU: Revisión del problema ..., S. 82.

433 s. D. URVOY, op. cit.

434 s. M. de EPALZA: Fray Anselm Turméda ..., passim.

435 M. de EPALZA, op. cit., S. 101–118.

436 s. J. F. OLLAGHAN: A History of Medieval Spain. Madrid 1975, S. 186 und: E. LAPIEDRA GUTÍERREZ, op. cit., bes. Kap. III.5: *Mushrik* / asociador, politeísta, S. 158–175.

437 s. D. MILLET-GÉRARD, op. cit., S. 198–203.

438 Ebda. S. 34–37.

439 Übersetzung aus dem Lateinischen durch PAZ Y MELLA: Embajada del emperador de Alemania Otón I al califa de Córdoba Abderrahman III. Madrid 1872, S. 32 (= Botschaft des Kaisers Otto I. an den Kalifen Abderrahman III.).

440 s. G. MORIN: Un évêque de Cordoue inconnu et deux opuscules de l'année 764. Revue Bénédictine, Vol. XV (1898), S. 289–295; A.C. VEGA: Una herejía judaizante del siglo VIII en España. La Ciudad de Dios (San Lorenzo de El Escorial), Vol. CLIII (1941), S. 57–100; F.J. RIVERA RECIO: La Iglesia Mozárabe ..., S. 36–37.

441 s. D. MILLET-GÉRARD, op. cit., S. 38, J. GIL, op. cit., Vol I, S. 276.

442 s. E.P. COLBERT, op. cit., S. 52.

443 s. N. MORATA: Las notas árabes del Codice 1–14. Boletín de la Real Academia de la Historia. (Madrid), Vol. 86 (1925), S. 635–639; D. URVOY, op. cit., S. 425.

444 M. MENÉNDEZ Y PELAYO, op. cit., Vol. II, S. 318.

445 Vgl. die Perspektive von E. AMANN, op. cit.

446 s. J. McWILLIAM, op. cit., S. 426.

447 D. URVOY, op. cit., S. 426.

448 s. J. F. RIVERA RECIO: La controversia adopcionista ...; L. SERDA: Liturgía y adopcionismo. Ausa (Vic), Vol. 2 (1955–1957), S. 213–217.

449 s. E. AMANN: El adopcionismo español..., S. 138; J. F. RIVERA RECIO: La doctrina de la adopción ...

450 s. R. SILVA COSTOYAS: Es posible una filiación ...?

451 s. M. D. VERDEJO SÁNCHEZ, op. cit.

452 s. M. MENÉNDEZ Y PELAYO, op. cit., Vol. II, S. 318ff.
453 s. M. T. D'ALVERNY, op. cit., S. 587.
454 Vgl. P. B. GAMS: Die Kirchengeschichte von Spanien, 3 Bde. Regensburg 1862–1879 (Nachdruck: Graz 1956), Vol. II, S. 261–267.
455 M. MENÉNDENZ Y PELAYO, ebda. 318ff.
456 E. AMANN: El adopcionismo español ..., S. 126.
457 s. Z. GARCÍA VILLADA: Historia eclesiástica de España. Madrid 1936, Vol. III, S. 58–70; J. SOLANO: El Concilio de Calcedona y la controversia adopcionista del siglo VIII en España, in: Das Konzil von Chalkedon. Würzburg 1953, Vol. II, S. 841–871.
458 J.F. RIVERA RECIO: La Iglesia mozárabe ..., S. 47.
459 D. URVOY, op. cit., S. 421–435, bes. 431.
460 s. D. MILLET-GÉRARD, op. cit., S. 153.159–163.180–182.196.
461 s. F. R. FRANKE: Die freiwilligen Märtyrer von Cordova und das Verhältnis der Mozaraber zum Islam nach den Schriften des Speraindo, Eulogius und Alvar. Gesammelte Aufsätze zur Kulturgeschichte Spaniens. Vol. XIII (1958), S. 1–170.
462 s. E. LAPIEDRA: Los martíres de Córdoba ...
463 s. G. LEVI DELLA VIDA: I Mozarabi tra Occidente e Islam? Settima di Studio del Centro Italiano di Studi sull'Alto Medioevo. Spoleto 1965, S. 665–695.
464 Die oben erwähnten Arbeiten von R. D'ABADAL und M. RIU sind besonders heranzuziehen.
465 J. FONTAINE: Mozarabie hispanique et monde carolingien: les échanges culturels entre la France et l'Espagne du VIIIe siècle. Anuario de Estudios Medievales. (Barcelona), Vol. 13 (1983), S. 19–43.
466 Vgl. M. de EPALZA: Corrents islàmics aparents i amagats a la cultura catalana medieval. El debat intercultural als segles XIII i XIV. Estudi General. (Girona), Vol. 9 (1989), S. 107–116.
467 Dieser Anhang fasst frühere Untersuchungen von M. de EPALZA zusammen, die in den Jahren 1989 bis 1996 erschienen sind, und zwar in: Estudi General (Girona), Vol. 9 (1989), S. 107–116 und in: Revista del Instituto Egipcio de Estudios Islámicos (Madrid), Vol. XXVI (1993–1994), S. 117–135; Zusammenfassung im Bulletin „Encuentro Islamo-Cristiano (Madrid), No. 294 (Oktober 1996), 8 Seiten. Vgl. H. SANTIAGO-OTERO (Hg.): Diálogo filosófico-religioso entre Cristianismo, Judaísmo e Islamismo durante la Edad Media en la Península Ibérica. Turnhout 1994, S. 29–52 (gesammelt im Bulletin „Encuentro Islamo-Cristiano". Madrid), No. 277 (Mai 1995), 11 Seiten; in französischer Übersetzung: Influences islamiques dans la théologie chrétienne médiévale: l'Adoptianisme espagnol (VIIIe siècle). Islamochristiana (Rom), Vol. 18 (1992), S. 55–72.
468 Vgl. dazu den Buchtitel des katholischen Dogmatikers M. LELONG: Si Dieu l'avait voulu ... (= Wenn Gott gewollt hätte…) Paris 1986, das auf dem Koranvers 5,48 beruht und die Divergenzen der Glaubenden anspricht.

Reinhard Kirste

Zur Forschungsarbeit von Míkel de Epalza

Ein Nachwort

Die Bergketten der Pyrenäen scheinen bis heute eine schwer zu überwindende Dialog-Barriere zu sein, zumal spanisch sprechende Theologinnen und Theologen im deutschsprachigen Raum nicht gerade häufig anzutreffen sind. Umgekehrt ist die Situation offensichtlich besser und deutsche Theologie wird auf der Pyrenäenhalbinsel erstaunlich intensiv wahrgenommen.

Dieser Tatbestand hat sicher dazu geführt, dass es bisher nur wenige Veröffentlichungen von Míkel de Epalza auf Deutsch gibt. Die Erfahrung bis zur Drucklegung des vorliegenden Buches zeigt weiterhin, dass solche Veröffentllichungen auch in Zukunft schwer zu realisieren sein werden.

Wer ist nun Míkel de Epalza Ferrer (so der ganze Name)? Er stammt aus einer baskischen Familie und wurde 1938 in Pau (Südfrankreich) geboren, d. h. er wuchs zwar außerhalb der Franco-Diktatur, aber doch in ihrer unmittelbaren Nähe auf.

Epalza hat in Philosophie und semitischer Philologie promoviert und an zahlreichen Universitäten unterrichtet: Barcelona 1965, Lyon 1968, Tunis 1971, Algier und Oran 1973, autonome Universität Madrid 1974. 1979 wurde er an die Universität Alicante als Professor für hispano-arabische Zivilisation bzw. islamisch-arabische Studien berufen und arbeitet seitdem dort zusammen mit seiner Frau *Dr. María Jésus Rubiera-Mata*, die als Professorin im selben Forschungsbereich tätig ist.

Epalzas Werk umfasst neben mehreren Büchern eine Fülle von Aufsätzen und Beiträgen zum genannten Themenbereich, in dem er sich inzwischen internationale Reputation, gerade auch in den islamisch geprägten Ländern erworben hat. Dazu hat sicher seine 1999 veröffentlichte Übersetzung des *Koran auf Katalanisch* beigetragen. Es handelt sich um eine absolute Pionierarbeit, weil damit zum ersten Mal überhaupt eine katalanische Koranübersetzung vorgelegt wurde. Sie erregte erhebliches Aufsehen, so dass selbst Zeitungen ausführlich auf diese Übersetzungsarbeit eingingen (z.B. in der Tageszeitung „La Vanguardia", 03.09. und 05.09.1999).

Um wenigstens einige Hinweise auf das gesamte Forschungsfeld zu geben, sei auf die bereits in Deutsch zugänglichen Aufsätze hingewiesen, besonders auf seine Auseinandersetzung mit *Anselm Turmeda / Abdallah At-Tardjumán* (kann auch geschrieben werden: *Abdallah At-Tarchumán* oder *Abdallah At-Tarjumán*) der auch in dem hier vorliegenden Buch eine erhebliche Rolle als Brückengestalt zwischen Christen und Muslimen im westlichen Mittelmeerraum spielt.

- Arabisch-spanische Symbiose. Der Schriftsteller Anselm Turméda / Abdallah At-Tardjumán und seine Wirkung. Religionen im Gespräch (RIG 5) 1998, S. 280–292.

In diesem Beitrag stellt Epalza den Schriftsteller Anselm Turméda als ein Beispiel für die mittelalterliche arabisch-spanische Symbiose zwischen der arabischen (muslimisch und maghrebinisch orientalischen) Kultur und der spanischen (christlich und westeuropäischen) vor. Turmeda wurde Mitte des 14. Jahrhunderts in Palma de Mallorca (Spanien) geboren, konvertierte zum Islam und starb etwa 1423 in Tunis.

Seine Geschichte mag eine Ausnahme sein. Denn unseres Wissens nach ist er tatsächlich der einzige zweisprachige Schriftsteller des gesamten Mittelalters, der die arabische und eine europäische Sprache, in diesem Falle die katalanische, beherrschte. Er ist zu einem „Klassiker" geworden, dessen Werke etliche Male in beiden Sprachen, Arabisch und Katalanisch, erschienen sind. Anselm Turméda wird zu einem Symbol für die mittelalterliche Verbindung zwischen der arabischen und der spanischen Kultur des Mittelalters und der Gegenwart und damit zwischen zwei benachbarten, einander durchdringenden Kulturen.

Einzuordnen ist er in die Zeit des ganz konkreten europäisch-arabischen Austausches, nicht der sachkundigen Übersetzungen oder der versteckten ideologischen oder literarischen Einflüsse, sondern des Handelsaustausches in den Mittelmeerhäfen, die Zeit der „Foundouk-Kultur" oder der ausländischen Konsulate in maghrebinischen Hauptstädten. In dieser Atmosphäre konnte sich Anselm Turméda zum Schriftsteller, ja zum literarischen Schöpfer entfalten, der mit arabischem Namen Abdallah At-Tarchumán Al-Mayurqi hieß.

- Míkel de Epalza: García Gómez und die Autorschaft des Barnabas-Evangeliums. RIG 6 (2000), S. 85–96

- Míkel de Epalza: Die Aktualität des Anselm Turmeda in der islamisch-christlichen Polemik in Frankreich und Katalonien. RIG 6 (2000), S. 182–192

Beide Artikel vertiefen und erweitern die in RIG 5 dargestellte Position und Bedeutung des Anselm Turméda und führen gleichzeitig in die wissenschaftliche Diskussion ein, die in Frankreich erstaunlich detailliert geführt wird. Dazu gehört eben auch die französische Ausgabe:

- Jésus otage. Juifs, Chrétiens et Musulmans en Espagne (VIe–XVIIe s.) Paris: Cerf 1987, 238 S.

In das Umfeld gehört aber schon das Buch, das er zusammen mit der tunesischen Professorin Suzanne Guellouz herausbrachte und eine Anthologie von Texten über den spanischen Kämpfer Rodrigo Díaz de Vivar = der Cid (11. Jh.) darstellt:

- Le Cid. Personnage historique et littéraire. Paris: Maisonneuve et Larose 1983, 261 S.

Besonders für die christlich-islamischen Begegnungen hervorzuheben, ist jedoch ein Forschungskolloquium, das 1989 stattfand und dessen Ergebnisse einige Vorurteile über die Bedeutung der Grenzbefestigungsklöster *(rápita)* der Muslime gegen die Christen ins Wanken brachte. Die Archäologen entdeckten im mittleren bis südlichen Spanien eine nie dagewesene große Anzahl von solchen „Klöstern“, die offensichtlich überhaupt keine Funktion im Sinne von militärischer und ideologischer Grenzsicherung hatten. Damit stimmt die gesamte Begrifflichkeit von „rápita“ als „befestigtes islamisches Grenzkloster“ nicht mehr. Stattdessen bildeten diese Klöster Orte des dialogischen, natürlich auch polemischen Austausches zwischen christlichen und muslimischen Ansichten, dies aber unter den Bedingungen solider wissenschaftlicher Recherche mit den enstprechenden Quellenstudien auch der christlichen Texte:

- Institut für Studien der Rápitas (Hg.): La Ràpita Islàmica: Historia Institucional i altres Estudis Regionals. I Congrés de les Ràpites de l'Estat Espanyol (07.–10.09.1989). Sant Carles de Ràpita: Institut d'Estudis Rapitencs (I.E.R.) u.a. 1993, 355 S.

Es würde zu weit führen, die vielen historischen Verflechtungen christlich-islamisch-jüdischer Begegnung im Einzelnen in einem Nachwort zu kommentieren, es sei aber nicht verschwiegen, dass in dieses Feld auch die Debatte um das *Barnabas-Evangelium* gehört. Es sollte auch nicht vergessen werden, dass neben Míkel de Epalza eine Reihe von kompetenten Forscherinnen und Forschern an dem gemeinsamen Zeil einer Aufhellung dieser multireligiösen Geschichte, besonders des Mittelalters, beteiligt sind. Hier also einige Titel, die diesen Bereich wiederspiegeln, und für den Míkel de Epalza nicht nur Anstöße gab, sondern Bahnbrechendes leistete:

- Le milieu hispano-moresque de l'Évangile islamisant de Barnabé (XVIe–XVIIe siècles). Islamochristiana, 8 (1982): 159–183

- Etudes hispaniques actuelles sur l'Evangile islamisant de Barnabé". Al-Masaq, 1 (1988) S. 33–38.

- La Tuhfa, autobiografía y polémica islámica contra el cristianismo de 'Abd Allah al-Taryuman (fray Anselmo Turmeda), Rom 1971; Madrid 1993, S. 34–36.

- Sobre un posible autor español del Evangelio de Barnabé. *Al Andalus*, Vol. XXVIII (1963) S. 479–491.

Die umfassendste Arbeit wurde von Luis F. Bernabé Pons, ebenfalls Mitarbeiter von Míkel de Epalza und Professor an der Universität Alicante verfasst:

- El Evangelio de San Bernabé. Un evangelio islámico español, Alicante: Universidad de Alicante 1996, vgl. einen deutschsprachigen Forschungsbericht bei: R. Kirste/P. Schwarzenau/U. Tworuschka (Hg.): Wertewandel und religiöse Umbrüche

(RIG 4). Balve 1996, S. 133–188: Zur Wahrheit und Echtheit des Barnabas-Evangeliums.

Mit diesem ausführlichen Forschungsbericht stellt Luis F. Bernabé Pons seine Dissertation vor: *El evangelio de San Bernabé. Un evangelio islámico español* (Universität Alicante 1995), in der zum ersten Mal die Thesen zum Barnabas-Evangelium nicht nur eine erstaunliche weitere Grundlage erhalten, sondern auch ungewöhnliche Konsequenzen zeitigen und damit die Bedeutung des islamisch-christlich-jüdischen Spaniens während des Mittelalters und in der Zeit nach der „Reconquista" durch die katholischen Könige noch weiter betonen: Es handelt sich beim Barnabas-Evangelium nicht um das Werk eines Fälschers aus dem 11. Jahrhundert, der die „Westwanderung" des Apostels Barnabas über Zypern ins weitere Europa für seine eigenen missionarischen Zwecke nutzte, sondern um eine muslimische Verteidigungsschrift, die unter den Bedingungen verschärfter Verfolgungen der christlichen Könige seit dem Fall von Granada im Jahre 1492, also des letzten islamischen Herrschaftsgebietes, quasi islamische Rechtgläubigkeit durch die Berufung auf das „wahre" Evangelium des Apostels Barnabas herzustellen versucht. Eigentlich könnte damit der Streit um die Bedeutung des Barnabas-Evangeliums für den christlich-islamischen Dialog beseitigt sein.

Um einen authentischen Einblick in die Umfänglichkeit der Forschungen zu gewinnen, die im südlichen Spanien im Kontext der christlich-islamischen Beziehungen in Vergangenheit und Gegenwart geschehen, muss man gewissermassen die Basis des Ganzen sehen, die sich in einem zwar eher historisch geprägten, aber durchaus religionsökumenischen angelegten Jahrbuch regelmässig präsentiert. Es handelt sich um die in einem Institut zusammen mit der Universität Alicante herausgegebenen Bände:

- Sharq al-Andalus. Estudios Mudéjares y Moriscos. Centro Estudios Mudéjares – Instituto Turolensis/Area de Estudios Arabes e Islamicos de la Universidad Aliacante

Hier geht es um kontinuierliche Mudéjar- und Moriskenstudien, die sehr deutlich machen, dass mit der „Reconquista" 1492 die islamische Kultur keineswegs völlig zerstört wurde, sondern teilweise durchaus kreative Symbiosen mit den Eroberern einging. Diese leisteten sich zuweilen mehr Toleranz, als man vielleicht erwartet hätte, so dass die islamischen Spuren gut bis ins 17./18. Jahrhundert (!) zu verfolgen sind.

Wichtig ist in diesem Zusammenhang die forschende Weiterarbeit gerade für den Zeitraum nach 1492 bis ins 17./18. Jahrhundert. Hier gerät die „heilige Inquisition" in ein ausgesprochen makabres Licht, wie die kleine Studie über die mehr oder minder zwangsgetauften Muslime, die Morisken, gegenüber der Inquisition zeigt:

- Los moriscos frente a la inquisición. En su visión islámica del Cristianismo. Pliegos de Encuentro Islam-Cristiano, no. 27. Madrid: Darek-Nyumba 2001, 43 S.

Nicht wenige der in diesen Bänden und sonstigen Veröffentlichungen erschienenen Beiträge weisen in ihrem „Achtergewicht" über lokale und regionale Schwerpunkte hinaus. Das dürfte für Leserinnen und Leser, die die geografischen und georeligiösen Feinheiten der spanischen Situation am Ende des Mittelalters und in der Renaissance nicht kennen, von besonderer Bedeutung sein.

Einen kleinen Einblick über das „Netzwerk" islamisch-arabischer Forschungen, speziell auf der Iberischen Halbinsel bildet meine Rezension in: Religionen im Gespräch (RIG 6): Hoffnungszeichen globaler Gemeinschaft. Balve 2000, S. 460–465: Alicante und Granada: Religionsökumenische Forschung und christlich-islamischer Dialog.

Was hier nur skizziert wurde, stellen die sich mit diesem Forschungskomplex befassenden Wissenschaftler immer wieder auf internationalen Konferenzen vor, von denen die letzte vom 20.–25. November 2000 an der Universität Alicante stattfand: *Karl V., die Morisken und der Islam*. Auf die Ergebnisse im Einzelnen darf man gespannt sein. Sie werden z.T. in RIG 7: „Neue Herausforderungen für den interreligiösen Dialog" (Balve: Zimmermann 2002, vgl. dazu die INTR°A-Homepage: www.interrel.de) zugänglich sein.

Der Autor

- **Epalza Ferrer, Míkel de** (geb. 1938) in Pau (Südfrankreich), Dr. phil. (Philosophie und semitische Philologie). Lehraufträge an verschiedenen Universitäten im Mittelmeerraum. Seit 1977 Professor für islamisch-arabische Studien an der Universität Alicante. Mitherausgeber des Jahrbuchs „Sharq al-Ándalus. Estudios Mudéjares y Moriscos". Er übersetzte zum ersten Mal den Koran ins Katalanische. Verheiratet mit Prof. Dr. María Jesús Rubiera Mata, Professorin für arabische Philologie an der Universität Alicante.

Die Übersetzerin/der Übersetzer, Bearbeiter und Herausgeber

- **Ilke Ettemeyer** (geb. 1962), Diplom-Übersetzerin. Sprachenstudium in Heidelberg. Als freie Übersetzerin für verschiedene Auftraggeber tätig. Sie lebt in der Nähe von Heidelberg.
- **Jürgen Kuhlmann** (geb. 1936), Dr. theol. der Päpstlichen Universität Gregoriana in Rom. Von 1965 bis 2001 Kaplan in Naila und Nürnberg, dann bis 2001 Berufsberater in Nürnberg. Veröffentlichungen: „Ehrfurcht vor fremder Wahrheit" (1996), „Gott – Du unser Selbst" (2000), „Etappen der großen Liebesgeschichte" (2001).
- **Reinhard Kirste** (geb. 1942), Dr. theol., evangelischer Pfarrer und Schulreferent in Iserlohn/Westfalen, Koordinator der Interreligiösen Arbeitsstelle (INTR°A), Mitherausgeber der Reihen: *Religionen im Gespräch (RIG), Interreligiöse Horizonte (IH) und Iserlohner Con-Texte (ICT).*
- **Pino Valero Cuadra** (geb. 1966), Dr. phil. Von 1990 bis 1996 Lektorin für spanische Sprache an der Universität Bielefeld. Seit 1998 wiss. Mitarbeiterin für Übersetzungen und Dolmetschen (Deutsch – Spanisch) an der Universität Alicante, verheiratet mit Prof. Dr. Luis Bernabé Pons.